Goldmann Klassiker

CAESAR

Der Gallische Krieg

Wilhelm Goldmann Verlag

Vollständige Ausgabe
Aus dem Lateinischen übertragen und erläutert
von Viktor Stegemann
Nachwort und bibliographische Hinweise:
Professor Dr. Gerhard Wirth, Universität Bonn

Von den im Text verwendeten Klammern enthalten ( ) erklärende Zusätze des Übersetzers, ⟨ ⟩ die Auffüllung einer Textlücke durch den Übersetzer; ⟨...⟩ bezeichnet eine vom Übersetzer nicht aufgefüllte Textlücke. Antike Zusätze zum Text sind in [ ] eingeschlossen.

1. Auflage November 1978 · 1.- 8. Tsd.
2. Auflage Oktober 1979 · 9.-18. Tsd.
3. Auflage Februar 1981 · 19.-30. Tsd.
4. Auflage April 1983 · 31.-42. Tsd.

Made in Germany
Genehmigte Taschenbuchausgabe
Die Originalausgabe ist im Carl Schünemann Verlag, Bremen, erschienen

Umschlagentwurf: Atelier Adolf & Angelika Bachmann, München
Satz und Druck: Presse-Druck Augsburg
Verlagsnummer: 7507
Lektorat: Martin Vosseler · Herstellung: Lothar Hofmann/He
ISBN 3-442-07507-6

Inhalt

Erstes Buch. 58 v. Chr. 7

Vorbemerkung über Gallien und seine Bewohner (Kapitel 1) 7
Der Krieg mit den Helvetiern (Kapitel 2–29) . . . 7
Der Krieg gegen Ariovist (Kapitel 30–54) 25

Zweites Buch. 57 v. Chr. 44

Der Krieg gegen die Belger (Kapitel 1–35) 44

Drittes Buch. 56 v. Chr. 63

Galba in Octodurus (Kapitel 1–6) 63
Die Besiegung der Seestaaten (Kapitel 7–19) 66
Crassus unterwirft Aquitanien (Kapitel 20–27) . . . 74
Caesars Zug gegen die Moriner und Menapier (Kapitel 28/29) 78

Viertes Buch. 55 v. Chr. 80

Der Krieg mit den Usipetern und Tencterern (Kapitel 1–15) 80
Der erste Rheinübergang (Kapitel 16–19) 88
Der erste Übergang nach Britannien (Kapitel 20–38) . 91

Fünftes Buch. 54 v. Chr. 102

Der zweite Übergang nach Britannien (Kapitel 1–23) . 102
Kämpfe im nördlichen Gallien (Kapitel 24–58) . . . 116

Sechstes Buch. 53 v. Chr. 139

Weitere Kämpfe im nördlichen Gallien (Kapitel 1–8) . 139
Der zweite Rheinübergang (Kapitel 9/10) 144
Die Sitten der Gallier und Germanen (Kapitel 11–28) . 146

Rückkehr aus Germanien (Kapitel 29) 155
Der Rachezug gegen die Eburonen (Kapitel 29–44) . . 156

Siebtes Buch. 52 v. Chr. 167

Der gallische Freiheitskampf unter Vercingetorix (Kapitel 1–90) 167

Achtes Buch. 51/50 v. Chr. 228

Vorrede 228
Der Zug gegen die Biturigen (Kapitel 1–4) 229
Der Zug gegen die Carnuten (Kapitel 4/5) 231
Der Zug gegen die Bellovacer (Kapitel 6–23) 232
Züge nach verschiedenen Richtungen (Kapitel 24–29) . 244
Die Eroberung von Uxellodunum (Kapitel 30–44) . . 247
Labienus siegt über die Treverer (Kapitel 45) 255
Caesar in Aquitanien. Commius (Kapitel 46–48) . . 255
Letzte Maßnahmen in Gallien (Kapitel 49) 258
Caesar in Oberitalien (Kapitel 50/51) 258
Letzte Ereignisse in Gallien und Italien vor dem Bürgerkrieg (Kapitel 52–55) 259

Nachwort 263
Zeittafel 285
Karte von Gallien 288
Anmerkungen 290
Kriegstechnisches Verzeichnis 345
Bibliographische Hinweise 355

Erstes Buch

1. Gallien als Ganzes zerfällt in drei Teile. Den einen bewohnen die Belger, einen anderen die Aquitanier, den dritten die, welche sich selbst Kelten nennen, in unserer Sprache aber Gallier heißen. Sie alle sind nach Mundart, Einrichtungen und Gesetzen unter sich verschieden. Die Gallier scheidet von den Aquitaniern die Garunna, von den Belgern die Matrona und Sequana. Die Tapfersten von diesen allen sind die Belger, da sie von Gesittung und Bildung der römischen Provinz am weitesten entfernt wohnen. Daher kommen Kaufleute ganz selten zu ihnen, um verweichlichende Ware einzuführen. Außerdem leben sie sehr nahe den überrheinischen Germanen, mit denen sie anhaltend im Krieg liegen. Aus dem gleichen Grund übertreffen auch die Helvetier die übrigen Gallier erheblich an Tapferkeit; denn auch sie kämpfen fast täglich mit den Germanen, wobei sie entweder jene von ihrem Land fernhalten oder selbst im Land der Germanen Krieg führen. [Einer von diesen Teilen, den, wie gesagt, die Gallier bewohnen, beginnt beim Rhodanus, wird von der Garunna, dem Ozean und dem Belgerland begrenzt, berührt mit den Sequanern und Helvetiern den Rhein und erstreckt sich gegen Norden. Das Land der Belger beginnt an der äußersten Grenze Galliens, erstreckt sich bis zum Niederrhein und ist nach Norden und Osten gerichtet. Aquitanien reicht von der Garunna bis zu den Pyrenäen und dem Spanien bespülenden Teil des Ozeans und liegt gegen Nordwesten.]

2. Bei den Helvetiern war der bei weitem vornehmste und reichste Mann Orgetorix. Er wollte König werden. Deshalb

zettelte er im Konsulatsjahr des Marcus Messala und Marcus Piso eine Verschwörung unter dem Adel an und überredete die Bürgerschaft, mit Weib und Kind die Heimat zu verlassen; denn da sie an Tapferkeit allen überlegen wären, sei es nicht schwer, ganz Gallien der eigenen Herrschaft zu unterwerfen. Ihnen dies vorzustellen gelang ihm um so leichter, als die Helvetier von allen Seiten durch die Natur ihres Landes eingeengt sind: auf der einen Seite durch den Rhein, der, sehr breit und tief, das Helvetierland von den Germanen trennt, auf der anderen Seite durch den hohen Jura zwischen den Sequanern und den Helvetiern, auf der dritten durch den See Lemannus und den Rhodanus, der unsere Provinz von den Helvetiern scheidet. Das alles hinderte sie an weiten Streifzügen und leichten Angriffen auf die Nachbarn, und gerade dies empfanden so kriegsbegierige Leute sehr schmerzlich. In Anbetracht ihrer Menschenmenge aber und im Gedanken an ihren Kriegsruhm und den Ruhm ihrer Tapferkeit glaubten sie wirklich, ein zu enges Land zu haben. [Es erstreckte sich 240 Meilen in die Länge und 180 Meilen in die Breite.]

3. Dies und das Ansehen des Orgetorix bewog sie zu dem Beschluß, das für den Auszug Notwendige zu beschaffen, eine möglichst große Anzahl Zugtiere und Karren aufzukaufen, weite Saaten zu bestellen, um auf dem Weg über genügend Getreide zu verfügen, und mit den Nachbarn Frieden und Freundschaft zu erneuern. Für diese Vorbereitungen rechneten sie zwei Jahre; auf das dritte Jahr setzten sie durch ein Gesetz den Aufbruch fest. Um die Nachbarn zu gewinnen, wurde Orgetorix zum Führer gewählt. Als er die Gesandtschaft an die Stämme übernommen hatte, überredete er auf dieser Reise den Sequaner Casticus, den Sohn des Catamantaloedes, der lange Jahre hindurch König der Sequaner gewesen war und vom Senat des römischen Volkes den Titel »Freund« erhalten hatte, er solle in seinem Stamm das Königtum übernehmen, das sein Vater vorher innegehabt habe; ebenso überredete er den Haeduer Dumnorix – dieser war der Bruder des bekannten Diviciacus –, der damals in seinem Stamm an der Spitze stand

und beim niederen Volk besonders beliebt war, zu demselben Versuch und gab ihm seine Tochter zur Frau. Beiden machte er klar, ihre Absicht durchzusetzen sei sehr leicht, denn auch er werde in seinem Stamm die Herrschaft übernehmen. Es sei kein Zweifel, von allen Galliern hätten die Helvetier den größten Einfluß, und er versicherte fest, ihnen mit allen seinen Mitteln und seinem Heer die Königsmacht zu verschaffen. So schwuren sie sich den Treueid in der Hoffnung, einmal in den Besitz des Königtums gelangt, mit ihren drei sehr mächtigen und starken Völkern sich ganz Gallien unterwerfen zu können.

4. Aber dieser Plan wurde den Helvetiern verraten. Nach ihrer Sitte zwangen sie den Orgetorix, sich in Fesseln zu verantworten. Verurteilt hätte die Strafe des Feuertodes ihn treffen müssen. An dem für die Gerichtsverhandlung festgesetzten Tage bot Orgetorix zur Gerichtsstätte seine ganze Gefolgschaft – an die 10 000 Mann – von allen Seiten auf; ebendorthin ließ er alle seine Klienten und zahlreichen Schuldner kommen. Durch sie entzog er sich der Verhandlung. Als darob erregt die Bürgerschaft ihr Recht mit den Waffen zu wahren unternahm und die Behörden dazu die zahlreiche Landbevölkerung aufboten, war Orgetorix plötzlich tot; der Verdacht an Selbstmord liegt nahe, wie die Helvetier auch tatsächlich glauben.

5. Trotzdem versuchten die Helvetier auch nach seinem Tode ihren Beschluß, aus der Heimat auszuwandern, durchzuführen. Als sie dazu genügend gerüstet zu sein glaubten, legten sie alle ihre Städte, etwa zwölf, ferner etwa 400 Dörfer und die übrigen Gehöfte in Asche, verbrannten alles Getreide, das sie nicht mit sich führen konnten, um ohne die Hoffnung auf Rückkehr in die Heimat allen Gefahren um so mutiger zu begegnen, und gaben Befehl, jeder solle für drei Monate gebackenes Brot mitnehmen. Ihre Nachbarn, die Rauracer, Tulinger und Latovicer sollten sich ihnen anschließen und mit ihnen ziehen, nachdem sie gleichfalls ihre Städte und Dörfer eingeäschert; die Boier, die einst drüben über dem Rhein

gesessen, dann nach Noricum herübergewechselt hatten und gerade Noreia bestürmten, nahmen sie als Bundesgenossen bei sich auf.

6. Es gab im ganzen überhaupt nur zwei Wege, auf denen sie aus ihrem Land ausziehen konnten. Der eine führte durch das Sequanerland, eng und schwierig und kaum für *einen* Karren benutzbar; dazu beherrschte ihn ein hoher Berg, so daß wenige Leute genügten, um ihn zu sperren. Der andere durch unsere Provinz war viel leichter und bequemer; denn zwischen dem Helvetierland und den erst kürzlich bis zur Befriedung unterworfenen Allobrogen fließt der Rhodanus, der sich an einigen Stellen auf Furten überschreiten läßt. Die letzte Stadt im Allobrogengebiet, die unmittelbar an der Grenze des Helvetierlandes liegt, heißt Genava. Von dort führt eine Brücke hinüber zu den Helvetiern. Die Helvetier müssen nun geglaubt haben, die Allobrogen, von denen sie offenbar überzeugt waren, daß sie noch nicht von der friedlichsten Gesinnung gegen das römische Volk seien, entweder in Güte überreden oder zwingen zu können, den Durchzug durch ihr Land zu gestatten. Als sie alles für den Aufbruch vorbereitet hatten, bestimmten sie einen Tag, an dem sie sich insgesamt am Rhodanusufer versammeln sollten. Dies war der 28. März im Konsulatsjahr des Lucius Piso und des Aulus Gabinius.

7. Als Caesar von der Absicht der Helvetier, durch unsere Provinz zu ziehen, gehört hatte, brach er sofort von der Stadt Rom auf, eilte in Gewaltmärschen in das jenseitige Gallien und gelangte in die Umgebung von Genava. Der ganzen Provinz legte er die Stellung einer möglichst großen Anzahl Soldaten auf – befand sich doch im jenseitigen Gallien überhaupt nur eine Legion. Die Brücke bei Genava ließ er sofort abbrechen. Aber die Helvetier erfuhren von seiner Ankunft und schickten daraufhin eine Gesandtschaft aus Angehörigen ihres Adels unter Führung des Nameius und Verucloetius an ihn ab mit der Weisung mitzuteilen, sie wollten durch unsere Provinz ziehen, und zwar ohne irgendeine Gewalttat; sie hätten keinen anderen Weg und ließen deshalb bitten, diesen

Weg mit seiner Erlaubnis benutzen zu dürfen. Aber Caesar lehnte ihr Ansinnen ab, weil er ihnen nicht vergessen konnte, daß sie den Konsul Lucius Cassius getötet und sein Heer geschlagen und unter das Joch geschickt hatten, und er glaubte nicht, daß so feindliche Leute, gäbe er ihnen die Möglichkeit des Durchzugs durch die Provinz, von Unrecht und Gewalttat lassen würden. Indes, um Zeit zu gewinnen, bis die Soldaten aus der Provinz sich sammelten, antwortete er den Gesandten, er müsse sich die Sache überlegen; wenn sie etwas wollten, sollten sie am 13. April wiederkommen.

8. Inzwischen ließ er von der einen Legion, die er bei sich hatte, und den aus der Provinz zusammengekommenen Soldaten vom See Lemannus, der in den Rhodanus abfließt, bis zum Jura, der die Sequaner von den Helvetiern trennt, eine 19 Meilen lange und 16 Fuß hohe Mauer errichten und einen Graben davor ziehen. Danach verteilte er Schutzwachen und befahl Schanzen zu erbauen, um für den Fall, daß sie gegen seinen Willen den Übergang versuchen sollten, dies um so leichter hindern zu können. Als dann der mit den Gesandten vereinbarte Termin herankam und diese zu ihm zurückkehrten, erklärte er, die Sitte und das Beispiel des römischen Volkes verböten es ihm, irgend jemandem den Durchzug durch die Provinz zu gestatten; und sollten sie Gewalt anwenden, so werde er sie daran hindern. So war diese Hoffnung für die Helvetier dahin. Sie versuchten noch, teils auf verbundenen Kähnen und mehreren schnell hergestellten Flößen, teils auf den Furten des Rhodanus dort, wo die Flußtiefe ganz gering war, den Durchbruch, zuweilen bei Tag, öfters in der Nacht. Aber die Festigkeit der Anlage, die beständige Bereitschaft der Soldaten und der Hagel der Geschosse trieben sie zurück und zwangen sie, ihr Unternehmen aufzugeben.

9. Es blieb nun also nur noch der andere Weg durch das Sequanerland, und den konnten sie wegen des Engpasses ohne Erlaubnis der Sequaner nicht ziehen. Da sie diese für sich allein dazu nicht zu überreden vermochten, schickten sie nunmehr Gesandte an den Haeduer Dumnorix, um mit seiner Fürsprache

bei den Sequanern zum Ziel zu kommen. Dumnorix verfügte durch Beliebtheit und Spenden nicht nur bei den Sequanern über gewaltigen Einfluß, sondern war auch den Helvetiern freundlich gesinnt, weil er Orgetorix' Tochter aus diesem Stamm geheiratet hatte; und da er aus Verlangen nach der Königsmacht eine Änderung der bestehenden Verhältnisse anstrebte, wollte er möglichst viele Stämme sich durch seine Wohltaten verpflichtet wissen. Daher geht er auf die Bitte der Helvetier ein und vermittelt tatsächlich bei den Sequanern jenen die Erlaubnis des Durchzugs durch ihr Land. Auch die gegenseitige Stellung von Geiseln erreicht er, wodurch die Sequaner sich verpflichteten, die Helvetier nicht am Weg zu hindern, die Helvetier, ohne Gewalttat hindurchzumarschieren.

10. Caesar erhielt die Nachricht, daß die Helvetier durch das Land der Sequaner und Haeduer in das Gebiet der Santoner zu ziehen beabsichtigten. Dies liegt nicht weit vom Land der Tolosaten, einer gallischen Bürgerschaft in der Provinz. In solchem Plan sah er nun eine ganz große Gefahr für die Provinz, wenn sie so kriegerische Menschen und noch dazu Feinde des römischen Volkes in dem offenen und außerordentlich fruchtbaren Landstrich zu Nachbarn hätte. Um hier Gegenmaßnahmen zu ergreifen, ernannte er zum Kommandeur der angelegten Befestigungslinie den Legaten Titus Labienus; er selbst reiste in Eilmärschen nach Italien, hob dort zwei Legionen aus, führte drei weitere aus ihrem Winterlager in der Umgebung von Aquileia heraus und eilte auf dem nächsten durch die Alpen nach dem jenseitigen Gallien führenden Weg schnellstens mit den fünf Legionen wieder zurück. In den Alpen versuchten die Ceutronen, Graioceler und Caturigen durch Besetzung der Höhen das Heer am Marsch zu hindern. Unter wiederholten siegreichen Kämpfen mit diesen Völkern gelangte Caesar von der letzten Stadt des diesseitigen Gallien, Ocelum, in das dem jenseitigen Gallien zugehörige Vocontierland in sechs Tagen; von dort führte er das Heer erst zu den Allobrogen, von den Allobrogen zu den Segusiavern. Dies ist die

erste Völkerschaft jenseits des Rhodanus außerhalb der Provinz.

11. Die Helvetier hatten ihre Truppen bereits durch den Engpaß (des Rhodanustales) und das Sequanerland hindurchgeführt und waren in das Gebiet der Haeduer gelangt, deren Äcker sie verwüsteten. Die Haeduer waren unfähig, sich und ihr Eigentum vor den Eindringlingen zu schützen. Daher schickten sie Gesandte an Caesar mit der Bitte um Hilfe: So groß sei zu allen Zeiten ihr Verdienst um das römische Volk gewesen, daß sie es nicht nötig hätten, fast unmittelbar unter den Augen unseres Heeres ihre Äcker verwüsten, ihre Kinder in die Sklaverei schleppen, ihre Städte erobern zu lassen. Gleichzeitig erhielt Caesar von den Ambarrern, Blutsverwandten der Haeduer, die Nachricht, daß auch ihre Ländereien vollständig verwüstet seien; nur mit größter Mühe vermöchten sie die Feinde von ihren Städten fernzuhalten. Ebenso flüchteten sich die Allobrogen, so weit sie über dem Rhodanus Dörfer und Besitz hatten, (ohne Widerstand zu versuchen) zu Caesar und meldeten ihm, daß ihnen außer dem nackten Boden nichts übrig geblieben sei. Da sagte sich Caesar, er dürfe nicht warten, bis die Helvetier nach Vernichtung der ganzen Güter der Bundesgenossen ins Gebiet der Santoner gelangt seien.

12. Zwischen dem Haeduer- und dem Sequanerland fließt der Arar dem Rhodanus zu, und zwar so langsam, daß man mit den Augen die Flußrichtung nicht ohne weiteres unterscheiden kann. Diesen Fluß überschritten die Helvetier auf Flößen und zusammengekoppelten Kähnen. Als Caesar durch eine Aufklärungsabteilung erfuhr, daß bereits drei Viertel der helvetischen Truppen den Fluß überschritten hätten, ein Viertel aber noch diesseits des Arar verblieben sei, brach er nach der dritten Nachtwache mit drei Legionen aus seinem Lager auf und kam in Fühlung mit dem Teil des Gegners, der den Fluß noch nicht überschritten hatte. Der Angriff traf diesen völlig unvorbereitet und ahnungslos, so daß eine große Anzahl Feinde fielen; die übrigen flohen und verbargen sich in den benachbarten Wäldern. Der Schlag traf den tigurinischen Gau, denn

das ganze Volk der Helvetier ist in vier Teile oder Gaue eingeteilt. Bei einem früheren Auszug von zu Hause hatte gerade dieser Gau zur Zeit unserer Väter den Konsul Lucius Cassius getötet und sein Heer unter das Joch geschickt; und sei es aus Zufall oder durch den Ratschluß der Unsterblichen – es büßte der Teil der Helvetier zuerst, der dem römischen Volk eine so entscheidende Niederlage beigebracht hatte. Durch seinen jetzigen Sieg rächte Caesar übrigens ein Unrecht, das nicht nur dem Staat, sondern auch ihm selbst angetan worden war; denn die Tiguriner hatten in der gleichen Schlacht außer Cassius auch den Legaten Lucius Piso getötet, den Großvater von Caesars Schwiegervater Lucius Piso.

13. Um sofort die Verfolgung der übrigen Truppen der Helvetier aufnehmen zu können, ließ er über den Arar eine Brücke schlagen, auf der er das Heer hinüberführte. Seine plötzliche Ankunft machte auf die Helvetier den größten Eindruck; als sie sahen, daß er zu dem Flußübergang, den sie selbst in 20 Tagen nur mit der allergrößten Mühe bewerkstelligt hatten, nur einen einzigen Tag benötigte, ordneten sie eine Gesandtschaft an ihn ab. An der Spitze der Gesandtschaft stand Divico, derselbe, der im Krieg mit Cassius Führer der Helvetier gewesen war. Dieser verhandelte mit Caesar folgendermaßen: Wenn das römische Volk mit den Helvetiern Frieden schließen wolle, dann würden sie in die Gegend ziehen und dort bleiben, wo Caesar sie hinweise und wolle, daß sie blieben; wenn er aber auf der Fortsetzung des Krieges beharre, dann solle er ja an die alte Niederlage des römischen Volkes und an die frühere Tapferkeit der Helvetier denken. Weil er jetzt unversehens einen Gau habe angreifen können, als die anderen, die den Fluß schon überschritten hätten, ihren Landsleuten keine Hilfe bringen konnten, deshalb solle er ja noch nicht zu sehr auf seine Tüchtigkeit pochen oder darum gar auf sie herabsehen. Sie hätten von ihren Vätern und Vorvätern gelernt, eher mit Tapferkeit als mit List zu streiten oder gar sich auf Hinterhalt zu verlegen. Er solle also nicht die Veranlassung dazu sein, daß der Ort, auf dem sie stünden, durch

eine neue Niederlage des römischen Volkes und die Hinschlachtung seines Heeres berühmt werde und ein Erinnerungsmal bei den Nachkommen sei.

14. Ihnen antwortete Caesar so: Bezüglich seiner Entscheidung könne er sich um so weniger einem Zweifel hingeben, als er alles, was die helvetischen Gesandten erwähnt hätten, sehr wohl wisse und daran um so schwerer trage, je weniger sich dies mit Verschulden des römischen Volkes ereignet habe. Denn wenn das römische Volk sich nur des geringsten Unrechts bewußt gewesen wäre, so wäre es nicht schwer gewesen, sich vorzusehen; aber darin habe es sich bitter getäuscht, insofern es weder wußte, daß etwas von ihm getan worden sei, um dessentwillen es hätte Furcht hegen müssen, noch geglaubt habe, ohne Grund Furcht hegen zu müssen. Und selbst wenn er die alte Schmach vergessen wollte – könne er auch die Erinnerung an das jüngste Unrecht loswerden und vergessen, daß sie gegen seinen ausdrücklichen Willen gewaltsam den Durchmarsch durch die Provinz zu erzwingen versucht, daß sie die Haeduer, die Ambarrer, die Allobrogen drangsaliert hätten? Wenn sie sich ihres Sieges so unverschämt rühmten und sich wunderten, so lange mit ihrer Gewalttätigkeit durchgekommen zu sein, so zeige dies gerade ihre Haltung. Denn das sei Gewohnheit der unsterblichen Götter: Diejenigen, an denen sie sich für ihre Verbrechen rächen wollten, erhielten eine Zeitlang ein glücklicheres Ergehen und längere Straflosigkeit zugebilligt, damit sie die Veränderung um so schwerer fühlten. Trotzdem aber sei er zum Friedensschluß mit ihnen bereit, wenn sie ihm Geiseln stellen wollten, so daß er ihre Bereitwilligkeit, die Versprechungen auch zu erfüllen, sähe; außerdem müßten sie sich wegen der den Haeduern und ihren Bundesgenossen zugefügten Gewaltsamkeiten bei den Haeduern und ferner bei den Allobrogen entschuldigen. Da antwortete Divico: Es sei den Helvetiern von ihren Vorfahren überkommen, Geiseln zu empfangen, nicht zu stellen; dafür sei das römische Volk selbst Zeuge. So seine Antwort; dann ging er.

15. Tags darauf brachen die Helvetier auf. Dasselbe tat

Caesar. Seine gesamte Reiterei, etwa 4000 Mann, die die Provinz und der Haeduerstamm samt dessen Bundesgenossen gestellt hatten, sandte er voraus, um die Marschrichtung des Feindes festzustellen. Da sie der gegnerischen Nachhut allzu leidenschaftlich nachdrängte, mußte sie sich auf ungünstigem Gelände mit der Reiterei der Helvetier in einen Kampf einlassen, wobei einige wenige der Unsrigen fielen. Dieser Kampf machte die Helvetier stolz, denn mit 500 Reitern hatten sie eine solche Übermacht geworfen; sie begannen daher jetzt manchmal kühnen Widerstand zu leisten und mit ihrer Nachhut die Unsrigen zum Kampf zu reizen. Aber Caesar hielt seine Leute vom Kampf zurück und begnügte sich im Augenblick damit, den Räubereien und Verwüstungen des Gegners zu steuern. Etwa 14 Tage lang marschierte man so, daß zwischen der Nachhut der Feinde und unserer Vorhut nur 5 oder 6 Meilen Abstand war.

16. In der Zwischenzeit forderte Caesar täglich von den Haeduern das Getreide, das sie im Namen des Staates versprochen hatten. Denn wegen der (im Augenblick noch herrschenden) kalten Witterung [wie oben gesagt, liegt Gallien gegen Norden] war nicht nur das Getreide auf den Äckern noch nicht reif, sondern es genügte nicht einmal die zur Verfügung stehende Menge Grünfutter. Über das Getreide aber, das er auf dem Arar zu Schiff hatte heranfahren lassen, konnte er deshalb so schwer verfügen, weil die Helvetier vom Arar abgebogen waren und er die Fühlung mit ihnen keinesfalls verlieren wollte. Von Tag zu Tag zogen die Haeduer die Sache hinaus; sie erklärten immer, es werde angeliefert, zusammengebracht, es sei schon da. Als er inne wurde, daß man ihn nur hinhalte und daß der Tag unmittelbar bevorstehe, an dem er den Soldaten das Getreide zuteilen müsse, berief er die Fürsten der Haeduer zu sich, von denen er eine ganze Menge im Lager hatte, so auch Diviciacus und Liscus. Letzterer war damals der Führer im Rat der Haeduer – die keltische Bezeichnung lautet Vergobret; man wählt ihn auf ein Jahr, und er hat Gewalt über Leben und Tod der Seinen. Gegen

sie erhob Caesar schwere Vorwürfe, daß er, der doch das Getreide weder kaufen noch von den Feldern nehmen könne, bei solchem Drange der Zeit, solcher Nähe der Feinde von ihnen keine Unterstützung erfahre, zumal da er wesentlich auf ihre Bitten hin den Krieg unternommen habe. Noch um vieles schärfer beklagte er sich, daß er so im Stich gelassen worden sei.

17. Da erst bringt, durch Caesars Worte bestimmt, Liscus vor, was er bisher verschwiegen hatte: Es gebe bei ihnen einige Männer, deren Ansehen sie beim niederen Volk sehr einflußreich mache, einflußreicher als selbst den Rat. Durch gemeine Hetzreden hätten sie jetzt die große Menge dazu gebracht, das schuldige Getreide nicht zu liefern, denn es sei besser, wenn sie sich schon in der Vorherrschaft in Gallien nicht länger (allein) zu behaupten vermöchten, die Befehle der Gallier zu ertragen als die der Römer; und sie zweifelten nicht im geringsten daran, daß ein römischer Sieg über die Helvetier nicht nur das übrige Gallien die Freiheit kosten würde, sondern auch die Haeduer. Eben diese Leute würden daher auch unsere Pläne und die Vorgänge in unserm Lager den Feinden verraten. Er, Liscus, könne jene nicht in Schranken halten. Ja, er wisse ganz genau, was für eine Gefahr es für ihn bedeute, daß er sich gezwungen gesehen habe, diese üblen Vorgänge Caesar mitzuteilen, und er habe deswegen so lange geschwiegen.

18. Caesar verstand sehr wohl, daß Liscus mit seinen Worten Dumnorix, den Bruder des Diviciacus, meinte. Aber er wollte das vor den vielen Zuhörern nicht erörtern. Er entließ daher sofort die Fürstenversammlung und behielt nur Liscus zurück. Nun befragt er ihn allein über die Enthüllungen, die er vorhin in der Fürstenversammlung gemacht hatte, und Liscus spricht jetzt freier und kühner. Heimlich fragt Caesar dann dasselbe auch andere (Fürsten), und er erfährt, daß es stimmt: Dumnorix sei kühn, beim niederen Volk ob seiner offenen Hand sehr beliebt und leidenschaftlich auf Änderung der politischen Verhältnisse bedacht. Mehrere Jahre habe er

die Zölle und alle übrigen Steuern der Haeduer in ganz billiger Pacht gehabt, und zwar deshalb, weil niemand sein Gebot zu überbieten wagte. So habe er nicht nur sein privates Einkommen gesteigert, sondern auch große Mittel zu Schenkungen angesammelt. Auf seine eigenen Kosten halte er ständig eine große Reiterei, die ihn stets umgebe; und nicht nur in seiner Heimat, sondern auch bei den Nachbarstaaten sei sein Einfluß gewaltig. Um dieser Macht willen habe er seine Mutter mit einem vornehmen und mächtigen Biturigen vermählt, seine eigene Frau aus dem Stamm der Helvetier genommen und seine Schwester mütterlicherseits und seine anderen weiblichen Anverwandten nach anderen Stämmen Galliens verheiratet. Wegen dieser Verwandtschaft sei er den Helvetiern außerordentlich zugetan; Caesar und die Römer aber hasse er auch aus ganz persönlichen Gründen, denn ihre Ankunft habe seine Macht vermindert und seinem Bruder Diviciacus die frühere Beliebtheit und Ehre zurückgegeben. Jede Schlappe der Römer rufe in ihm die größte Hoffnung wach, mit Hilfe der Helvetier König zu werden; würden aber die Römer herrschen, so schwinde für ihn nicht nur die Aussicht auf das Königtum, sondern auch sein jetziges Ansehen. Weiter erfuhr Caesar bei diesen Erkundigungen noch etwas über das Reitertreffen, das vor einigen Tagen stattgefunden hatte: Dumnorix und seine Reiter seien damals zuerst geflohen – Dumnorix kommandierte nämlich die Reiterei, die die Haeduer Caesar zu Hilfe geschickt hatten –; durch deren Flucht sei dann auch die übrige Reiterei in Verwirrung geraten.

19. Zu diesen Verdachtsgründen kamen für Caesar noch die feststehenden Tatsachen hinzu, daß Dumnorix die Helvetier durch das Sequanerland geführt hatte, daß er sie einander Geiseln stellen ließ, daß dies alles nicht nur ohne Befehl Caesars und des Haeduerstammes von ihm unternommen worden war, sondern sogar ohne ihr Wissen, schließlich, daß er von dem Ratsoberhaupt der Haeduer angeklagt wurde. Daher glaubte er genügend Grund zu haben, persönlich gegen ihn einzuschreiten oder solches dem Stamm zu befehlen. Es stand

dem nur das Eine entgegen, daß Dumnorix' Bruder Diviciacus sich, wie er wußte, außerordentlich um das römische Volk bemühte und er ihn sich persönlich gegenüber sehr zugeneigt, treu, gerecht und maßvoll gefunden hatte; und er fürchtete, durch Hinrichtung des Dumnorix Diviciacus zu kränken. Bevor er daher etwas unternahm, ließ er Diviciacus zu sich kommen. Die im täglichen Dienst verwendeten Dolmetscher wurden entfernt. Er besprach sich mit ihm durch Vermittlung seines Freundes Gaius Valerius Troucillus, eines Fürsten aus der Provinz Gallien, dem er in allen Dingen sein vollstes Vertrauen schenken konnte. In dem Gespräch erinnerte er unter anderem Diviciacus nachdrücklich an das, was in seiner Gegenwart auf der Fürstenversammlung über Dumnorix geredet worden sei, und berichtete von den Aussagen, die ihm jeder getrennt über seinen Bruder gemacht habe. Er bat ihn eindringlich darum, nach gerichtlicher Untersuchung entweder selbst gegen ihn strafend einschreiten oder solches seinem Stamm befehlen zu dürfen, ohne daß er, Diviciacus, sich darüber kränke.

20. Diviciacus umarmte Caesar unter vielen Tränen und beschwor ihn, nicht zu hart gegen seinen Bruder zu verfahren. Er wisse ja, daß alles dieses wahr sei; aber es schmerze das Verhalten seines Bruders auch keinen anderen mehr als ihn. Denn als *er* noch großen Einfluß in seiner Heimat gehabt habe, damals, als sein Bruder wegen seiner Jugend noch so gut wie gar nichts vermochte, sei jener durch ihn im Ansehen gestiegen, um dann durch seine Gelder und Machtmittel nicht nur sein Ansehen zu schwächen, sondern ihn selbst fast zu verderben. Und doch bestimmten ihn Bruderliebe und Volksmeinung (zur Nachsicht). Sei einmal Caesar zu scharf gegen ihn vorgegangen, so werde niemand glauben, daß das nicht auch mit seiner Zustimmung geschehen sei, da er bei ihm solch eine Freundesstellung einnehme. Die Folge werde sein, daß ganz Gallien sich von ihm abwende. Als er etwas umständlich Caesar darum weinend anflehte, ergriff dieser seine Rechte, beruhigte ihn und bat ihn, nicht mehr zu flehen. Er erklärte ihm, seine hohe

Stellung bei ihm sei so wichtig, daß er seinem Wunsch und seiner Fürbitte zuliebe seines Bruders unbilliges Verhalten gegen den römischen Staat und sein persönliches schmerzliches Empfinden darüber ungeahndet lasse. Darauf rief er den Dumnorix zu sich. Im Beisein seines Bruders weist er ihn nachdrücklich auf die Vorwürfe hin, die er ihm mache, und stellt ihm vor, was er selbst über ihn wisse und worüber sein Stamm sich beschwere. Er müsse in Zukunft jeden Verdacht vermeiden; nur seinem Bruder zuliebe verzeihe er ihm die Dinge der Vergangenheit. Zugleich bestellt er für Dumnorix Wächter, um zu wissen, was jener treibe und mit wem er spreche.

21. Am gleichen Tag benachrichtigte Caesar ein Spähtrupp, daß 8 Meilen von seinem Lager die Feinde am Fuß eines Berges ihr Lager aufgeschlagen hätten. Er entsandte darauf einige Leute, die die Natur des Berges und einen etwaigen Aufstieg ringsum erkunden sollten. Man meldete zurück, der Aufstieg sei leicht. Daraufhin gab er dem Legaten Titus Labienus, dem Stellvertreter des Oberfeldherrn, den Befehl, noch während der dritten Nachtwache mit zwei Legionen unter Führung der Leute, die den Weg kannten, den Gipfel des Berges zu ersteigen, und erklärte ihm, was er mit seinem Plan beabsichtige. Er selbst marschierte in der vierten Nachtwache auf dem vorher vom Feind benutzten Weg eilig an diesen heran und sandte die ganze Reiterei vor sich her. Ihr voraus wurde Publius Considius mit einem Aufklärungstrupp abgeschickt; Considius galt für sehr kriegserfahren, da er zuerst im Heer des Lucius Sulla, später unter Marcus Crassus gedient hatte.

22. Bei Tagesanbruch aber, als die Bergeshöhe bereits von Labienus besetzt gehalten wurde und Caesar selbst vom feindlichen Lager höchstens noch 1 ½ Meilen entfernt stand, wobei, wie er später von Gefangenen erfuhr, weder seine noch des Labienus Ankunft bemerkt worden war, sprengte plötzlich Considius in vollem Galopp an ihn heran und berichtete hastig, der Berg, den er durch Labienus besetzen lassen wollte,

sei in den Händen der Feinde; er habe dies deutlich an den gallischen Waffen und Feldzeichen erkannt. Caesar führte seine Truppen nun auf den nächsten Hügel und stellte sie dort in Schlachtordnung auf, während Labienus, entsprechend der Weisung des Oberfeldherrn, die Schlacht nur zu beginnen, wenn dessen Truppen vor dem feindlichen Lager erschienen seien, damit dann die Feinde von allen Seiten gleichzeitig angegriffen würden, nach Besetzung des Berges die Unsrigen in Ruhe erwartete. Leider erfuhr Caesar erst am hohen Tag durch einen Spähtrupp, daß die Seinen den Berg besetzt hielten, die Helvetier aber weitergezogen seien und Considius ihm in seiner Furcht Dinge als gesehen gemeldet habe, die er in Wirklichkeit gar nicht gesehen hatte. So folgte Caesar auch an diesem Tag den Feinden in dem gewohnten Abstand und schlug 3 Meilen von ihrem Lagerplatz sein Lager auf.

23. Nun waren nur noch zwei Tage übrig bis zu dem Tag, an dem man dem Heer das Getreide zuteilen mußte. Da er von der bei weitem größten und reichsten Stadt der Haeduer, Bibracte, nur 18 Meilen entfernt war, mußte er doch wohl für die Verpflegung Vorsorge treffen. Er bog daher am folgenden Tag von den Helvetiern ab und eilte auf Bibracte zu. Dies wurde durch Überläufer des gallischen Reiterdekurienführers Lucius Aemilius den Feinden verraten. Mögen nun die Helvetier gemeint haben, die Römer zögen aus Furcht ab, zumal sie am Tag vorher trotz der Besetzung der Höhen den Kampf nicht begonnen hatten, oder mochten sie darauf vertrauen, ihr Gegner könnte von der Verpflegung abgeschnitten werden – sie änderten jedenfalls ihren Marschplan, machten kehrt und begannen, die Nachhut unseres Heeres zu drängen und anzugreifen.

24. Nachdem Caesar dies bemerkt hatte, führte er seine Truppen auf den nächsten Hügel hinauf und entsandte die Reiterei mit dem Befehl, den feindlichen Angriff aufzufangen. In der Zwischenzeit ordnete er auf halber Höhe des Hügels in drei Treffen die aus Veteranen bestehenden vier Legionen; oben auf dem Hügel stellte er die beiden erst kürzlich im

diesseitigen Gallien ausgehobenen Legionen sowie alle Hilfstruppen auf, so daß er von sich aus aufwärts den ganzen Berg mit Menschen anfüllte; das schwere Gepäck und die Tornister ließ er an eine Stelle schaffen und diese von den oben aufmarschierten Truppen durch Befestigungen schützen. Auch die Helvetier, die mit allen ihren Karren gefolgt waren, brachten den Troß nach und nach an eine Stelle. Ihre Krieger aber rückten, nachdem sie in dichter Schlachtreihe unsere Reiterei zurückgeworfen hatten, in einer Phalanx gegen unser erstes Treffen auf.

25. Da ließ Caesar zuerst sein Pferd, dann auch die Pferde aller anderen Offiziere seiner Umgebung aus dem Gesichtskreis entfernen, um sich und ihnen bei gleicher Gefahr jede Hoffnung auf Flucht zu nehmen. Darauf hielt er eine kurze Ansprache und eröffnete den Kampf. Da die Soldaten ihre Pilen von oben her warfen, rissen sie leicht Lücken in die Phalanx der Feinde. Sofort griffen die Römer sie mit dem blanken Schwert an. Für die Gallier war es beim Kampf sehr nachteilig, daß, wenn mehr als einer ihrer Schilde durch einen Wurf der römischen Geschosse durchbohrt und mit anderen zusammengeheftet war, sie das Eisen nicht herausziehen konnten, da es sich umbog, und infolgedessen an ihrer linken Hand so behindert waren, daß sie nicht ordentlich kämpfen konnten; viele ließen daher lieber, nachdem sie lange mit dem Arm geschüttelt hatten, den Schild fallen und zogen es vor, ungeschützt zu kämpfen. Schließlich wichen sie, von Wunden erschöpft, langsam zurück und traten allmählich den Rückzug auf einen Berg an, der in etwa einer Meile Entfernung sich erhob. Sie besetzten ihn. Als aber die Unsrigen bergauf nachrückten, griffen die Boier und Tulinger, die in einer Stärke von etwa 15 000 Mann die feindliche Nachhut bildeten und den Schluß des Zuges zu schützen hatten, sie unmittelbar vom Marsch aus auf der vom Schild nicht gedeckten Seite an und umzingelten sie. Da rückten auch die anderen Helvetier, die sich auf den Berg zurückgezogen hatten, als sie dies sahen, langsam wieder vor und erneuerten den Kampf. Doch die

Römer machten jetzt plötzlich kehrt und griffen den Feind nach zwei Fronten hin an: das erste und das zweite Treffen mit dem Ziel, den bereits besiegten und zurückgeworfenen Abteilungen des Gegners sich entgegenzustellen, das dritte Treffen, um die neuankommenden Boier und Tulinger aufzuhalten.

26. Lange und heftig kämpfte man so in dieser Doppelschlacht. Als schließlich die Helvetier den Angriffen der Unsrigen nicht mehr standhalten konnten, zog sich der eine Teil von ihnen, wie er es bereits begonnen hatte, geordnet auf den Berg zurück; die anderen marschierten zu ihrem Troß und ihren Karren ab. Denn in dieser ganzen Schlacht, in der man vom Mittag bis gegen Abend gekämpft hatte, bekam niemand einen fliehenden Feind zu sehen. Auch beim Gepäck wurde noch bis tief in die Nacht hinein gefochten, denn die Helvetier hatten ihre Karren zu einer Wagenburg zusammengefahren und konnten ihre Geschosse gegen die anrückenden Unsrigen von oben her schleudern; einige warfen auch durch die Zwischenräume der Karren und Räder ihre eigentümlich gallischen Wurflanzen von unten her und suchten so unsere Leute zu verwunden. Erst nach langem Kampf konnten die Unsrigen Troß und Lager der Feinde erobern, wobei ihnen die Tochter und ein Sohn des Orgetorix in die Hände fielen. Die etwa 130 000 Überlebenden aus diesem Kampf marschierten die ganze Nacht hindurch. Ohne nur eine Nacht ein wenig auszusetzen, gelangten sie am vierten Tag (ungehindert) zum Land der Lingonen; denn die Unsrigen konnten wegen der Pflege der Verwundeten und wegen des Begräbnisses der Gefallenen ihnen drei Tage lang nicht folgen. Caesar sandte aber an die Lingonen Boten mit einem Schreiben, in dem er jede Unterstützung der Feinde mit Getreide und sonstigem verbot: Sollten sie ihnen doch helfen, so werde er sie ebenso behandeln wie die Helvetier. Erst am vierten Tag folgte er ihnen wieder mit allen Truppen.

27. Da zwang der vollständige Mangel an den notwendigsten Dingen die Helvetier, an Caesar wegen ihrer Unterwer-

fung Gesandte zu schicken. Diese trafen ihn auf dem Marsch. Sie warfen sich ihm zu Füßen, schilderten flehentlich ihre furchtbare Lage und baten weinend um Frieden. Seinem Befehl, seine Ankunft an ihrem jetzigen Lagerplatz abzuwarten, kamen sie nach. Nachdem Caesar dorthin gelangt war, forderte er Geiseln, Waffen und die zu ihnen geflohenen Sklaven. Während man dies alles zusammensuchte und ablieferte, verließen etwa 6000 Mann des verbigenischen Gaues mit Einbruch der Nacht das Lager der Helvetier entweder aus Furcht, nach Ablieferung der Waffen hingerichtet zu werden, oder in der Hoffnung, entkommen zu können, weil bei einer solchen Masse Unterwürfiger ihre Flucht wenigstens zunächst wohl verborgen oder überhaupt unbemerkt bleiben möchte, und zogen schleunigst in der Richtung auf den Rhein und die Germanen ab.

28. Als Caesar Kunde davon erhielt, befahl er den Volksstämmen, durch deren Landstriche sie gezogen waren, wenn sie vor ihm gerechtfertigt sein wollten, die Flüchtigen aufzubringen und ihm wieder zuzuführen. Diese behandelte er als Feinde, während er bei den übrigen nach Ablieferung der Waffen, Geiseln und Überläufer die Unterwerfung annahm. Er ordnete an, daß die Helvetier, Tulinger, Latovicer und Rauracer in ihre verlassene Heimat zurückkehren sollten. Da sie alles Getreide eingebüßt hatten und zu Hause auch nichts zu essen vorfanden, gab er den Allobrogen die Weisung, sie reichlich mit Getreide zu versehen. Die niedergebrannten Städte und Dörfer mußten sie auf seinen Befehl wieder aufbauen. Bei diesen Maßnahmen leitete ihn vor allem der Gedanke, daß er nicht wollte, daß die Gegend, aus der die Helvetier abgezogen waren, unbesiedelt bleibe, damit nicht die überrheinischen Germanen wegen der Güte des Bodens aus ihren Landstrichen in das Helvetierland übersiedelten und dann Nachbarn der gallischen Provinz und der Allobrogen seien. Für die Boier, die sich als besonders tapfer erwiesen hatten, waren die Haeduer eingetreten. Er gab ihnen die Erlaubnis, sie in ihrem eigenen Land anzusiedeln. Die Haeduer wiesen ihnen zunächst Siedlungsland an; später gaben sie ihnen die volle gesetzliche

Gleichberechtigung und Unabhängigkeit, die sie selbst hatten.

29. Im Lager der Helvetier fand man Tafeln mit griechischer Schrift. Sie wurden Caesar überbracht. Auf diesen Tafeln war ein namentliches Verzeichnis der waffenfähigen Auswanderer zusammengestellt und getrennt davon ein Verzeichnis der Knaben, Greise und Frauen. Aus diesen Verzeichnissen ergab sich als Gesamtzahl: Helvetier 263 000, Tulinger 36 000, Latovicer 14 000, Rauracer 23 000, Boier 32 000. Darunter befanden sich etwa 92 000 waffenfähige Leute. Die Gesamtkopfzahl betrug ungefähr 368 000. Die von Caesar angeordnete Schätzung der Heimkehrer ergab noch 110 000 Mann.

30. Nach dem Helvetierkrieg versammelten sich die Fürsten der Stämme aus beinahe ganz Gallien als Abgesandte bei Caesar, um ihn zu seinem Sieg zu beglückwünschen. Wenn er auch, so sagten sie, zunächst die Helvetier für ein altes Unrecht gegen das römische Volk durch diesen Feldzug bestraft habe, so sei ihnen doch klar, daß dieses Ereignis ebenso zugunsten des Landes Gallien wie des römischen Volkes ausgeschlagen sei; denn die Helvetier hätten trotz blühender heimischer Verhältnisse ihre Heimat verlassen in der Absicht, ganz Gallien anzugreifen und zu unterwerfen. Sie wollten sich aus vielen Landstrichen den ihrer Meinung nach besten und fruchtbarsten von ganz Gallien als neuen Wohnsitz aussuchen, die übrigen Stämme aber steuerpflichtig machen. Dann baten die Gesandten ihn um die Erlaubnis, für ganz Gallien einen Landtag auf einen bestimmten Tag ansetzen zu dürfen, und zwar mit seiner ausdrücklichen Einwilligung; sie hätten gewisse Sachen, um die sie ihn auf gemeinsamen Beschluß hin angehen wollten. Caesar gestattete dies, und so schrieben sie für einen bestimmten Zeitpunkt den Landtag aus und verpflichteten sich eidlich, daß nur diejenigen von ihnen Mitteilungen machen dürften, die durch gemeinsamen Beschluß damit beauftragt worden seien.

31. Dann ging der Landtag wieder auseinander. Dieselben Fürsten wie vorher kehrten zu Caesar zurück und baten um eine ganz geheime Unterredung an verborgenem Ort, in der sie mit ihm über ihr und das Ergehen aller verhandeln müßten.

Caesar gewährte ihnen ihre Bitte, worauf sie sich alle weinend zu seinen Füßen warfen und erklärten: Sie müßten nicht minder großen Wert darauf legen, daß ihre jetzigen Äußerungen auf keinen Fall verraten würden, wie darauf, daß sie die Erfüllung ihres Gesuchs bei ihm erreichten. Denn wenn etwas verraten würde, so sähen sie die größten Drangsale für sich kommen. Hierauf sprach in ihrer aller Namen der Haeduer Diviciacus: Im ganzen (keltischen) Gallien gebe es zwei Parteien. Die Führung der einen liege bei den Haeduern, die der anderen bei den Arvernern. Viele Jahre lang hätten sie sich so sehr um die Vormachtstellung gestritten, und dann sei es dazu gekommen, daß von den Arvernern und den (ihnen verbündeten) Sequanern die Germanen für Sold herbeigerufen worden seien. Erst hätten etwa 15 000 den Rhein überschritten; aber nachdem diese wilden und barbarischen Menschen die schönen Felder, die feinere Lebensart und den Reichtum der Gallier schätzen gelernt, seien weitere Scharen herbeigeführt worden; jetzt befänden sich an die 120 000 Germanen in Gallien. Die Haeduer und ihre Klienten hätten mehr als einmal mit ihnen gekämpft; sie seien schließlich besiegt worden und hätten eine furchtbare Niederlage erlitten, hätten ihren ganzen Adel, ihren ganzen Rat, ihre ganze Reiterei verloren. In diesen Gefechten und durch diese Niederlagen sei ihre Kraft gebrochen worden, und sie, die durch ihre Tapferkeit und die Freundschaft des römischen Volkes in Gallien vorher den größten Einfluß gehabt hätten, seien schließlich gezwungen gewesen, den Sequanern die Edelsten ihres Staates als Geiseln auszuliefern und sich eidlich zu verpflichten, diese Geiseln nicht zurückzufordern, vom römischen Volk keine Hilfe zu erflehen und ewige Unterwerfung unter sie zu dulden. Nur er, Diviciacus, habe als einziger vom ganzen Haeduerstamm sich den Eid oder seine Kinder als Geiseln nicht abzwingen lassen. Er sei darob aus seinem Stamm geflüchtet und zum Senat nach Rom gegangen, um Hilfe zu fordern, denn ihn allein hätten kein Eid und keine Geiseln gebunden. Aber den siegreichen Sequanern sei es (sehr bald) schlechter ergangen als den besiegten

Haeduern, da der Germanenkönig Ariovist sich in ihrem Land angesiedelt und den dritten Teil des sequanischen Bodens, des besten von ganz Gallien, mit Beschlag belegt habe; jetzt heiße er die Sequaner bereits das zweite Drittel räumen, weil vor einigen Monaten 24 000 Haruden zu ihm gestoßen seien, denen er Siedlungsland und Wohnsitze geben müsse. In wenigen Jahren würden sie sicher alle aus Gallien vertrieben werden und die Germanen alle den Rhein überschreiten; denn weder könne man den gallischen Ackerboden mit dem der Germanen vergleichen noch die hiesige Lebensweise mit jener. Seit aber Ariovist die Truppen der Gallier in der Schlacht bei Magetobriga besiegt habe, herrsche er hochfahrend und grausam, fordere die Kinder aller Adligen als Geiseln und verübe jede Art Marter als Beispiel einer Strafe gegen sie, wenn irgend etwas nicht nach seinem Wink und Willen geschehe. Er sei ein roher, jähzorniger, leidenschaftlicher Mensch; man könne einfach seine Willkürherrschaft nicht länger ertragen. Wenn von Caesar und dem römischen Volk keine Hilfe komme, dann müßten alle Gallier wie die Helvetier tun und auch von zu Hause auswandern, müßten andere Wohnungen, andere Siedlungen fern von den Germanen aufsuchen und das Glück, was auch kommen möge, erproben. Wenn dies Ariovist verraten würde, so lasse er an allen in seiner Gewalt befindlichen Geiseln zweifellos die Todesstrafe vollziehen. Nur Caesar habe die Macht, durch sein persönliches Ansehen und seines Heeres jüngsten Sieg oder durch den Namen des römischen Volkes zu verhindern, daß eine noch größere Anzahl Germanen über den Rhein geführt werde; nur er könne ganz Gallien vor der Gewaltherrschaft Ariovists schützen.

32. Sofort nach dieser Rede des Diviciacus erbaten alle Anwesenden unter vielen Tränen von Caesar Hilfe. Da sah er, daß unter allen einzig die Sequaner sich an den Bitten der anderen nicht beteiligten, sondern gesenkten Hauptes traurig zur Erde blickten. Er wunderte sich darüber und erkundigte sich bei ihnen nach dem Grund ihres Verhaltens. Auch jetzt antworteten die Sequaner nichts, sondern verharrten schwei-

gend in ihrer Niedergeschlagenheit. Als er sie öfter fragte, ohne auch nur einen Laut aus ihnen herauszubringen, antwortete noch einmal Diviciacus: Das Schicksal der Sequaner sei darin bedauernswerter und schwerer als das der übrigen, als sie allein nicht einmal an geheimem Ort sich zu beklagen oder Hilfe zu erbitten wagten und auch vor des abwesenden Ariovist Grausamkeit noch schauderten, als sei er persönlich da; denn während den übrigen immerhin die Möglichkeit zur Flucht gegeben sei, müßten die Sequaner, von denen Ariovist innerhalb ihrer Grenzen aufgenommen worden sei und deren Städte er alle in seiner Gewalt habe, jede nur erdenkliche Marter ertragen.

33. Als Caesar dies alles vernommen hatte, sprach er zunächst den Galliern Mut zu; dann gab er ihnen das feste Versprechen, sich ihrer Sache anzunehmen: Er habe doch große Hoffnung, durch die dem Ariovist von seiner Seite gewordene Auszeichnung und durch persönlichen Einfluß ihn dazu zu bringen, die Gewalttätigkeiten einzustellen. Damit entließ er die Versammlung. Nächst dem, was er hier von Diviciacus gehört hatte, bestimmten ihn viele Gründe, die Bitten der Gallier zu durchdenken und ihre Ausführung zu übernehmen. Der wichtigste Grund war der, daß er die Haeduer, die oft »Brüder und Blutsverwandte« vom Senat des römischen Volkes genannt worden waren, den Germanen versklavt und unterworfen und ihre Kinder als Geiseln bei Ariovist und den Sequanern sah, etwas, was er angesichts der so großen Herrschaft des römischen Volkes sich und dem Staat gegenüber für eine ganz große Schande hielt. Daß sich ferner die Germanen langsam daran gewöhnen würden, den Rhein zu überschreiten und in großer Menge nach Gallien zu kommen, erkannte er als eine Gefahr für das römische Volk; er war zu fest davon überzeugt, daß diese wilden und ungesitteten Leute nach der Besetzung von ganz Gallien, genau wie es früher die Cimbern und Teutonen getan, eben doch in die Provinz einfallen und nach Italien ziehen würden, zumal die Sequaner von unserer Provinz nur der Rhodanus schied. Er hielt es also für gut,

dem so schnell als möglich zu begegnen. Ariovist persönlich aber war so hochmütig, so anmaßend geworden, daß er unerträglich schien.

34. Alles dies bestimmte ihn, an Ariovist Gesandte zu schicken mit dem Ersuchen, mitten zwischen ihnen beiden einen Platz für ein Gespräch zu bestimmen: Er habe vor, mit ihm über eine politische Angelegenheit und ganz wichtige, sie beide betreffende Dinge zu verhandeln. Ariovist gab der Gesandtschaft folgende Antwort: Wenn er bei Caesar etwas hätte nachsuchen wollen, so wäre er zu ihm gekommen; habe jener eine Forderung an ihn, so müsse er sich zu ihm bemühen. Überdies wage er nicht, ohne Heer in die Teile Galliens zu gehen, die in Caesars Hand seien, und sein Heer könne er jetzt nicht ohne große Schwierigkeiten in der Zufuhr an einer Stelle zusammenziehen. Endlich wolle es ihm recht merkwürdig vorkommen, was in seinem, von ihm im Krieg besiegten Gallien Caesar oder überhaupt das römische Volk zu suchen habe.

35. Auf diese Antwort hin schickte Caesar eine zweite Gesandtschaft an ihn mit folgendem Auftrag: Da er, der so hoch durch ihn und das römische Volk ausgezeichnet worden sei, indem er vom Senat in seinem Konsulat den Titel »König und Freund« erhalten habe, ihm und dem römischen Volk dafür in der Form danke, daß er, zu einer Unterredung eingeladen, seine Teilnahme verweigere und über einen gemeinsamen Verhandlungsgegenstand nichts sagen noch ihn zur Kenntnis nehmen zu dürfen glaube, so möge er wissen, daß er folgende Forderung an ihn stelle: Erstens solle er keinen weiteren Menschenhaufen mehr über den Rhein nach Gallien führen; zweitens solle er die bei ihm befindlichen Geiseln an die Haeduer zurückgeben und den Sequanern gestatten, ihre Geiseln mit seinem Einverständnis gleichfalls jenen zurückzugeben; schließlich solle er die Haeduer nicht gewaltsam reizen und sie und ihre Bundesgenossen nicht bekriegen. Handle er so, dann werde er mit ihm und dem römischen Volk dauernd in Frieden und Freundschaft leben; wo nicht, werde Caesar das den

Haeduern angetane Unrecht nicht übersehen, da der Senat im Konsulatsjahr des Marcus Messala und des Marcus Piso den Beschluß gefaßt habe, wer auch immer Statthalter der Provinz Gallien sei, solle, so weit er es zum Vorteil des Staates durchführen könne, die Haeduer und die übrigen Freunde des römischen Volkes schützen.

36. Auf diese Forderung antwortete Ariovist: Kriegsrecht sei immer, daß der Sieger dem Besiegten gebieten könne, wie er wolle; auch das römische Volk sei gewohnt, den Besiegten nicht nach der Vorschrift eines Dritten, sondern nach seinem Willen zu gebieten. Wenn er nun dem römischen Volk nicht vorschreibe, wie es sein Recht geltend zu machen habe, so sei es auch nicht in der Ordnung, wenn er vom römischen Volk in der Ausübung seines Rechtes gehindert werde. Die Haeduer habe er sich tributpflichtig gemacht, da sie das Kriegsglück versucht hätten und in der Schlacht besiegt worden seien, und Caesar begehe ein großes Unrecht, daß er durch seine Ankunft ihm die Steuereingänge verringere. Den Haeduern gebe er die Geiseln nicht zurück, aber er wolle sie und ihre Bundesgenossen nicht ungerecht bekriegen, wenn sie bei den Abmachungen blieben und jährlich ihren Tribut zahlten; andernfalls werde ihnen der Brudertitel des römischen Volkes sehr wenig helfen. Wenn Caesar ihm mitteile, er werde die den Haeduern angetanen Gewalttätigkeiten nicht übersehen, so möge er wissen, daß mit ihm noch jeder bisher zu seinem Verderben gestritten habe. Wenn er wolle, so solle er doch kämpfen: Er werde schon merken, was die unbesiegten Germanen, sehr geübt in den Waffen und 14 Jahre nicht unter ein Dach gekommen, durch ihre Tapferkeit ausrichten könnten.

37. Zu derselben Zeit, da Caesar diese Antwort überbracht wurde, kamen auch Gesandte von den Haeduern und Treverern an: die Haeduer, um sich zu beklagen, daß die kürzlich nach Gallien herübergeholten Haruden ihr Land verwüsteten – nicht einmal durch ihre Geiseln hätten sie den Frieden mit Ariovist erkaufen können –, die Treverer, (um zu melden), daß 100 Gaue Sueben längs des Rheinufers lagerten, die unter

Führung der Brüder Nasua und Cimberius den Rhein zu überschreiten versuchten. Diese Nachrichten beunruhigten Caesar nunmehr erheblich, und er schien sich beeilen zu müssen, um sich nach Vereinigung der neuen Suebenscharen mit den alten Truppen Ariovists nicht noch größeren Schwierigkeiten gegenüber zu sehen. Daher regelte er in größter Schnelligkeit den Nachschub der Verpflegung und zog in Gewaltmärschen Ariovist entgegen.

38. Nach einem Marsch von drei Tagen erhielt er die Meldung, daß Ariovist in Eile mit seiner ganzen Truppenmacht heranmarschiere, um Vesontio zu besetzen, die größte Stadt des Sequanerlandes [und daß er drei Tagemärsche von seinem Land vorgerückt sei]. Dies mußte er auf jeden Fall verhüten, denn jene Stadt barg eine Menge Vorräte an allem, was man zum Krieg braucht. Außerdem war sie von Natur aus so fest, daß man sehr wohl die Möglichkeit hatte, einen Krieg hinauszuziehen, da der Dubis wie mit dem Zirkel gezogen fast die ganze Stadt umgibt. Den noch übrigen, höchstens 600 Fuß breiten Raum, wo der Fluß nicht fließt, versperrt ein hoher Berg, so daß die Flußufer beiderseits ganz dicht an seinen Fuß herantreten. Eine um den Berg herumgezogene Mauer macht diesen zu einer Festung und verbindet ihn mit der Stadt. Hierher eilte Caesar in gewaltigen Nacht- und Tagemärschen; er besetzte die Stadt und legte eine Besatzung hinein.

39. In diesen wenigen Tagen, die er, um die Verpflegung zu regeln, in Vesontio verbrachte, bemächtigte sich infolge genauerer Erkundigungen unserer Soldaten und durch Geschwätz von Galliern und von Kaufleuten des ganzen Heeres plötzlich eine alle erheblich verwirrende Furcht. Denn jene schilderten eindrucksvoll, von welch gewaltiger Körpergröße, welch unglaublicher Tapferkeit und Übung in den Waffen die Germanen seien; bei ihren häufigen Zusammenkünften mit ihnen hätten sie nicht einmal Blick und Schärfe ihrer Augen ertragen können. Die Bestürzung ging aus von den Militärtribunen, Präfekten und den übrigen jungen Leuten, die aus Freundschaft Caesar von Rom aus gefolgt waren und im

Kriegswesen gerade keine sehr große Erfahrung hatten. Viele von ihnen baten plötzlich Caesar, mit seiner Erlaubnis abreisen zu dürfen, wobei jeder mit einem andern Vorwand die Notwendigkeit seiner Abreise begründete. Einige blieben zwar aus Scham, um dem Verdacht der Furcht zu entgehen, aber sie konnten doch keine Fassung vortäuschen noch bisweilen die Tränen zurückhalten; und verborgen in ihren Zelten, beklagten sie entweder ihr eigenes unausweichliches Schicksal oder jammerten mit ihren Freunden über die gemeinsame Gefahr. Allgemein untersiegelte man überall im Lager sein Testament. Deren furchtsames Geschwätz steckte allmählich auch die erfahrenen Krieger, Soldaten wie Centurionen und Reiterführer, an. Wer von ihnen für weniger bang gelten wollte, äußerte, er fürchte zwar nicht den Feind, Angst habe er nur vor dem engen Weg und den riesigen zwischen ihnen und Ariovist liegenden Wäldern oder vor dem Versagen des Verpflegungsnachschubs. Auch hinterbrachten einige Caesar, die Soldaten würden, wenn er den Befehl zum Abbruch des Lagers und zum Weitermarsch geben werde, nicht gehorchen und in ihrer Furcht nicht aufbrechen.

40. Caesar berief, als er solches erfahren hatte, einen Kriegsrat, zu dem (ausnahmsweise) die Centurionen aller Ränge zugezogen wurden. In seiner Rede erhob er heftige Vorwürfe gegen sie, zunächst, daß sie glaubten, sie seien berufen, zu fragen oder zu überdenken, wohin und nach welchem Plan sie geführt werden müßten. In seinem Konsulat habe Ariovist sich leidenschaftlich um die Freundschaft des römischen Volkes beworben; warum urteile man dann, daß jener sich über die Verpflichtung leichtfertig hinwegsetzen wolle? Er, Caesar, habe nämlich die Überzeugung, wenn Ariovist seine Forderungen zur Kenntnis genommen und die Berechtigung der Vorschläge eingesehen habe, so werde er seine und die Gewogenheit des römischen Volkes nicht zurückweisen. Und wenn er in Torheit sinnlos den Krieg doch beginne, was fürchteten sie denn dabei? Oder warum verzweifelten sie an ihrer Tapferkeit und seiner Umsicht? Habe man sich doch schon zur Zeit unserer Väter

mit diesem Feind gemessen, damals, als die Cimbern und Teutonen von Gaius Marius geschlagen worden seien und offenbar das Heer kein geringeres Lob verdiente als der Feldherr; und erst kürzlich zur Zeit des Sklavenkriegs habe man sich in Italien mit ihm wiederum gemessen, wo dem Gegner sogar einigermaßen die von uns empfangene militärische Schulung zustatten kam. Daraus könne man lernen, wieviel Gutes die Unerschrockenheit an sich habe; denn diese Horden, die man erst eine Zeitlang grundlos trotz ihrer ganz minderwertigen Bewaffnung fürchtete, seien hernach, als sie über wirkliche Waffen verfügten und sogar kriegerische Erfolge erzielt hätten, dennoch besiegt worden. Und schließlich seien es ja dieselben Feinde, mit denen die Helvetier so oft gestritten und die sie meistens nicht nur in ihrem, sondern auch im germanischen Land geschlagen hätten; und doch seien die Sieger in diesen Kämpfen unserem Heer nicht gewachsen gewesen. Wenn aber die Niederlage (bei Magetobriga) und die Flucht der Gallier jemanden stark beunruhige, so könne er bei genauerer Umfrage erfahren, daß Ariovist damals die Gallier mehr nach einem überlegten Plan als mit der Tapferkeit besiegt habe, denn die Gallier seien von dem langen Krieg erschöpft gewesen und hätten auf eine Schlacht nicht mehr gehofft, da Ariovist sich viele Monate hindurch in seinem Lager in den Sümpfen verborgen gehalten und sich keinem Kampf gestellt habe; als die Gallier sich darauf zerstreuten, seien sie von jenem plötzlich angegriffen worden. Aber nicht einmal Ariovist verspreche sich mit einer Methode, die vielleicht gegenüber ungesitteten und unerfahrenen Menschen angebracht sei, unsere Heere täuschen zu können. Diejenigen weiter, die ihre Furcht mit der Sorge um den Nachschub und mit dem engen Weg zu bemänteln suchten, täten recht anmaßend; denn offenbar hätten sie entweder kein Vertrauen in das Pflichtgefühl des Oberfeldherrn oder sie wollten diesem Vorschriften machen. Das aber sei *seine* Angelegenheit; das Getreide lieferten die Sequaner, Leucer und Lingonen, und soweit es auf den Feldern stünde, sei es auch bereits ausgereift. Über den weiteren Weg würden sie selbst in Kürze urteilen. Wenn man endlich von ihnen sage, sie wollten ungehorsam sein und nicht weiterziehen, so mache das gar keinen Eindruck auf ihn. Denn er wisse genau, daß ein Heer den Gehorsam stets nur solchen Feldherrn verweigert habe, denen entweder durch eine Niederlage das Glück sich versagte oder denen auf Grund eines Verbrechens Habsucht nachgewiesen worden sei. Für seine Uneigennützigkeit stehe sein ganzes Leben als Beweis, für sein Glück der Krieg mit den Helvetiern. Er werde daher das, was er auf etwas spätere Zeit habe ansetzen wollen, sofort tun und in der folgenden Nacht während der vierten Nachtwache aufbrechen, um sich möglichst bald zu versichern, ob bei ihnen die Scham und die Pflicht oder die Angst überwiege. Und wenn überdies ihm niemand folge, so gehe er trotzdem, und zwar allein mit der zehnten Legion, denn auf sie könne er sich verlassen, und sie werde in Zukunft seine Leibgarde sein. Diese Legion hatte Caesar vor allem begünstigt, und ihr vertraute er ob ihrer Tapferkeit am meisten.

41. Diese Rede brachte bei allen in wunderbarer Weise eine Veränderung der Stimmung hervor, und es erwachte wieder begeisterte Kampfesbegierde. Die zehnte Legion dankte ihm als erste durch ihre Militärtribunen, daß er ein so hohes Urteil über sie gesprochen habe, und versicherte ihn ihrer größten Bereitschaft zum Kampf. Hernach verhandelten auch die anderen Legionen mit ihren Militärtribunen und rangobersten Centurionen, um durch sie bei Caesar Abbitte zu tun: Sie hätten niemals geschwankt oder sich gefürchtet oder geglaubt, es stünde ihnen statt des Feldherrn die Entscheidung über die Leitung des Krieges zu. Caesar nahm ihre Entschuldigung an, und genau wie er gesagt hatte, brach er während der vierten Nachtwache auf, nachdem er vorher durch Diviciacus, zu dem er von den Galliern am meisten Vertrauen hatte, einen anderen Weg hatte erkunden lassen, auf dem er in einem 50 Meilen langen Bogen das Heer durch offenes Gelände führen konnte. Nach sechs Tagen ununterbrochenen Marsches benachrichtigten

ihn Späher, daß die Truppen Ariovists in 24 Meilen Entfernung stünden.

42. Als Ariovist die Ankunft Caesars erfahren hatte, ließ er ihn durch Gesandte wissen: Caesars früherer Forderung bezüglich einer Unterredung könne seinetwegen jetzt stattgegeben werden, da er näher herangerückt sei und da er glaube, ihm nunmehr ohne Gefahr begegnen zu können. Caesar wies diesen Vorschlag nicht zurück und nahm schon an, jener kehre zur Vernunft zurück, da er jetzt ganz von sich aus anbiete, was er ihm auf seine frühere Bitte abgeschlagen habe, und er machte sich bereits große Hoffnung, daß Ariovist angesichts solch großer Auszeichnungen, wie er sie von ihm und dem römischen Volk empfangen habe, von seinem hartnäckigen Trotz lassen werde, wenn er Caesars Forderungen gehört habe. Man bestimmte für die Unterredung den nächstfünften Tag. Noch gingen Gesandte häufig hin und her, da Ariovist in der Zwischenzeit die Forderung stellte, Caesar möge zu der Unterredung kein Fußvolk mitbringen; er müsse sonst fürchten, von ihm hinterlistig umzingelt zu werden; sie sollten beide mit Reiterei kommen, andernfalls erscheine er nicht. Weil nun Caesar die Unterredung nicht an einem Scheingrund gescheitert wissen wollte, anderseits aber auch nicht den Mut hatte, seinen persönlichen Schutz der gallischen Reiterei anzuvertrauen, sah er es als das Beste an, allen gallischen Reitern die Pferde wegzunehmen und an ihrer Stelle die Legionäre der zehnten Legion, die sein ganzes Vertrauen hatte, auf die Gäule zu setzen, um für den Notfall über eine Bedeckung aus ganz ergebenen Leuten zu verfügen. Nicht unwitzig äußerte dazu ein Soldat der zehnten Legion, Caesar tue mehr, als er versprochen: Versprochen habe er der zehnten Legion die Stelle als Leibwache; jetzt erhebe er sie gar in den Ritterstand.

43. In der dortigen Gegend breitete sich eine große Ebene aus; auf ihr erhob sich ein Erdhügel von ziemlicher Größe. Dieser Punkt war ungefähr gleichweit von beiden Lagern entfernt. Dort traf man wie abgemacht zusammen. Die beritten herangebrachte Legion ließ Caesar 200 Doppelschritt von jenem

Hügel halten; die Reiter Ariovists standen in der gleichen Entfernung. Ariovist forderte, man solle sich zu Pferde unterhalten und zehn Reiter zu diesem Gespräch mitbringen. Nach dem Zusammentreffen erinnerte Caesar gleich eingangs an seine und des Senats Gefälligkeiten gegen ihn: Ariovist habe vom Senat den Königstitel und den Freundestitel erhalten, und Geschenke seien reichlich übersandt worden; erklärend fügte er hinzu, solcher Ehre seien wenige teilhaftig geworden und sie pflege nur für wirklich große Dienste zuerkannt zu werden; Ariovist habe diese Belohnung *auch* erlangt, obwohl er weder eine Veranlassung dazu gegeben noch einen wirklichen Anspruch gehabt habe, und zwar dank dem Entgegenkommen und der Freigebigkeit Caesars und des Senats. Er erklärte ihm weiter, wie alte und berechtigte Gründe für Roms enges Verhältnis zu den Haeduern vorlägen, welche und wie ehrenvolle Senatsbeschlüsse für sie gefaßt seien und wie oft, schließlich wie die Haeduer zu allen Zeiten die Vormachtstellung in ganz Gallien eingenommen hätten, auch bevor sie um unsere Freundschaft nachsuchten. Des römischen Volkes Gewohnheit sei, daß es wolle, daß seine Bundesgenossen und Freunde nicht nur von ihrem Besitz nichts verlören, sondern an Ansehen, Achtung und Ehre stärker dastünden. Was sie aber in den Freundschaftsbund des römischen Volkes mitgebracht hätten, wer könne dulden, daß es ihnen einfach entrissen werde? Darauf stellte er dieselben Forderungen, die er schon durch seine Gesandten Ariovist hatte überbringen lassen: Er solle die Haeduer und deren Bundesgenossen nicht bekriegen, die Geiseln zurückgeben und, wenn er schon keinen Teil seiner Germanen heimschicken könne, wenigstens nicht weiteren Scharen das Überschreiten des Rheins gestatten.

44. Auf die Forderungen Caesars ging Ariovist in seiner Antwort nur wenig ein; um so mehr rühmte er seine Taten: Nicht von sich aus habe er den Rhein überschritten, sondern gebeten und herbeigeholt von den gallischen Stämmen; nicht ohne große Hoffnungen und mit der Aussicht auf hohe Belohnungen habe er Heimat und Anverwandte verlassen. Seine

Wohnsitze in Gallien seien ihm von den Galliern selbst eingeräumt, die Geiseln mit ihrem freien Willen gestellt worden; den Tribut beziehe er nach dem Kriegsrecht, das die Sieger den Besiegten aufzuerlegen pflegten. Nicht er habe die Gallier, sondern die Gallier hätten ihn bekriegt, alle gallischen Stämme seien zu seiner Bekämpfung ausgerückt und gegen ihn im Feld gestanden; alle diese Truppen habe er in *einer* Schlacht vollkommen geschlagen. Wenn sie das noch einmal versuchen wollten – er sei gerüstet zum Kampf; wenn sie aber Frieden haben wollten, dann sei es unbillig, in Zukunft den Tribut zu weigern, den sie bisher freiwillig gezahlt hätten. Von der Freundschaft mit dem römischen Volk erwarte er Ehre und Sicherheit, nicht Schaden; diese Hoffnung habe er bei seiner Bewerbung damit verbunden. Wenn jetzt auf Veranlassung des römischen Volkes der Tribut nachgelassen und die Unterworfenen ihm entzogen würden, dann weise er ebenso gern die Freundschaft des römischen Volkes zurück, wie er um sie nachgesucht habe. Und wenn er eine Menge Germanen nach Gallien herüberführe, so tue er das, um sich zu sichern, nicht um die Gallier zu bekämpfen. Dafür diene als Beweis, daß er nur gebeten gekommen sei und also nicht angegriffen, sondern verteidigt habe. Er sei früher nach Gallien gekommen als das römische Volk; niemals habe vor diesem Augenblick ein Heer des römischen Volkes Gallien betreten. Was habe er mit ihm zu schaffen, warum betrete er den Boden, der ihm gehöre? Dies Gallien sei seine Provinz wie jenes die unsrige. Wie man unserseits nicht einen Angriff von ihm auf unser Hoheitsgebiet zulassen dürfe, ebenso sei es auch unbillig, wenn wir uns in seine Belange einmischten. Und wenn Caesar hervorhebe, daß die Haeduer vom Se⟨nat des römischen Volkes⟩ »Brüder« genannt worden seien, so sei er doch nicht so zivilisationsfern und weltunerfahren, um nicht zu wissen, daß im letzten Allobrogenkrieg die Haeduer den Römern nicht halfen; und in den Streitigkeiten der Haeduer mit ihm und den Sequanern hätten jene sich der Hilfe des römischen Volkes nicht erfreut. So könne er denn den Verdacht nicht loswerden, daß Caesar den Freundschaftsvertrag nur vorwende, tatsächlich aber das Heer, weil er es in Gallien stehen habe, zu seiner Vernichtung einsetzen wolle. Verlasse er und räume er mit seinem Heer diese Gegend nicht, so werde er ihn nicht als Freund, sondern als Feind behandeln. Wenn er ihn getötet habe, setze er sich bei vielen Adligen und ersten Männern des römischen Volkes in Gunst – das wisse er ganz genau durch ihre Boten –; von ihnen allen könne er Dank und Freundschaft mit Caesars Tod gewinnen. Ziehe er aber ab und überlasse er ihm Gallien als freien Besitz, so werde er ihm reichliche Gegendienste leisten, und welche Kriege er auch geführt zu haben wünsche, so wolle er sie, ohne daß Caesar sich irgendwelchen gefährlichen Anstrengungen werde aussetzen müssen, glücklich beenden.

45. Caesar legte ausführlich dar, weshalb er nicht auf seine Forderung verzichten könne: Weder seine noch des römischen Volkes Gepflogenheit könne erlauben, so verdiente Bundesgenossen im Stich zu lassen, und er sei durchaus nicht der Meinung, daß Gallien Ariovist eher gehöre als dem römischen Volk. Die Arverner und Rutener seien von Quintus Fabius Maximus im Krieg besiegt worden; das römische Volk habe ihnen aber verziehen und sie weder zu einer Provinz gemacht noch mit Tribut belastet. Wenn man also auf das Alter (der Ansprüche) sehen wolle, dann sei in Gallien die Herrschaft des römischen Volkes am ehesten berechtigt; beachte man gehörig den Spruch des Senats, so müsse Gallien frei sein, denn jener wollte, daß es trotz seiner Niederlage im Krieg frei bleibe.

46. Inzwischen hinterbrachte man Caesar, Ariovists Reiter näherten sich dem Hügel, ritten an die Unsrigen heran und würfen mit Steinen und Speeren nach ihnen. Caesar brach daraufhin die Unterredung ab, begab sich zu den Seinen zurück und befahl ihnen, ja keinen Speer auf die Feinde zurückzuschleudern. Zwar war er davon überzeugt, daß man ohne Gefahr für die auserlesene Legion mit der Reiterei Ariovists kämpfen könne; aber er durfte es doch wohl nicht dahin kommen lassen, daß man nach der Niederlage der Feinde sagen

könne, die Germanen seien gegen die eidliche Zusicherung während der Unterredung von ihm umstellt worden. Als hernach bei den Soldaten bekannt wurde, wie anmaßend Ariovist bei der Unterredung aufgetreten sei, so daß er den Römern ganz Gallien absprach, wie seine Reiter unsere Leute angegriffen hätten und dies sofort die Unterredung beendigt habe, bemächtigte sich des Heeres nur eine viel größere Freudigkeit und Kampfesleidenschaft.

47. Am folgenden Tag schickte Ariovist an Caesar neue Gesandte mit der Mitteilung, er wolle mit ihm nochmals über die Dinge verhandeln, mit denen sie zwar begonnen, die sie aber nicht zu Ende gebracht hätten; er möge entweder erneut einen Tag dafür bestimmen oder, wenn ihm das weniger genehm sei, einen der Seinen als Gesandten schicken. Grund für eine neue Unterredung schien Caesar aber nicht gegeben, und zwar um so weniger, als sich schon am Tag vorher die Germanen nicht davon hatten abhalten lassen, ihre Speere auf unsere Leute zu werfen. Ferner hielt er dafür, daß er auch einen seiner Legaten nur mit großer Gefahr für diesen an ihn schicken werde und daß er ihn den wilden Menschen geradezu preisgebe. Das Richtigste war offenbar noch, den Gaius Valerius Procillus, den Sohn des Gaius Valerius Caburus, und Marcus Maecius an ihn zu entsenden. Procillus war ein tapferer und gebildeter junger Mann; sein Vater hatte von Gaius Valerius Flaccus das römische Bürgerrecht erhalten. Seine Zuverlässigkeit, seine Kenntnis der keltischen Sprache, die auch Ariovist auf Grund langjährigen Umgangs sprach, und die Tatsache, daß die Germanen keinen Grund hatten, sich an ihm zu vergreifen, empfahlen ihn zu der Sendung besonders. Marcus Maecius war Gastfreund Ariovists. Caesar befahl ihnen, Ariovists Aufträge nur zur Kenntnis zu nehmen und ihm zu überbringen. Als aber Ariovist sie in seinem Lager vor sich sah, herrschte er sie laut vor seinem Heer an: Weshalb sie zu ihm gekommen seien? Etwa um zu spionieren? Sie versuchten, etwas zu sagen, doch er hinderte es und warf sie in Ketten.

48. Am gleichen Tag rückte Ariovist näher heran und lagerte

sich in einer Entfernung von 6 Meilen von Caesars Lager am Fuß eines Berges. Am folgenden Tag führte er seine Truppen am Lager Caesars vorbei und schlug 2 Meilen jenseits von ihm ein neues Lager auf, wobei sein Plan war, ihn von dem Getreidenachschub aus dem Sequaner- und Haeduerland abzuschneiden. Von diesem Tag an führte Caesar seine Truppen fünf Tage hindurch vor das Lager und hielt sie dort in Gefechtsstellung bereit, damit Ariovist die Möglichkeit zum Kampf geboten sei, wenn er sich schlagen wolle. Indes blieb Ariovist an allen diesen Tagen mit seinem Fußvolk im Lager; nur Reiterkämpfe fanden täglich statt. Die Kampfart, auf die sich die Germanen durch große Übung wohl verstanden, war dabei folgende: 6000 Reiter wählten ebenso viele sehr schnelle und tapfere Fußsoldaten aus dem ganzen Heer, und zwar jeder einzelne einen eigenen Mann zu seiner persönlichen Unterstützung und Sicherheit. Mit diesen gingen sie in den Kampf; auf sie zogen die Reiter sich zurück; sie liefen herbei, wenn es irgendwo härter herging; sie traten um den Reiter, der schwerverwundet vom Pferd herabgesunken war. Mußte man irgendwohin einen längeren Vorstoß machen oder sich eiliger zurückziehen als sonst, dann war infolge der Übung ihre Schnelligkeit so groß, daß sie, mit den Händen in die Mähnen der Rosse greifend, so schnell liefen wie die Pferde.

49. Als Caesar zu der Überzeugung kam, daß jener das Lager nicht verlasse, suchte er sich jenseits der Stelle, an der die Germanen lagerten, in einer Entfernung von etwa 600 Doppelschritt von ihnen einen für ein (neues) Lager geeigneten Ort aus, stellte sein Heer in dreifacher Schlachtordnung auf und zog dorthin. Mit dieser Maßnahme verfolgte er den Zweck, nicht länger in der Getreidezufuhr behindert zu werden. Das erste und zweite Treffen ließ er unter den Waffen; das dritte mußte das befestigte Lager aufschlagen. [Der Platz war, wie erwähnt, vom Feind etwa 600 Doppelschritt entfernt.] Dorthin entsandte Ariovist ungefähr 16 000 kampfgerüstete Leute mitsamt der Reiterei mit der Aufgabe, die Unsrigen zu schrecken und an der Schanzarbeit zu hindern.

Trotzdem gab Caesar, wie er es vorher bestimmt hatte, den Befehl aus, daß das erste und zweite Treffen den Feind zu werfen, das dritte Treffen die Lagerschanzen fertigzustellen hätte. Als dann das Lager errichtet war, legte er zwei Legionen und einen Teil der Hilfstruppen hinein; mit den übrigen vier Legionen bezog er wieder das große Lager.

50. Am folgenden Tag führte Caesar nach seiner Gewohnheit, nunmehr aus beiden Lagern, seine Truppen heraus. Er rückte vom großen Lager ein wenig vor, stellte erneut das Heer in Schlachtordnung auf und bot dem Gegner den Kampf an. Als er aber sah, daß Ariovist sich auch jetzt noch nicht zum Kampf stellte, führte er gegen Mittag sein Heer ins Lager zurück. Da endlich entsandte Ariovist einen Teil seiner Truppen zum Sturm auf das kleine Lager. Bis zum Abend wurde beiderseits heftig gekämpft. Die Germanen fügten uns große Verluste zu, erlitten aber selbst nicht minder schwere. Mit Sonnenuntergang führte daher Ariovist seine Truppen ins Lager zurück. Als Caesar Gefangene danach fragte, warum Ariovist der Entscheidungsschlacht bisher ausweiche, erfuhr er, daß nach germanischem Brauch die Familienmütter mit Losstäbchen und Sprüchen kundtäten, ob es günstig sei, die Schlacht zu beginnen, oder nicht. Und sie hätten geweissagt, es sei göttliche Bestimmung, daß die Germanen nicht siegten, wenn sie vor Neumond die Schlacht schlügen.

51. Tags darauf ließ Caesar in jedem Lager eine genügende Besatzung zurück. Dann stellte er unter den Augen der Feinde sämtliche Hilfstruppen vor dem kleinen Lager auf – diese sollten Legionäre vortäuschen, weil er an Legionären im Verhältnis zur feindlichen Truppenmasse nicht stark genug war – und rückte, in drei Treffen zur Schlacht geordnet, an das feindliche Lager heran. Da endlich führten die Germanen, weil sie nicht mehr anders konnten, ihre Truppen aus dem Lager heraus; nach Stämmen ordneten sich mit gleichen Abständen voneinander die Haruden, Marcomannen, Tribocer, Vangionen, Nemeten, Eudusier und Sueben. Um ihre ganze Aufstellung herum hatten sie ihre Reise- und Lastwagen zusammengefahren,

damit ihnen keine Hoffnung auf Flucht bliebe. Auf die Wagen ließen sie die Frauen steigen, die beim Auszug in den Kampf mit ausgebreiteten Händen unter Tränen ihre Angehörigen anflehten, sie nicht in römische Knechtschaft fallen zu lassen.

52. Caeser stellte an die Spitze je einer Legion einen Legaten und den Quaestor. Sie sollten Zeugen der Tapferkeit jedes einzelnen Soldaten sein. Dann begann er selbst den Kampf auf dem rechten Flügel, da er die Schwäche dieses Teils der feindlichen Aufstellung erkannt hatte. Auf das Trompetensignal griffen die Unsrigen die Feinde so scharf an, und die Feinde liefen so plötzlich und schnell auf uns zu, daß gar keine Zeit blieb, die Wurfspeere zu schleudern. Man warf also die Speere weg und focht im Nahkampf. Aber die Germanen schlossen sich nach ihrem Brauch schnell zu einer Phalanx zusammen und fingen den Schwertangriff auf. Da sah man, wie mehrere der Unsrigen auf die Phalanx zusprangen, die Schilde mit den Händen herunterrissen und die Gegner von oben her verwundeten. So wurde der linke Flügel geworfen und in die Flucht geschlagen, aber der rechte Flügel setzte mit seiner großen Menschenmasse unserer Schlachtaufstellung stark zu. Dies sah der junge Reiterkommandeur Publius Crassus, und weil er einen freieren Überblick über die Lage hatte als die unmittelbar am Kampf beteiligten Offiziere, schickte er unseren bedrängten Leuten das dritte Treffen zu Hilfe.

53. So wurde die Schlacht wiederhergestellt, und alle Feinde wendeten sich zur Flucht und machten nicht eher halt, als bis sie zum Rhein gelangten, ungefähr 50 Meilen vom Schlachtort entfernt. Nur ganz wenige, so weit sie es ihren Kräften zutrauten, versuchten hinüberzuschwimmen oder retteten sich auf vorgefundenen Kähnen. Darunter war auch Ariovist, der einen am Ufer angebundenen Kahn fand und auf ihm flüchtete. Die anderen holten unsere Reiter auf der Flucht ein und hieben sie zusammen. Auch zwei Frauen Ariovists kamen auf der Flucht um; die eine war eine Suebin, die er von zu Hause mitgebracht hatte; die andere, die Schwester des Voccio, des Königs von Noricum, war von ihrem Bruder zu ihm gesandt

und in Gallien geheiratet worden. Von seinen beiden Töchtern wurde die eine getötet, die andere gefangen. Gaius Valerius Procillus, den seine Wächter mit drei Ketten gebunden auf der Flucht mitschleppten, fiel Caesar selbst in die Hände, als er mit der Reiterei die Feinde verfolgte. Dies freute Caesar ebenso sehr wie sein Sieg, daß er einen der angesehensten Männer der Provinz Gallien, zudem seinen persönlichen Freund, den Händen der Feinde entrissen und sich wiedergegeben sah und daß das Glück ihm seine Siegesfreude und seinen Jubel in keiner Weise durch das böse Geschick des Freundes beeinträchtigt hatte. Jener erzählte, man habe in seinem Beisein dreimal die Losstäbchen befragt, ob er sofort verbrannt oder für spätere Zeit aufbewahrt werden solle; dank der Güte der Lose lebe er noch. Auch Marcus Maecius fand man wieder und führte ihn zu Caesar zurück.

54. Als die Kunde von dieser Schlacht jenseits des Rheines eintraf, kehrten die Sueben, die an das Rheinufer nachgekommen waren, allmählich wieder in ihre Heimat zurück. Die Anwohner des Rheins merkten ihre Verwirrung und ihren Schrecken; sie setzten ihnen nach und töteten eine große Zahl von ihnen. Caesar aber legte am Ende von zwei ganz großen und in einem Sommer geführten Kriegen, noch ehe die Jahreszeit es wirklich erforderlich machte, sein Heer bei den Sequanern in die Winterquartiere. Nachdem er Labienus das Kommando des Winterlagers übergeben hatte, reiste er in das diesseitige Gallien, um die Gerichtstage abzuhalten.

Zweites Buch

1. Als Caesar im diesseitigen Gallien verweilte, ⟨während,⟩ wie wir oben dargelegt haben, ⟨die Legionen⟩ in den Winterquartieren ⟨lagen⟩, erreichten ihn häufig Gerüchte, daß alle Belger – wir sagten, daß sie den dritten Teil Galliens ausmachen – gegen das römische Volk sich verschwüren und Geiseln austauschten. Dies bestätigte ihm ein Schreiben des Labienus. Die Gründe dieser Verschwörung seien folgende: Zunächst hätten sie die Besorgnis, es möchte nach Befriedung von ganz Gallien unser Heer auch zu ihnen geführt werden. Ferner würden sie von einigen Galliern aufgereizt. Letztere waren teils solche, die ein längeres Verweilen der Germanen auf gallischem Boden nicht geduldet hätten und nun schwer daran litten, daß ein Heer des römischen Volkes in Gallien überwintere und sich einniste; teils strebten sie aus geistiger Beweglichkeit und Leichtfertigkeit nach neuer unumschränkter Herrschaft [einige hetzten auch deshalb zum Krieg, weil in Gallien die Mächtigen und die, welche die Mittel haben, Leute in Sold zu nehmen, allgemein die Königsmacht an sich rissen] – Pläne, die sie unter unserer Herrschaft nunmehr weniger leicht verfolgen konnten.

2. Im Besitz dieser Nachrichten und des Schreibens hob Caesar zwei neue Legionen im diesseitigen Gallien aus und sandte sie mit Beginn des Sommers unter dem Kommando des Legaten Quintus Pedius in das jenseitige Gallien. Er selbst kam zum Heer, sobald das Grünfutter auf den Feldern reichlicher zu finden war. Den Senonen und den übrigen gallischen Grenznachbarn der Belger gab er die Weisung, die Vorgänge bei den

Belgern in Erfahrung zu bringen und ihm mitzuteilen. Sie meldeten alle übereinstimmend, man ziehe Truppen zusammen und vereinige ein Heer an einem Punkt. Da schien es ihm richtig, mit dem Vormarsch gegen sie nicht zu zögern. Er traf für die Verpflegung die nötige Vorsorge; dann brach er auf und gelangte in etwa 14 Tagen zum Land der Belger.

3. Als er dorthin unversehens und über alles Erwarten schnell gekommen war, ordneten die Remer – es sind diese die den Galliern am nächsten wohnenden Belger – den Iccius und Andecombogius, die Fürsten ihres Stammes, an ihn ab; diese sollten erklären, sie überließen sich und all ihren Besitz auf Gnade und Ungnade dem römischen Volk. Sie seien weder mit den übrigen Belgern in Verbindung getreten noch hätten sie sich überhaupt in eine Verschwörung gegen das römische Volk eingelassen. Sie seien bereit, Geiseln zu stellen, seine Befehle auszuführen, ihn in ihre Städte aufzunehmen und mit Getreide und allem Sonstigen zu unterstützen. Die übrigen Belger stünden in Waffen, und die diesseits des Rheins wohnenden Germanen hätten sich mit ihnen verbündet; ihre Erregung sei so stark, daß sie nicht einmal die Suessionen davon hätten abhalten können, der Verschwörung beizutreten, und diese seien doch ihre, der Remer, Stammes- und Blutsverwandte, mit denen sie nach einerlei Recht und Gesetz lebten und die mit ihnen einen Führer im Krieg und einen Rat im Frieden hätten.

4. Als Caesar sich bei ihnen erkundigte, welche Stämme die Waffen ergriffen hätten, wie groß diese seien und wie weit ihre Fertigkeit in den Waffen gehe, erfuhr er folgendes: Die meisten Belger stammten von den Germanen ab; sie seien vor alters über den Rhein gegangen und hätten sich wegen der Fruchtbarkeit des Bodens dort angesiedelt und die dort wohnenden Gallier vertrieben. Sie seien die einzigen, die zur Zeit unserer Väter die Cimbern und Teutonen, als sie ganz Gallien feindlich durchstreiften und böse behandelten, am Einmarsch in ihr Land gehindert hätten. So komme es, daß sie sich in Erinnerung an diese Taten großes Ansehen beilegten und bezüglich ihrer Erfahrung im Kriegswesen reichlich aufgeblasen

täten. Über ihre Zahl, sagten die Remer, seien sie genau im Bild, denn infolge ihrer Blutsverwandschaft und Verschwägerung hätten sie erfahren, wie viele Leute jeder Stamm auf dem gemeinsamen Landtag der Belger zu diesem Krieg zugesagt habe. Die stärksten seien die Bellovacer, sowohl an Tapferkeit wie auch an Ansehen und Bevölkerungszahl; sie könnten 100 000 Bewaffnete aufbringen; versprochen hätten sie von diesen 60 000 Auserwählte; daher forderten sie die Oberleitung des ganzen Krieges. Ihre Nachbarn, die Suessionen, besäßen sehr weites Land und sehr fruchtbare Felder. Noch zu unserer Zeit sei bei ihnen Diviciacus König gewesen, ein in ganz Gallien sehr einflußreicher Mann, der nicht nur große Teile dieser Gegend, sondern auch Britannien beherrscht habe. Jetzt sei Galba König; seiner Gerechtigkeit und Einsicht wegen hätten ihn alle einstimmig mit der Oberleitung des ganzen Krieges betraut. Sie hätten zwölf Städte und versprächen 50 000 Bewaffnete. Ebenso viel stellten die Nervier, die bei ihnen für besonders roh gälten und am weitesten entfernt wohnten; 15 000 hätten die Atrebaten zugesagt, 10 000 die Ambianer, 25 000 die Moriner, 9000 die Menapier, 10 000 die Caleten, ebenso viel die Veliocassen und die Viromanduer, die Atuatucer 19 000; die Condruser, Eburonen, Caeroser, Paemaner, die kurz Germanen genannt werden, meinten sie, würden gegen 40 000 Mann stellen.

5. Caesar forderte die Remer auf, in ihrer guten Gesinnung zu verharren, und sprach ihnen freundlich zu. Dann hieß er ihren ganzen Rat vor ihm erscheinen und ließ sich die Kinder der Fürsten als Geiseln vorführen. Alles dies wurde von ihnen sorgfältig auf den Tag genau ausgeführt. Hierauf redete er sehr eingehend mit dem Haeduer Diviciacus und stellte ihm vor, wie sehr es im Interesse des römischen Staates und des allgemeinen Besten liege, wenn die Scharen der Feinde auseinander gehalten würden, damit man nicht auf einmal mit einem so starken Heer kämpfen müsse. Dies gelänge, wenn die Haeduer ihre Truppen ins Land der Bellovacer führten und nach und nach deren Äcker verwüsteten. Mit diesem Auftrag

entließ er ihn. Nachdem er von den vorausgeschickten Aufklärungsabteilungen und den Remern erfahren hatte, daß alle belgischen Truppen vereinigt gegen ihn anrückten und nicht mehr weit entfernt seien, führte er schnell sein Heer über die Axona, im äußersten Landstrich des Remerlandes, und schlug dort ein Lager auf. Diese Stellung schützte die eine Lagerseite durch das Flußufer; ebenso sicherte sie das rückwärtige Gelände vor den Feinden und gestattete, die Zufuhren von den Remern und den übrigen Stämmen gefahrlos heranzubringen. Über den Fluß führte eine Brücke. Dorthin legte er eine Besatzung und ließ auf der andern Flußseite den Legaten Quintus Titurius Sabinus mit sechs Kohorten zurück; das Lager befahl er mit einem 12 Fuß hohen Wall und einem Graben von 18 Fuß Breite zu befestigen.

6. In 8 Meilen Entfernung von diesem Lager lag Bibrax, eine Stadt der Remer. Die Belger hatten damit begonnen, sie in einem gewaltigen Angriff unmittelbar vom Marsch aus zu bestürmen, so daß die Besatzung an jenem Tag nur mit großer Mühe Widerstand leistete. Die Gallier und Belger bestürmen eine Stadt auf die gleiche Weise: Sobald die Masse ihrer Krieger die Mauern auf der ganzen Länge umstellt hat, beginnen sie von allen Seiten Steine auf die Mauer zu werfen, so daß die Mauer von Verteidigern entblößt wird. Dann macht man ein »Schildkrötendach«, legt Feuer an die Tore und untergräbt die Mauer. Das wurde damals leicht zuwege gebracht. Denn als man eine solche Menge Steine und Wurfgeschosse schleuderte, konnte niemand auf der Mauer sich halten. Als die Nacht dem Sturmangriff ein Ende setzte, entsandte der Remer Iccius, ein hochadliger und bei den Seinen sehr geachteter Mann und der damalige Kommandeur der Stadt – er hatte an der Friedensgesandtschaft an Caesar teilgenommen –, Boten an Caesar mit der Mitteilung, er könne sich nicht mehr länger halten, wenn man ihm keine Hilfe schicke.

7. Kurz nach Mitternacht schickte Caesar die Numider, Kreter und Balearen den Städtern zu Hilfe. Sie wurden von Iccius' Boten geführt. Bei ihrer Ankunft kam den Remern

sofort mit der Aussicht auf Verteidigungsmöglichkeit wieder der Eifer zur Gegenwehr; den Feinden aber schwand aus demselben Grund die Hoffnung, die Stadt in die Hand zu bekommen. Noch verweilten sie eine Zeitlang bei der Stadt, verwüsteten die Felder der Remer und steckten deren Dörfer und Gehöfte, wo sie sie erreichen konnten, in Brand. Dann zogen sie in Eile mit der ganzen Heeresmacht vor das Lager Caesars und schlugen in einer Entfernung von weniger als 2 Meilen ihr Lager auf. Rauch und Wachtfeuer ließen erkennen, daß dies Lager sich mehr als 8 Meilen in die Breite erstreckte.

8. Erst beschloß Caesar wegen der Stärke der Feinde und der ganz besonderen Meinung, die man von ihrer Tapferkeit hatte, vom Kampf abzustehen. Dennoch konnte er in täglichen Reitergefechten den Grad ihrer Tapferkeit und den Wagemut der Unsrigen erproben. Dabei sah er, daß die Unsrigen durchaus nicht unterlegen waren. Nun erwies sich das Gelände vor dem Lager als von Natur hervorragend geeignet, hier ein Heer in Schlachtordnung aufzustellen, denn der Hügel, auf dem das Lager angelegt war, erhob sich ein wenig über einer Ebene und war nach der Feindesseite gerade so breit, daß er das in Schlachtordnung aufgestellte Heer aufnehmen konnte. An den beiden Flanken stürzte der Hügel schroff ab, vorne hingegen neigte er sich nur sanft, um dann langsam in die Ebene überzugehen. Auf beiden Seiten des Hügels ließ er daher Quergräben in einer Länge von etwa 400 Doppelschritt ziehen und am Ende der Gräben Schanzen errichten, in denen er Wurfgeschütze aufstellte, damit, wenn er sein Heer zum Kampf geordnet hätte, die Feinde bei ihrer so großen zahlenmäßigen Überlegenheit nicht seine Soldaten während der Schlacht umfassen könnten. Die beiden erst jüngst ausgehobenen Legionen blieben im Lager zurück, um im Bedarfsfall überallhin zur Hilfe herangeführt zu werden; die übrigen sechs Legionen stellte er vor dem Lager in Schlachtordnung auf. Ebenso hatten die Feinde ihre Truppen aus dem Lager geführt und zur Schlacht geordnet.

9. Zwischen unserem und dem feindlichen Heer lag ein

kleiner Sumpf. Die Feinde warteten, ob ihn die Unsrigen überschritten; die Unsrigen aber standen in Bereitschaft, sie beim Übergang, wenn sie nicht kämpfen könnten, anzugreifen, falls sie zuerst den Übergang versuchen sollten. Die Reiterei kämpfte unterdessen zwischen den beiden Schlachtreihen. Als nun keiner mit dem Übergang begann, führte Caesar, nachdem die Unsrigen den Reiterkampf gewonnen hatten, die Seinen ins Lager zurück. Sofort eilten darob die Feinde aus ihrer Stellung auf die Axona zu, die, wie oben geschildert, im Rücken unseres Lagers floß. Auf Furten versuchten sie einen Teil ihrer Truppen hinüberzubringen, um womöglich das von dem Legaten Quintus Titurius befehligte Kastell zu erstürmen und die Brücke einzureißen; sollte ihnen das nicht gelingen, so wollten sie wenigstens die Äcker der Remer, die während des Krieges für uns sehr wichtig waren, verheeren und uns die Zufuhr abschneiden.

10. Caesar führte, als Titurius ihn von diesen Vorgängen benachrichtigt hatte, die ganze Reiterei und die leichtbewaffneten Numider, Schleuderer und Bogenschützen, über die Brücke und rückte in Eile den Feinden entgegen. Dort wurde heftig gekämpft. Die Unsrigen griffen die im Augenblick kampfunfähigen Feinde im Fluß an und töteten eine bedeutende Anzahl von ihnen. Als die übrigen mit großer Kühnheit über die Körper der Gefallenen hinweg den Übergang versuchten, wurden sie durch den Geschoßhagel zurückgetrieben; die ersten, die hinübergekommen waren, umzingelte und tötete die Reiterei. Als nun die Feinde erkannten, daß ihre Hoffnung, die Stadt zu erobern und den Fluß zu überschreiten, sie getäuscht hatte und daß die Unsrigen nicht in ein für sie unvorteilhaftes Gelände vorrücken würden, und da ihnen selbst langsam der Proviant ausging, beriefen sie eine Versammlung und kamen zu dem Schluß, es sei das Beste, ein jeder ziehe nach Hause ab; dabei ward beschlossen, in wessen Land zuerst die Römer ihr Heer führten, zu dessen Verteidigung sich von allen Seiten zu sammeln, um eher im eigenen als im fremden Land bis zur Entscheidung zu kämpfen und um über die eigenen Getreidevorräte zu verfügen. Zu dieser Ansicht führte sie außer den

übrigen Gründen auch die Überlegung, daß ihnen der Anmarsch des Diviciacus und der Haeduer gegen das Bellovacerland bekannt geworden war. Eben diese konnte man nicht mehr bereden, noch länger auszuharren und ihren Stammesgenossen keine Hilfe zu bringen.

11. So brachen sie zur Zeit der zweiten Nachtwache mit ungeheurem Lärm aus ihrem Lager auf. Es gab weder Ordnung noch Befehl; da ein jeder auf dem Marsch an die erste Stelle gelangen wollte und nach Hause zu kommen eilte, sah ihr Marsch in jeder Hinsicht einer Flucht ähnlich. Sofort erfuhr Caesar durch Kundschafter von diesem Vorgang; da er aber die Gründe für den Abzug des Gegners noch nicht erkannt hatte, fürchtete er einen Hinterhalt und ließ das Fußheer und die Reiterei nicht aus dem Lager. Mit Anbruch des nächsten Tages bestätigten ihm nun Aufklärungsabteilungen die Nachrichten vom Vortag, und er schickte die gesamte Reiterei vor mit dem Befehl, die gegnerische Nachhut aufzuhalten; an die Spitze seiner Reiterei stellte er die Legaten Quintus Pedius und Lucius Aurunculeius Cotta, den Legaten T. Labienus hieß er mit drei Legionen folgen. Diese griffen die Nachhut an, folgten ihr viele Meilen weit und töteten eine große Zahl der Flüchtigen. Denn die Leute der Nachhut, die man erreicht hatte, machten halt und leisteten dem Angriff unserer Soldaten tapfersten Widerstand; die Spitze aber, die sich aller Gefahr fern glaubte und die weder Not noch Befehl zusammenhielt, setzte, als durch das Geschrei von hinten ihre Reihen sich gänzlich auflösten, ihre ganze Rettung auf die Flucht. So konnten die Unsrigen, solange der Tag dauerte, ohne jede Gefahr eine große Anzahl von ihnen niedermachen; gegen Sonnenuntergang stellten sie die Verfolgung ein und zogen sich befehlsgemäß ins Lager zurück.

12. Tags darauf, bevor sich die Feinde von ihrem Schrecken und der Flucht erholt hatten, führte Caesar sein Heer in das den Remern benachbarte Land der Suessionen und langte nach einem Eilmarsch vor der Stadt Noviodunum an. Er versuchte, sie unmittelbar vom Marsch aus im Sturm zu nehmen – er

hatte nämlich gehört, daß sie keine Verteidiger habe –, allein der Graben war zu breit und die Mauer zu hoch, als daß er sie hätte erobern können, auch wenn die Zahl der Verteidiger tatsächlich klein war. Caesar schlug deshalb ein Lager auf, ließ Sturmlauben vorschieben und bereitete langsam vor, was der Bestürmung einer Stadt dient. Inzwischen warf sich in der folgenden Nacht die ganze Masse der Suessionen unmittelbar von der Flucht aus in die Stadt. Schnell wurden die Sturmlauben an die Stadt herangebracht, ein Belagerungsdamm aufgeworfen und Türme errichtet. Die Größe der Belagerungswerke, von denen die Gallier vorher nie etwas gesehen noch gehört hatten, und die Schnelligkeit der Römer bewogen den Feind, Gesandte wegen der Übergabe an Caesar abzuordnen. Durch Bitten der Remer erreichten sie für sich Schonung.

13. Nachdem Caesar die Ersten des Stammes, darunter sogar zwei Söhne des Königs Galba, als Geiseln empfangen hatte und alle Waffen in der Stadt übergeben waren, nahm er die Unterwerfung der Suessionen an und führte sein Heer zu den Bellovacern. Die Bellovacer hatten sich mit all ihrem Hab und Gut in die Stadt Bratuspantium geflüchtet; aber als Caesar von jener Stadt mit seinem Heer noch etwa 5 Meilen entfernt war, verließen alle älteren Leute die Stadt, streckten Caesar die Hände entgegen und suchten mit Worten verständlich zu machen, sie ergäben sich ihm auf Gnade und Ungnade und stritten nicht mit Waffen gegen das römische Volk. Als er dann an die Stadt herangerückt war und dort ein Lager aufschlug, baten in gleicher Weise Knaben und Weiber von der Mauer herab, nach ihrer Art mit ausgebreiteten Händen, die Römer um Frieden.

14. Für diese nahm Diviciacus das Wort, der nach dem Abzug der Belger die haeduischen Truppen entlassen und sich wieder bei Caesar eingefunden hatte: Die Bellovacer seien von jeher Schutzbefohlene und Freunde der Haeduer gewesen; jetzt seien sie von ihren Fürsten, die ihnen einredeten, die Haeduer seien von Caesar geknechtet und müßten jede Art unwürdiger Behandlung und Schmach ertragen, verführt worden; sie seien

deshalb von den Haeduern abgefallen und hätten das römische Volk bekriegt. Die Häupter dieser Empörung aber seien, weil sie sähen, welch großes Unglück sie über ihren Stamm gebracht hätten, nach Britannien geflohen. Es bäten nicht nur die Bellovacer, sondern für sie auch die Haeduer, mild und gütig gegen sie zu verfahren. Denn dann werde er das Ansehen der Haeduer bei allen Belgern erheblich steigern, mit deren Hilfstruppen und Geldern sie gewöhnlich die Kriege überstünden, in die sie irgendwie verwickelt würden.

15. Zu Ehren des Diviciacus und der Haeduer erklärte Caesar, sie in seinen Schutz aufnehmen und schonen zu wollen. Weil aber dieser Stamm bei den Belgern in hohem Ansehen stand und sehr volkreich war, forderte er 600 Geiseln. Diese wurden gestellt und alle Waffen aus der Stadt zusammengetragen (und ausgeliefert). Von dort gelangte er zu den Ambianern; sie lieferten sich ohne Verzug samt ihrem Eigentum den Römern aus. An ihr Land grenzten die Nervier. Als Caesar sich nach ihrem Charakter und ihren Sitten erkundigte, erfuhr er folgendes: Der Zutritt zu ihnen sei Kaufleuten grundsätzlich gesperrt; die Einfuhr von Wein und den sonstigen Luxuswaren sei verboten, weil sie glaubten, dadurch erschlaffe ihr Mut und werde ihre Manneskraft untergraben; sie seien wilde, höchst tapfere Leute, die den übrigen Belgern die bittersten Vorwürfe machten, daß sie sich dem römischen Volk ausgeliefert und ihre von den Vätern ererbte Tapferkeit so weggeworfen hätten; sie gäben sehr deutlich zu verstehen, daß ihrerseits weder Gesandte abgeordnet noch irgendwelche Friedensbedingungen eingegangen würden.

16. Als Caesar schon drei Tage lang durch ihr Land marschiert war, erfuhr er von Gefangenen, der Sabis sei von seinem Lager nur 10 Meilen entfernt; jenseits dieses Flusses habe die ganze Macht der Nervier sich gelagert und harre dort, vereinigt mit ihren Nachbarn, den Atrebaten und Viromanduern, die sie beide beredet hatten, mit ihnen das Kriegsglück zu versuchen, der Ankunft der Römer; sie erwarteten noch die Truppen der Atuatucer, die schon auf dem Marsch

seien. Die Weiber und die altershalber Kriegsuntauglichen hätten sie an eine für ein Heer wegen der Moräste unzugängliche Stelle geschafft.

17. Auf diese Nachricht hin schickte Caesar Aufklärungsabteilungen unter Centurionen voraus, um einen geeigneten Lagerplatz feststellen zu lassen. Unterdessen entwichen einige von den unterworfenen Belgern und den übrigen Galliern, von denen mehrere das Heer Caesars begleiteten, und verschwanden, wie man später von Gefangenen erfuhr, bei Nacht zu den Nerviern, nachdem sie sich die Art, wie unser Heer in diesen Tagen marschierte, gemerkt hatten. Sie verrieten jenen, daß zwischen den einzelnen Legionen eine Menge Gepäck gefahren werde: Es sei keine große Sache, wenn die erste Legion ins Lager einrücke und die übrigen Legionen noch beträchtlich entfernt seien, erstere unter dem Traggepäck anzugreifen; sei diese Legion geschlagen und das Gepäck geplündert, so würden die übrigen zum Widerstand keinen Mut mehr haben. Dem Vorschlag der Überläufer kam noch folgendes zustatten: Da die Nervier mit Reiterei nicht eben große Erfolge erzielten – noch bis zum Augenblick vernachlässigen sie diese Truppe, und ihre ganze Macht beruht auf den Fußsoldaten –, hatten sie seit alter Zeit, um so leichter die Reiterei der Feinde aufzuhalten, wenn ihr Land auf einem Raubzug von jener überfallen würde, aus jungen, angehauenen und zur Erde gebogenen Bäumen, ⟨deren zahlreiche⟩ Äste in die Breite ⟨wuchsen⟩ und zwischen die Brombeer- und Dorngesträuche gepflanzt waren, feste, einer Mauer ähnliche Zäune großgezogen, so daß man nicht in sie eindringen, ja nicht einmal durch sie hindurchsehen konnte. Da diese Zäune wirklich für unsere Marschkolonne ein Hindernis waren, so glaubten die Nervier, jenen Vorschlag nicht außer acht lassen zu dürfen.

18. Die Natur des Lagerplatzes, den unsere Leute gewählt hatten, war diese: Ein Hügel senkte sich mit gleichmäßiger Abdachung gegen den oben genannten Sabis zu. Auf der andern Seite des Flusses erhob sich in gleichem Anstieg, diesem Hügel gegenüberliegend, ein zweiter Hügel. Etwa 200 Doppelschritt

weit hinauf war er kahl; die Kuppe trug dichten Wald, so daß man nicht leicht hineinsehen konnte. In diesem Wald hielten die Feinde sich versteckt; in dem offenen Gelände längs des Flusses sah man nur wenige Reiterposten. Die Tiefe des Flusses betrug etwa 3 Fuß.

19. Caesar befahl der Reiterei vorauszuziehen und folgte unmittelbar mit allen Truppen. Allein die Marschordnung verhielt sich anders, als die Belger den Nerviern hinterbracht hatten. Denn Caesar ließ, da er sich den Feinden näherte, nach seiner Gewohnheit sechs Legionen gefechtsbereit marschieren; hinter ihnen kam der Troß des ganzen Heeres; die beiden erst kürzlich ausgehobenen Legionen machten den Schluß des Zuges und schützten das Gepäck. Unterdessen überschritten unsere Reiter zusammen mit den Schleuderern und Bogenschützen den Fluß und verwickelten die feindliche Reiterei in einen Kampf. Jene zog sich wiederholt in die Waldstreifen zu den Ihren zurück und machte erneut aus dem Wald Angriffe auf unsere Leute, während die Unsrigen die Flüchtigen nur so weit zu verfolgen wagten, wie die Sicht und das offene Gelände reichten. Unterdessen begannen die zuerst eingetroffenen sechs Legionen nach Abstecken des Lagers mit dessen Befestigung. Sobald aber die im Wald verborgenen Feinde die Spitze des Trosses unseres Heeres heranziehen sahen, stürzten sie – denn diesen Zeitpunkt hatten sie für den Beginn der Schlacht ausgemacht –, sowie sie sich drinnen im Wald zur Schlacht geordnet und sich gegenseitig ermutigt hatten, plötzlich mit allen Truppen hervor und griffen unsere Reiter scharf an. Sie schlugen diese leicht, jagten sie vor sich her und liefen mit so unglaublicher Schnelligkeit zum Fluß hinunter, daß man sie fast zur gleichen Zeit noch am Waldrand, dann am Fluß und schon unmittelbar unter uns sah. Mit derselben Geschwindigkeit stürmten sie den Hügel gegenüber hinauf, gegen unser Lager und die mit den Schanzarbeiten beschäftigten Soldaten.

20. Caesar hätte jetzt in einem einzigen Augenblick alles auf einmal tun müssen: die rote Fahne aufziehen – das war das Zeichen, daß man zu den Waffen eilen mußte –, [ein Tuba-

signal blasen lassen,] die Soldaten von der Schanzarbeit abrufen, diejenigen, die, um Dammerde herbeizuschaffen, sich ein wenig weiter entfernt hatten, herbeiholen lassen, die Schlachtreihe aufstellen, an die Soldaten eine Ansprache halten und ⟨mit der Tuba⟩ das (Angriffs)signal blasen lassen. Einen großen Teil davon machte die Kürze der Zeit und der Ansturm der Feinde unmöglich. In dieser schwierigen Lage gewährte nur zweierlei Abhilfe: die theoretische und praktische Erfahrung der Soldaten, daß sie, in früheren Kämpfen geübt, sich ebenso gut das Nötige selbst befehlen wie von einem andern zeigen lassen konnten, und die Tatsache, daß Caesar den Legaten verboten hatte, vor Fertigstellung des Lagers sich von den Schanzarbeiten und ihren Legionen zu entfernen. Angesichts der Nähe und Schnelligkeit der Feinde erwarteten diese gar nicht mehr Caesars Befehl, sondern ordneten von sich aus das Erforderliche an.

21. Caesar konnte nur die nötigsten Befehle geben. Um die Soldaten anzufeuern, eilte er zu dem Teil des Heeres herab, wohin der Zufall ihn gerade trug; dabei kam er zur zehnten Legion. In seiner kurzen Ansprache – denn die Feinde waren kaum mehr einen Speerschuß weit entfernt – konnte er den Soldaten nur sagen, sie sollten an ihre alte Tapferkeit denken, sich nicht verwirren lassen und dem feindlichen Angriff tapfer standhalten. Dann gab er das Zeichen zur Schlacht. Als er zu einer ähnlichen Ansprache nach dem andern Flügel eilte, traf er bereits auf Kämpfende. Die Zeit war so kurz und der Feind so kampfbegierig, daß nicht nur zum Anlegen der Auszeichnungen, sondern auch zum Aufsetzen des Helms und zum Abziehen der Schildüberzüge die Zeit fehlte. Wo jeder Soldat von der Schanzarbeit zufällig hingeriet und zuerst ein Feldzeichen sah, dort stellte er sich auf, um nicht mit dem Suchen seiner Abteilung die Zeit zum Kämpfen zu verlieren.

22. Das Heer war mehr entsprechend dem Gelände, dem Abfall des Hügels und dem Drang der Zeit aufgestellt als nach den Regeln der durch die Kriegskunst geforderten Ordnung. Da die Legionen getrennt, die einen hier, die andern dort, den

Feinden Widerstand leisteten und die sehr dichten Zäune, die wie wir vorher erwähnten, die Landschaft durchzogen, eine Gesamtübersicht unmöglich machten, konnte weder eine feste Reserve aufgestellt noch das an jeder Stelle Erforderliche vorgesehen werden, noch vermochte einer alle Befehle zu erteilen. Infolgedessen mußten bei solcher Ungunst der Verhältnisse auch wechselnde Glücksfälle eintreten.

23. Die Soldaten der neunten und zehnten Legion, die auf dem linken Flügel standen, entsandten ihre Wurfgeschosse und warfen die durch den ermüdenden Anlauf ganz außer Atem gekommenen und zudem von ihren Wunden erschöpften Atrebaten – denn dieser Teil der Belger war auf sie gestoßen – rasch den Hügel zum Fluß hinunter. Als die Feinde versuchten, ihn wieder zu überschreiten, drängten die Unsrigen scharf nach und hieben einen großen nicht gefechtsfähigen Teil von ihnen mit den Schwertern zusammen. Die Römer hemmte nichts, ihrerseits über den Fluß zu gehen, und obgleich sie auf ungünstiges Gelände vordrangen, wo die Feinde wieder Front machten, schlugen sie sie doch nach neuem Kampf in die Flucht. Ebenso warfen an einer anderen Stelle (der Front) zwei getrennt fechtende Legionen, die elfte und achte, die Viromanduer, mit denen sie ins Gefecht geraten waren, von der Anhöhe hinab und fochten darauf unmittelbar am Flußufer. Dadurch aber war fast das ganze Lager in der Front und auf dem linken Flügel entblößt. Auf dem rechten Flügel stand die zwölfte und nicht weit von ihr die siebte Legion, und auf diesen Punkt zu rückten nunmehr alle Nervier in dichtem Schwarm unter der Führung ihres Oberkommandierenden Boduognatus heran. Ein Teil von ihnen begann die Legionen von der offenen (rechten) Flanke zu umfassen, ein anderer, den höchsten Punkt des Lagers zu erreichen.

24. Im gleichen Augenblick gerieten unsere Reiter samt den Leichtbewaffneten zu Fuß, die vereint – wir erzählten das schon – beim ersten feindlichen Angriff geschlagen worden waren, auf ihrem Rückzug ins Lager auf die von der andern Seite entgegenrückenden Feinde, worauf sie nach einer dritten

Richtung flüchteten. Auch die Troßknechte, die von der Porta decumana und dem Kamm des Hügels aus gesehen hatten, wie die Unsrigen siegreich den Fluß überschritten, und sich daher, um Beute zu machen, hervorgewagt hatten, stürzten sofort Hals über Kopf davon, als sie sich umblickten und die Feinde in unserem Lager sahen. Sogleich erhob sich auch lärmendes Geschrei bei denen, die noch mit dem Troß im Anmarsch waren; sie rannten in ihrem Schrecken blind nach allen Seiten auseinander. Die Treverer, von deren Tapferkeit die Gallier eine außerordentliche Meinung haben und die als Hilfstruppe, von ihrem Stamm entsandt, zu Caesar gestoßen waren, sahen, wie die feindlichen Massen unser Lager füllten, die Legionen bedrängt und umklammert gehalten wurden, die Troßknechte, Reiter, Schleuderer, Numider in voller Auflösung nach allen Richtungen davonstoben; dieser Eindruck war so stark, daß sie unsere Sache verloren gaben und heimritten; sie brachten die Nachricht von einer vollständigen Niederlage der Römer und der Eroberung von Lager und Troß durch die Feinde zu ihrem Stamm.

25. Als Caesar sich nach seiner Ansprache an die zehnte Legion zum rechten Flügel begab, sah er hier die arge Bedrängnis seiner Leute: Sie hatten die Feldzeichen an einer Stelle zusammengesetzt, und die Soldaten der zwölften Legion waren um sie her so dicht gedrängt, daß sie sich gegenseitig am Kämpfen hinderten. Von der vierten Kohorte waren alle Centurionen gefallen, der Fahnenträger tot, das Feldzeichen verloren; auch die Centurionen der anderen Kohorten waren entweder verwundet oder getötet. Unter diesen befand sich der tapfere Primipilus Publius Sextius Baculus, der sich wegen seiner vielen und schweren Wunden schließlich nicht mehr aufrecht halten konnte. Caesar sah, daß die übrigen im Kampf säumiger wurden und einige in den letzten Gliedern gar die Schlacht verließen, um den Geschossen zu entgehen; denn ohne Aufhören rückten unterdessen die Feinde von unten herauf nach und bedrängten unsere beiden Flanken furchtbar. Die Not war aufs höchste gestiegen, und Reserven, die man hätte in die Schlacht

werfen können, gab es nicht – da entriß der Feldherr einem im hinteren Glied stehenden Mann den Schild – er selbst war ohne Schild gekommen – und trat ins erste Glied ein. Er rief die Centurionen einzeln beim Namen und feuerte die übrigen Soldaten zum Angriff an; er befahl, die Reihen zu lockern, damit die Soldaten vom Schwert leichter Gebrauch machen könnten. Seine Ankunft ließ die Soldaten wieder hoffen; der Mut kehrte zurück, und der feindliche Angriff wurde ein wenig aufgehalten, da jeder im Angesicht des Feldherrn auch in höchster persönlicher Not sein Letztes hergeben wollte.

26. Als Caesar beobachtete, daß der Feind auch der nicht weit entfernt stehenden siebten Legion so hart zusetzte, wies er die Militärtribunen an, allmählich die Legionen aneinanderzuschließen und (gemeinsam) den Feind anzugreifen. Als nun die Legionäre einander helfen konnten und nicht mehr fürchten mußten, vom Rücken her durch den Feind umzingelt zu werden, leisteten sie nach und nach kühneren Widerstand und kämpften wieder tapferer. Inzwischen wurden die Soldaten der beiden mit der Deckung des Gepäcks als Nachhut betrauten Legionen, die auf die Kunde von der Schlacht ihren Marsch beschleunigt hatten, oben auf dem Hügel den Feinden sichtbar. Gleichzeitig hatte sich Labienus des feindlichen Lagers bemächtigt. Als er von seiner Anhöhe die Vorgänge in unserm Lager wahrnahm, schickte er den Unsrigen die zehnte Legion zur Hilfe. Als diese an der Flucht der Reiter und Troßknechte sah, wie es um uns stand und in welch großer Gefahr Lager, Legionen und Feldherr schwebten, eilte sie mit größter Schnelligkeit herbei.

27. Ihr Eintreffen führte zu einem vollkommenen Umschwung der Schlacht: Selbst diejenigen von den Unsrigen, die von Wunden erschöpft am Boden lagen, erneuerten, auf den Schild gestützt, den Kampf; die Troßknechte liefen sogar unbewaffnet den Feinden entgegen, als sie die Verwirrung der Feinde sahen, und die Reiter vollends wollten den Schimpf der Flucht durch Tapferkeit wieder wettmachen und taten sich auf allen Stellen des Schlachtfeldes sogar vor den Legionären her-

vor. Aber noch in dieser ganz verzweifelten Lage bewiesen die Feinde eine solche Tapferkeit, daß sich die hinteren Glieder auf die Gefallenen der ersten Reihe stellten und von deren Leichen herab kämpften; nachdem auch diese gefallen waren und als die Leichen sich zu Hügeln türmten, warfen die noch Überlebenden wie von einem Berg die Geschosse auf unsere Leute und schleuderten die aufgefangenen Pilen zurück. Man muß es wirklich sagen: Nicht vergeblich hatten es diese tapferen Leute gewagt, den recht breiten Fluß zu überschreiten, die hohe Uferböschung zu erklettern und in solch ungünstiges Kampfgelände vorzudringen: Ihr Mut hatte ihnen die größten Schwierigkeiten leicht gemacht.

28. Nach dieser Schlacht, in der das Volk der Nervier fast gänzlich ausgerottet wurde, schickten auf die Kunde von der Niederlage die älteren Leute, die, wie wir erzählten, mit den Kindern und Frauen in die großen Sümpfe geschafft worden waren, im Einverständnis mit allen noch Überlebenden Gesandte an Caesar und ergaben sich ihm, da sie zu der Überzeugung gekommen waren, daß es für die Sieger keine Schwierigkeiten, für die Besiegten keine Sicherheit mehr gab. Bei der Schilderung des Unglücks ihres Staates erwähnten sie, die Senatoren seien von 600 auf drei, die Zahl der 60 000 Kämpfer auf kaum 500 Waffenfähige zusammengeschmolzen. Daher nahm sich Caesar ihrer mit der größten Schonung an, auf daß es offenbar werde, daß er Mitleid gegen unglückliche Schutzflehende geübt habe: Er hieß sie in ihrem Land und in ihren Städten wohnen bleiben und gab den Nachbarn den strengen Befehl, jede Gewalttätigkeit und jede Feindseligkeit ihrerseits gegen sie zu unterlassen.

29. Die Atuatucer aber, von denen wir schon oben sprachen, als sie mit ihrer ganzen Streitmacht den Nerviern zu Hilfe kommen wollten, kehrten auf die Nachricht von dieser Schlacht mitten auf dem Weg wieder um und zogen nach Hause zurück. Sie verließen ihre sämtliche Städte und befestigten Plätze und schafften all ihr Hab und Gut in eine einzige von Natur trefflich gesicherte Stadt. Der Ort hatte auf allen Seiten ringsum

sehr hohe Felsabstürze; nur auf einer Seite gab es einen sanft ansteigenden Zugang, dessen Breite höchstens 200 Fuß betrug. Diese Stelle war von ihnen mit einer hohen Doppelmauer befestigt worden; jetzt legten sie außerdem noch ganz schwere Felsen und vorn angespitzte Balken auf ihr nieder. Die Atuatucer waren Nachkommen der Cimbern und Teutonen, die beim Zug gegen unsere Provinz und nach Italien eine Schutzwache von etwa 6000 Mann für das diesseits des Rheins aufgestapelte schwere Gepäck zurückgelassen hatten, das sie nicht weiter mit sich fortschaffen konnten. Nach dem Untergang ihres Stammes wurden diese Leute jahrelang von den Nachbarn hin und her gehetzt, wobei sie bald kriegerische Einfälle in die Nachbarländer machten, bald sich gegen solche wehrten. Hernach aber kam es unter allgemeiner Zustimmung zum Frieden, worauf sie sich diese Gegend zum Wohnsitz wählten.

30. Sofort nach der Ankunft unseres Heeres machten sie aus der Stadt häufig Ausfälle und fochten in ganz kleinen Scharmützeln mit den Unsrigen; als sie aber hernach durch einen 12 Fuß hohen Wall eingeschlossen wurden, der im Umkreis von 15 Meilen angelegt und mit zahlreichen Schanzen verstärkt worden war, blieben sie in der Stadt. Darauf wurden (von unsern Leuten) Sturmlauben vorgeschoben, ein Belagerungsdamm erbaut und in der Ferne ein Turm gezimmert. Als die Feinde das sahen, spotteten und höhnten sie zuerst von der Mauer herab, daß man eine so große Maschine in einer so weiten Entfernung errichte: Mit welchen Händen oder Kräften denn zumal solche Zwerggestalten – denn im allgemeinen erscheint allen Galliern angesichts ihrer gewaltigen Körpergröße unsere kleine Gestalt verächtlich – es sich zutrauen würden, einen so schweren Turm an die Mauer heranzubringen?

31. Als sie aber den Turm sich bewegen und der Stadtmauer näherkommen sahen, erschütterte sie der nie gekannte und ungewohnte Anblick so sehr, daß sie Gesandte an Caesar abordneten, um den Frieden zu erhalten. Diese sprachen folgendermaßen: Die Römer müßten wohl in ihrer Kriegsführung von den Göttern unterstützt werden, wenn sie Maschinen von

solcher Höhe mit derartiger Schnelligkeit fortbewegen könnten, und so unterwürfen sie sich mit all ihrem Eigentum ihrer Macht. Nur eines erbäten sie flehentlich: Wenn er in seiner Milde und Sanftmut, von der sie schon von andern gehört hätten, zufällig die Erhaltung der Atuatucer beschlossen haben sollte, so möchte er ihnen die Waffen lassen. Fast alle Nachbarn seien ihre Feinde und neideten ihnen ihre Tapferkeit, und nach Ablieferung der Waffen könnten sie sich ihrer nicht erwehren. Wenn es dazu käme, so wollten sie lieber jedwedes Schicksal vom römischen Volk erleiden als sich von jenen martervoll hinmorden lassen, über die sie bisher immer geherrscht hätten.

32. Darauf antwortete Caesar folgendes: Er werde ihren Stamm schonen, mehr, weil er es gewöhnlich so mache, als weil sie es verdient hätten, wenn sie sich, ehe der erste Widderstoß die Mauer berühre, unterwürfen. Doch könne er ihnen die Unterwerfung nur unter der Bedingung der Übergabe der Waffen zugestehen. Er werde ihnen gegenüber handeln, wie er den Nerviern gegenüber gehandelt habe, und den Nachbarn den Befehl geben, den Unterworfenen des römischen Volkes keine Gewalttat anzutun. Dies wurde ihren Stammesgenossen gemeldet. Jene erklärten, Caesars Befehle ausführen zu wollen. Darauf warfen sie eine Menge Waffen von der Mauer in den Graben vor der Stadt, so daß der Waffenhaufen fast bis an die Oberkante der Mauer und des Belagerungsdammes reichte. Trotzdem hatten sie noch ein Drittel, wie sich später herausstellte, verheimlicht und in der Stadt zurückbehalten. Die Tore wurden hierauf geöffnet, und an diesem Tag hielten sie Frieden.

33. Gegen Abend ließ Caesar die Tore schließen und die Soldaten aus der Stadt herausgehen, damit die Städter nicht bei Nacht unter Ausschreitungen der Soldaten zu leiden hätten. Weil die Atuatucer glaubten, die Unsrigen würden nach der Übergabe ihre Posten einziehen oder diese wenigstens erheblich nachlässiger versehen, machten sie nach einem, wie man später erfuhr, schon vorher verabredeten Plan zur Zeit der dritten Nachtwache dort, wo der Aufstieg zu unserer Befestigung wohl

am wenigsten steil war, mit allen Truppen plötzlich aus der Stadt einen Ausfall, wobei sie teils mit den verheimlichten und zurückbehaltenen Waffen ausgerüstet waren, teils mit Schilden aus Baumrinde oder Weidengeflecht, die sie bei der sehr knappen Zeit in aller Eile mit Leder überzogen hatten. Schnell, wie Caesar vorher befohlen hatte, gaben die Römer Feuersignale, und man stürmte aus den nächstliegenden Schanzen dorthin; die Feinde fochten hier mit solcher Energie, mit der tapfere Männer, wenn alles auf dem Spiel steht, auf ungünstigem Gelände gegen Soldaten streiten müssen, die von Wall und Türmen herab schießen; denn einzig auf der Tapferkeit ruhte alle ihre Hoffnung. Mit einem Verlust von etwa 4000 Toten wurden sie in die Stadt zurückgeworfen. Am folgenden Tag konnten die Tore ohne irgendwelchen Widerstand gesprengt werden. Die Soldaten wurden hineingeschickt, und Caesar verkaufte die Beute jener Stadt im ganzen. Die Käufer errechneten ihm eine Kopfzahl von 53 000.

34. Gleichzeitig ging von Publius Crassus, den er mit einer Legion zu den Venetern, Venellern, Osismern, Coriosoliten, Essuviern, Aulercern und Redonen, den Seestämmen am Ozean, geschickt hatte, die Nachricht bei ihm ein, alle diese Stämme seien unter Roms Botmäßigkeit und Herrschaft gebracht worden.

35. Diese kriegerischen Erfolge, durch die ganz Gallien befriedet ward, verbreiteten von diesem Krieg eine so hohe Meinung bei den fremden Nationen, daß auch von den überrheinischen Völkern Gesandte an Caesar geschickt wurden mit dem Versprechen, Geiseln zu stellen und seine Befehle auszuführen. Diese Gesandtschaften hieß Caesar mit Anfang des nächsten Sommers wiederkommen, weil er gerade nach Italien und Illyrien abreisen wollte. Er führte die Legionen zu den Carnuten, Anden, Turonern und sonstigen dem Kriegsschauplatz benachbarten Stämmen ins Winterlager. Dann reiste er nach Italien ab. Ob dieser Erfolge wurde vom Senat auf Grund des Berichtes Caesars ein fünfzehntägiges Dankfest beschlossen, eine Ehre, die bisher noch niemandem zuteil geworden war.

Drittes Buch

1. Als Caesar nach Italien aufbrach, schickte er Servius Galba mit der zwölften Legion und einer Abteilung Reiterei zu den Nantuaten, Veragrern und Sedunern, deren Land sich vom Gebiet der Allobrogen, dem See Lemannus und dem Rhodanus bis zu den Hochalpen hinaufzieht; er sollte die dortige Alpenstraße öffnen, welche die Kaufleute meist nur unter großer Gefahr und mit Entrichtung bedeutender Zölle benutzen konnten. Caesar erlaubte ihm, wenn er es für nötig erachte, seine Legion in dieser Gegend in die Winterquartiere zu legen. Galba hatte etliche kriegerische Erfolge und konnte den Feinden mehrere Verschanzungen wegnehmen, was zur Folge hatte, daß jene von überall her Gesandte an ihn abordneten, Geiseln stellten und Frieden machten. Darauf beschloß er, zwei Kohorten zu den Nantuaten zu legen und selbst mit den übrigen Kohorten der Legion in dem veragrischen Dorf Octodurus zu überwintern. Dies Dorf liegt in einem Tal, angelehnt an eine kleine (Tal)ebene, und ist auf allen Seiten von hohen Gebirgszügen eingeschlossen. Ein Fluß teilt das Dorf in zwei Teile; Galba überließ den einen den Galliern, den andern, den sie geräumt hatten, wies er den Kohorten als Winterquartier an und ließ ihn mit Wall und Graben befestigen.

2. Mehrere Tage des Winterlagers waren bereits verstrichen, und Galba hatte befohlen, in den Ort Getreide zu schaffen. Da erhielt er plötzlich von Spähtrupps die Nachricht, die Gallier seien aus dem ihnen angewiesenen Teil des Dorfes bei Nacht entwichen, und eine große Menge Seduner und Veragrer halte die ringsum den Ort beherrschenden Bergkämme besetzt. Meh-

rere Gründe hatten die Gallier zu dem Entschluß bestimmt, plötzlich den Krieg zu erneuern und die Legion zu überfallen. Zunächst verachteten sie die Legion wegen ihrer schwachen Zahl; denn sie war nicht vollständig, da Galba zwei Kohorten abgezweigt und etliche Leute einzeln abgesandt hatte, um Verpflegung herbeizuschaffen. Sodann aber waren sie der Überzeugung, daß die Unsrigen wegen der Ungunst des Geländes – sie selbst konnten von den Bergen ins Tal stürmen und ihre Geschosse (von oben) schleudern – nicht einmal ihren ersten Ansturm aushalten würden. Hinzu kam der Schmerz darüber, daß man ihnen unter dem Namen von Geiseln ihre Kinder weggenommen hatte und daß sie der festen Überzeugung waren, die Römer versuchten die Besetzung der Gipfel nicht nur, um die Alpenstraßen zu öffnen, sondern um diese Gegend für immer zu besitzen und ihre Heimat zu der benachbarten Provinz zu schlagen.

3. Darauf berief Galba sofort einen Kriegsrat und fragte alle nach ihrer Meinung. Denn weder war die Einrichtung des Winterlagers und der Bau von dessen Verschanzungen vollständig beendet noch genügend Vorsorge für das Getreide und die sonstige Zufuhr getroffen, weil Galba nach geschehener Übergabe und Stellung der Geiseln keine Befürchtungen eines Krieges mehr glaubte hegen zu müssen. Da aber wider Erwarten plötzlich so große Gefahr eingetreten war und man bereits fast alle Höhen ringsum voll Bewaffneter sah, anderseits weder Hilfe noch Zufuhr erwartet werden konnte, weil die Wege verlegt waren, so verzweifelten einige schon fast vollständig an der Rettung und äußerten sich dahin, man solle das schwere Gepäck zurücklassen, dann einen Ausfall machen und sich eilends auf den Wegen retten, auf denen man hierher vorgedrungen sei. Aber die Mehrheit wollte diesen Vorschlag für den Notfall aufgehoben wissen und beschloß, es vorläufig erst auf den Verlauf der Dinge ankommen zu lassen und das Lager zu verteidigen.

4. Kurze Zeit später – man hatte kaum die Möglichkeit, die beschlossenen Maßnahmen ordnungsmäßig durchzuführen –

stürmten die Feinde von allen Seiten auf ein gegebenes Zeichen von den Bergen herab und warfen Steine und Speere auf den Wall. Zuerst verteidigten sich die Unsrigen mit frischen Kräften sehr tapfer und warfen kein Pilum vergeblich von ihrem erhöhten Standpunkt; und wo ein Teil des Lagers von Verteidigern entblößt und bedrängt schien, dorthin liefen die Soldaten und brachten Hilfe. Doch setzte es allmählich den Unsrigen zu, daß die von dem langen Kampf ermüdeten Feinde vom Kampfort abtraten und dafür frische Kräfte einrückten, während die Unsrigen wegen ihrer geringen Anzahl dergleichen nicht machen konnten; denn ihnen fehlte nicht nur, wenn sie ermüdet waren, die Möglichkeit, aus dem Kampf auszuscheiden, sondern nicht einmal die Verwundeten konnten ihren Platz verlassen und sich (aus dem Gefecht) zurückziehen.

5. Schon kämpfte man mehr als sechs Stunden ohne Unterbrechung, und es trat bei uns Mangel ein nicht nur an Kräften, sondern auch an Geschossen. Schärfer drängten die Feinde heran und hatten bereits damit begonnen, da die Unsrigen allzu ermattet waren, den Wall einzureißen und die Gräben zu füllen. Die Sache war wirklich zum Äußersten gekommen. Da eilten der Primipilus Publius Sextius Baculus, der, wie wir erzählten, in der Nervierschlacht von etlichen Wunden erschöpft zusammengebrochen war, und der Militärtribun Gaius Volusenus, ein sehr einsichtiger und tapferer Mann, zu Galba und machten ihm klar, es gebe nur eine Aussicht auf Rettung: Man solle einen Ausfall machen und damit das letzte Mittel versuchen. Galba rief daher die Centurionen schnell zusammen und ließ den Soldaten befehlen, eine kleine Zeit den Kampf zu unterbrechen, sich lediglich gegen die hereingeschleuderten Speere zu decken und sich von der Anstrengung zu erholen; dann sollten sie auf ein Zeichen aus dem Lager hervorbrechen und ihre ganze Hoffnung auf ihre Tapferkeit setzen.

6. Sie taten, was man sie geheißen, machten plötzlich aus allen Toren einen Ausfall und ließen den Feinden keine Zeit zu erkennen, was vor sich ging, oder sich zu sammeln. So trat ein Umschwung ein, und diejenigen, die sich schon das Lager

hatten einnehmen sehen, waren (plötzlich) auf allen Seiten umzingelt. Die Soldaten griffen sie auf und töteten von über 30 000 Mann – es stand fest, daß diese Anzahl Barbaren vor das Lager gerückt war – mehr als ein Drittel. Die übrigen, die ein furchtbarer Schrecken ergriffen hatte, schlugen sie in die Flucht und ließen sie nicht einmal auf den Anhöhen wieder zum Halten kommen. Nachdem sie so alle Scharen der Feinde geschlagen und ihnen die Waffen abgenommen hatten, zogen sie sich in das befestigte Lager wieder zurück. Nach dieser Schlacht wollte Galba das Kriegsglück nicht noch öfter auf die Probe stellen; und da er daran dachte, daß er mit einer ganz andern Absicht das Winterlager bezogen, indes andere Verhältnisse in der Wirklichkeit vorgefunden hatte, vor allem aber, weil ihm der Mangel an Getreidenachschub schwere Sorge machte, ließ er am folgenden Tag alle Häuser dieses Dorfes anzünden und zog schleunigst nach der Provinz ab. Kein Feind hinderte ihn daran oder verlegte ihm den Weg; unversehrt konnte er die Legion zuerst zu den Nantuaten, dann zu den Allobrogen führen, wo er überwinterte.

7. Hiernach hielt Caesar aus allen Gründen Gallien für befriedet: Die Belger waren unterworfen, die Germanen zurückgetrieben, die Seduner in den Alpen besiegt. Als er darauf im Winter nach Illyrien abgereist war, weil er auch diese Völker besuchen und deren Land kennenlernen wollte, brach plötzlich in Gallien ein (neuer) Krieg aus. Der Grund zu diesem Krieg lag in folgendem: Der junge Publius Crassus überwinterte mit der siebten Legion in der Nähe des Ozeans bei den Anden. Da es in diesen Gegenden kaum Getreide gab, hatte er mehrere Präfekten und Militärtribunen zu den Nachbarvölkern entsandt, um die Ernährung sicherzustellen. Von ihnen war Titus Terrasidius zu den Essuviern, Marcus Trebius Gallus zu den Coriosoliten, Quintus Velanius und Titus Sillius zu den Venetern geschickt worden.

8. Dieser Stamm genießt in den Gegenden an der ganzen Meeresküste bei weitem das höchste Ansehen, nicht nur, weil die Veneter über sehr viele Schiffe verfügen, mit denen sie ihre

Seefahrten nach Britannien unternehmen, sondern auch wegen ihrer die übrigen Stämme überragenden theoretischen und praktischen Kenntnisse im Seewesen; außerdem waren fast alle sonstigen seefahrenden Stämme ihnen steuerpflichtig, da es an der bewegten Meeresküste nur wenige Häfen gab, und diese besaßen eben die Veneter selbst. Sie machten den Anfang damit, den Sillius und Velanius zurückzuhalten und wen sie sonst aufgreifen konnten; denn durch diese glaubten sie ihre dem Crassus ausgelieferten Geiseln wiederzubekommen. Ihr Ansehen trieb auch die Nachbarn – die Gallier entschließen sich sehr plötzlich –, aus denselben Gründen den Trebius und Terrasidius zurückzuhalten. Dann wurden Gesandte schnell (überallhin) geschickt, und durch ihre Fürsten verschworen sie sich, nur nach gemeinsamem Plan zu handeln und jedweden Ausgang des Unternehmens zu tragen. Dann wiegelten sie die übrigen Völker auf, lieber in der von den Vorfahren ererbten Freiheit verharren zu wollen als die römische Knechtschaft zu ertragen. So zogen sie bald die Bewohner der ganzen Meeresküste auf ihre Seite; dann ließen sie gemeinsam eine Gesandtschaft an Publius Crassus abgehen mit der Mitteilung, wenn er seine Leute wiederhaben wolle, so solle er ihnen ihre Geiseln zurückschicken.

9. Von diesen Vorgängen benachrichtigte Crassus Caesar. Weil Caesar aber noch zu weit entfernt war, erließ er den Befehl, in der Zwischenzeit auf dem Liger – er mündet in den Ozean – Kriegsschiffe zu bauen, Ruderer aus der Provinz anzuwerben und Matrosen und Steuerleute auszusuchen. Mit diesen Arbeiten war man schnell zu Ende gekommen; und er selbst eilte zum Heer, sobald er es wegen der Jahreszeit konnte. Als die Veneter und die übrigen Staaten von Caesars Ankunft erfuhren ⟨und von . . .⟩ benachrichtigt waren, begriffen sie, welch ein großes Verbrechen sie sich hatten zuschulden kommen lassen, daß sie Gesandte, deren Name bei allen Völkern immer heilig und unverletzlich gewesen war, bei sich zurückgehalten und ins Gefängnis geworfen hatten. Sie beschlossen, der Größe der Gefahr entsprechende kriegerische Zurüstungen

zu machen und vor allem für den Bedarf ihrer Schiffe zu sorgen; dabei war ihre Hoffnung um so größer, als sie sich fest auf die natürliche Beschaffenheit der Gegend verließen. Denn sie wußten, daß die Landwege von Lagunen durchschnitten waren und eine Anfahrt zur See für den Gegner wegen seiner Unkenntnis der Gegend und der geringen Zahl der Häfen sehr erschwert war; auch verließen sie sich darauf, daß unsere Heere wegen des Getreidemangels nicht allzu lange sich bei ihnen würden aufhalten können. Und sollte auch wirklich alles wider ihre Vermutung ausgehen, so wären sie doch zur See außerordentlich stark, während die Römer weder die Möglichkeit hätten, sich Schiffe zu verschaffen, noch im Kriegsgebiet Furten, Häfen und Inseln kannten; und daß Seefahrt in einem Binnenmeer etwas sehr anderes sei als auf dem offenen Ozean, wußten sie auch. Auf Grund dieser Überlegungen befestigten sie ihre Städte, schafften in sie vom Land Getreide und zogen möglichst viele Schiffe in Venetien zusammen, wo nach der allgemeinen Meinung Caesar den Krieg zuerst führen werde. Als Bundesgenossen in diesem Krieg vereinigten sich auf ihr Betreiben mit ihnen die Osismer, Lexovier, Namneten, Ambiliater, Moriner, Diablinten und Menapier; auch erbaten sie sich Hilfstruppen aus dem gegenüberliegenden Britannien.

10. Tatsächlich bestanden für einen Krieg die oben von uns gekennzeichneten Schwierigkeiten; dennoch trieben viele Gründe Caesar zu diesem Krieg: das Unrecht, das mit der Zurückhaltung der römischen Ritter begangen war, die Empörung, nachdem sie sich ergeben hatten, der Abfall trotz der gestellten Geiseln, die Verschwörung so vieler Stämme; vor allem aber sollten die übrigen Völker nicht glauben, wenn er es in dieser Gegend so leicht hingehen lasse, sie dürften sich dasselbe erlauben. Außerdem wußte er, wie fast alle Gallier an politischen Veränderungen Freude hatten und wie leicht und schnell sie sich zum Krieg hinreißen ließen – denn alle Menschen entflammt eine natürliche Freiheitsliebe, und die Knechtschaft ist verhaßt –; bevor also mehr Stämme sich verschworen, hielt er

eine Teilung und weitere Auseinanderlegung des Heeres für gut.

11. Daher schickte er den Legaten Titus Labienus zu den Treverern mit der Reiterei. Die Treverer wohnen ganz nahe am Rhein. Labienus erhielt den Auftrag, erstens die Remer und übrigen Belger aufzusuchen und sie im Zaum zu halten, ferner aber die Germanen, von denen Gerüchte gingen, daß sie von den Galliern zu Hilfe herbeigeholt würden, an einem etwaigen gewaltsam auf Schiffen versuchten Übergang (über den Rhein) zu hindern. Dem Publius Crassus erteilte er den Befehl, mit zwölf Kohorten und einer großen Anzahl Reiter nach Aquitanien zu marschieren, damit auch von diesen Völkern keine Hilfstruppen nach Gallien geschickt würden und so große Stämme sich verbündeten. Den Legaten Quintus Titurius Sabinus beorderte er mit drei Legionen zu den Venellern, Coriosoliten und Lexoviern; seine Aufgabe war, auch diese Scharen auseinanderzuhalten. Den jungen Decimus Brutus aber setzte er als Kommandanten der neugebauten Flotte und der gallischen Schiffe ein, die er aus dem Land der Pictonen, Santoner sowie den übrigen befriedeten Gegenden hatte zusammenkommen lassen; er befahl ihm, so bald als möglich nach Venetien zu segeln, wohin er selbst mit den Fußtruppen eilte.

12. Die Lage der dortigen Städte war etwa von folgender Art: Man hatte sie auf dem Ende von Landzungen und Küstenvorsprüngen erbaut; sie waren weder zu Fuß zugänglich, wenn vom Meer her die Flut sich erhob – was sich des Tags zweimal im Abstand von zwölf Stunden ereignet –, noch zu Schiff, weil bei Ebbe die Schiffe in den Untiefen der Gefahr der Beschädigung ausgesetzt waren. Beides hinderte eine Bestürmung der Städte. Und wenn die Feinde einmal zufällig durch die Größe der Schanzarbeiten bezwungen waren, dadurch daß das Meer durch den Damm und die aufgeschichteten Steine und Holzmassen ferngehalten werden konnte und diese Baumaterialien bis zur Höhe ihrer Stadtmauern aufgeschichtet waren, und sie an ihrer Erhaltung zu verzweifeln anfingen, dann segelte eine große Anzahl Schiffe heran, die ihnen stets zur Verfügung

stand; sie verluden all ihr Hab und Gut und zogen sich in die nächste Stadt zurück, wo sie sich erneut durch Ausnutzung der genau so vorteilhaften Lage der Stadt verteidigten. Dies konnten sie um so leichter einen großen Teil des Sommers hindurch tun, weil unsere Schiffe durch Stürme festgehalten wurden und die größten Schwierigkeiten für die Schiffahrt bestanden, da das Meer weit und offen war und große wirkliche Fluten und fast gar keine Häfen hatte.

13. Ihre Schiffe nämlich sind so erbaut und ausgerüstet: Die Kiele sind bedeutend flacher als bei unsern Schiffen, damit sie um so leichter die Untiefen und die Wirkungen der Ebbe überwinden können. Das Vorderdeck ragte beträchtlich in die Höhe, ebenso das Hinterdeck, und war der Größe der Fluten und Stürme angepaßt. Die Schiffe waren ganz aus Eichenholz hergestellt, um jeder Gewalt und Unbill zu widerstehen. Die (das Verdeck tragenden) Querbalken bestanden aus einen Fuß dicken Balken und waren mit eisernen daumendicken Nägeln befestigt; die Anker hingen statt an Tauen an eisernen Ketten, und statt der Segel verwendeten sie Felle und (mit Alaun) dünn gegerbte Häute, sei es wegen des Mangels an Leinen und der Unkenntnis seines Gebrauchs, sei es, daß sie glaubten – und das ist das Wahrscheinlichere –, daß Leinensegel so gewaltigen ozeanischen Stürmen und solch heftigem Winddruck nicht gut würden standhalten können und sich mit ihnen so schwere Schiffe nicht leicht lenken ließen. Diesen Schiffen trat unsere Flotte in der Weise gegenüber, daß sie nur durch die Schnelligkeit und die Ruderkraft im Vorteil war, während das übrige im Verhältnis zur Natur der Gegend und der Gewalt der Stürme sich bei den Schiffen der Feinde geeigneter und passender erwies. Denn weder konnten unsere Schiffe ihnen mit dem Rammsporn schaden – dazu waren jene viel zu fest –, noch waren die feindlichen Schiffe leicht wegen ihrer Höhe zu beschießen; aus demselben Grund ließen sie sich auch schwer entern. Hierzu kam schließlich, daß sie beim Fahren vor dem Wind leichter dem Sturm standhalten und sicherer in den Untiefen auf Grund kommen konnten und, von der Flut emporgehoben, Steine und

Riffe nicht zu fürchten brauchten. Unsere Schiffe hingegen mußten sich vor dem Eintreten solcher Unfälle sehr in acht nehmen.

14. Nachdem Caesar mehrere ihrer Städte erobert hatte, sah er ein, daß er sich vergeblich eine so große Mühe mache, da er weder nach der Einnahme der Städte die Flucht der Feinde hindern noch ihnen schaden könne. Er beschloß also, auf die Flotte zu warten. Als sie ankam und die Feinde sie das erste Mal sahen, segelten etwa 220 ihrer Schiffe völlig gefechtstüchtig und in jeder Hinsicht mit allem versehen aus einem Hafen aus und ordneten sich unsern Schiffen gegenüber zum Kampf. In diesem Augenblick wußten weder Brutus, der Admiral, noch die Militärtribunen und Centurionen, denen die einzelnen Schiffe anvertraut waren, so recht, was sie machen oder welche Kampfesart sie anwenden sollten. Denn daß man ihnen mit dem Rammsporn nichts anhaben konnte, hatten sie sofort erkannt; und selbst über die Höhe der Türme (auf den römischen Schiffen) ragte noch das Hinterdeck der Barbarenschiffe empor, so daß sie von den Römern nur von unten mit geringer Wirkung beschossen werden konnten, während die gallischen Wurfgeschosse wirksamer trafen. Indessen bewährte sich eine von den Unsrigen vorbereitete Vorrichtung. Es waren dies vorn zugespitzte Sicheln, die in lange Stangen eingelassen und an ihnen befestigt waren; sie waren nicht ganz unähnlich den Mauersicheln. Mit diesen wurden die Taue, die die Rahen mit dem Mastbaum verbanden, ergriffen und herangezogen; sodann warf man sich in die Ruder und riß die Taue ab. Waren die Taue abgeschnitten, so fielen die Rahen notwendig herunter; die Folge war, daß die gallischen Schiffe, deren ganze Hoffnung auf den Segeln und dem Takelwerk beruhte, sogleich gänzlich außer Gefecht gesetzt wurden, wenn man das Takelwerk zerstört hatte. Beim weiteren Kampf kam es dann auf die Tapferkeit an, und mit ihr siegten unsere Soldaten leicht, und zwar um so mehr, als der Kampf unter den Augen Caesars und des ganzen Heeres stattfand: Da konnte keine auch nur etwas hervorragende Heldentat unbemerkt bleiben. Denn alle

Hügel und Anhöhen, von denen man die See nahe vor sich sehen konnte, hielt das Heer besetzt.

15. Nachdem, wie wir erzählten, die Rahen herabgerissen waren, strengten sich unsere Soldaten aufs höchste an, auf die feindlichen Schiffe hinüberzulaufen, indem zwei oder drei römische Schiffe ein feindliches umstellten. Als dies die Barbaren sahen, suchten sie ihr Heil in der Flucht, da sie schon mehrere Schiffe verloren hatten, wogegen sich keine Abhilfe finden ließ. Und schon hatten sie ihre Schiffe in die Windrichtung gewandt, als plötzlich vollkommene Windstille eintrat und sie nicht vom Fleck kamen. Dies war außerordentlich günstig, um ihre Niederlage endgültig zu machen. Denn nun konnten die Unsrigen die einzelnen Schiffe verfolgen und erobern, so daß nur ganz wenige von ihnen infolge der hereinbrechenden Nacht ans Land gelangten. Man hatte etwa von der vierten Stunde des Tages bis Sonnenuntergang gekämpft.

16. Diese Schlacht beendete den Krieg mit den Venetern und an der ganzen Küste. Denn die gesamte Jugend, aber auch die älteren Leute, soweit sie irgendwie wegen ihrer Einsicht in Ansehen standen, waren dabei gewesen; auch alle Schiffe, die es irgend gab, hatten sie an einer Stelle zusammengezogen. Nach Verlust der Schiffe gab es für die übrigen nichts mehr, wohin sie sich zurückziehen konnten; auch wußten sie nicht, wie sie ihre Städte verteidigen sollten. So ergaben sie sich Caesar mit all ihrem Hab und Gut. Caesar glaubte, er müsse sie um so schwerer bestrafen, damit in Zukunft von den Barbaren das Gesandtschaftsrecht desto genauer beachtet würde. Er ließ daher alle Ratsherren hinrichten und die übrigen in die Sklaverei verkaufen.

17. Unterdessen war Quintus Titurius Sabinus mit den von Caesar ihm unterstellten Truppen ins Land der Veneller gelangt. Ihr Führer war Viridovix; er führte den Oberbefehl über alle abgefallenen Staaten, aus denen er ein Heer ⟨aufgestellt⟩ und große Truppenmassen aufgeboten hatte. In diesen wenigen Tagen hatten die eburovischen Aulercer und die Lexovier ihren Rat ermordet, denn dieser wollte nicht schuld

an dem Krieg sein; sie schlossen die Tore und verbanden sich mit Viridovix. Außerdem waren dort von allen Seiten aus Gallien verkommene Leute und Räuber zusammengelaufen; ihre tägliche Arbeit als Bauern hatten sie verlassen, weil Kriegsbeute lockte und sie leidenschaftlich nach Kampf begehrten. Sabinus hatte an einem für alle Fälle geeigneten Ort ein Lager bezogen und hielt sich in ihm. Da lagerte sich Viridovix ihm gegenüber 2 Meilen entfernt. Er führte täglich seine Truppen heraus und bot die Schlacht an, so daß Sabinus schon nicht nur den Feinden verächtlich wurde, sondern auch unsere Soldaten ihn ziemlich stichelten, und er erweckte bei den Feinden so sehr die Meinung, er fürchte sich, daß jene schon den Mut hatten, bis an den Lagerwall heranzukommen. Aber Sabinus tat dies deshalb, weil er sich sagte, angesichts solcher feindlichen Truppenmassen dürfe er als Legat, zumal in Abwesenheit des Oberfeldherrn, nur auf günstigem Gelände und nur unter ganz besonders guten Umständen kämpfen.

18. Als er nun die Feinde in der Meinung, er fürchte sich, bestärkt hatte, wählte er sich einen geschickten und klugen Gallier aus den Hilfstruppen aus, überredete ihn mit großen Belohnungen und Versprechungen, zum Feind überzugehen, und unterrichtete ihn über das, was er dort ausgeführt wissen wollte. Als dieser als scheinbarer Überläufer zu den Feinden gekommen war, schilderte er ihnen die Furcht der Römer, erzählte von den Schwierigkeiten, in die Caesar von den Venetern verstrickt sei, und erklärte, daß Sabinus heimlich in der nächsten Nacht das Heer aus dem Lager führen und abmarschieren werde, um Caesar Hilfe zu bringen. Als sie das gehört hatten, schrien alle, man dürfe sich die Gelegenheit zu einem Überfall nicht entgehen lassen: Man müsse zum Lager eilen. Zu diesem Entschluß bewog die Gallier vielerlei: das Zaudern des Sabinus in den vorigen Tagen, die bestimmte Versicherung des Überläufers, ihr eigener Lebensmittelmangel – denn für die Verpflegung hatten sie sehr schlecht gesorgt –, die Hoffnung auf den Feldzug der Veneter und schließlich, weil man überhaupt gern glaubt, was man wünscht. Sie erklärten, Viridovix

und die übrigen Führer nicht eher aus der Versammlung zu entlassen, als bis von ihnen erlaubt worden sei, zu den Waffen zu greifen und zum Lager zu eilen. Darauf stürmten sie voller Freude, so als hätten sie den Sieg schon in den Händen, beladen mit Reisig, Holz und Strauchwerk zum Ausfüllen der Gräben, gegen das römische Lager.

19. Der Lagerplatz war auf einer Anhöhe, die sich vom Fuß an etwa eine Meile lang allmählich erhob. Hierher liefen in Eile die Feinde, um den Römern kaum Zeit zu lassen, sich zu sammeln und zu bewaffnen, und so kamen sie atemlos an. Sabinus hielt an die Seinigen eine Ansprache und gab den kampfbegierigen Soldaten das Zeichen zur Schlacht. Da die Feinde durch die mitgeschleppten Lasten sehr behindert waren, befahl er, plötzlich aus zwei Toren einen Ausfall zu machen. So geschah es durch die Gunst des Geländes, die Unwissenheit und Müdigkeit der Feinde, die Tapferkeit der Soldaten und ihre aus den vorhergehenden Kämpfen erworbene Übung, daß die Feinde nicht einmal den Angriff der Unsrigen aushielten und sofort flohen. Die Unsrigen verfolgten sie, die sehr behindert waren, mit frischen Kräften und hieben eine große Zahl von ihnen nieder; den übrigen jagten die Reiter nach; nur wenige blieben übrig, die sich aus der Flucht retten konnten. So erhielt gleichzeitig Sabinus die Nachricht von der Seeschlacht und Caesar die von dem Sieg des Sabinus. Alle Stämme ergaben sich sofort dem Sabinus. Denn so leidenschaftlich und bereit die Gallier zum Krieg sind, so schlaff und kaum widerstandsfähig sind sie im Unglück.

20. Etwa zur selben Zeit war Publius Crassus in Aquitanien eingetroffen. [Dieser Teil Galliens nimmt, wie oben erwähnt, nach der Weite der Gegend und der Bevölkerungszahl ein Drittel des Landes ein.] Als er zu der Erkenntnis kam, er müsse in den Gegenden Krieg führen, wo wenige Jahre vorher das Heer des Legaten Lucius Valerius Praeconinus geschlagen und dieser selbst getötet worden war, von wo ferner der Prokonsul Lucius Manlius nur unter Verlust des schweren Gepäcks hatte flüchten können, glaubte er, besondere Sorgfalt

anwenden zu müssen. Er sah daher das Getreidewesen gut vor, sammelte Hilfstruppen und Reiter und rief außerdem viele tapfere Leute aus Tolosa, Carcaso und Narbo – Städten der Provinz Gallien, die an die Gegend von Aquitanien grenzen – namentlich auf, dann führte er sein Heer in das Land der Sotiaten. Bei der Kunde von seiner Ankunft zogen die Sotiaten große Truppenaufgebote zusammen und griffen mit der Reiterei, in der ihre Stärke liegt, unser Heer auf dem Marsch an. So lieferten sie zuerst ein Reitertreffen. Als aber ihre geschlagene Reiterei von den Unsrigen verfolgt wurde, erschienen plötzlich ihre Fußtruppen, die sie in einem Talkessel in den Hinterhalt gelegt hatten. Diese griffen unsere zerstreuten Soldaten an und erneuerten den Kampf.

21. Man kämpfte lange und heftig; denn die Sotiaten, voll Vertrauen auf ihre früheren Siege, glaubten, auf ihrer Tapferkeit beruhe die Rettung von ganz Aquitanien, während die Unsrigen zeigen wollten, was sie ohne Oberfeldherrn und ohne die übrigen Legionen unter ihrem ganz jungen Führer ausrichten könnten. Endlich ergriffen die Feinde, von Wunden erschöpft, die Flucht; dabei wurden viele von ihnen erschlagen. Danach begann Crassus, die Stadt der Sotiaten unmittelbar vom Marsch aus anzugreifen. Aber die Städter leisteten tapferen Widerstand, so daß er Sturmlauben und Türme vorbringen lassen mußte. Jene aber versuchten bald einen Ausfall, bald trieben sie Minengänge gegen den Damm und die Sturmlauben vor, denn darin haben die Aquitanier eine ganz außerordentliche Erfahrung, weil es vielerorts bei ihnen Eisenerzgruben gibt. Als sie aber sahen, daß sie bei der Sorgfalt der Unsrigen damit nichts erreichen konnten, schickten sie an Crassus Gesandte und baten ihn, ihre Unterwerfung anzunehmen. Dies wurde zugestanden, und sie lieferten darauf, wie befohlen, die Waffen aus.

22. Als nun die Unsrigen ihre ganze Aufmerksamkeit auf die Ablieferung der Waffen richteten, versuchte auf einer andern Stadtseite Adiatuanus, der Oberführer der Feinde, mit 600 Verpflichteten, die dort Soldurier heißen, einen Ausfall zu

machen. Für sie ist die Lebenslage so, daß sie mit den Männern, deren Freundschaft sie sich geweiht haben, alle Freuden im Leben genießen, aber auch die Schicksalsschläge gemeinsam tragen oder sich selbst umbringen, wenn diesen irgendwie Gewalt geschieht; und noch hat sich niemand bisher, soweit die menschliche Erinnerung reicht, gefunden, der sich geweigert hätte zu sterben, wenn derjenige, dessen Freundschaft er sich verpflichtet hatte, getötet worden war. Mit diesen also versuchte Adiatuanus einen Ausfall. Als auf das dort an den Befestigungen entstandene Geschrei hin die Soldaten zu den Waffen eilten, kam es zu einem heftigen Kampf daselbst. Adiatuanus wurde in die Stadt zurückgejagt, erreichte aber von Crassus trotzdem seine Unterwerfung zu denselben Bedingungen (wie die übrigen).

23. Nach Empfang der Waffen und Geiseln marschierte Crassus in das Gebiet der Vocaten und Tarusaten. Als hier die Römer eine durch Natur und Kunst gleich gut befestigte Stadt innerhalb weniger Tage nach ihrer Ankunft erstürmten, machte dies auf die Barbaren einen sehr starken Eindruck, und sie begannen überallhin Gesandte abzuordnen, sich zu verschwören, einander Geiseln zu stellen und Truppen auszurüsten. Dabei wurden Gesandte auch zu den Stämmen des diesseitigen Spanien geschickt, die an Aquitanien grenzten, und man rief von dort Hilfstruppen und Führer herbei. Nach deren Eintreffen versuchten sie, mit großer Begeisterung und starkem Einsatz von Truppen den Krieg zu führen. Als Führer hatten sie solche Männer ausersehen, die jahrelang mit Quintus Sertorius zusammen gelebt hatten und ihrer Ansicht nach ganz besondere Kriegserfahrung haben mußten. Diese gingen daran, nach dem Brauch des römischen Volkes Lagerplätze auszuwählen, verschanzte Lager aufzuschlagen und die Unsrigen an der Zufuhr zu hindern. Als nun Crassus sah, daß er seine Truppen wegen ihrer geringen Zahl nicht teilen könne, daß der Feind umherschweife, die Wege umlagere und im Lager stets eine genügende Bewachung zurücklasse, während er aus demselben Grund im Nachschub des Getreides und der Ver-

pflegung recht behindert war, daß schließlich die Stärke des Feindes täglich wachse, glaubte er mit der entscheidenden Schlacht nicht zögern zu dürfen. Er brachte die Sache vor den Kriegsrat; als er sah, daß alle seiner Meinung waren, setzte er für den folgenden Tag die Schlacht an.

24. Mit Tagesanbruch führte Crassus seine ganzen Truppen aus dem Lager heraus, stellte sie in zwei Treffen auf, wobei er die Hilfstruppen in die Mitte warf, und wartete ab, was die Feinde beschließen würden. Nun glaubten jene zwar wegen ihrer großen Zahl, des alten Kriegsruhms und der Schwäche der Unsrigen, sie würden gefahrlos kämpfen; dennoch hielten sie es für sicherer, die Wege zu umlagern und die Zufuhr abzuschneiden, um so ohne schweren Verlust den Sieg zu erringen. Wenn dann wegen des Mangels an Verpflegung die Römer mit einem allmählichen Rückzug begännen, gedachten sie, die auf dem Marsch kampfbehinderten und unter dem Gepäck weniger gefechtsbereiten Soldaten anzugreifen. Dieser Plan fand die Billigung ihrer Führer, und als die Römer ihre Truppen (in Schlachtordnung) herausführten, hielten sie sich im Lager. Crassus durchschaute dies; da die Feinde durch ihr Zögern und ihre offenbare Furcht die Kampfesfreude unserer Soldaten gesteigert hatten und man allerseits hörte, man dürfe mit dem Vormarsch gegen das feindliche Lager nicht länger warten, hielt er an die Seinen eine Ansprache und zog unter allgemeiner Begeisterung gegen das feindliche Lager.

25. Dort füllten die einen die Gräben, die andern verjagten durch viele Speerwürfe die Verteidiger von dem Wall und seinen Befestigungen. Die Hilfstruppen aber, denen Crassus im Kampf nicht viel zutraute, reichten Steine und Geschosse zu und schafften Rasenstücke für einen Damm heran, wobei sie so taten und den Glauben erweckten, als kämpften sie. Während nun ebenso vom Feind beharrlich und recht furchtlos gekämpft wurde und seine von oben herabgeschleuderten Geschosse durchaus ihre Wirkung taten, meldeten die Reiter, die unterdessen das Lager der Feinde umritten hatten, daß es auf

der Seite der Porta decumana viel weniger sorgsam angelegt sei und einen leichten Zugang biete.

26. Crassus forderte die Reiterpräfekten auf, sie sollten ihre Leute mit großen Belohnungen und Versprechungen zum Kampf anstacheln, und erklärte ihnen, was er ausgeführt haben wollte. Jene führten darauf, wie befohlen, die zum Schutz des Lagers zurückgelassenen und noch von keinem Kampf ermüdeten Kohorten aus dem Lager heraus, und zwar auf längeren Umwegen, damit sie vom feindlichen Lager nicht gesehen werden konnten; und als aller Augen und Gedanken auf den Kampf gerichtet waren, gelangten sie schnell zu der bezeichneten Stelle der Befestigung, rissen sie ein und standen im feindlichen Lager, bevor jene wirklich sehen oder begreifen konnten, was vor sich ging. Als die Unsrigen von dort das Geschrei hörten, kamen ihnen wieder frische Kräfte, wie es meistens in der Erwartung des Sieges geschieht; sie begannen, den Feinden hitziger zuzusetzen. Da die Feinde nunmehr von allen Seiten umzingelt waren, stürzten sie voller Verzweiflung aus den Befestigungen und suchten schleunigst ihr Heil in der Flucht. Die (römische) Reiterei konnte sie auf dem ganz offenen Gelände ausgezeichnet verfolgen; von 50 000 Bewaffneten, die nach glaubhaftem Bericht aus Aquitanien und den Cantabrerstämmen zusammengekommen waren, blieb kaum ein Viertel übrig. Erst tief in der Nacht kehrte die Reiterei ins Lager zurück.

27. Der größte Teil von Aquitanien ergab sich auf die Kunde von dieser Schlacht hin Crassus und schickte aus freien Stücken Geiseln, so die Tarbeller, Bigerrionen, Ptianier, Vocaten, Tarusaten, Elusaten, Gaten, Auscer, Garunner, Sibulaten, Cocosaten. Nur wenige, ganz entfernt (an den Pyrenäen) wohnende Völker verließen sich auf die Jahreszeit – denn der Winter stand schon vor der Tür – und versäumten, dies zu tun.

28. Der Sommer war fast zu Ende. Aber Caesar führte sein Heer noch zu den Morinern und Menapiern, den einzigen Stämmen, die nach der Befriedung von ganz Gallien noch unter Waffen standen und bisher keine Gesandte wegen des Friedens an ihn geschickt hatten. Er glaubte, mit diesem Krieg schnell fer-

tig zu werden. Diese Völker aber führten ihren Krieg ganz anders als die übrigen Gallier. Denn sie wußten, daß sehr bedeutende Stämme, die sich auf eine Schlacht eingelassen hatten, geschlagen und unterworfen worden waren. Da nun ihr Land große zusammenhängende Wälder und Sümpfe bedeckten, zogen sie sich mit ihrem Besitz in diese zurück. Als Caesar am Rand der Wälder angelangt war, ließ er ein Lager schlagen. Noch hatte man keinen Feind gesehen; da plötzlich, als unsere Leute bei der Schanzarbeit zerstreut waren, stürmten sie aus allen Ecken des Waldes hervor und fielen über unsere Soldaten her. Diese griffen schnell zu den Waffen, trieben sie wieder in die Wälder zurück und töteten etliche; dabei verloren sie aber auch einige der Ihrigen, die sich bei der Verfolgung zu weit in die recht unübersichtlichen Wälder vorgewagt hatten.

29. Während der noch zur Verfügung stehenden Tage ließ Caesar die Wälder ausholzen. Um einen Angriff auf seine Flanken zu vermeiden, wenn die Soldaten ohne Waffen und ohne eine Gefahr zu vermuten arbeiteten, ließ er sämtliche gefällte Bäume gegen den Feind aufschichten und als Verschanzung auf beiden Flanken aufeinanderlegen. Mit unglaublicher Geschwindigkeit war ein großer Teil des Waldes in einigen Tagen niedergelegt worden. Das Vieh und das Ende des gegnerischen Trosses waren schon in unsere Hände gefallen. Als die Feinde sich in noch dichtere Waldgebiete zurückzuziehen versuchten, brachen derart heftige Stürme los, daß man sich gezwungen sah, die Schanzarbeit zu unterbrechen; die anhaltenden Regengüsse machten es unmöglich, die Soldaten noch weiter in den Zelten zu lassen. Daher befahl Caesar, alle Felder des Feindes zu verwüsten und die Dörfer und Gehöfte in Brand zu stecken. Dann führte er sein Heer zurück und legte es zu den Aulercern, Lexoviern und den übrigen Stämmen, die jüngst mit ihm Krieg geführt hatten, in die Winterlager.

Viertes Buch

1. In dem darauffolgenden Winter – Gnaeus Pompeius und Marcus Crassus waren in dem Jahr Konsuln – überschritten die germanischen Usipeter und ebenso die Tenctherer in großer Zahl den Rhein unweit seiner Mündung ins Meer. Zu diesem Entschluß wurden sie von den Sueben getrieben, von denen sie mehrere Jahre lang beunruhigt und mit Krieg bedrängt worden waren, so daß sie ihre Felder nicht bestellen konnten. Das Volk der Sueben ist bei weitem das größte und kriegerischste unter allen Germanen. Ihr Land soll in 100 Gaue eingeteilt sein, aus denen sie jährlich eintausend Bewaffnete zu Kriegen außerhalb ihres Landes entsenden. Der zu Hause gebliebene Teil muß für sich und die Ausgezogenen den Unterhalt schaffen. An deren Stelle ziehen dann das Jahr darauf die jetzt zu Hause gebliebenen Mannschaften ins Feld, und jene bleiben daheim. So erleidet weder der Ackerbau noch die planmäßige Übung im Krieg eine Unterbrechung. Indessen gibt es bei ihnen keinen privaten und abgesonderten Grundbesitz; auch ist es nicht gestattet, länger als ein Jahr an einer und derselben Stelle das Land zu bestellen. Von Getreide nähren sie sich wenig; vor allem genießen sie Milch und Fleisch, und auf der Jagd verweilen sie viel. Alles dieses, ihre einfache Nahrung, ihre tägliche Übung und ihre Ungebundenheit – sind sie doch von Kind auf an keine Pflicht und Zucht gewöhnt und handeln einzig nur nach ihrem Willen – macht sie sehr stark und ungeheuer groß. Auch haben sie sich daran gewöhnt, selbst in ganz kalten Gegenden sich nur mit Fellen zu bekleiden – da diese recht

klein sind, bleibt der größte Teil des Körpers unbedeckt –, und sie baden in den Flüssen.

2. Den Kaufleuten steht ihr Land eigentlich mehr deshalb offen, damit sie Käufer für ihre Kriegsbeute haben, als um etwas einführen zu lassen. Verwenden die Germanen doch noch nicht einmal eingeführte Pferde, an denen die Gallier so große Freude haben und für die sie die größten Kosten auf sich nehmen. Die germanischen Pferde sind zwar klein und häßlich, aber durch tägliche Übung erreichen es die Sueben, daß die Tiere höchst leistungsfähig werden. In den Reiterkämpfen springen sie oft von den Pferden herab und fechten zu Fuß. Dabei richten sie ihre Pferde so ab, daß sie auf derselben Stelle stehen bleiben; erfordert es der Kampf, so ziehen sie sich eilends zu ihnen zurück. Nach ihren Sitten erscheint ihnen nichts schimpflicher und unmännlicher als das Reiten auf Sätteln. Daher wagt selbst eine ganz geringe Anzahl ihrer Reiter den Angriff auf jedwede Zahl von Sattelreitern. Weineinfuhr dulden sie überhaupt nicht, da nach ihrer Meinung der Wein die Menschen schlapp mache und verweichliche, so daß sie zu keinen Strapazen mehr fähig seien.

3. Für ihren Stamm halten sie es für den höchsten Ruhm, wenn möglichst weit über ihre Grenzen hinaus alle Felder wüst liegen. Dies gelte als Beweis dafür, daß eine große Anzahl von Stämmen ihrer Macht nicht gewachsen sei. So sollen denn tatsächlich auf der einen Seite des Suebenlandes die Äcker etwa 600 Meilen weit brach liegen. Auf der anderen Seite kommen ihnen die Ubier nahe, ein für germanische Begriffe einst mächtiger und blühender Stamm. Diese sind etwas zivilisierter als die übrigen ihrer Stammesgruppe, weil sie an den Rhein stoßen und Kaufleute häufig bei ihnen verkehren; außerdem haben sie infolge der Nachbarschaft gallische Sitten angenommen. Obwohl die Sueben sich mit ihnen in zahlreichen Kriegen gemessen und jene wegen der Größe und Bedeutung des Stammes nicht aus ihrem Land zu vertreiben vermocht hatten, so machten sie sie sich doch tributpflichtig und schwächten ihr Ansehen und ihre Macht bedeutend.

4. In derselben Lage befanden sich, wie oben erwähnt, die Usipeter und Tenctherer. Mehrere Jahre hindurch konnten sie der Macht der Sueben standhalten. Schließlich aber wurden sie von ihren Äckern verjagt. Sie trieben sich dann drei Jahre hindurch vielerorts in Germanien herum, bis sie schließlich zum Rhein gelangten in der Gegend, wo die Menapier wohnten. Diese hatten auf beiden Ufern des Flusses ihre Felder, Höfe und Dörfer. Aber die Ankunft einer solchen Menschenmenge setzte sie in Schrecken, und so wanderten sie von den auf der anderen Seite des Flusses liegenden Gehöften ab und hinderten diesseits des Rheines durch Posten die Germanen am Übergang. Diese versuchten alles, um hinüberzugelangen. Aber als sie es aus Mangel an Booten weder mit Gewalt vermochten noch heimlich wegen der Wachen der Menapier, wichen sie zum Schein in ihre bisherigen Wohnsitze zurück, und zwar drei Tage weit. Dann kehrten sie plötzlich um, legten den ganzen Weg in einer Nacht mit ihrer Reiterei zurück und überfielen mit dieser die gänzlich ahnungslosen Menapier, die auf die von Spähern überbrachte Kunde von dem Abzug der Germanen ohne jede Furcht über den Rhein wieder in ihre Dörfer zurückgewandert waren. Sie wurden von den Germanen erschlagen, die sich ihrer Schiffe bemächtigten und über den Fluß setzten, ehe der auf dem diesseitigen Ufer wohnende Teil der Menapier von den Vorgängen Kunde erhielt. Die Germanen eroberten deren Häuser und lebten den Rest des Winters hindurch von den dort vorgefundenen Lebensmittelvorräten.

5. Caesar erhielt von diesen Ereignissen Nachricht. Da er die Unzuverlässigkeit der Gallier fürchtete, weil sie in ihren Entschlüssen sehr wankelmütig sind und meistens nach irgendeiner Veränderung der politischen Lage verlangen, glaubte er, auf sie sich nicht verlassen zu dürfen. Es ist aber solches gallische Art: Sie zwingen die Reisenden, auch gegen deren Willen, anzuhalten und fragen nach allem, was jeder gehört oder gesehen hat; in den Städten steht die Volksmenge um die Kaufleute herum und zwingt sie zu erzählen, woher nur immer sie kämen und was sie dort in Erfahrung gebracht hätten. Auf

Grund solcher Nachrichten oder besser Schwätzereien fassen sie oft ganz entscheidende Beschlüsse, die sie auf der Stelle bereuen müßten, da sie sich durch unsichere Gerüchte bestimmen lassen und die meisten Reisenden ihnen nach dem Mund reden.

6. Da Caesar diese Gewohnheit der Gallier bereits genügend kannte, reiste er frühzeitiger als sonst zum Heer, um nicht in einen schwereren Krieg verwickelt zu werden. Bei der Ankunft fand er seine Mutmaßung denn auch bereits bestätigt, daß nämlich von einigen Stämmen Gesandtschaften zu den Germanen abgeordnet worden waren, die jene aufforderten, weiter vom Rhein (nach Gallien hinein) zu ziehen; alle ihre Forderungen würden erfüllt werden. Diese Aussicht verleitete die Germanen, noch weiter umherzuschweifen, und so waren sie in das Land der Eburonen und Condrusen, beides Klienten der Treverer, vorgedrungen. Darauf bot Caesar die Fürsten Galliens auf; doch fand er es richtig, vor ihnen seine Beobachtungen geheimzuhalten. Nur beschwichtigte und beruhigte er sie. Dann befahl er ihnen die Stellung von Reiterei und erklärte seinen Entschluß, die Germanen zu bekriegen.

7. Nach der Regelung der Verpflegung und der Ausmusterung der Reiter trat er den Marsch nach den Gegenden an, wo, wie er vernommen hatte, die Germanen standen. Als er von ihnen nur noch wenige Tage entfernt war, trafen Gesandte von jenen bei ihm ein. Diese hielten etwa folgende Rede: Die Germanen würden zwar keinesfalls ihrerseits mit einem Krieg gegen das römische Volk beginnen, reize man sie aber, so scheuten sie den Kampf nicht; denn von den Vorfahren sei ihnen die Gewohnheit überkommen, sich jedem Gegner gegenüber, der sie bekriege, zur Wehr zu setzen und sich nicht auf das Bitten zu verlegen. Dennoch wollten sie hier erklären, daß sie wider ihren Willen hier stünden als Landvertriebene; wenn die Römer ihr gütliches Einvernehmen wünschten, so könnten sie ihnen nützliche Freunde sein. Doch müßten sie ihnen entweder Äcker zuweisen oder damit einverstanden sein, daß sie die mit den Waffen eroberten Ländereien behielten. Nur den Sueben stünden sie nach, mit denen es sogar die unsterblichen Götter

nicht aufnehmen könnten; sonst gebe es auf der ganzen Erde kein Volk, das sie nicht zu überwältigen vermöchten.

8. Caesar gab den Gesandten eine den gegenwärtigen Umständen entsprechende Antwort. Das Ende seiner Rede lautete so: Er könne mit ihnen keine Freundschaft schließen, wenn sie in Gallien verblieben; außerdem gehöre es sich nicht, daß Leute, die außerstande seien, ihr eigenes Land zu schützen, fremdes besetzten. Es stünden in Gallien keine brachliegenden Landstriche zur Verfügung, die man an eine zumal so vielköpfige Menge Menschen ohne Unrecht abtreten könne. Doch sei er damit einverstanden, wenn sie sich im Land der Ubier ansiedeln wollten, von denen gerade Gesandte bei ihm weilten, die sich über die Gewalttätigkeiten der Sueben beschwerten und ihn um Hilfe angingen; das werde er bei den Ubiern schon durchsetzen.

9. Darauf erklärten die Gesandten, sie würden dies den Ihren mitteilen, die Sache durchberaten und nach drei Tagen wieder zu ihm zurückkehren. Sie baten noch darum, er möge in der Zwischenzeit nicht näher an sie heranrücken. Allein Caesar erklärte, daß er auch darauf nicht eingehen könne. Er hatte nämlich erfahren, daß einige Tage vorher ein großer Teil Reiterei von ihnen nach Beute und Lebensmitteln über die Mosa ins Land der Ambivariter geschickt worden sei, und er glaubte, die Gegner wollten diese Reiter lediglich zurückerwarten und würden deshalb Aufschub suchen.

[10. Die Mosa entspringt auf den Vogesen im Land der Lingonen. Nachdem sie einen Arm des Rheins in sich aufgenommen hat – er heißt Vacalus –, bildet sie die Insel der Bataver und ergießt sich dann in den Rhein in einer Entfernung von ungefähr 80 Meilen vom Ozean. Der Rhein aber entspringt im Gebiet der Lepontier, eines Alpenstamms, und fließt mit reißender Strömung weit dahin durch die Lande der Nemeter, Helvetier, Sequaner, Mediomatricer, Tribocer und Treverer; sobald er sich dem Ozean nähert, bildet er viele und sehr große Inseln und teilt sich in mehrere Arme. Die Mehrzahl der Inseln wird von wilden, rauhen Völkern bewohnt, von denen sich ein Teil von Fischen und Vogeleiern nährt – so heißt es wenigstens. Dann ergießt sich der Rhein mit vielen Mündungen in den Ozean.]

11. Als Caesar vom Feind nur noch 12 Meilen entfernt war, kehrten, wie vereinbart, die Gesandten zu ihm zurück. Sie trafen mit ihm auf dem Marsch zusammen und baten ihn nochmals inständigst, nicht weiter vorzurücken. Als sie indes dieses nicht erreichen konnten, ersuchten sie ihn, wenigstens an die Reiter seiner Vorhut einen Befehl ergehen zu lassen, der jenen einen Kampf verbiete, und ihnen die Möglichkeit zu geben, an die Ubier Gesandte zu schicken. Wenn deren Fürsten und Rat ihnen eine eidliche Versicherung gegeben hätten, dann würden sie, so erklärten sie, auf den Vorschlag eingehen, den Caesar ihnen machte. Er solle ihnen nur noch drei Tage Zeit geben, um dies ausführen zu können. Aber Caesar war der Meinung, daß alles immer wieder auf dasselbe abziele, drei Tage Zeit zu gewinnen, in denen die abwesenden Reiter zurückkehren sollten. Dennoch erklärte er ihnen, an diesem Tag nur 4 Meilen vorrücken zu wollen, um für das nötige Wasser zu sorgen. Dort sollten sie am folgenden Tag möglichst zahlreich zusammenkommen, damit er ihre Forderungen höre. In der Zwischenzeit sandte er an die Präfekten, die mit der ganzen Reiterei vorausgezogen waren, den Befehl, die Feinde nicht zum Kampf zu fordern; sollten sie aber dazu gereizt werden, so müßten sie aushalten, bis er selbst mit dem Heer nachgerückt sei.

12. Aber sobald die Feinde unserer Reiterei ansichtig wurden, die etwa 5000 Mann zählte, während sie selbst über kaum 800 Reiter verfügten, da ihre nach Getreide über die Mosa entsandte Abteilung noch nicht wieder zurückgekehrt war, griffen sie die Unsrigen an und brachten sie schnell in größte Verwirrung. Unsere Leute waren auf solch einen Überfall nicht gefaßt, weil die Gesandten der Germanen erst kurz zuvor Caesar verlassen und gerade diesen Tag als Waffenstillstandstag erbeten hatten. Als die Unsrigen dann doch erneut Widerstand leisteten, sprangen die Germanen nach ihrer Sitte von den Pferden und durchbohrten die Pferde ihrer Feinde von

unten, warfen mehrere der Unsrigen aus dem Sattel und zwangen die übrigen in die Flucht. Dabei jagten sie eine so erschreckte Gesellschaft vor sich her, daß jene erst im Anblick unseres Heereszuges von der Flucht abstanden. In diesem Kampf fielen von unseren Leuten 74 Mann. Darunter befand sich auch ein gewisser Piso, ein vornehmer Aquitanier und sehr tapferer Mann, dessen Großvater in seinem Stamm das Königtum besessen hatte und von unserem Senat »Freund« genannt worden war. Als er seinem von den Feinden umringten Bruder Hilfe brachte, konnte er jenen zwar aus der Gefahr befreien, er selbst aber stürzte dabei von seinem verwundeten Pferd und verteidigte sich tapfer, solange er konnte; er wurde aber von den Feinden umzingelt und fiel mit vielen Wunden bedeckt. Dies sah sein Bruder, der schon aus dem Schlachtgedränge war, von ferne; er gab erneut seinem Pferd die Sporen, stürmte gegen die Feinde und wurde ebenfalls getötet.

13. Nach diesem Kampf hielt es Caesar nicht mehr für richtig, die Gesandten anzuhören und ihre Vorschläge anzunehmen; hatten sie doch listig und heimtückisch erst um Frieden gebeten und dann die Feindseligkeiten begonnen. Indes zu warten, bis die feindlichen Truppen sich vermehrt hätten und die Reiterei zurückgekehrt sei, wäre nach seinem Urteil Wahnsinn gewesen; auch wußte er genau, da er den Wankelmut der Gallier kannte, was für ein Ansehen bei ihnen die Feinde schon durch das eine Treffen gewonnen hatten. So wollte er ihnen denn gar keine Zeit lassen, zu Entschlüssen zu kommen. Nachdem er diesen Plan gefaßt und ihn mit seinen Legaten und dem Quaestor in dem Sinne durchgesprochen hatte, den Kampf um keinen Tag mehr zu verschieben, da traf es sich plötzlich als außerordentlich günstig, daß am folgenden Tag in der Frühe die Germanen in gleich unredlicher und heuchlerischer Weise zahlreich mit allen ihren Fürsten und Ältesten zu ihm ins Lager kamen, nicht nur um sich, wie man sagte, zu rechtfertigen, daß sie entgegen der getroffenen Abmachung und ihrer Bitte tags zuvor das Treffen begonnen hatten, sondern auch um sich womöglich durch List und Trug etwas hinsichtlich des

Waffenstillstandes zu erwirken. Caesar freute sich, daß sie ihm so in die Hände gegeben waren, und befahl, sie zurückzuhalten; er selbst führte seine ganzen Truppen aus dem Lager heraus und ließ die Reiterei, die von dem letzten Treffen noch recht verschüchtert sein mußte, dem Heereszug unmittelbar folgen.

14. Er ordnete sein Heer in dreifacher Schlachtreihe und rückte rasch 8 Meilen weit vor; ehe die Germanen merken konnten, was vor sich ging, langte er beim Lager der Feinde an. Dies setzte sie alle unversehens in Schrecken – nicht nur unsere schnelle Ankunft, sondern auch das Fernsein der Ihren –, und da ihnen gar keine Zeit blieb, zu einem Entschluß zu kommen und die Waffen zu ergreifen, wußten sie in ihrer Bestürzung nicht, ob sie besser ihre Truppen gegen den Feind führen oder das Lager verteidigen oder ihr Heil in der Flucht suchen sollten. Ihre Furcht tat sich durch lärmendes Durcheinanderlaufen deutlich nach außen hin kund; unsere Soldaten aber, die ob der treulosen Handlungsweise vom Vortag noch ganz erbittert waren, brachen in das Lager ein. Wer schnell seine Waffen hatte ergreifen können, leistete dort eine Zeitlang den Unsrigen Widerstand, und zwischen den Karren und dem Gepäck begannen jene den Kampf. Aber der Rest, die Kinder und Weiber – die Germanen waren mit all ihren Angehörigen von zu Hause ausgezogen und über den Rhein gegangen – flüchteten sich nach allen Seiten. Zu ihrer Verfolgung schickte Caesar die Reiterei ab.

15. Die Germanen hörten plötzlich Geschrei hinter sich und sahen, wie die Ihren niedergemacht wurden; da warfen sie die Waffen weg, ließen die Feldzeichen im Stich und stürzten aus dem Lager heraus. Als sie an den Zusammenfluß von Mosa und Rhein gekommen waren, verzweifelnd an der weiteren Flucht und mit großen Verlusten, stürzte sich der Rest in den Fluß und kam darin um, überwältigt von der Furcht, der Erschöpfung und der Strömung. Die Unsrigen aber zogen sich unversehrt in das Lager zurück; nur ganz wenige waren verwundet, und das nach einem so furchtbaren Kampf, in dem die Zahl der Feinde 430 000 Köpfe betrug. Denjenigen, die Caesar in

seinem Lager zurückbehalten hatte, gab er die Gelegenheit, sich zu entfernen. Allein jene fürchteten, sie möchten von den Galliern, deren Felder sie verwüstet hatten, martervolle Strafen erleiden, und so erklärten sie ihm, sie wollten bei ihm bleiben. Caesar bewilligte ihnen dies großmütig.

16. Nach Beendigung des Krieges mit den Germanen kam Caesar aus vielen Gründen zu der Erkenntnis, über den Rhein gehen zu müssen. Der wesentlichste Grund war folgender: Da er sah, wie leicht sich die Germanen verleiten ließen, nach Gallien zu kommen, wollte er, daß sie auch einmal für ihre eigene Sicherheit fürchteten, wenn sie sähen, daß ein Heer des römischen Volkes die Kraft und den Mut habe zu einem Übergang über den Rhein. Es kam ferner noch hinzu, daß die Reiterabteilung der Usipeter und Tencotherer, die, wie oben erwähnt, nach Beute und Getreide die Mosa überschritten und an der Schlacht nicht teilgenommen hatte, nach der Flucht ihrer Landsleute sich in das Land der Sugambrer über den Rhein zurückgezogen und sich mit jenen vereinigt hatte. Als Caesar an diese Boten sandte mit der Forderung, ihm diejenigen, die ihn und Gallien bekriegt hätten, herauszugeben, antworteten sie: Die Herrschaft des römischen Volkes habe am Rhein ihre Grenze; wenn er es nicht für richtig erachte, daß gegen seinen Willen Germanen nach Gallien hinübergingen, warum fordere er, daß irgend etwas jenseits des Rheines seiner Befehlsgewalt und seiner Macht unterstehe? Die Ubier aber, die als die einzigen von den überrheinischen Germanen an Caesar Gesandte geschickt, Freundschaft geschlossen und Geiseln gestellt hatten, baten ihn dringend um Hilfe, da sie von den Sueben arg bedrängt würden. Sei er daran wegen der Staatsgeschäfte gehindert, so solle er wenigstens sein Heer über den Rhein führen; das würde im Augenblick schon eine Hilfe und eine Aussicht für die Zukunft sein. Denn sein Heer habe nach dem Sieg über Ariovist und dem letzten Kampf einen solchen Namen und genieße eine solche Achtung selbst bei den fernsten Germanenstämmen, daß schon der Ruf und die Freundschaft des römischen Volkes ihnen Sicherheit gewähre.

Dazu versprachen sie eine große Menge Schiffe, auf denen das Heer übersetzen könne.

17. Aus all den erwähnten Gründen war Caesar zu dem Entschluß gekommen, über den Rhein zu gehen. Aber einen Übergang auf Schiffen hielt er nicht für hinreichend sicher; auch entsprach ein solcher keineswegs, wie er meinte, seiner und des römischen Volkes Würde. Obgleich sich die Schwierigkeiten des Brückenbaus als außerordentlich groß erwiesen – denn der Fluß war sehr breit, reißend und tief –, so entschied sich Caesar doch dahingehend, die Brücke zu schlagen oder aber den Übergang mit seinem Heer zu unterlassen. An der Konstruktion der Brücke war folgendes neu: Je zwei Schrägpfähle von 1 ½ Fuß Dicke, die unten ein wenig zugespitzt und nach der Tiefe des Flusses abgemessen waren, wurden hergerichtet in oben 2 Fuß Abstand voneinander. Diese Schrägpfähle wurden mittels der Rammrüstung in den Fluß hinabgelassen, festgestellt und mit dem Rammklotz eingerammt, aber nicht wie die Brückenjochpfähle senkrecht, sondern in einem schiefen Winkel und dachsparrenartig, so daß die Balken sich mit der Strömung neigten. Ihnen gegenüber stellte er stromabwärts zwei in derselben Weise hergerichtete Schrägpfähle auf; ihr Abstand (von den ersteren) betrug 40 Fuß, und sie waren gegen die Strömung des Flusses gestellt. Nun wurden oben 2 Fuß dicke Holme – denn für diese Entfernung voneinander waren die Schrägpfähle hergerichtet worden – eingeschoben und die Schrägpfahlpaare mit dem oberen Ende an diesen Holmen durch je zwei an den Enden der letzteren hindurchgetriebene Keilbolzen festgemacht. Nachdem so die Schrägpfähle getrennt und durch Verkämmen und Verbolzen in entgegengesetzter Richtung verbunden worden waren, erhielt das Werk eine solche Festigkeit und zweckmäßige Gestaltung, daß, mit je größerer Gewalt das Wasser herandrängte, um so fester die Schrägpfahlpaare zusammengehalten wurden. Diese Brückenjoche wurden durch in der Brückenlängsrichtung gelegte Brükkenbalken miteinander verbunden; darüber legte man dann Beleghölzer und Reisig. Trotzdem trieb man noch Jochpfähle

in den Fluß, und zwar unterhalb der Brücke schräg, so daß sie, als Strebepfeiler untergesetzt und mit dem ganzen Werk verbunden, den Wasserdruck auffingen; andere wurden ebenso oberhalb der Brücke eingeschlagen, und zwar in einem mäßigen Abstand von ihr; denn falls die Barbaren Baumstämme oder Balken herabtreiben lassen würden, um das Werk zu zerstören, so sollten diese Prellpfähle auffangend die Wucht der herabtreibenden Stämme mindern, damit sie der Brücke nicht schadeten.

18. Innerhalb von zehn Tagen, seit man mit der Beschaffung des Bauholzes begonnen hatte, wurde das Werk fertiggestellt und das Heer hinübergeführt. Caesar ließ auf beiden Seiten der Brücke eine starke Besatzung zurück und marschierte eiligst in das Land der Sugambrer. Inzwischen trafen von mehreren Stämmen Gesandte bei ihm ein. Da sie um Frieden und Freundschaft baten, antwortete er ihnen huldvoll und ließ sich Geiseln zuführen. Die Sugambrer aber hatten seit dem Augenblick, in dem man mit dem Brückenbau begonnen hatte, zur Flucht gerüstet. Dazu trieben sie die bei ihnen weilenden Tenctherer und Usipeter. Sie waren aus ihrem Land ausgezogen, hatten alle ihre Habe mitgenommen und sich in der Einsamkeit ihrer Wälder verborgen.

19. Caesar verweilte nur wenige Tage in ihrem Land. Nachdem er alle ihre Dörfer und Gehöfte hatte anzünden und das Getreide niedermähen lassen, zog er sich ins Land der Ubier zurück und versprach ihnen für den Fall, daß die Sueben sie bedrängten, seine Hilfe. Bei dieser Gelegenheit erfuhr er von den Ubiern noch folgendes: Nachdem die Sueben durch Kundschafter von dem Brückenschlag Kunde erhalten hätten, sei nach ihrer Sitte eine Versammlung berufen worden. Darauf hätten sie überallhin Boten geschickt mit der Weisung, man solle aus den Städten auswandern, die Kinder, Weiber und alle Habe in die Wälder schaffen und alle Waffenfähigen an einem bestimmten Punkt zusammenkommen lassen; zum Sammelplatz sei ein Ort fast mitten in den von den Sueben beherrschten Landstrichen bestimmt worden. Hier hätten sie

beschlossen, die Ankunft der Römer zu erwarten und die Entscheidungsschlacht auszufechten. Als Caesar dies erfahren hatte, tat er alles, weswegen er das Heer über den Rhein zu führen für gut erachtet hatte, nämlich um den Germanen Furcht einzujagen, sich an den Sugambrern zu rächen und die Ubier von dem Druck zu befreien. Nach einem im ganzen achtzehntägigen Aufenthalt jenseits des Rheines glaubte er, man habe für das Lob und den Vorteil des römischen Volkes genug erreicht; er zog sich daher wieder nach Gallien zurück und ließ die Brücke zerstören.

20. Obwohl der Sommer schon bald zu Ende ging und in dieser Gegend, weil ganz Gallien sich nach Norden erstreckt, die Winter sehr zeitig hereinbrechen, war Caesar dennoch sehr bestrebt, noch einen Zug nach Britannien zu unternehmen, weil es ihm bekannt war, daß in fast allen in Gallien geführten Feldzügen unseren Feinden von dort Hilfstruppen zugeführt worden waren; und selbst wenn ihm die Jahreszeit zur Kriegsführung wirklich nicht mehr ausreichen sollte, so schien es ihm doch schon sehr vorteilhaft, wenn er auf der Insel lande, den Menschenschlag erforsche und die Gegend, die Häfen und sonstigen Anlegestellen kennenlerne. Dies alles war nämlich den Galliern so gut wie unbekannt. Denn außer den Kaufleuten fährt nicht leicht jemand hinüber, und auch diesen ist außer der Küste und den Gallien gegenüberliegenden Gegenden nichts bekannt. Daher konnte er von den überallher zusammengerufenen Kaufleuten nichts erfahren, weder die Größe der Insel noch Namen und Bevölkerungszahl der dort wohnenden Stämme, noch ihre Kampfesweise oder ihre politischen Einrichtungen, noch welche Häfen daselbst zur Aufnahme einer größeren Menge Schiffe geeignet seien.

21. Bevor er selbst einen Versuch unternahm, sandte er den Gaius Volusenus, den er für diese Aufgabe als geeignet ansah, mit einem Kriegsschiff zur Erkundung voraus. Er trug ihm auf, nach Erhalt von Nachrichten über all dieses schleunigst zu ihm zurückzukehren. Er selbst marschierte unterdessen mit allen Truppen ins Land der Moriner, weil von dort die Überfahrt

nach Britannien am kürzesten war. Dort ließ er Schiffe von überall aus den Nachbargegenden zusammenkommen und die von ihm im Sommer vorher zur Durchführung des Veneterkrieges erbaute Flotte sich sammeln. Inzwischen war sein Plan bekannt geworden und hatte sich durch Kaufleute auch bei den Britanniern verbreitet; daher erschienen von mehreren Völkerschaften der Insel bei ihm Gesandte mit dem Versprechen, Geiseln zu stellen und sich dem Befehl des römischen Volkes zu unterwerfen. Caesar hörte sie an und machte ihnen in seiner Huld Versprechungen; er ermahnte sie, dieser Gesinnung treu zu bleiben, und hieß sie dann nach Hause zurückkehren. Mit ihnen sandte er den Commius, den er nach Unterwerfung der Atrebaten zu ihrem König eingesetzt hatte, denn er schätzte dessen Tapferkeit und Einsicht und hielt ihn für einen ihm treu ergebenen Mann; sein Ansehen galt in diesen Gegenden viel. Dieser erhielt von Caesar die Weisung, so viele Stämme wie möglich zu besuchen, sie aufzufordern, sich unter den Schutz des römischen Volkes zu stellen, und ihnen mitzuteilen, daß Caesar bald selbst herüberkommen werde. Volusenus aber kehrte, als er die Küstengegenden soweit erforscht hatte, als man das kann, wenn man sein Schiff zu verlassen und sich unter die Barbaren zu begeben nicht den Mut hat, nach vier Tagen zu Caesar zurück und meldete ihm, was er dort in Erfahrung gebracht hatte.

22. Während Caesar sich in dieser Gegend aufhielt, um die Flotte auszurüsten, kamen von einem großen Teil der Moriner Gesandte zu ihm, die sich wegen ihres in der vorangegangenen Zeit gefaßten Entschlusses entschuldigen sollten, daß sie als Barbaren und mit unserer Gewohnheit unbekannte Leute das römische Volk bekriegt hätten; sie waren ferner angewiesen, die Erfüllung seiner Befehle zu versprechen. Dies sah Caesar als einen recht günstigen Vorfall an; denn er wollte in seinem Rücken keinen Feind zurücklassen, anderseits war er der Jahreszeit wegen auch nicht imstande, dort jetzt Krieg zu führen, und schließlich durfte er doch wohl keinesfalls so unbedeutende Dinge wichtiger nehmen als Britannien. Daher erlegte er den

Morinern nur die Stellung von zahlreichen Geiseln auf. Nachdem sie sie herangeführt hatten, nahm er den Stamm in den Schutz des römischen Volkes auf. Nun wurden etwa 80 Lastschiffe zusammengezogen, eine Zahl, die er für den Transport zweier Legionen als ausreichend ansah; was er außerdem an Kriegsschiffen besaß, verteilte er auf den Quaestor, die Legaten und die Präfekten. Zu dieser Zahl kamen weitere 18 Lastschiffe hinzu, die in einer Entfernung von 8 Meilen von jener Stelle durch den Wind zurückgehalten wurden, so daß sie den Hafen nicht erreichen konnten; diese wies er den Reitern zu. Das übrige Heer ließ er unter dem Kommando der Legaten Quintus Titurius Sabinus und Lucius Aurunculeius Cotta in das Land der Menapier einrücken und in die Gaue der Moriner, von denen keine Gesandte zu ihm gekommen waren; der Legat Publius Sulpicius Rufus erhielt den Befehl, mit einer von Caesar für hinreichend erachteten Besatzung den Hafen besetzt zu halten.

23. Als dies nun alles geregelt war und er einen guten Fahrwind bekommen hatte, lichtete er etwa um die dritte Nachtwache die Anker und ließ die Reiter zu dem weiter aufwärts gelegenen Hafen reiten, die Schiffe daselbst besteigen und ihm nachkommen. Da dies von ihnen etwas langsam betrieben wurde, ⟨...⟩. Er selbst kam etwa um die vierte Stunde mit den ersten Schiffen in die nächste Nähe von Britannien und erblickte dort die auf allen Hügeln sichtbar aufgestellten Truppen der Feinde. Die Beschaffenheit des Geländes war derart – und zwar wurde das Meer eng von dem Gebirge umschlossen –, daß die Gegner von den Höhen auf den Strand herabschießen konnten. Diese Stelle schien Caesar daher zum Ausschiffen gänzlich ungeeignet. Er blieb bis zur neunten Stunde dort vor Anker liegen und wartete, bis sich die übrigen Schiffe ebenfalls dort gesammelt hätten. In der Zwischenzeit berief er die Legaten und Militärtribunen zu einem Kriegsrat und teilte ihnen mit, was er von Volusenus erfahren habe und was er ausgeführt wissen wollte; dabei ermahnte er sie, wie es die Kriegskunst, vor allem aber der Seekrieg erfordere, da letzterer einer

schnellen und jeden Augenblick wechselnden Bewegung unterworfen sei, auf seinen Wink und zur rechten Zeit alles gut auszuführen. Darauf entließ er sie. Nachdem er sodann günstigen Wind und günstige Strömung zugleich bekommen hatte, gab er das Zeichen zur Weiterfahrt. Die Anker wurden gelichtet. Er fuhr ungefähr 7 Meilen von der Stelle fort und ließ dort, da das Ufer frei und eben war, die Schiffe vor Anker gehen.

24. Indes hatten die Barbaren die Absicht der Römer erkannt. Sie schickten daher die Reiterei und die Streitwagenkämpfer, eine Waffengattung, mit der sie meistens fechten, voraus, ließen die übrigen Truppen unmittelbar folgen und versuchten die Unsrigen so an der Ausschiffung zu hindern. Diese war deswegen außerordentlich schwierig, weil die Schiffe infolge ihrer Größe nur im tieferen Wasser vor Anker gehen konnten, unsere Soldaten aber, unbekannt mit dem Gestade, an dem Gebrauch der Hände gehindert und von der großen und schweren Last der Waffen niedergedrückt, gleichzeitig von den Schiffen herabspringen, in den Fluten Fuß fassen und mit den Feinden kämpfen mußten, während jene vom trockenen Strand aus oder doch nur wenig im Wasser stehend, an allen Gliedern unbehindert und ganz mit der Örtlichkeit vertraut, kühn ihre Geschosse schleuderten und ihre dazu abgerichteten Pferde anspornten. Dies jagte den Unsrigen großen Schrecken ein, und da sie überhaupt diese ganze Kampfesweise nicht kannten, waren sie nicht von solchem Eifer und solcher Kampfesleidenschaft, wie sie sie in den Landschlachten gewöhnlich zeigten.

25. Als Caesar dies sah, nahm er die Kriegsschiffe, deren Anblick den Barbaren ungewohnter war und mit denen man leichter manövrieren konnte, ein wenig von den Lastschiffen zurück; dann hieß er sie anrudern, in der offenen Flanke der Feinde Stellung nehmen und von dort aus mit Schleudern, Pfeilen und Wurfgeschützen die Gegner zurücktreiben und entfernen. Dieses Manöver half den Unsrigen sehr. Denn durch die Gestalt der Schiffe, die Bewegung mit den Rudern und die

ihnen unbekannte Gattung der Geschütze erschreckt, machten die Barbaren halt und wichen sogar ein wenig zurück. Aber immer noch zögerten unsere Soldaten, vor allem wegen der Tiefe des Meeres; da rief der Adlerträger der zehnten Legion, nachdem er die Götter beschworen hatte, sein Vorhaben zum Besten der Legion zu wenden: »Springt hinab, Kameraden, wenn ihr den Adler nicht den Feinden überantworten wollt; ich wenigstens werde meine Pflicht gegen den Staat und den Oberfeldherrn erfüllen!« Als er diese Worte laut gerufen hatte, sprang er aus dem Schiff und begann den Adler gegen die Feinde zu tragen; da riefen die Unsrigen einander zu, eine solche Schande nicht über sich kommen zu lassen, und sprangen nunmehr insgesamt aus dem Schiff. Als man sie von den nächsten Schiffen aus so tun sah, folgte man ihnen, und alle machten sich an die Feinde heran.

26. Auf beiden Seiten wurde heftig gefochten. Trotzdem gerieten unsere Leute in große Verwirrung, weil sie weder Reihe und Glied halten noch festen Fuß fassen noch den Feldzeichen folgen konnten; außerdem schloß sich der eine von diesem, der andere von jenem Schiff den Feldzeichen an, auf die er gerade traf. Die Feinde hingegen kannten alle Untiefen, und wo sie vom Strand aus einzelne Soldaten aus dem Schiff steigen sahen, dorthin gaben sie ihren Pferden die Sporen, griffen jene an, die am Kampf ganz gehindert waren, und stellten sich zu mehreren um wenige; andere warfen ihre Geschosse von der offenen Flanke auf die Gesamtmasse. Als Caesar dies bemerkte, ließ er die Boote der Kriegsschiffe und (etliche) Spähschiffe mit Soldaten bemannen und schickte sie denjenigen von seinen Leuten zu Hilfe, die er in Not sah. Sobald die Unsrigen auf dem trockenen Land standen und ihnen alle Ihrigen sich angeschlossen hatten, machten sie auf die Feinde einen Angriff und schlugen sie in die Flucht; aber sie konnten ihnen nicht weiter nachsetzen, denn die Reiter hatten den Kurs auf See nicht halten und die Insel nicht erreichen können. Dies war das einzige, was Caesar zu seinem früheren Glück fehlte.

27. In diesem Kampf aber waren die Feinde überwunden

worden. Sobald sie sich von ihrer Flucht erholt hatten, schickten sie sofort an Caesar Gesandte wegen eines Friedens; sie gaben das Versprechen, Geiseln zu stellen und seine Befehle auszuführen. Mit ihnen zusammen kam auch der Atrebate Commius, der von Caesar, wie wir oben berichteten, nach Britannien vorausgesandt worden war. Als dieser, nachdem er aus seinem Schiff an Land gestiegen war, in seiner Eigenschaft als Gesandter Caesars Aufträge überbrachte, hatten sie ihn ergriffen und in Fesseln gelegt. Nach dem Treffen sandten sie ihn jetzt zurück und schoben bei ihrem Friedensgesuch die Schuld an dem Völkerrechtsbruch auf die große Masse, wobei sie ihn baten, er möge ihnen ihre Unklugheit verzeihen. Caesar warf ihnen vor, daß er von ihnen, die noch dazu Gesandte auf das Festland herübergeschickt und um Frieden nachgesucht hätten, grundlos angegriffen worden sei; er erklärte aber, ihnen ihre Unklugheit nachsehen zu wollen, und verlangte die Stellung von Geiseln. Einen Teil der Geiseln stellten sie sofort; den anderen müßten sie, so teilten sie mit, erst aus weiter entfernten Gegenden herbeischaffen, sie würden ihn aber in wenigen Tagen übergeben. Inzwischen forderten sie ihre Leute auf, auf die Felder zurückzukehren; langsam kamen auch von allen Seiten die Fürsten herbei und empfahlen Caesar sich und ihre Stämme.

28. Nachdem so der Friede gesichert worden war, fuhren drei Tage nach Caesars Ankunft in Britannien die oben erwähnten 18 Schiffe mit den Reitern bei leichtem Wind aus dem nördlichen Hafen aus. Als sie sich Britannien näherten und bereits vom Lager aus gesichtet wurden, brach plötzlich ein solches Unwetter herein, daß kein Schiff den Kurs halten konnte, sondern die einen zu dem Hafen, aus dem sie ausgelaufen, zurückgetrieben, andere zu dem unteren, weiter nach Westen gelegenen Teil der Insel unter großer Gefahr verschlagen wurden. Als trotz der ausgeworfenen Anker diese Schiffe sich mit Wasser zu füllen begannen, mußten sie in die Nacht hinein auf die hohe See hinausfahren und wieder das Festland ansteuern.

29. Nun geschah es, daß in dieser Nacht Vollmond war, ein Tag, der gewöhnlich die Springfluten im Ozean hervorruft, was den Unsrigen unbekannt war. So füllten die Fluten die Kriegsschiffe, auf denen Caesar das Heer hatte übersetzen lassen und die auf den Strand gezogen waren; gleichzeitig beschädigte der Sturm die vor Anker liegenden Lastschiffe, und den Unsrigen war es unmöglich, ihren Dienst (auf den Schiffen) zu versehen oder (vom Land aus) zu helfen. Mehrere Schiffe barsten, und die übrigen wurden zum Segeln unbrauchbar, als sie Taue, Anker und die sonstige Ausrüstung verloren hatten, was unbedingt eine große Verwirrung in dem ganzen Heer hervorrufen mußte. Denn andere Schiffe standen für den Rücktransport nicht zur Verfügung, und auch sonst fehlte es an allem Gerät, um die Schiffe wiederherzustellen; und weil es allgemein feststand, daß man in Gallien überwintern müsse, war für Getreide in diesem Land für den Winter nicht gesorgt worden.

30. Nachdem dies den Fürsten der Britannier zu Ohren gekommen war, die nach der Schlacht zur Ausführung der Befehle Caesars sich bei ihm versammelt hatten, besprachen sie sich untereinander, denn sie sahen nun, daß den Römern Reiter, Schiffe und Getreide fehlten; ferner erkannten sie, daß die Zahl unserer Soldaten sehr gering sein mußte, weil das Lager klein war – aber das mußte es schon darum sein, weil Caesar die Legionen ohne schweres Fahrgepäck übergesetzt hatte. Jedenfalls hielten sie es für das Richtigste, sich wieder zu erheben, die Unsrigen vom Getreide und der Zufuhr abzuschneiden und den Krieg bis in den Winter hinzuziehen, weil sie darauf vertrauten, daß niemand hernach nach Britannien in kriegerischer Absicht übersetzen werde, wenn diese Truppen besiegt und von der Rückkehr abgeschnitten wären. Sie verschwuren sich daher aufs neue, verschwanden allmählich aus dem Lager und beriefen heimlich wieder die Ihrigen von den Feldern ab.

31. Noch hatte Caesar ihre Pläne nicht durchschaut; aber nach dem Mißgeschick, das seinen Schiffen widerfahren war,

und aus der Tatsache, daß jene die Stellung der Geiseln unterlassen hatten, vermutete er, was dann hernach auch tatsächlich eintrat. Daher traf er auf alle Fälle seine Vorkehrungen. Er ließ nämlich nicht nur täglich von den Feldern Getreide ins Lager schaffen, sondern auch die (beschädigten) Schiffe wiederherstellen, indem er das Holz und das Erz der am schwersten mitgenommenen Schiffe zu diesen Ausbesserungsarbeiten verwandte; was man sonst noch brauchte, wurde auf seinen Befehl vom Festland herübergeholt. Die Soldaten arbeiteten mit höchstem Einsatz; so gelang es Caesar, daß unter Verlust von zwölf Schiffen die übrigen wieder wirklich seetüchtig wurden.

32. Während dieser Zeit war wie stets eine Legion, die siebte, zum Getreideholen ausgesandt worden. Man hatte bis zu diesem Augenblick keinerlei Kriegsverdacht, da die Britannier teils auf den Feldern geblieben waren, teils auch in unserem Lager aus und ein gingen. Da meldeten plötzlich die vor den Toren des Lagers aufgestellten Posten Caesar, man nehme eine ungewöhnlich große Staubwolke in der Richtung wahr, in der die Legion gezogen sei. Caesar vermutete, was eintrat: daß sich die Barbaren wieder erhoben hatten; er gab daher den Befehl, die auf Posten stehenden Kohorten sollten mit ihm dorthin marschieren, zwei von den übrigen Kohorten sollten sodann die Wache beziehen und der Rest sich waffnen und ihm unmittelbar folgen. Als er ein wenig weiter von dem Lager vorgerückt war, sah er, wie den Seinen von den Feinden hart zugesetzt wurde, wie sie sich kaum zu halten vermochten und auf die dicht zusammengedrängte Legion von allen Seiten die Geschosse niedersausten. Die Feinde hatten nämlich vermutet, daß die Unsrigen dorthin kommen würden, und sich nachts daselbst in den Wäldern verborgen, da das Getreide sonst überall bereits abgemäht war und allein dort noch stand. Sie hatten unsere Leute dann ganz plötzlich überfallen, als sie einzeln, ohne Waffen – diese hatten die Soldaten abgelegt –, mit dem Mähen beschäftigt waren. Einige hatten sie dabei getötet und die übrigen vollkommen in Unordnung gebracht, zumal sie

sich nicht ordentlich aufstellen konnten. Gleichzeitig hatten sie die Unsrigen mit Reiterei und Streitwagen umstellt.

33. Mit den Streitwagen kämpft man dort folgendermaßen: Zuerst fahren sie überallhin durch die feindlichen Linien, werfen ihre Wurfspeere und verwirren meist die Reihen der Gegner schon durch den Schrecken, den ihnen die Pferde einjagen, und durch das Gerassel der Räder. Sind sie dann zwischen die Schwadronen der Reiterei eingedrungen, so springen sie von den Streitwagen herab und kämpfen zu Fuß. Die Wagenlenker führen die Wagen unterdessen ein wenig aus dem Kampf und stellen sie so auf, daß, wenn den Kämpfern der Feind durch seine überlegene Zahl stark zusetzen sollte, sie einen freien Rückzug zu den Ihren haben. So erweisen sie sich leicht beweglich wie die Reiter und widerstandsfähig wie die Fußsoldaten in diesen Kämpfen, und durch tägliche Übung bringen sie es soweit, daß sie sogar auf ganz abschüssigem Gelände die im vollen Galopp befindlichen Pferde meistern, in Kürze ihren Lauf mäßigen, umlenken, über die Deichsel laufen, sich auf das Joch stellen und von da in die Wagen zurückeilen.

34. Alles dies setzte unsere Leute in die größte Verwirrung, so daß Caesar gerade im richtigen Augenblick Hilfe brachte. Denn bei seinem Erscheinen stockte das Vordringen der Feinde, die Unsrigen aber konnten sich von ihrem Schrecken erholen. Darauf hielt Caesar es unter den gegenwärtigen Umständen nicht für günstig, den Feind weiter zu reizen und das Treffen wieder aufzunehmen; so verblieb er an der Stelle und führte nach einer Weile die Legionen in das Lager zurück. Unterdessen hatten sich auch die übrigen Britannier, die bisher noch auf den Feldern waren, entfernt, denn unsere Leute waren alle vollständig in Anspruch genommen. Mehrere Tage hindurch herrschten anhaltend Stürme, die unsern Leuten ein Verlassen des Lagers unmöglich machten, aber auch den Feind am Kampf hinderten. Unterdessen sandten die Feinde nach allen Richtungen hin Boten und ließen ihren Landsleuten bekanntgeben, wie schwach unser Heer sei und welch große Möglichkeit sich ihnen biete, Beute zu machen und sich für immer zu befreien, wenn

sie die Römer aus ihrem Lager verjagt hätten. Daraufhin brachten sie eine große Anzahl Fußsoldaten und Reiter zusammen, mit denen sie vor das Lager rückten.

35. Caesar sah es zwar kommen, daß sich das Spiel der vorigen Tage wiederholen würde, daß die Feinde, wenn man sie geschlagen habe, der Gefahr sich durch die Schnelligkeit entziehen würden; aber da er die etwa 30 Reiter mit sich hatte vereinigen können, die der Atrebate Commius, von dem oben die Rede war, mit nach Britannien hinübergenommen hatte, stellte er die Legionen vor dem Lager in Schlachtordnung auf. Man begann den Kampf von neuem; aber die Feinde konnten dem Angriff unserer Soldaten nicht standhalten und wandten sich zur Flucht. Diese verfolgten sie so weit, als es ihre Füße und Kräfte zuließen, töteten etliche von ihnen, steckten weit und breit die Gehöfte in Brand und zogen sich ins Lager zurück.

36. Noch am selben Tag kamen Gesandte der Feinde zu Caesar, um ihn um Frieden zu bitten. Ihnen legte Caesar die doppelte Anzahl von Geiseln auf wie vorher und befahl ihnen, diese nach dem Festland hinüberzubringen, weil er es nicht für gut fand, bei der bevorstehenden Tag- und Nachtgleiche seine Schiffe auf der Überfahrt dem Wintersturm auszusetzen, denn dafür waren die Schiffe zu schwach. Als er daher einen günstigen Fahrwind bekommen hatte, ließ er etwas nach Mitternacht die Anker lichten. Alle Schiffe kamen ohne Schaden ans Festland. Nur zwei Lastschiffe konnten die Häfen, in die die übrigen Schiffe einliefen, nicht erreichen und wurden etwas weiter westlich verschlagen.

37. Nach der Ausschiffung der Soldaten aus diesen (beiden) Schiffen – es waren ungefähr 300 Mann – zogen diese nach ihrem Lager. Da gelüstete es die Moriner, die Caesar, als er nach Britannien fuhr, befriedet zurückgelassen hatte, Beute zu machen; sie umstellten – selbst nicht eben zahlreich – zuerst unsere Leute und hießen sie die Waffen strecken, wollten sie nicht zusammengehauen werden. Jene bildeten sofort ein Viereck und verteidigten sich; auf das Geschrei hin sammelten sich

nunmehr schnell daselbst etwa 6000 Mann des Gegners. Als Caesar davon unterrichtet worden war, schickte er sofort den Seinen aus dem Lager die ganze Reiterei zu Hilfe. In der Zwischenzeit hielten die Unsrigen dem feindlichen Angriff stand und fochten über vier Stunden auf das tapferste; zwar wurden einige von ihnen verwundet, doch töteten sie mehrere von den Feinden. Als dann später unsere Reiterei gesichtet wurde, warfen die Moriner die Waffen weg und flohen; dabei wurden noch viele von ihnen niedergehauen.

38. Caesar entsandte am folgenden Tag den Legaten Titus Labienus mit den aus Britannien zurückgebrachten Legionen in das Gebiet der aufständischen Moriner. Sie fielen fast alle in die Hand des Labienus, weil sie infolge der ausgetrockneten Sümpfe keine Rückzugsstätte wie im Jahr zuvor hatten. Die Legaten Quintus Titurius aber und Lucius Cotta, die ihre Legionen ins Menapierland geführt hatten, kehrten zu Caesar zurück, weil die Feinde sich alle in den dichten Wäldern verbargen; doch hatten sie vorher die ganzen Felder der Menapier verwüstet, das Getreide abgemäht und die Gehöfte in Brand gesteckt. Die Winterlager aller Legionen verlegte Caesar ins Land der Belger. Dorthin schickten im ganzen zwei Stämme aus Britannien ihre Geiseln, die übrigen unterließen es. Um dieser Taten willen wurde auf Grund von Caesars Bericht vom Senat ein zwanzigtägiges Dankfest beschlossen.

Fünftes Buch

1. Als Caesar im Konsulatsjahr des Lucius Domitius und des Appius Claudius von den Winterlagern nach Italien abreiste, wie er es jedes Jahr tat, gab er den Legaten, denen er das Kommando über die Legionen anvertraut hatte, den Befehl, während des Winters möglichst viele Schiffe neu herstellen und die alten ausbessern zu lassen. Er beschrieb ihnen deren Bauart und Gestalt. Um sie schnell beladen und an Land ziehen zu können, ließ er sie ein wenig niedriger bauen, als man sie in unserem Meer zu verwenden pflegt, und das um so mehr, als er aus Erfahrung wußte, daß bei den häufigen Gezeitenwechseln die Wellen dort weniger hoch gingen; um aber Lasten und eine Menge von Pferden übersetzen zu können, ließ er sie ein wenig breiter herstellen als die von uns auf den anderen Meeren verwendeten Schiffe. Diese alle sollten außerdem als Schnellruderer gebaut werden; auch dem diente die niedrige Form in hohem Maße. Was man zur Ausrüstung der Schiffe brauchte, ließ er aus Spanien kommen. Nachdem er im diesseitigen Gallien die Gerichtstage abgehalten hatte, reiste er nach Illyrien, weil er gehört hatte, daß von den Pirustern ein an diese Provinz angrenzender Landstrich durch räuberische Einfälle verwüstet werde. Nach seiner Ankunft daselbst legte er den Gemeinden die Stellung von Soldaten auf; diese sollten sich an einem bestimmten Ort sammeln. Auf diese Nachricht hin ordneten die Piruster Gesandte an ihn ab, die ihm mitteilen sollten, an den Ereignissen hätten ihre Behörden keinen Anteil gehabt; sie seien bereit, auf jede Weise wegen der Gewalttaten Genugtuung zu leisten. Caesar legte ihnen nach Anhörung

ihrer Rede die Stellung von Geiseln auf und ließ sie sich auf einen bestimmten Tag vorführen; er erklärte ihnen aber deutlich, daß er ihren Stamm angreifen werde, wenn sie nicht gehorchten. So führten sie ihm die Geiseln am festgesetzten Tag vor, wie er es befohlen hatte; darauf setzte er zwischen den Gemeinden Schiedsrichter ein, die den Schaden abschätzen und die Entschädigung bestimmen sollten.

2. Nach Erledigung dieser Angelegenheit und der Gerichtssitzungen kehrte Caesar in das diesseitige Gallien zurück und reiste von da zum Heer. Als er dorthin gekommen war, besichtigte er alle Winterlager. Er stellte dabei fest, daß die Soldaten mit einzigartigem Einsatz trotz des größten Mangels an allen wichtigen Dingen etwa 600 Schiffe der oben beschriebenen Art vollendet hatten; ferner fand er 28 Kriegsschiffe fertig vor, die in einigen Tagen vom Stapel laufen konnten. Er lobte die Soldaten und die mit der Aufgabe betrauten Vorgesetzten, machte weitere Angaben über das, was er noch ausgeführt wissen wollte, und gab Befehl, daß alle Schiffe im Hafen Itius sich versammeln sollten; denn aus diesem Hafen war, wie er festgestellt hatte, die Überfahrt nach Britannien am bequemsten, nämlich etwa 30 Meilen vom Festland. Für die letzten Arbeiten ließ Caesar eine hinreichend erscheinende Anzahl Soldaten zurück, während er selbst mit vier gefechtsbereiten Legionen und 800 Reitern ins Land der Treverer marschierte, weil diese bisher weder die Landtage besuchten noch seinen Befehlen gehorchten; auch sollten sie, so hieß es, die Germanen jenseits des Rheines aufwiegeln.

3. Dieser Stamm besitzt bei weitem die beste Reiterei von ganz Gallien; er verfügt aber auch über eine Menge Fußsoldaten und grenzt, wie wir oben dargelegt haben, an den Rhein. Damals stritten in diesem Stamm zwei (Fürsten) um die Macht, Indutiomarus und Cingetorix. Auf die Nachricht von der Ankunft Caesars und seiner Legionen begab sich der eine von den beiden zu Caesar und versicherte, er und seine Leute blieben alle treu und würden das Freundschaftsbündnis mit dem römischen Volk nicht brechen. Bei dieser Gelegenheit erzählte er

auch, was bei den Treverern vor sich gehe. Aber Indutiomarus zog Reiterei und Fußtruppen zusammen und rüstete zum Krieg, nachdem er alle diejenigen, die wegen ihres Alters zum Waffendienst nicht brauchbar waren, im Arduenna-Wald sich hatte verbergen lassen, der in bedeutender Ausdehnung sich vom Rhein mitten durch das Land der Treverer bis an das Remerland hinzieht. Als aber einige Fürsten dieses Stammes wegen des Ansehens des Cingetorix und durch die Ankunft unseres Heeres erschreckt zu Caesar gekommen waren und wegen ihrer eigenen Belange persönlich vorstellig wurden – denn für ihren Stamm konnten sie nicht sorgen –, sandte auch Indutiomarus aus Furcht, er könne von allen verlassen werden, an Caesar Gesandte, (die folgendes ausrichten sollten): Er habe deswegen nicht von den Seinen weggehen und zu ihm kommen wollen, um leichter in seinem Stamm die Ordnung aufrechtzuerhalten, damit nicht, wenn der ganze Adel sich entfernt habe, das niedere Volk in seiner Unklugheit sich vergehe. Der Stamm sei daher jetzt fest in seiner Hand, und er werde, wenn Caesar es erlaube, in sein Lager kommen und sein und seines Stammes Schicksal seiner Gnade überantworten.

4. Caesar verstand wohl, weshalb Indutiomarus so sprach und was jenen von seinem Vorhaben zurückhielt. Indes um nicht gezwungen zu sein, den Sommer bei den Treverern zu verbringen, wo schon alles für die Überfahrt nach Britannien vorbereitet war, ließ er den Indutiomarus mit 200 Geiseln zu sich kommen. Unter den Geiseln befanden sich der Sohn des Indutiomarus und alle seine Verwandten, die Caesar namentlich entboten hatte. Als sie herbeigeführt worden waren, beruhigte Caesar zunächst Indutiomarus und ermahnte ihn, treu zu bleiben. Trotzdem ließ er auch die Fürsten der Treverer zu sich kommen und versöhnte sie einzeln mit Cingetorix, nicht nur weil er sah, daß dies den Verdiensten dieses Mannes entspreche, sondern vor allem, weil er glaubte, es sei von besonderer Wichtigkeit, wenn Cingetorix unter seinen Landsleuten in höchstem Ansehen stehe; denn er hatte sich von dessen außerordentlicher Ergebenheit überzeugt. Diese Handlung nahm

Indutiomarus sehr übel auf; er trug schwer daran, daß sein Einfluß bei den Seinen vermindert werde, und da er schon vorher feindlich gegen uns gesinnt war, wurde er durch diese Kränkung noch mehr auf uns erbittert.

5. Hierauf langte Caesar wieder mit seinen Legionen am Hafen Itius an. Dort erfuhr er, daß 60 Schiffe, die im Land der Melden hergestellt worden waren, durch einen Sturm zurückgetrieben, den Kurs nicht hätten halten können und zu ihrem Ausfahrtsort zurückgesegelt seien. Alle übrigen Schiffe fand er segelfertig und mit allen Dingen versehen. Dorthin kam auch die aus ganz Gallien aufgebotene Reiterei – sie war etwa 4000 Mann stark – und die Fürsten aus allen Stämmen. Caesar hatte beschlossen, nur ganz wenige von ihnen, auf die er sich, wie er wußte, vollständig verlassen konnte, in Gallien zurückzulassen, die übrigen aber als Geiseln mit sich zu führen, weil er für die Zeit seiner Abwesenheit sonst einen Aufstand in Gallien befürchten mußte.

6. Unter diesen Geiseln befand sich nun auch der oben erwähnte Haeduer Dumnorix. Diesen vor allen wollte Caesar in seiner nächsten Umgebung haben; wußte er doch von ihm, daß er nach dem Umsturz der bestehenden Verhältnisse und nach der Herrschaft strebe und daß er sehr kühn und von großem Einfluß auf die Gallier sei. Dazu kam noch, daß jener auf einem Landtag der Haeduer gesagt hatte, daß Caesar ihm das Königtum im Haeduerstamm übertragen werde. Dieses Wort verbitterte die Haeduer, aber sie hatten nicht den Mut, Gesandte an ihn zu schicken, die dagegen Einspruch erhoben und ihn gebeten hätten, dies nicht zuzulassen. Caesar hatte es von seinen Gastfreunden erfahren. Jener verlegte sich zuerst sehr aufs Bitten, er möge ihn doch in Gallien zurücklassen, teils weil er sich vor der ungewohnten Seefahrt fürchte, teils weil, wie er sagte, religiöse Verpflichtungen ihn zurückhielten. Als er aber sah, daß ihm das hartnäckig verweigert wurde und ihm jede Hoffnung, durch Bitten etwas zu erreichen, genommen war, begann er, die Fürsten der Gallier aufzuwiegeln, einzeln beiseite zu nehmen und aufzufordern, auf dem Fest-

land zurückzubleiben. Außerdem schreckte er sie durch furchterregende Dinge: Nicht ohne Grund beraube man Gallien seines Adels; Caesars Plan sei, alle diejenigen, die er vor den Augen Galliens umzubringen sich scheue, nach Britannien mit hinüberzunehmen und dort töten zu lassen. Er verpfändete den übrigen sein Wort und forderte ihren Eidschwur, daß sie nach einem gemeinsamen Plan alles täten, was dem Wohl Galliens nütze. Mehrere gaben Caesar von diesen Umtrieben Nachricht.

7. Infolgedessen hielt es Caesar für seine Pflicht, den Dumnorix, wo er nur konnte, zu ducken und einzuschüchtern; denn er hatte dem Haeduerstamm außerordentliche Ehre erwiesen. Und weil er wußte, daß jener in seinem wahnsinnigen Treiben allzu weit gehen konnte, mußte er sich dagegen vorsehen, daß ihm und dem römischen Staat daraus kein Unheil erwuchs. Er machte daher während der 25 Tage, die er sich hier noch aufhalten mußte, weil der in dieser Gegend einen großen Teil des Jahres hindurch wehende Nordwestwind die Schiffahrt behinderte, große Anstrengungen, Dumnorix bei Gehorsam zu erhalten, anderseits aber alle seine Pläne in Erfahrung zu bringen. Endlich bekam Caesar günstigen Fahrwind, so daß er Befehl geben konnte, daß sich das Fußvolk und die Reiter einschifften. Während nun Sinn und Gedanken aller auf die Einschiffung gerichtet waren, entfernte sich Dumnorix allmählich mit den haeduischen Reitern vom römischen Lager, ohne daß Caesar es wußte, und zog nach Hause ab. Auf die Kunde hiervon unterbrach Caesar sofort seine Abfahrt und setzte auch alles andere hintan; zu Dumnorix' Verfolgung sandte er einen Teil der Reiterei ab mit dem Befehl, ihn zurückzubringen; sollte er indes Gewalt anwenden und dem Befehl nicht Folge leisten, so sollten sie ihn zusammenhauen; denn er glaubte, ein Mann, der bei seinem Verweilen in Gallien sich um seine Befehle nicht kümmere, werde erst recht in seiner Abwesenheit nichts Gutes stiften. Dumnorix setzte sich zur Wehr, als man ihm den Befehl zur Rückkehr überbrachte, und begann, seine Leute bei ihrer Treue anzuflehen, ein über das andere Mal schreiend, er sei ein freier Mann und Bürger eines freien

Stammes. Da umstellten ihn die Reiter dem Befehl gemäß und hieben ihn nieder. Aber die haeduischen Reiter kehrten alle zu Caesar zurück.

8. Hierauf ließ er den Labienus auf dem Festland mit drei Legionen und 2000 Reitern zurück, damit er die Häfen schütze und für die Verpflegung sorgen könne. Er sollte die gallischen Verhältnisse beobachten und nach Zeit und Lage die nötigen Entschlüsse fassen. Er selbst fuhr mit fünf Legionen und der gleichen Zahl Reiterei, wie er sie auf dem Festland zurückgelassen hatte, mit Sonnenuntergang ab. Ein leichter Südwest begleitete ihn. Aber um Mitternacht legte sich der Wind. So konnte er den Kurs nicht beibehalten und wurde weiter (nach Osten) durch die Strömung verschlagen, so daß er mit Sonnenaufgang Britannien zur Linken (hinter sich) liegen sah. Als dann wieder die Strömung umschlug, ließ er mächtig rudern, um den Teil der Insel zu erreichen, der nach seiner im Sommer vorher gemachten Erfahrung für die Landung am günstigsten war. Die hierbei gezeigte Tüchtigkeit der Soldaten muß sehr hervorgehoben werden, denn durch anhaltendes Rudern gelang es ihnen, die schwer beladenen Transportschiffe in gleichschneller Fahrt mit den Kriegsschiffen zu halten. Um die Mittagszeit kam man mit allen Schiffen nach Britannien. Ein Feind ließ sich in der Gegend indes nicht blicken. Wie Caesar hernach von Gefangenen erfuhr, war zwar eine große Streitmacht dort zusammengezogen worden; aber die große Anzahl der Schiffe hatte sie sehr erschreckt, waren doch von ihnen mit den vorjährigen und im Privatbesitz befindlichen Fahrzeugen, die ihre Besitzer zu ihrer eigenen Bequemlichkeit hatten herstellen lassen, gleichzeitig mehr als 800 Schiffe gesichtet worden. Die Feinde waren daher vom Ufer abgezogen und hatten sich in einem höher gelegenen Gelände versteckt.

9. Caesar setzte sein Heer ans Land. Nachdem er einen geeigneten Lagerplatz gefunden hatte, ließ er auf die Nachricht, die er über die Stellung des Feindes von Gefangenen eingezogen hatte, zehn Kohorten und 300 Reiter als Wache für die Schiffe an der Küste zurück und marschierte nach Beginn

der dritten Nachtwache gegen den Feind. Er fürchtete um so weniger für die Schiffe, als er sie zurückließ, da diese an einem sanft ansteigenden und übersichtlichen Teil der Küste vor Anker lagen. Als Kommandanten der Wache und der Schiffe bestimmte Caesar Quintus Atrius. Er selbst marschierte in der Nacht etwa 12 Meilen weit; dann bekam er die Truppen der Feinde zu Gesicht. Die Feinde rückten darauf mit ihrer Reiterei und den Streitwagen bis an einen Fluß vor und begannen von den dort befindlichen Hügeln aus die Unsrigen (am Übergang) zu hindern und ein Treffen zu eröffnen. Indes wurden sie von unserer Reiterei zurückgeworfen, worauf sie sich wieder in die Wälder zurückzogen; denn dort fanden sie einen Ort, der von Natur und Menschenhand trefflich befestigt war und den sie schon früher wegen ihrer einheimischen Kämpfe angelegt haben mußten; alle Zugänge nämlich waren durch viele umgehauene Bäume versperrt. Die Feinde schossen nur vereinzelt aus dem Gehölz heraus; dies sollte die Unsrigen am Eindringen in ihre Festung hindern. Aber die Soldaten der siebten Legion machten ein Schildkrötendach, unter dessen Schutz sie Dammaterial heranschafften bis unmittelbar an die Befestigungen. Dadurch konnten sie den Platz einnehmen und jene aus dem Gehölz vertreiben. Sie selbst hatten nur ein paar Verwundete. Die weitere Verfolgung verbot Caesar indes, teils weil er das Gelände nicht kannte, teils weil er die wenige Zeit, die vom Tag noch übrig war, auf die Errichtung eines Lagers verwenden wollte.

10. Tags darauf schickte Caesar in der Frühe zur Verfolgung der Flüchtlinge drei Kolonnen Fußsoldaten und Reiter auf einen Streifzug. Schon waren diese ein Stück Wegs weit fortgezogen und hatten bereits die feindliche Nachhut entdeckt, als einige Reiter, von Quintus Atrius abgeschickt, bei Caesar eintrafen mit der Meldung, in der letzten Nacht sei ein großer Sturm ausgebrochen, der fast alle Schiffe beschädigt und auf das Gestade geworfen habe; die Anker und Taue hätten ebenso wenig gehalten, wie die Matrosen und Steuerleute der Gewalt des Sturmes hätten widerstehen können. Die Schiffe

seien daher stark aneinandergestoßen und hätten einen erheblichen Schaden erlitten.

11. Auf die Kunde hiervon ließ Caesar die Legionen und die Reiterei zurückrufen und auf dem Marsch halt machen. Er selbst kehrte zu den Schiffen zurück und fand die Flotte tatsächlich ungefähr in dem Zustand, von dem ihn die Boten und das Schreiben unterrichtet hatten; doch schienen, wenn man etwa 40 Schiffe verloren gab, die übrigen mit großer Mühe wiederhergestellt werden zu können. Er zog daher aus den Legionen die Werkleute heraus und ließ weitere vom Festland herüberholen. Gleichzeitig schrieb er an Labienus, er solle von den unter seinem Kommando stehenden Legionen so viele Schiffe erbauen lassen, als es möglich sei. Obgleich es Caesar viel Mühe und Arbeit kostete, hielt er es doch für sehr geraten, wenn er alle Schiffe auf den Strand ziehen und in die Befestigungen des Lagers mit einer einzigen (weiteren) Befestigung einbeziehen ließe. Darauf mußte er ungefähr zehn Tage verwenden, obwohl man die Arbeit der Soldaten nicht einmal bei Nacht unterbrach. Als dann die Flotte an Land gezogen und das Lager hervorragend befestigt worden war, ließ er dieselben Truppen wie vorher als Wache bei den Schiffen zurück; er aber eilte wieder zu der Stelle, von wo er zu den Schiffen zurückgekehrt war. Bei seinem Eintreffen hatten sich dort von allen Seiten größere Truppenmassen der Britannier eingefunden, deren Oberbefehl einschließlich der Führung des Krieges auf gemeinsamen Beschluß Cassivellaunus übertragen worden war. Sein Land trennt von den an die Küste grenzenden Stämmen ein Fluß, der Tamesis genannt; er ist vom Meer etwa 80 Meilen entfernt. Dieser Fürst hatte in den vorigen Jahren mit den übrigen Stämmen ständig im Krieg gelegen. Aber unsere Ankunft hatte die Britannier veranlaßt, ihm die Oberleitung des ganzen Krieges anzuvertrauen.

[12. Der innere Teil Britanniens wird von den Völkern bewohnt, die nach ihrer eigenen Überlieferung Landeseingeborene sind; die Küstenstriche aber haben die Stämme inne, die um der Beute und des Krieges willen von Belgien herübergekommen waren – sie nennen sich fast alle mit den Namen der Stämme, aus denen sie herstammten, als sie zu der Insel kamen –; nach dem Krieg blieben sie dort zurück und begannen, die Felder zu bestellen. Die Volksmenge ist außerordentlich groß, die sehr zahlreichen Gehöfte gleichen weitgehend den gallischen, und Vieh ist in großer Anzahl vorhanden. Als Münzen gebrauchen sie teils Kupfer-, teils Goldmünzen, teils aber auch eiserne Barren, die auf ein bestimmtes Gewicht hin nachgeprüft worden sind. Mehr in der Mitte des Landes gibt es auch Zinn, an der Küste findet sich Eisen, aber nur in geringer Menge; das Kupfer ist eingeführt. Alle Arten von Bäumen trifft man hier wie in Gallien, nur keine Buchen und Tannen. Hasen, Hühner und Gänse zu essen halten sie für unerlaubt; doch ziehen sie sie aus Liebhaberei. Die Gegend ist milder im Klima als Gallien, da die Kälte viel geringer ist.

13. Die natürliche Form der Insel ist die eines Dreiecks, dessen eine Seite Gallien gegenüberliegt. Der eine Winkel dieser Seite bei Cantium, das heißt der Stelle, an der fast alle Schiffe aus Gallien anlegen, ist nach Osten gerichtet, der untere nach Süden. Diese Seite ist etwa 500 Meilen lang. Die zweite Seite liegt Spanien gegenüber und gegen Westen. Auf dieser Seite liegt auch die Insel Hibernia, halb so groß wie Britannien, wie man annimmt, doch ist die Überfahrt nach Hibernia von derselben Dauer wie die von Gallien nach Britannien. Mitten auf dieser Strecke liegt eine weitere Insel namens Mona; außerdem vermutet man mehrere vorgelagerte kleinere Inseln. Über diese haben einige Schriftsteller mitgeteilt, daß es auf ihnen zur Zeit der Wintersonnenwende 30 Tage hindurch Nacht sei. Wir haben darüber trotz unserer Erkundigungen nichts erfahren können, nur nahmen wir durch genaue Messungen mit der Wasseruhr wahr, daß die Nächte kürzer seien als auf dem Festland. Die Länge dieser Seite beträgt nach der Ansicht der Inselbewohner 700 Meilen. Die dritte Seite liegt gegen Norden. Diesem Teil der Insel ist kein Land weiter vorgelagert, aber der Winkel dieser Seite ist hauptsächlich gegen Germanien

gerichtet. Sie soll 800 Meilen lang sein. Der Umfang der Insel beträgt demnach 2000 Meilen.

14. Von allen Bewohnern der Insel sind die Menschen von Cantium, das ganz am Meer liegt, bei weitem die gesittetsten, und ihre Lebensweise weicht von der gallischen nicht sehr ab. Die meisten weiter im Binnenland wohnenden Völker bestellen keine Felder, sondern leben von Milch und Fleisch und bekleiden sich mit Fellen. Alle Britannier aber bemalen sich mit Waid, einer dunkelblau färbenden Pflanze; durch die Tätowierung bieten sie im Kampf einen schrecklichen Anblick. Das Haar hängt ihnen wild herunter; im übrigen sind sie am ganzen Körper glattrasiert, außer am Kopf und an der Oberlippe. Zehn oder auch zwölf Männer haben ihre Frauen gemeinsam, und zwar meistens Brüder mit Brüdern und Väter mit ihren Söhnen. Aber wer von ihnen geboren ist, wird für ein Kind dessen angesehen, in dessen Haus zuerst die betreffende Mutter als Braut eingezogen ist.]

15. Die feindlichen Reiter und ihre Wagenkämpfer schlugen sich mit unserer Reiterei heftig in einem Gefecht auf dem Marsch, doch so, daß die Unsrigen überall Sieger blieben und jene in die Wälder und auf die Hügel zurückwarfen. Daß sie dabei mehrere Gegner getötet hatten, verleitete sie zu einer leidenschaftlicheren Verfolgung, wobei sie etliche von den Ihren verloren. Jene aber ließen einige Zeit verstreichen, um dann plötzlich aus dem Gehölz hervorzubrechen, während unsere Soldaten nichts ahnten und mit der Anlage eines befestigten Lagers beschäftigt waren, und einen Angriff auf die vor dem Lager als Wachen aufgestellten Mannschaften zu machen. Sie kämpften sehr wild, und obgleich Caesar zwei Kohorten zu Hilfe geschickt hatte und noch dazu die ersten aus zwei Legionen, durchbrachen die Feinde aufs kühnste die Mitte der Aufstellung, weil jene Kohorten mit zu geringem Abstand voneinander aufmarschiert waren und unsere Soldaten die neue Kampfesweise in Schrecken gesetzt hatte. Die Feinde aber zogen sich von dort ohne Verluste zurück. An diesem Tag fiel der Militärtribun Quintus Laberius Durus. Doch wurden die

Feinde, als noch mehr Kohorten daselbst eintrafen, zurückgeworfen.

16. Aus dieser ganzen Kampfesweise – die Schlacht hatte sich unter aller Augen unmittelbar vor dem Lager abgespielt – ging deutlich hervor, daß unsere Soldaten wegen der Schwere ihrer Waffen gegenüber einem Feind von dieser Art nicht recht geeignet waren; denn die Waffen hinderten sie, den weichenden Feind zu verfolgen; sie hatten auch nicht den Mut, die Feldzeichen zu verlassen. Aber auch die Reiter fochten unter großer Gefahr, denn die Gegner wichen meistens absichtlich zurück, und wenn sie dann unsere Reiter ein wenig von den Legionen weggezogen hatten, sprangen sie von den Streitwagen herunter und kämpften mit ihnen zu Fuß in einem ungleichen Kampf. [Die Art des Reiterkampfes aber brachte der weichenden wie der verfolgenden Partei eine und dieselbe Gefahr.] Hinzu kam noch, daß jene niemals in geschlossenen Abteilungen, sondern immer nur vereinzelt und in großen Abständen aufgestellt kämpften, daß sie überall verteilte Posten zur Verfügung hatten, sich nacheinander gegenseitig unterstützen und noch frische und unermüdete Truppen an die Stelle der abgekämpften Mannschaften treten lassen konnten.

17. Am folgenden Tag stellten sich die Feinde fern vom Lager auf den Höhen auf; sie zeigten sich seltener und reizten unsere Reiter weniger hitzig als tags zuvor zum Kampf. Als aber um die Mittagszeit Caesar drei Legionen und die ganze Reiterei unter der Führung des Legaten Gaius Trebonius nach Grünfutter ausgesandt hatte, stürzten die Gegner sich plötzlich aus allen Richtungen auf die Grünfutter holenden Soldaten, so daß sie sogar die Legionen unter ihren Feldzeichen unmittelbar bedrängten. Die Unsrigen machten darauf einen scharfen Angriff auf sie und warfen sie zurück. Sie stellten die Verfolgung nicht eher ein, als bis unsere Reiter im Vertrauen auf die Hilfe der Legionen, die sie ständig nachrücken sahen, die Feinde Hals über Kopf vor sich herjagten, wobei sie eine große Anzahl von ihnen töteten und ihnen keinerlei Möglichkeit gaben, sich zu sammeln oder zu halten oder aus den Streit-

wagen herabzuspringen. Nach dieser Flucht kehrten die Hilfstruppen, die sich von allen Seiten eingefunden hatten, sofort in ihre Heimat zurück; und nach dieser Zeit kämpften die Feinde mit uns niemals mehr mit der vollen Truppenstärke.

18. Caesar merkte wohl ihr Vorhaben. Daher führte er sein Heer in das Land des Cassivellaunus zum Tamesis. Dieser Fluß läßt sich überhaupt nur an einer einzigen Stelle von Fußvolk überschreiten und auch dort nur unter Schwierigkeiten. Als er an ihm angelangt war, bemerkte er auf dem anderen Flußufer die Aufstellung großer feindlicher Truppenmassen. Das Flußufer aber war durch spitze, am Ufer selbst eingeschlagene Pfähle gesichert; Pfähle derselben Art waren außerdem im Wasser eingeschlagen und wurden von ihm bedeckt. Dies hatte Caesar von Überläufern und Gefangenen erfahren, worauf er die Reiterei voraussandte und die Legionen ihnen eiligst folgen ließ. Aber die Fußtruppen gingen mit einer solchen Schnelligkeit und einem solchen Ungestüm vor, daß die Feinde, obgleich jene nur mit dem Kopf aus dem Wasser herausragten, den Ansturm der Legionen und der Reiter nicht aushalten konnten, das Ufer räumten und davonflohen.

19. Wie wir oben gesagt haben, hatte Cassivellaunus alle Hoffnung auf eine Feldschlacht aufgegeben und den größeren Teil seiner Truppen entlassen. Lediglich etwa 4000 Streitwagenkämpfer hatte er zurückbehalten, mit denen er unsere Märsche beobachtete. Dabei entfernte er sich ein wenig vom Weg und verbarg sich an schwer zugänglichen und waldreichen Stellen. Aus den Gegenden, durch die – davon hatte er Kunde erhalten – unser Marsch führen mußte, hatte er Vieh und Menschen von den Feldern in die Wälder zusammentreiben lassen. Als nun unsere Reiterei, um das Land auszuplündern und zu verwüsten, zu unbesorgt auf den Feldern ausschwärmte, ließ Cassivellaunus die Streitwagenkämpfer auf den ihnen genau bekannten Wegen und Pfaden aus den Wäldern hervorbrechen. Er kämpfte mit unseren Reitern nicht ohne große Gefahr für diese und hinderte sie durch den Schrecken, den er ihnen bereitete, allzu weit umherzuschweifen. Da blieb Caesar nichts

anderes übrig, als daß er ihnen verbot, sich weiter von dem Heereszug der Legionen zu entfernen; er ordnete an, daß nur insoweit durch Verwüstung der Felder und Einäscherung der Gehöfte dem Feind Abbruch getan werde, als dies die Legionssoldaten auf dem anstrengenden Marsch fertigbringen konnten.

20. Inzwischen schickten die Trinovanten, beinahe der mächtigste Stamm in diesen Gegenden, an Caesar Gesandte mit dem Versprechen, sich ihm zu ergeben und seine Befehle auszuführen. Dies ist jener Stamm, aus dem der junge Mandubracius zu Caesar, unter dessen Schutz er sich gestellt hatte, auf das Festland herübergekommen war; sein Vater Inianuvetitius hatte dort das Königtum innegehabt und war von Cassivellaunus ermordet worden; Mandubracius selbst konnte sich durch Flucht dem Tod entziehen. Die Gesandten baten nun Caesar, er solle den Mandubracius gegen die Gewalttätigkeiten des Cassivellaunus schützen und ihn dem Stamm zurückschicken, damit sie einen Führer und Herrscher hätten. Caesar verlangte von ihnen die Stellung von 40 Geiseln und die Lieferung von Getreide für das Heer. Mandubracius sandte er zu ihnen. Jene führten Caesars Befehle schnell aus, stellten die Geiseln auf die Zahl genau und schickten das geforderte Getreide.

21. So stellte Caesar die Trinovanten unter seinen Schutz und sicherte sie gegen alle Gewalttätigkeit seiner Soldaten. Nunmehr ordneten auch die Cenimagner, Segontiacer, Ancaliten, Bibrocer und Casser Gesandtschaften an ihn ab und ergaben sich ihm. Von diesen erfuhr er, daß nicht weit von seinem augenblicklichen Aufenthaltsort entfernt die »Stadt« des Cassivellaunus liege, ein durch Wälder und Sümpfe ganz geschützter Platz, wohin sich eine beträchtlich große Anzahl von Menschen mitsamt dem Vieh zurückgezogen habe. Mit dem Namen »Stadt« bezeichnen die Britannier auch ein unwegsames, mit Wall und Graben befestigtes Gehölz, in dem sie sich zu sammeln pflegen, um räuberischen Einfällen der Feinde zu entgehen. Dorthin marschierte Caesar mit den Legionen. Er fand den Platz durch Natur und Menschenhand ausgezeichnet befestigt. Trotzdem drang er auf die Bestürmung der Festung

von zwei Seiten zugleich. Erst hielten die Feinde eine Weile stand; dann aber vermochten sie dem Angriff der Unsrigen nicht zu widerstehen und stürzten auf einer anderen Seite aus der »Stadt« ins Freie. Man fand dort eine große Menge Vieh vor. Von den Feinden wurden viele auf der Flucht ergriffen und niedergehauen.

22. Während sich diese Dinge daselbst abspielten, sandte Cassivellaunus nach Cantium [das, wie wir oben schilderten, längs des Meeres sich hinzieht] Boten, die den vier diese Gegenden beherrschenden Königen, Cingetorix, Carvilius, Taximagulus und Segovax, befehlen sollten, alle ihre Truppen aufzubieten und unversehens unser Schiffslager anzugreifen und zu bestürmen. Als nun die Feinde vor das Lager rückten, machten unsere Leute einen Ausfall; dabei töteten sie viele von den Feinden und konnten einen vornehmen Führer, Lugotorix, noch dazu gefangen nehmen. Dann zogen sie sich ohne Verlust in ihr Lager zurück. Da schickte auf die Nachricht von diesem letzten Kampf auch Cassivellaunus, der so viele Niederlagen erlitten hatte und dessen ganzes Land verwüstet war, durch Vermittlung des Atrebaten Commius Gesandte an Caesar, die ihm seine Unterwerfung antragen sollten, zu der ihn vor allem auch der Abfall der verbündeten Stämme bestimmte. Aber Caesar hatte beschlossen, wegen gewisser Unruhen, die plötzlich in Gallien ausbrechen konnten, auf dem Festland zu überwintern, und da der Sommer fast schon zu Ende ging und die wenige noch übrige Zeit leicht vertan werden konnte, legte er dem Cassivellaunus die Stellung von Geiseln auf und bestimmte die Höhe des Tributs, den Britannien jedes Jahr an das römische Volk abzuführen habe; außerdem untersagte er dem Cassivellaunus auf das bestimmteste, sich Mandubracius und den Trinovanten gegenüber etwas zuschulden kommen zu lassen.

23. Nach dem Empfang der Geiseln führte Caesar sein Heer zum Meer zurück. Daselbst fand er die Schiffe bereits wiederhergestellt vor. Nachdem er sie ins Wasser gelassen hatte, befahl er angesichts der großen Gefangenenzahl und des voll-

ständigen Verlustes etlicher Schiffe durch den Sturm, die Übersetzung des Heeres in zwei Transporten vorzunehmen. Und die ganze Überfahrt lief derart ab, daß von einer so großen Anzahl Schiffe trotz so vieler Fahrten weder in diesem noch in dem Jahr vorher ein einziges Schiff, das Soldaten trug, verloren ging; von den Schiffen des ersten Transportes, die ihm nach Ausbootung der Soldaten vom Festland leer zurückgeschickt wurden, und von den 60 Schiffen, die Labienus noch nachträglich hatte erbauen lassen, erreichten indes nur wenige den Bestimmungsort, während die übrigen fast alle wieder an das Festland zurückverschlagen wurden. Nachdem Caesar eine Zeitlang auf sie vergeblich gewartet hatte, mußte er, um nicht durch die Jahreszeit an der Überfahrt gehindert zu sein – denn die Tag- und Nachtgleiche stand wieder bevor –, die Soldaten dichter auf den (noch verfügbaren) Schiffen zusammenlegen. Als die See sich völlig beruhigt hatte, lichtete er mit Beginn der zweiten Nachtwache die Anker. Bei Tagesanbruch gelangte er ans Festland, an das er alle Schiffe ohne Verlust zurückbringen konnte.

24. Die Flotte wurde an Land gezogen und ein Landtag der Gallier in Samarobriva abgehalten. Da indes das Getreide in Gallien in diesem Jahre wegen der anhaltenden Dürre nur spärlich ausgefallen war, sah Caesar sich gezwungen, das Heer anders als in den vorigen Jahren in die Winterquartiere zu legen und die Legionen auf mehr Stämme zu verteilen. Eine Legion führte auf seinen Befehl der Legat Gaius Fabius in das Land der Moriner, eine andere Quintus Cicero zu den Nerviern, eine dritte Lucius Roscius zu den Essuviern. Eine vierte ließ er unter Titus Labienus im Land der Remer unmittelbar an der Grenze der Treverer überwintern. Drei weitere Legionen legte er zu den Bellovacern; an ihre Spitze stellte er den Quaestor Marcus Crassus und die Legaten Lucius Munatius Plancus und Gaius Trebonius. Eine Legion, die er erst kürzlich jenseits des Padus ausgehoben hatte, sowie fünf Kohorten schickte er ins Land der Eburonen, dessen größter Teil zwischen Mosa und Rhein liegt und deren Herrscher Ambiorix und

Catuvolcus waren. Das Kommando über diese Soldaten führten auf seinen Befehl die Legaten Quintus Titurius Sabinus und Lucius Aurunculeius Cotta. Durch diese Verteilung der Legionen glaubte er, einem etwa eintretenden Getreidemangel am leichtesten begegnen zu können. Dennoch lagen die Winterlager aller Legionen außer der Legion, die Lucius Roscius in den ganz befriedeten und ruhigsten Teil (Galliens) geführt hatte, nur 100 Meilen voneinander entfernt. Er selbst wollte so lange in Gallien bleiben, bis er die Nachricht erhalten habe, daß die Legionen die Winterquartiere bezogen und fest angelegt hätten.

25. Es lebte im Land der Carnuten ein Mann von sehr vornehmer Abkunft namens Tasgetius. Seine Vorfahren hatten in seinem Stamm die Königswürde innegehabt. Ihn hatte Caesar wegen seiner Tapferkeit und seiner Ergebenheit gegen ihn – er hatte ihm in allen Kriegen bisher außerordentliche Dienste geleistet – wieder in die hohe Stellung seiner Vorfahren eingesetzt. Schon zwei volle Jahre hatte er als König geherrscht, als er, der viele Gegner hatte, die ihn öffentlich ⟨anfeindeten, von den Carnuten⟩ aus seinem Stamm ⟨vertrieben⟩ und auf das Anstiften seiner Gegner ermordet wurde. Caesar erhielt von diesem Ereignis Nachricht. Da an dem Mord eine Reihe von Leuten beteiligt war, fürchtete Caesar, daß auf deren Betreiben der Stamm abfallen könnte; um dies zu verhindern, gab er dem Legaten Lucius Plancus den Befehl, mit seiner Legion schnellstens aus Belgien ins Carnutenland zu marschieren und dort das Winterquartier zu beziehen; auch sollte er die ihm bekannt gewordenen Mörder des Tasgetius gefangennehmen und ihm zuführen lassen. Inzwischen wurde er von allen Legaten und Quaestoren, denen er die Legionen anvertraut hatte, benachrichtigt, man sei in den Winterlagern angekommen und habe diese verschanzt.

26. Etwa 14 Tage nach der Ankunft der Truppen im Winterlager machten unvermittelt Ambiorix und Catuvolcus den Anfang mit einem Aufstand und Abfall. Sie hatten zwar an der Grenze ihres Königreichs den Sabinus und Cotta begrüßt

und auch Getreide in das Winterlager geschafft; dann aber hatten sie sich durch Boten des Treverers Indutiomarus überreden lassen, ihre Stammesgenossen aufzuwiegeln. Mit einer großen Schar überfielen sie die Holzfäller und rückten vor das Lager, um es zu bestürmen. Unsere Leute griffen schnell zu den Waffen und besetzten den Wall; nachdem auf der einen Seite die spanischen Reiter zu einem Ausfall hinausgeschickt waren, blieben die Unsrigen in dem Reiterkampf die Sieger, worauf die Feinde, am Erfolg verzweifelnd, ihre Truppen von der Bestürmung zurückzogen. Da verlangten sie mit Geschrei, wie es ihre Gewohnheit war, es möge jemand von unseren Leuten zu einer Unterredung herauskommen; sie hätten im beiderseitigen Interesse einiges mitzuteilen, wodurch sie hofften, die Feindseligkeiten glücklich beilegen zu können.

27. Wirklich entsandte man zu dieser Unterredung den Gaius Arpineius, einen römischen Ritter und Vertrauten des Titurius, und einen gewissen Quintus Junius, einen Spanier, der schon vorher von Caesar mehrmals zu Ambiorix geschickt worden war und regelmäßig bei ihm verkehrte. Zu diesen sprach Ambiorix folgendermaßen: Er gestehe, daß er für die ihm von Caesar erwiesenen Wohltaten sich jenem gegenüber zu großem Dank verpflichtet fühle, denn durch seinen Einfluß sei er von dem Tribut befreit worden, den er den Atuatucern, seinen Nachbarn, ständig habe zahlen müssen; auch habe Caesar ihm seinen eigenen Sohn und den Sohn seines Bruders zurückgeschickt, die die Atuatucer von ihm als Geiseln erhalten und als Sklaven und Gefangene behandelt hätten. Er habe das, was er bezüglich der Bestürmung getan habe, nicht nach seinem Entschluß oder Willen getan, sondern auf Drängen seines Stammes, denn seine Herrschaft sei von der Art, daß die Menge ebenso viel Gewalt gegen ihn habe als er gegen die Menge. Weiter sei für seinen Stamm ein Kriegsgrund darin gegeben gewesen, daß er sich einer plötzlichen Verschwörung der Gallier nicht habe widersetzen können. Dies könne er leicht aus seiner politischen Ohnmacht beweisen, denn er sei nicht so unerfahren mit den Verhältnissen, daß er glaube, seine Trup-

pen könnten das römische Volk besiegen. Aber dies sei ein gemeinsamer Plan Galliens: Zur gleichzeitigen Bestürmung aller Winterlager Caesars sei dieser Tag bestimmt worden, damit keine Legion der anderen zu Hilfe kommen könne. Nicht leicht hätten sie als Gallier den Galliern dies abschlagen können, zumal da offenbar dieser Entschluß gefaßt worden sei, um die gemeinsame Freiheit Galliens wiederherzustellen. Da er nun den Galliern gegenüber erfüllt habe, was die Vaterlandsliebe von ihm fordere, denke er jetzt an die Pflicht, die ihm aus den Wohltaten Caesars erwachse, und er bitte daher in Anbetracht der Gastfreundschaft den Titurius dringend, sich und seine Soldaten zu retten. Schon sei eine große Zahl Germanen geworben worden, die bereits den Rhein überschritten hätten; in zwei Tagen würden sie eintreffen. Bei ihnen liege daher der Entschluß, ob sie die Soldaten aus dem Winterquartier herausführen wollten, ehe die Nachbarn etwas davon erführen; sie könnten die Soldaten entweder zu Cicero, der etwa 50 Meilen entfernt sein Lager habe, oder zu Labienus bringen, der nicht viel weiter entfernt sei. Das verspreche er und versichere er ihnen eidlich, daß sie freien und sicheren Durchzug durch sein Land erhalten würden. Indem er so handele, helfe er einerseits seinem Stamm, weil dieser dadurch von dem Winterlager befreit werde, anderseits statte er auch Caesar für dessen Wohltaten seinen gebührenden Dank ab. Nach dieser Rede entfernte sich Ambiorix.

28. Arpineius und Junius erstatteten über das Gehörte an die Legaten Bericht. Sie waren zunächst über diese unerwartete Mitteilung verblüfft; aber obgleich sie vom Feind kam, hielten sie es dennoch nicht für richtig, sie unbeachtet zu lassen. Besonders machte sie tiefen Eindruck auf sie, weil es beinahe nicht glaublich schien, daß ein so unbedeutender und schwacher Stamm wie die Eburonen den Mut gehabt haben sollte, von sich aus das römische Volk anzugreifen. Daher brachten sie die Sache vor einen Kriegsrat, und hier entstand eine große Meinungsverschiedenheit. Lucius Aurunculeius war mit mehreren Kriegstribunen und Centurionen erster Ordnung der Meinung,

man dürfe nicht unbesonnen handeln und ohne Caesars Befehl das Winterlager nicht verlassen; sie erklärten, man könne jedweder Anzahl Gallier und auch einer großen Zahl Germanen in dem festen Lager standhalten; Beweis dafür sei, daß man den ersten Sturm des Feindes auf das tapferste abgeschlagen habe, und zwar mit großen Verlusten für den Gegner. Lebensmittel hätten sie genug; in der Zwischenzeit würde ihnen von den nächsten Winterlagern und von Caesar selbst Hilfe gebracht werden; und schließlich, was sei leichtfertiger oder schimpflicher, als dem Rat eines Feindes in den entscheidenden Entschlüssen zu folgen?

29. Dagegen rief Titurius laut, man käme zu spät zum Handeln, wenn erst größere feindliche Truppenmassen in Verbindung mit den Germanen vor das Lager rücken würden oder irgendein Unheil eines der nächsten Winterlager getroffen habe. Man habe keine Zeit, sich lange zu besinnen; Caesar sei wahrscheinlich bereits nach Italien abgereist, denn sonst hätten weder die Carnuten den Plan zur Ermordung des Tasgetius gefaßt noch wären die Eburonen, wenn Caesar in Gallien verweilte, mit solcher Verachtung gegen uns vor das Lager gerückt. Er denke dabei nicht an den Vorschlag des Feindes, sondern einzig an die Lage; der Rhein sei nicht weit; noch immer hätten die Germanen ihren Schmerz über den Tod des Ariovist und unsere bisherigen Siege nicht verwunden. In Gallien herrsche große Erbitterung, weil es nach so vielen Demütigungen unter das Joch des römischen Volkes gebeugt und um seinen früheren Kriegsruhm gebracht worden sei. Zuletzt, wer bilde sich ein, daß Ambiorix sich ohne bestimmte Erwartung zu einem solchen Entschluß verstehe? Sein Vorschlag sei für alle Fälle gefahrlos; träte nichts sonderlich Schlimmes ein, so gelangten sie ohne Gefahr zu dem nächsten Winterlager; und würden ganz Gallien und die Germanen gemeinsame Sache machen, dann beruhe ebenfalls die Rettung einzig und allein auf einem schnellen Abzug. Welche Folgen habe dagegen der Vorschlag des Cotta und derer, die anderer Meinung seien?

Bei ihm drohe, wenn auch nicht eine augenblickliche Gefahr, so doch eine langwierige Belagerung und Hungersnot.

30. So wurde noch lange hin und her gestritten. Da aber Cotta und die Centurionen erster Ordnung hartnäckig ihre Meinung vertraten, rief schließlich Sabinus: »So habt denn euren Willen«, und dies mit ziemlich lauter Stimme, so daß ein großer Teil der Soldaten es deutlich hören konnte, »denn auch ich bin nicht der Mann, der sich etwa vor dem Tod fürchtet; aber diese da werden die bessere Einsicht haben, und im Fall einer Niederlage werden sie von dir Rechenschaft fordern; wenn du nicht dagegen wärest, so könnten sie sich schon übermorgen mit dem nächsten Winterlager vereinigen und mit den übrigen Kameraden zusammen dem plötzlich eingetretenen Krieg die Stirn bieten, und sie müßten nicht verstoßen und gleichsam verbannt weitab von den andern durch das Schwert oder den Hunger den Tod finden.«

31. Da erhoben sie sich vom Kriegsrat. Sie faßten die Legaten bei der Hand und baten sie, durch ihre Uneinigkeit und Hartnäckigkeit die Lage nicht erst recht gefährlich zu machen; sie sei leicht zu bewältigen, ob man nun bleibe oder abziehe, wenn nur alle eins fühlten und dächten; dagegen sei bei ihrer Uneinigkeit nur Unheil abzusehen. Der Streit dauerte bis Mitternacht. Endlich gab Cotta nach; es siegte die Meinung des Sabinus. Der Befehl wurde ausgegeben, daß man bei Tagesanbruch abziehe. Den Rest der Nacht verbrachte man schlaflos, da jeder Soldat nach seinen Sachen Umschau hielt, was er mit sich nehmen könne und was er von dem Lagergerät notwendig zurücklassen müsse. Alles Erdenkliche geschieht, um den Abmarsch so gefährlich wie möglich zu machen und durch Ermattung der Soldaten und die vielen Nachtwachen die Gefahr zu vermehren. Mit Tagesanbruch brachen sie aus dem Lager auf, nicht als ob ein Feind sie dazu veranlaßt habe, sondern der allerbeste Freund mit diesem Vorschlag an sie herangetreten sei, nämlich in sehr langer Marschkolonne und mit sehr großem Troß.

32. Sobald die Feinde aus dem nächtlichen Lärmen und Trei-

ben den Aufbruch der Unsrigen errieten, legten sie in etwa 2 Meilen Entfernung an einer günstigen, ganz versteckten Stelle in den Wäldern einen doppelten Hinterhalt und erwarteten dort die Ankunft der Römer. Als dann der größte Teil des Heeres in einen weiten Talkessel herabgestiegen war, zeigten sie sich plötzlich auf beiden Talseiten. Sie griffen die Nachhut heftig an und hinderten zugleich die Spitze am Aufstieg. So eröffneten sie den Kampf auf einem für die Unsrigen ganz ungeeigneten Gelände.

33. Da erst lief Titurius wie einer, der sich vorher um nichts so recht gekümmert hat, ängstlich hin und her und ordnete die Kohorten, aber ganz furchtsam und so, daß man sah, er habe den Kopf vollständig verloren. Dies geschieht meistens, wenn man sich entschließen muß in einem Augenblick, in dem es zu handeln gilt. Cotta hingegen, der bedacht hatte, daß dies auf dem Marsch eintreten konnte, und deshalb gegen den Aufbruch gewesen war, überlegte nur, wie er das Heer retten könne, und tat seine Pflicht als Feldherr, indem er die Soldaten anredete und anfeuerte, als Soldat, indem er kämpfte. Da die beiden Feldherrn wegen der Länge des Heereszuges nicht gut überall selbst ihre Maßnahmen treffen konnten, auch nicht in der Lage waren anzuordnen, was an jeder Stelle zu geschehen habe, ließen sie durchgeben, man solle das schwere Gepäck im Stich lassen und sich zu einem Viereck ordnen. Diese Maßnahme an sich kann man in solcher Lage auf keinen Fall tadeln; doch war sie damals verfehlt. Denn sie schwächte die Zuversicht unserer Soldaten und steigerte die Kampfbegeisterung der Feinde, weil man offenbar nur im Augenblick größter Furcht und Verzweiflung diese Maßnahme traf. Außerdem – und das mußte so kommen – entfernten sich die Soldaten allenthalben von den Feldzeichen, um das Liebste von ihrem Eigentum noch schnell aus dem Gepäck hervorzuholen und an sich zu nehmen; die ganze Gegend erfüllten sie dabei mit Geschrei und Geheul.

34. Aber den Barbaren fehlte es nicht an Einsicht. Denn ihre Führer ließen längs der ganzen Front hindurchsagen, es dürfe

niemand seinen Platz verlassen; die Beute gehöre ihnen, und ihnen werde vorbehalten, was die Römer zurückgelassen hätten; sie sollten also bedenken, daß alles auf ihrem Sieg beruhe. An Zahl und Tüchtigkeit im Kampf waren beide einander gewachsen. Obgleich die Unsrigen vom Führer und vom Glück verlassen wurden, setzten sie doch noch alle Hoffnung auf ihre Tapferkeit, und jedesmal wenn eine Kohorte einen Vorstoß gemacht hatte, fielen an dieser Stelle eine Menge Feinde. Aber Ambiorix sah dies. Darauf ließ er durchgeben, nur aus der Ferne zu schießen und nicht zu nahe heranzugehen und sich sofort dort zurückzuziehen, wo die Römer einen Angriff machten; durch ihre leichten Waffen und die tägliche Übung könnten sie den Römern schon beträchtlich schaden; und wenn diese sich wieder zu ihren Feldzeichen zurückzögen, sollten sie ihnen (heftig) nachsetzen.

35. Dieser Befehl wurde von den Eburonen auf das sorgfältigste beachtet, und wenn eine Kohorte aus dem Viereck hervorbrach und einen Angriff machte, flüchteten die Feinde, so schnell sie konnten. Inzwischen mußte man aber diese (rechte) Seite entblößen, so daß sie von der offenen Flanke den Geschossen ausgesetzt wurde. Sobald jene dann zu ihrem Ausgangspunkt sich zurückzogen, umzingelten sie nicht nur die vor ihnen geflüchteten Kämpfer des Gegners, sondern auch die Nächststehenden; wenn sie aber ihre Ausgangsstellung hätten halten wollen, so nützte ihnen ihre Tapferkeit gar nichts, und sie konnten dicht gedrängt, wie sie standen, den von einer so großen Masse Menschen geschleuderten Geschossen nicht ausweichen. Aber trotz ihrer furchtbaren Lage – die Verluste waren sehr groß – leisteten die Unsrigen tapferen Widerstand; wenn es auch schon tief am Nachmittag war – man hatte vom Morgengrauen bis zur achten Stunde gefochten –, hatten sie nichts getan, was ihrer unwürdig gewesen wäre. Damals wurden dem Titus Balventius, der im Jahr vorher die erste Centurie geführt hatte, einem tapferen und sehr angesehenen Offizier, beide Schenkel mit einer Lanze durchbohrt; Quintus Lucanius, ein Offizier desselben Ranges, fiel in tapferem Kampf,

als er seinem von den Feinden umzingelten Sohn zu Hilfe kommen wollte; der Legat Lucius Cotta wurde, als er die Kohorten und Centurien anfeuerte, von einem Schleuderstein mitten im Gesicht verwundet.

36. Dies bewog Quintus Titurius, als er des Ambiorix in der Ferne ansichtig wurde und sah, wie dieser seine Leute ermunterte, seinen Dolmetscher Gnaeus Pompeius zu ihm zu schikken, um ihn für sich und seine Soldaten um Schonung zu bitten. Auf den Anruf hin antwortete Ambiorix, Sabinus könne, wenn er wolle, mit ihm reden; er hoffe bei seinem Volk die Rettung der Soldaten durchsetzen zu können; ihm selbst werde nichts zustoßen, dafür gebe er sein Wort. Titurius besprach sich daraufhin mit dem verwundeten Cotta, ob er es für richtig halte, wenn sie beide die Schlacht verließen und sich mit Ambiorix unterredeten; er hoffe, für sich und die Soldaten durchsetzen zu können, daß sie am Leben blieben. Aber Cotta lehnte es ab, zu einem bewaffneten Feind zu gehen, und verharrte unbeweglich bei seinem Entschluß.

37. Sabinus erteilte darauf den Militärtribunen, die gerade in seiner Umgebung waren, und den Centurionen der ersten Ordnung die Weisung, ihm zu folgen. Als er in Ambiorix' Nähe gekommen war, erhielt er den Befehl, die Waffen abzulegen. Er tat, wie befohlen, und hieß sein Gefolge ebenso tun. Während sie nun über die Übergabebedingungen verhandelten, wurde das Gespräch von Ambiorix absichtlich in die Länge gezogen; in dieser Zeit wurde Sabinus langsam umstellt und schließlich niedergehauen. Da schrien sie nach ihrer Sitte »Sieg« und erhoben ein furchtbares Geschrei; durch einen Angriff auf unsere Leute brachten sie die Reihen gänzlich in Verwirrung. Dort wurde Lucius Cotta in tapferem Kampf getötet, zusammen mit dem größten Teil seiner Soldaten. Die übrigen zogen sich in das Lager zurück, von dem sie ausgezogen waren. Unter ihnen war auch ein gewisser Lucius Petrosidius, der Adlerträger. Als dieser von einer Übermacht der Feinde bedrängt wurde, warf er den Adler über den Wall und fiel vor dem Lager im tapfersten Kampf. Die anderen hielten nur mit größ-

ter Mühe bis zum Einbruch der Nacht die Bestürmung aus; an ihrer Rettung verzweifelnd, nahmen sie sich alle ohne Ausnahme in der Nacht das Leben. Nur wenige waren dem Kampf entronnen; auf unsicheren Wegen schlugen sie sich durch die Wälder zum Winterlager des Legaten Titus Labienus durch und berichteten von dem Vorgefallenen.

38. Stolz auf seinen Sieg brach Ambiorix sofort mit seiner Reiterei zu den Atuatucern auf, die an sein Königreich grenzten. Er rastete nicht bei Tag und nicht bei Nacht und ließ das Fußvolk unmittelbar folgen. Nachdem er die Atuatucer von dem glücklichen Erfolg unterrichtet und sie zum Aufstand bewogen hatte, gelangte er am folgenden Tag zu den Nerviern und stellte ihnen nachdrücklich vor, doch keinesfalls die gute Gelegenheit, sich für immer zu befreien und an dem römischen Volk für die ihnen angetanen Gewalttätigkeiten Rache zu nehmen, vorbeigehen zu lassen; zwei Legaten seien tot und ein großer Teil des Heeres bereits ebenfalls umgekommen; es sei leicht, nun auch die unter Cicero überwinternde Legion zu überfallen und zu vernichten. Für dieses Unternehmen bot er ihnen seine Hilfe an. Und er gewann die Nervier mit dieser Rede leicht.

39. Sofort benachrichtigten diese die Ceutronen, Grudier, Levacer, Pleumoxier und Geidummer, alles Untertanen der Nervier, und zogen eine außerordentlich große Truppenmasse zusammen. Unversehens rückten sie vor das Lager Ciceros, in dem die Kunde über den Tod des Titurius noch nicht eingetroffen war. Auch hier geschah es – es mußte geschehen –, daß einige Soldaten, die sich, um Holz und Befestigungsmaterial zu beschaffen, in den Wäldern zerstreut hatten, bei dem plötzlichen Erscheinen von der feindlichen Reiterei aufgegriffen wurden. Sie wurden umstellt, während die Eburonen, Nervier, Atuatucer und ihre Bundesgenossen samt Schutzbefohlenen sich anschickten, mit einer großen Schar das Legionslager zu bestürmen. Die Unsrigen griffen schnell zu den Waffen und bestiegen den Wall. Man hielt sich an diesem Tag nur mit großer Mühe; denn die Feinde setzten alle Hoffnung auf die Schnelligkeit und waren

der ganz sicheren Meinung, daß sie nur noch diesen Sieg erringen müßten, um für immer Sieger zu sein.

40. Sofort ging von Cicero an Caesar ein Bericht ab. Wem es gelinge, ihn durch die feindlichen Reihen zu bringen, dem wurden große Belohnungen versprochen. Aber die Wege ringsum waren besetzt, und der Feind brachte die Boten auf. Im Lauf der Nacht errichteten die Römer aus dem für die Befestigungen herangeschafften Bauholz etwa 120 Türme, und das mit unglaublicher Schnelligkeit; wo noch Lücken in den Befestigungen waren, schloß man sie. Am folgenden Tag hatten die Feinde noch weit größere Truppenmassen vereinigt, mit denen sie einen Sturm auf das Lager unternahmen; den Graben füllten sie dabei aus. Die Unsrigen schlugen den Sturm wie am Tag vorher erfolgreich ab, und so ging es noch eine ganze Reihe von Tagen. Keinen Augenblick in der Nacht ist man müßig; nicht den Kranken, nicht den Verwundeten kann Ruhe gegeben werden. Alle Vorkehrungen für den am nächsten Tag erwarteten Sturm werden während der Nacht getroffen; zahllose vorn durch Brand gehärtete Pfähle, zahllose Mauerpilen werden hergerichtet, die Türme mit Stockwerken versehen, aus Flechtwerk verfertigte Zinnen und Brustwehren hinzugefügt. Cicero selbst, der doch eine sehr zarte Gesundheit hatte, gönnte sich selbst zur Nachtzeit keine Ruhe, so daß erst die zusammenlaufenden Soldaten ihn durch ihr Zureden veranlassen mußten, sich etwas zu schonen.

41. Da verlangten die Führer und Fürsten der Nervier, die irgendeinen Vorwand zu einer Besprechung und freundschaftliche Beziehungen zu Cicero hatten, eine Unterredung. Man gewährte sie, und sie wiederholten, was schon Ambiorix mit Titurius besprochen hatte: Ganz Gallien stehe in Waffen; die Germanen hätten bereits den Rhein überschritten; Caesars und der anderen Winterlager würden bestürmt. Ergänzend berichteten sie vom Tod des Sabinus; dabei wiesen sie, um ihren Worten Glauben zu verschaffen, auf Ambiorix. Sie würden irren, so fuhren sie in ihrer Rede fort, wenn sie etwa Hilfe von denen erwarteten, die um ihre eigene Lage besorgt sein

müßten. Indes seien sie von solch freundschaftlichen Gefühlen gegen Cicero und das römische Volk beseelt, daß sie mit allem einverstanden seien, nur nicht mit dem Winterlager; das allerdings wollten sie nicht, daß daraus eine untilgbare Gewohnheit würde. Sie gäben ihnen freien, ungefährdeten Abzug aus dem Winterlager und ließen sie, ohne daß sie irgendwie besorgt zu sein brauchten, ziehen, wohin sie wollten. Cicero antwortete darauf nur, es sei mit dem Herkommen des römischen Volkes unvereinbar, von einem bewaffneten Feind Bedingungen anzunehmen; wenn sie die Waffen niederlegen wollten, stehe er als Vermittler zur Verfügung, und sie sollten Gesandte an Caesar schicken; er glaube schon, daß jener bei seinem Gerechtigkeitsgefühl ihnen ihre Bitte gewähren werde.

42. Die Nervier, die so in ihrer Erwartung getäuscht wurden, umgaben das Winterlager mit einem Wall von 10 Fuß Höhe und einem Graben von 15 Fuß Breite. Durch den Verkehr mit uns hatten sie in den vorausgehenden Jahren dies Verfahren von uns gelernt; es halfen ihnen dabei mit ihren Ratschlägen einige Gefangene aus unserem Heer. Da sie aber über keine eisernen Geräte verfügten, die man zu dieser Arbeit hätte verwenden können, mußten sie die Rasenstücke mit den Schwertern abstechen und die Erde mit den Händen und Kriegsmänteln herausschaffen. Bei dieser Arbeit erhielt man einen Begriff von der Stärke der Feinde; denn in noch nicht drei Stunden erbauten sie eine Befestigung von ⟨3⟩ Meilen Umfang. An den folgenden Tagen gingen sie daran, Türme in der Höhe des Walles aufzurichten und Mauersicheln und Schildkrötendächer herzurichten; auch das hatten sie die Gefangenen gelehrt.

43. Am siebten Tag der Belagerung erhob sich ein großer Sturm. Ihn nutzend begannen die Feinde glühende Tonkugeln mit Hilfe von Schleudern und außerdem glühend gemachte Wurfspeere auf unsere nach gallischer Sitte nur mit Stroh gedeckten Lagerbaracken zu schleudern. Diese faßten rasch Feuer; die Gewalt des Windes trieb es in jede Ecke des Lagers. Darauf brachten die Feinde unter großem Geschrei, wie wenn ihnen der Sieg schon vollkommen sicher wäre, ihre Türme und

Schildkröten an das Lager heran und begannen mit Leitern den Wall zu ersteigen. Doch unsere Soldaten zeigten hier eine solche Tapferkeit und eine solche Geistesgegenwart, daß trotz der auf allen Seiten ihnen infolge des Feuers zusetzenden Hitze, trotz der durch die Masse der niedersausenden Geschosse entstehenden Bedrängnis und unerachtet sie sahen, wie das ganze schwere Gepäck und alle ihre persönliche Habe ein Raub der Flammen wurde, nicht nur niemand, um sich zu drücken, den Wall verließ, sondern fast nicht einmal hinter sich sah und sie alle mit höchstem Einsatz und größter Tapferkeit fochten. Es war für die Unsrigen bei weitem der schwerste Tag; er hatte trotz allem den Erfolg, daß an ihm eine große Anzahl Feinde verwundet und getötet wurde; so dicht hatten sie sich unmittelbar unter dem Wall zusammengedrängt, daß die hinteren Glieder den vorderen keine Rückzugsmöglichkeit geben konnten. Als dann der Brand ein wenig nachließ, schoben die Feinde an eine bestimmte Stelle einen von ihren Türmen heran und brachten ihn bis unmittelbar an den Wall. Darauf wichen die Centurionen der dritten Kohorte von ihrem Platz und nahmen auch ihre Leute zurück, und mit Winken und Schreien luden sie die Feinde ein, doch hereinzukommen; indes hatte niemand von jenen den Mut dazu. Darauf schleuderten die Römer von allen Seiten Steine auf die Angreifer und vertrieben sie aus dem Turm, den sie sofort in Brand steckten.

44. In dieser Legion befanden sich auch zwei ungemein tapfere Centurionen, die kurz vor der Beförderung zum Primipilus standen, Titus Pullo und Lucius Vorenus. Diese stritten andauernd miteinander, wem von ihnen vor dem anderen der Vorrang gegeben würde, und alle die Jahre hindurch kämpften sie mit der größten Eifersucht um diese Ehre. Als jetzt die Schlacht vor den Befestigungen am stärksten tobte, rief Pullo: »Was zauderst du, Vorenus? Oder wartest du auf eine andere Gelegenheit, um deine Tapferkeit zu beweisen? Der heutige Tag entscheidet unseren Streit.« Nach diesen Worten sprang er über die Verschanzungen und richtete seinen Angriff auf die Stelle, wo der Feind am dichtesten stand. Da hält es auch

Vorenus nicht mehr hinter dem Wall; er folgt jenem, denn er fürchtet die böse Nachrede aller anderen. Aus einer mäßigen Entfernung schleudert Pullo sein Pilum auf die Feinde und trifft einen Mann, der aus der Masse der Gegner sich auf ihn stürzen wollte. Er durchbohrt ihn; den Toten schützen die Feinde mit ihren Schilden; dabei schleudern sie alle auf ihn ihre Geschosse und lassen ihn nicht weiter vordringen. Pullo wird der Schild durchschlagen, und ein Spieß bleibt in seinem Wehrgehenk stecken. Dieser Treffer verrückt die Schwertscheide; als er das Schwert zu ziehen versucht, stockt seine Rechte, und in diesem Augenblick der Wehrlosigkeit umzingeln ihn die Feinde. Doch sein Gegner Vorenus stürzt heran und springt dem erschöpften Pullo bei. Daraufhin läßt sofort die ganze Schar von Pullo ab; sie glaubt, ihn habe der Spieß getötet. Vorenus ficht mit dem Schwert im Nahkampf, tötet einen Gegner und vermag die übrigen ein wenig zurückzudrängen; aber indem er zu hitzig nachsetzt, gerät er in eine Bodenvertiefung und stürzt. Nun wird *er* umzingelt, und Pullo bringt ihm Hilfe; beide töten etliche von den Feinden und ziehen sich dann, selbst unverletzt, ruhmbedeckt in die Verschanzungen zurück. So spielte das Glück in ihrem eifersüchtigen Streiten mit den beiden Männern, daß jeder von ihnen, der des anderen Neider war, dem anderen half und ihn rettete und man nicht entscheiden konnte, wer dem anderen an Tapferkeit vorzuziehen war.

45. Je lastender und härter die Belagerung von Tag zu Tag wurde, besonders auch deshalb, weil ein großer Teil der Soldaten schwer verwundet war und nur noch wenige zur Verteidigung fähige Soldaten übriggeblieben waren, um so häufiger gingen Boten mit Briefen an Caesar ab. Ein großer Teil von diesen wurde ergriffen und unter den Augen unserer Soldaten martervoll hingerichtet. In dem Lager befand sich aber ein vornehmer Nervier namens Vertico, der gleich beim ersten Ansturm auf das Lager zu Cicero übergelaufen war und sich ihm treu ergeben gezeigt hatte. Dieser machte einem seiner Sklaven Aussicht auf die Freiheit und versuchte ihn mit großen

Belohnungen zu überreden, einen Brief an Caesar zu überbringen. Den Brief band jener (mit dem Wurfriemen) an seinen Speer; so trug er ihn aus dem Lager heraus, und da er als Gallier ohne Verdacht unter den Galliern weilen konnte, gelangte er (unbelästigt) zu Caesar. Von ihm hörte Caesar (zuerst) von der Gefahr, in der Cicero mit seiner Legion schwebte.

46. Nach dem Empfang dieses Schreibens entsandte Caesar etwa um die elfte Tagesstunde sofort einen Boten in das Land der Bellovacer zu dem Quaestor Marcus Crassus, dessen Winterlager von dem seinen 25 Meilen entfernt war; er gab der Legion den Befehl, sich um Mitternacht in Marsch zu setzen und schnell zu ihm zu stoßen. Mit dem Boten zusammen brach Crassus aus dem Lager auf. Einen anderen Boten schickte Caesar an den Legaten Gaius Fabius mit der Weisung, jener solle seine Legion ins Land der Atrebaten führen, wohin er auch selbst den Weg nehmen mußte. Schließlich schrieb er an Labienus, wenn er es ohne Schaden für den Staat machen könne, dann solle er mit seiner Legion ins Land der Nervier marschieren. Auf den übrigen Teil des Heeres zu warten schien ihm nicht geraten, weil dieser ein wenig weiter entfernt war. An Reitern zog er etwa 400 aus den nächstgelegenen Winterlagern zusammen.

47. Etwa um die dritte Stunde meldete der Vortrupp den Anmarsch des Crassus. An diesem Tag rückte er 20 Meilen weit vor. Den Crassus machte er zum Kommandanten von Samarobriva und gab ihm eine Legion, weil er dort das schwere Gepäck des Heeres, die Geiseln der Stämme, das Kriegsarchiv und sämtliches Getreide, das er dort zum Unterhalt für den Winter hatte zusammenbringen lassen, zurücklassen wollte. Fabius stieß befehlsgemäß nach nur geringem Aufenthalt mit seiner Legion auf dem Marsch zu ihm. Labienus indes kam nicht. Als er von dem Tod des Sabinus und von dem Untergang der Kohorten gehört hatte, rückten die Treverer mit ganzer Heeresmacht vor sein Lager. Da fürchtete er, daß er bei einem doch etwas fluchtähnlichen Aufbruch den feindlichen

Angriff nicht werde aushalten können, besonders da er wußte, daß die Feinde durch den letzten Sieg sehr stolz geworden waren. Er schrieb demgemäß an Caesar zurück, wie groß die Gefahr sei, wenn er die Legion aus dem Winterlager führen würde. Weiter berichtete er ihm die Katastrophe bei den Eburonen; auch teilte er ihm mit, daß die ganzen Truppen der Treverer, Fußvolk und Reiterei, nur 3 Meilen von seinem Winterquartier lagerten.

48. Caesar war mit Labienus' Vorschlag durchaus einverstanden. Zwar erhielt er nun statt der erwarteten drei Legionen nur zwei; aber er sah die einzige Rettung in einem schnellen Handeln. In Eilmärschen rückte er ins Land der Nervier. Von Gefangenen erfuhr er dort von dem Stand der Dinge um Ciceros Lager und von der großen Gefahr, in der jener sich befand. Einem gallischen Reiter stellte er eine große Belohnung in Aussicht, wenn er es fertigbrächte, einen Brief zu Cicero zu bringen. Diesen verfaßte Caesar in griechischen Buchstaben, damit die Feinde, selbst wenn er aufgefangen werden sollte, nichts von unseren Plänen erführen. Wenn er nicht in das Lager kommen könne, so solle er eine Lanze, an deren Schwungriemen der Brief befestigt sei, in die Lagerbefestigung schleudern. In diesem Schreiben teilte Caesar mit, er sei mit einigen Legionen im Anmarsch und werde in Kürze eintreffen; er ermahnte ihn, nicht von seiner früher gezeigten Tapferkeit abzulassen. Der Gallier fürchtete Gefahr und schleuderte dem Befehl gemäß die Lanze in Richtung des Lagers. Durch Zufall blieb sie an einem Turm hängen, so daß sie zwei Tage lang von den Unsrigen nicht bemerkt wurde. Erst am dritten sah sie ein Soldat, der sie herabholte und zu Cicero brachte. Cicero überflog den Brief und las ihn (gleich) auf einer Versammlung den Soldaten laut vor; alle wurden dadurch freudig erregt. Bald sah man von ferne Rauchsäulen aufsteigen; nun gab es keinen Zweifel mehr: Die Legionen waren im Anmarsch.

49. Auf die Kunde hiervon – Spähtrupps hatten sie hinterbracht – hoben die Gallier sofort die Belagerung auf und warfen sich mit allen Truppen Caesar entgegen. Es waren etwa

60 000 Bewaffnete. Nachdem Cicero so freie Hand bekommen hatte, erbat er sich von demselben Vertico, von dem wir oben gesprochen haben, nochmals einen Gallier, um einen Brief an Caesar gelangen zu lassen; er ermahnte diesen, sich auf dem Weg sehr in acht zu nehmen. In dem Brief teilte er Caesar mit, daß der Feind von seinem Lager abgezogen sei und die ganze Masse ihm entgegenrücke. Diesen Brief erhielt Caesar etwa gegen Mitternacht; er unterrichtete die Seinen und feuerte ihren Kampfesmut an. Im Morgengrauen des folgenden Tages brach er sein Lager ab; nach einem Marsch von etwa 4 Meilen bekam er auf der anderen Seite eines von einem Bach durchflossenen Tales die Masse der Feinde zu Gesicht. Es war unbedingt sehr gefährlich, auf ungünstigem Gelände mit so geringer Truppenzahl loszuschlagen; und da Caesar wußte, daß Cicero von der Belagerung befreit war, konnte er ruhig in seinem schnellen Vormarsch nachlassen. Er machte also halt und ließ auf einem möglichst günstigen Gelände ein befestigtes Lager aufschlagen. Dies Lager war mit einer Besatzung von 7000 Mann und ohne jeden Troß schon an sich sehr klein; aber Caesar ließ es durch engere Lagergassen, so gut er es vermochte, noch kleiner machen, damit die Feinde zu größter Verachtung dieser Heeresabteilung gereizt würden. Spähtrupps wurden unterdessen nach allen Seiten ausgeschickt, um zu erkunden, auf welchem Weg er am leichtesten das Tal überqueren könne.

50. An diesem Tag gab es nur kleine Reiterscharmützel unten am Bach; im übrigen verblieben beide Parteien in ihren Stellungen: die Gallier, weil sie noch nicht eingetroffene größere Truppenmassen erwarteten, Caesar (um zu versuchen), ob er vielleicht durch verstellte Furcht die Feinde in seine Stellung locken könne, um auf dieser Seite des Tales vor dem Lager zu schlagen; sollte ihm das nicht gelingen, so wollte er wenigstens, wenn er die Wege kenne, mit geringerer Gefahr Tal und Bach durchqueren. Mit Tagesanbruch ritt die feindliche Reiterei auf sein Lager zu und ließ sich mit unseren Reitern in einen Kampf ein. Caesar hieß darauf mit Absicht die Reiter zurückgehen und sich ins Lager zurückziehen. Gleichzeitig befahl er,

überall den Lagerwall zu erhöhen und die Tore zu versperren, und bei diesen Arbeiten sollte alles möglichst hin und her laufen und so tun, als ob man sich fürchte.

51. Dies alles verleitete die Feinde, mit ihren Truppen über den Bach zu gehen und ihre Schlachtreihe auf einem für sie ungeeigneten Gelände aufzustellen; da unsere Leute nun auch vom Lagerwall zurückgezogen waren, rückten die gegnerischen Truppen näher an das Lager heran und schleuderten ihre Speere von allen Seiten in das Lager. Herolde wurden herumgeschickt, die laut verkünden sollten, wolle ein Gallier oder ein Römer vor der dritten Stunde zu ihnen übergehen, so werde ihm nichts zustoßen; nach diesem Zeitpunkt bestehe diese Möglichkeit nicht mehr. Es erfüllte sie eine derartige Verachtung gegen uns, daß die einen nach und nach mit den Händen den Wall einzureißen, andere die Graben zu füllen begannen; denn durch die Tore einzudringen schien ihnen unmöglich, weil diese, wenn auch nur zum Schein, mit Rasenstücken verrammelt waren, die man freilich nur einfach geschichtet hatte. Da ließ Caesar aus allen Toren einen Ausfall machen; er schickte die Reiterei vor und schlug die Feinde so rasch in die Flucht, daß keiner von ihnen überhaupt an Widerstand dachte. Eine große Zahl wurde niedergehauen, und alle mußten ihre Waffen im Stich lassen.

52. Auf eine weitere Verfolgung verzichtete Caesar, weil Wälder und Sümpfe den Weg behinderten; denn er sah, daß es nicht möglich sein werde, jenen auch nur den geringsten Verlust beizubringen. Ohne eigene Verluste gelangte Caesar noch am selben Tag zu Cicero. Die vom Feind errichteten Türme, Schildkrötendächer und Verschanzungen erregten seine Bewunderung. Dann ließ er die Legion vor das Lager rücken, wo er feststellte, daß mehr als jeder zehnte Mann von denen, die noch am Leben waren, verwundet war. Aus allen diesen Dingen konnte er sich ein Urteil bilden, wie groß die Gefahr der Legion, wie tapfer ihre Verteidigung gewesen war. Cicero und die Legion zeichnete er für ihre Leistungen mit dem gebührenden Lob aus. Einzeln redete er die Centurionen und Militär-

tribunen an, die nach dem Zeugnis des Cicero sich ganz besonders tapfer vor dem Feind verhalten hatten. Auch erfuhr er nunmehr von Gefangenen Genaueres über die Katastrophe des Sabinus und Cotta. Am folgenden Tag gab Caesar bei einer Soldatenversammlung über den ganzen Hergang einen Bericht; er tröstete die Soldaten und sprach ihnen Mut zu. Der Verlust sei allein der Schuld und Unbesonnenheit des einen Legaten zuzuschreiben; aber man könne das Unglück schon deshalb wieder mit größerer Gelassenheit ertragen, weil die Güte der unsterblichen Götter und ihre, der Soldaten, Tapferkeit den Verlust bereits ausgeglichen hätten. Und wie den Feinden keine lange Freude, bleibe ihnen kein allzu langer Schmerz.

53. Inzwischen wurde durch die Remer mit schier unglaublicher Schnelligkeit die Mitteilung von Caesars Sieg an Labienus gegeben; obwohl nämlich Labienus' Lager etwa 60 Meilen von dem des Cicero entfernt und Caesar nach der neunten Stunde daselbst eingetroffen war, erhob sich bereits vor Mitternacht vor den Toren des Lagers ein Geschrei, das dem Labienus Caesars großen Erfolg mitteilte und gleichzeitig den Glückwunsch der Remer darstellte. Als dies auch den Treverern bekannt wurde, machte sich Indutiomarus, der für den folgenden Tag einen Sturm auf das Lager des Labienus angesetzt hatte, während der Nacht davon und führte seine ganzen Truppen zu den Treverern zurück. Den Fabius ließ Caesar mit seiner Legion sein Winterlager wieder beziehen, während er selbst mit seinen drei Legionen in der Umgebung von Samarobriva in drei Winterlagern zu überwintern beschloß; weil so große Unruhen in Gallien entstanden waren, entschloß er sich, den ganzen Winter hindurch beim Heer zu bleiben. Denn auf die Nachricht von dem Unglück und dem Tod des Sabinus berieten sich fast alle Stämme Galliens über einen Krieg und schickten Boten und Gesandtschaften nach allen Richtungen, um in Erfahrung zu bringen, was die andern vom Krieg dächten und wo er entfacht werden sollte. Auch hielten sie nächtlicherweile an einsamen Orten Versammlungen ab. Es gab tatsächlich fast keinen Augenblick in diesem ganzen

Winter, der für Caesar ohne Aufregung verging; immer wieder erhielt er eine Nachricht über irgendwelche Pläne und Aufstandsversuche der Gallier. So wurde ihm unter anderem eines Tages von dem Legaten Lucius Roscius, dem er die dreizehnte Legion unterstellt hatte, berichtet, daß große Truppenmassen der Gallier aus den sogenannten Aremoricastämmen einen Sturm auf sein Lager beabsichtigten, wozu sie sich bereits versammelt hätten; sie seien nur noch 8 Meilen von seinem Lager entfernt gewesen, hätten sich aber auf die Kunde von Caesars Sieg wieder zerstreut in einem fluchtähnlichen Abzug.

54. Caesar ließ daraufhin die vornehmen Gallier eines jeden Stammes zu sich kommen, teils, um sie einzuschüchtern, indem er ihnen kurz und bestimmt erklärte, es sei ihm nichts von dem, was vor sich gehe, verborgen geblieben, teils um ihnen gut zuzureden; so hielt er einen großen Teil Galliens im Gehorsam. Nur die Senonen, ein besonders mächtiger und in Gallien angesehener Stamm, gehorchten nicht. Sie hatten nämlich den Versuch gemacht, und zwar auf öffentlichen Beschluß, Cavarinus, den Caesar bei ihnen zum König eingesetzt hatte – auch sein Bruder Moritasgus war bei der Ankunft Caesars in Gallien dort König gewesen, und seine Vorfahren hatten ehedem ebenfalls daselbst die Königsherrschaft ausgeübt –, zu ermorden, und da er davon vorher erfuhr und flüchtete, war er von ihnen bis an die Landesgrenze verfolgt und aus der Königsmacht und der Heimat vertrieben worden. Dann hatten sie Boten an Caesar abgeschickt, um sich zu rechtfertigen, und als Caesar darob befahl, daß ihr ganzer Rat vor ihm zu erscheinen habe, kam dieser nicht. Und so sehr machte es auf diese Barbaren Eindruck, daß sich einige Fürsten zur Eröffnung des Krieges bereitgefunden hatten, so groß war der Umschwung der Gesinnung, den das mit sich brachte, daß uns fast alle Stämme verdächtig waren, außer den Haeduern und den Remern. Diesen hatte Caesar immer besondere Achtung entgegengebracht; denn die einen waren seit alten Zeiten dem römischen Volk stets treu geblieben, die anderen hatten sich Caesar im gallischen Krieg erst kürzlich sehr nützlich erwiesen.

Allzu sehr kann man sich wohl nicht darüber wundern, daß die Dinge so standen, teils aus mehreren anderen Gründen, insbesondere aber weil es die Gallier, die wegen ihrer kriegerischen Tüchtigkeit weit über alle anderen Völker gestellt wurden, sehr schwer ankam, daß sie von dieser Geltung so viel eingebüßt hatten, daß sie sich vom römischen Volk Befehle erteilen lassen mußten.

55. Die Treverer aber und Indutiomarus schickten den ganzen Winter hindurch Gesandtschaften auf Gesandtschaften über den Rhein, wiegelten die dortigen Stämme auf, versprachen ihnen Geld und erzählten, ein großer Teil unseres Heeres sei erledigt, ein ganz geringer Rest sei noch übrig. Trotzdem ließ sich keiner dieser Stämme zum Übergang über den Rhein überreden; hätten sie es doch zweimal versucht, erklärten sie, im Feldzug des Ariovist und beim Übergang der Tenctherer; sie würden nicht weiterhin das Glück auf die Probe stellen. Indes hielt die zerstörte Hoffnung den Indutiomarus nicht ab, Truppen zusammenzubringen und zu üben, von den Nachbarn Pferde zu kaufen und die Verbannten und Verurteilten aus ganz Gallien mit großen Belohnungen an sich zu locken. Und schon durch diese Handlungen hatte er sich in Gallien ein solches Ansehen erworben, daß sich von überall her bei ihm Gesandtschaften einfanden und teils im Namen ihrer Stämme, teils auch für sich persönlich um seine Gunst und Freundschaft nachsuchten.

56. Als er beobachtete, daß man sich bereits freiwillig auf seine Seite schlage, daß ferner auf der einen Seite die Senonen und Carnuten das Bewußtsein ihrer bösen Tat zur Empörung treibe, auf der anderen Seite die Nervier und Atuatucer sich zu einem Krieg mit Rom rüsteten, daß schließlich es ihm an freiwilligen Truppen nicht fehlen werde, wenn er nur erst die Grenzen seines Landes überschritten habe, ordnete er für die Treverer einen bewaffneten Landtag an. Das bedeutet nach gallischer Sitte den Anfang eines Krieges. Nach einem allgemein dort gültigen Gesetz müssen sich dann alle jungen Leute mit den Waffen an dem bestimmten Platz einfinden; wer zu-

letzt kommt, wird vor den Augen aller mit jeder nur erdenklichen Marter hingerichtet. Auf diesem Landtag erklärte Indutiomarus den Cingetorix, seinen Schwiegersohn – dieser war der Führer der Gegenpartei, von dem oben berichtet wurde, daß er in unverbrüchlicher Treue zu Caesar gehalten hatte –, zum Feind des Staates und ließ seine Güter einziehen. Danach teilte er der Versammlung mit, er sei von den Senonen und den Carnuten sowie mehreren anderen Stämmen Galliens gerufen worden; er werde zu ihnen durch das Land der Remer ziehen und bei dieser Gelegenheit deren Äcker verwüsten; vorher aber wolle er einen Sturm auf das Lager des Labienus unternehmen. Dann erteilte er die nötigen Befehle.

57. Labienus stand in einem durch Natur und Kunst vortrefflich befestigten Lager. Er brauchte daher für sich und die Legion keine Gefahr zu fürchten und überdachte, wie er die Gelegenheit zu einem schönen Unternehmen gewänne. Da er von Cingetorix und seinen Verwandten über die Rede des Indutiomarus auf dem Landtag unterrichtet worden war, schickte er zu den Nachbarstämmen und bot von allen Seiten Reiter auf; diesen setzte er einen bestimmten Tag, an dem sie sich versammeln mußten. In der Zwischenzeit schwärmte Indutiomarus mit seiner ganzen Reiterei fast täglich in unmittelbarer Nähe des Lagers, teils um dessen Lage zu erkunden, teils aber auch, um ⟨...⟩ oder um zu schrecken. Dabei warfen die Reiter in der Regel alle ihre Speere über den Lagerwall. Labienus hielt seine Leute innerhalb der Verschanzungen und steigerte den Eindruck seiner Furcht mit allen nur erdenklichen Mitteln.

58. Als Indutiomarus mit einer sich täglich steigernden Verachtung sich unserem Lager näherte, ließ Labienus die Reiter aller Nachbarstämme, die er hatte kommen lassen, in einer Nacht in das Lager einrücken und hielt die Seinen mit solcher Sorgfalt durch die Torwachen im Lager beisammen, daß auf keine Weise Verrat geübt oder Mitteilung davon zu den Treverern gelangen konnte. Seiner täglichen Gewohnheit nach kam Indutiomarus unterdessen wieder vor das Lager geritten

und hielt sich daselbst fast den ganzen Tag auf; die Reiter schleuderten ihre Geschosse und riefen mit vielen Schmähworten unsere Leute zum Kampf. Von unserer Seite gab man keine Antwort; die Feinde aber zogen gegen Abend, als es ihnen richtig schien, ohne eine Spur von Ordnung und Vorsicht wieder ab. Da schickte Labienus ganz plötzlich seine ganze Reiterei aus zwei Toren hinaus; er erließ den strengen Befehl, sie alle sollten, wenn die Feinde voller Schrecken die Flucht ergriffen hätten – und das trat genau so ein, wie er es vorausgesehen hatte –, sich bemühen, nur des Indutiomarus habhaft zu werden, und keiner dürfe einen anderen verwunden, bevor er sehe, daß jener tot sei; denn Labienus wollte nicht, daß man sich mit den anderen aufhalte und jenem dadurch Zeit zur Flucht gebe. Denen, die ihn töten würden, versprach er große Belohnungen; zur Unterstützung der Reiter entsandte er Kohorten. Das Glück erwies den Plan des römischen Feldherrn als gut und zweckmäßig, denn da alle nur des einen Feindes habhaft zu werden versuchten, konnte er in der Furt des Flusses gerade noch gestellt werden. Indutiomarus wurde niedergehauen und sein Haupt in das Lager gebracht. Die Reiter holten auf ihrem Rückmarsch noch manchen Feind ein und töteten ihn. Als diese Kunde zu den Eburonen und Nerviern drang, liefen ihre bereits versammelten Truppen wieder auseinander. Nach diesem Ereignis bekam Caesar etwas mehr Ruhe in Gallien.

Sechstes Buch

1. Da Caesar aus vielen Gründen eine noch größere Aufstandsbewegung in Gallien erwarten mußte, ließ er durch seine Legaten Marcus Silanus, Gaius Antistius Reginus und Titus Sextius eine Aushebung abhalten. Zugleich bat er den Prokonsul Gnaeus Pompeius, da er sich unter Beibehaltung des militärischen Oberbefehls im Interesse des Staates bei der Stadt Rom aufhalten müsse, möge er den Befehl ergehen lassen, daß diejenigen Soldaten aus dem cisalpinischen Gallien, von denen *er* sich als Konsul habe den Fahneneid schwören lassen, sich wieder stellten, um zu ihm (nach Gallien) in Marsch gesetzt zu werden; denn es sei seiner Ansicht nach auch weiterhin von äußerster Wichtigkeit für die Meinung Galliens über Rom, daß es sähe, welch unerschöpfliche Möglichkeiten Italien habe, so daß es eine Niederlage nicht nur in kurzer Zeit wieder ausgleichen, sondern seine Truppenmacht sogar noch steigern könne. Pompeius erfüllte Caesar diese Bitte im Interesse des Staates und Caesar zu Gefallen; als dann Caesars Beauftragte die Aushebung schnell zu Ende geführt hatten, konnte er vor Ausgang des Winters drei Legionen neu aufstellen und nach Gallien führen. Indem er auf diese Weise die Zahl der unter Quintus Titurius verlorenen Kohorten verdoppelte, gab er durch sein schnelles Handeln und die Zahl der aufgebrachten Truppen ein Beispiel dafür, was des römischen Volkes Zucht und Macht vermag.

2. Nach dem Tod des Indutiomarus, von dem wir bereits berichteten, wurde von den Treverern der Oberbefehl an dessen Verwandte gegeben. Auch diese hörten nicht auf, die be-

nachbarten Germanen aufzuwiegeln und mit Geldversprechungen zu gewinnen. Als sie von den näher wohnenden Völkern abgewiesen wurden, versuchten sie es bei den entfernteren. Wirklich fanden sich einige Stämme (zu einem Bündnis) bereit; sie leisteten einander den Eid, und die Treverer gaben durch Geiseln Bürgschaft in betreff des Geldes; auch den Ambiorix nahmen sie in ihren Bund auf. Caesar war alles dieses nicht unbekannt geblieben, und als er sah, wie überall ringsum zum Krieg gerüstet wurde, wie die Nervier, Atuatucer und Menapier im Bund mit allen Germanen diesseits des Rheins in Waffen starrten, wie die Senonen trotz des Befehls nicht erschienen waren und mit den Carnuten und anderen Nachbarstämmen gemeinschaftlich Kriegspläne schmiedeten, wie endlich die Treverer die Germanen durch eine Gesandtschaft nach der anderen aufzureizen versuchten, war es ihm klar, daß er schon zeitiger als sonst an den Krieg denken mußte.

3. Noch ehe daher der Winter vorbei war, vereinigte er die nächstgelegenen vier Legionen und fiel ganz unerwartet ins Land der Nervier ein. Bevor jene sich sammeln oder flüchten konnten, hatte Caesar bereits große Mengen Vieh erbeutet und zahlreiche Gefangene gemacht, welche Beute er seinen Soldaten überließ; dadurch und durch die Verwüstung der Felder zwang er sie, sich zu unterwerfen und ihm Geiseln zu stellen. Mit blitzartiger Schnelligkeit hatte Caesar diesen Einfall durchgeführt. Darauf ließ er die Legionen wieder ihre Winterquartiere beziehen. Für den Frühlingsanfang berief er, wie er es (seit einiger Zeit) eingeführt hatte, einen Landtag Galliens, auf dem alle außer den Senonen, Carnuten und Treverern erschienen. Dies sah er als den Anfang von Krieg und Abfall an, und damit deutlich wurde, daß ihm diese Ereignisse die wichtigsten waren, verlegte er den Landtag nach Lutecia im Land der Parisier. Diese grenzten unmittelbar an die Senonen; ihr Stamm war seit langer Zeit mit dem der Senonen politisch vereinigt, indes konnte man annehmen, daß sie an dem neuen Kriegsplan keinen Anteil hatten. Als Caesar diese Dinge von der Rednerbühne (des Lagers) herab mitgeteilt hatte, mar-

schierte er noch am gleichen Tag mit seinen Legionen zu den Senonen und erreichte ihr Land in Eilmärschen.

4. Als Acco, der die Seele dieser aufständischen Bewegung war, von Caesars Anrücken erfuhr, hieß er die Bevölkerung in die festen Städte kommen. Aber es blieb beim Versuch; noch ehe sie den Befehl vollständig ausführen konnten, wurde das Eintreffen der Römer gemeldet. Notgedrungen standen sie von ihrem Plan ab und schickten Gesandte an Caesar, um Verzeihung zu erbitten; den Zutritt vermittelten ihnen die Haeduer, da ihr Stamm seit alter Zeit unter deren Schutz stand. Gern verzieh ihnen Caesar auf die Bitten der Haeduer hin und nahm ihre Entschuldigung an, weil er der Meinung war, der Sommer sei die Zeit für den bevorstehenden Krieg, nicht für eine gerichtliche Untersuchung. So legte er ihnen die Stellung von 100 Geiseln auf, die er den Haeduern zur Bewachung übergab. Auch die Carnuten schickten Gesandte und Geiseln dorthin; sie benutzten die Fürsprache der Remer, unter deren Schutz sie standen; er erteilte ihnen den gleichen Bescheid. Darauf führte Caesar den Landtag zu Ende und legte den Stämmen die Stellung von Reiterei auf.

5. Nachdem dieser Teil Galliens befriedet war, warf er sich mit ganzer Seele auf den Krieg mit den Treverern und Ambiorix. Cavardinus erhielt den Befehl, ihn mit der Reiterei der Senonen zu begleiten, damit kein Aufstand daraus entstehe, weil jener zu jähzornigen Handlungen neigte oder dem Haß des Stammes ausgesetzt war, den er sich zugezogen hatte. Danach suchte er hinter die ganzen Pläne des Ambiorix zu kommen, da er es für vollkommen sicher hielt, daß jener in einer Feldschlacht nicht kämpfen wollte. Die Menapier waren die Nachbarn des Eburonenlandes. Ununterbrochene Sümpfe und Wälder schützten sie, und sie waren die einzigen, die bisher noch niemals Gesandte an Caesar wegen des Friedens geschickt hatten. Er wußte, daß Ambiorix zu diesem Stamm gastfreundschaftliche Beziehungen hatte; ebenso war ihm bekannt geworden, daß er mit den Germanen durch Vermittlung der Treverer in ein freundschaftliches Verhältnis getreten war.

Nun ging Caesars Meinung dahin, ihm diese Hilfsquellen wegzunehmen, ehe er ihn selbst herausforderte, damit jener nicht, in die Enge getrieben, sich entweder bei den Menapiern verberge oder gar die Germanen jenseits des Rheins aufsuche. Infolgedessen schickte er den Troß des ganzen Heeres zu Labienus ins Trevererland und ließ zwei Legionen ebenfalls dorthin (als Begleitung) abrücken; er selbst marschierte mit fünf kampfbereiten Legionen in das Land der Menapier. Diese hatten keine Truppen zusammengezogen; sie vertrauten auf den natürlichen Schutz des Geländes, flüchteten in die Wälder und Moräste und nahmen ihre Habe dorthin mit.

6. Caesar verteilte darauf seine Truppen auf sich, den Legaten Gaius Fabius und den Quaestor Marcus Crassus. Dann ließ er eiligst Bohlendämme herstellen und rückte in drei Heeressäulen vor. Gehöfte und Dörfer wurden niedergebrannt und eine Menge Vieh und Menschen erbeutet. Dies zwang die Menapier, an ihn Gesandte mit der Bitte um Frieden zu schicken. Nach dem Empfang der Geiseln erklärte ihnen Caesar, er müsse sie als Feinde behandeln, wenn sie Ambiorix oder dessen Boten in ihrem Land aufnähmen. Nach der Ordnung der dortigen Verhältnisse ließ er den Atrebaten Commius mit der Reiterei bei den Menapiern zurück, um sie zu überwachen; er selbst marschierte ins Land der Treverer.

7. Unterdessen boten die Treverer große Massen an Fußvolk und Reiterei auf und rüsteten sich, Labienus mit der einen Legion, die in ihrem Land überwinterte, (erneut) anzugreifen. Eine Entfernung von nur zwei Tagen trennte sie noch von dem Lager des Labienus, als ihnen hinterbracht wurde, es seien von Caesar zwei Legionen eingetroffen. Sie schlugen ihr Lager in einer Entfernung von 15 Meilen und beschlossen, dort die Hilfstruppen der Germanen zu erwarten. Nachdem Labienus den Plan des Feindes erfahren hatte, hoffte er, dessen Unachtsamkeit werde ihm die Gelegenheit zu einer Schlacht bieten. Er ließ daher fünf Kohorten zum Schutz des großen Gepäcks zurück und rückte mit den 25 anderen Kohorten und einer großen Menge Reiterei gegen die Feinde; in einer Ent-

fernung von nur einer Meile schlug er ein befestigtes Lager auf. Zwischen Labienus und dem Feind befand sich ein schwer zu überschreitender Fluß mit steil abfallenden Ufern. Ihn wollte Labienus nicht überschreiten, aber er glaubte, daß auch die Feinde ihn nicht überschreiten würden. Die Hoffnung auf das Eintreffen der Hilfstruppen wuchs von Tag zu Tag. Labienus äußerte sich absichtlich in aller Öffentlichkeit darüber, daß er angesichts des Gerüchts von dem Herannahen der Germanen keinesfalls sich und sein Heer einer Gefahr aussetzen wolle und mit dem Morgengrauen des folgenden Tages den Rückmarsch antreten werde. Dies wurde schnell den Feinden hinterbracht, denn es war ganz natürlich, daß einige von den vielen gallischen Reitern in seinem Heer der gallischen Sache zuneigten. Noch während der Nacht berief Labienus die Militärtribunen und die Centurionen erster Ordnung zu einem Kriegsrat und setzte ihnen seinen Plan auseinander, und um die Feinde um so leichter in dem Verdacht, er fürchte sich, zu bestärken, befahl er mit größerem Lärm, als es sonst beim römischen Volk üblich ist, aufzubrechen. Dadurch rief er den Schein eines fluchtartigen Abzugs hervor. Auch dies wurde von Spähern noch vor Tagesanbruch den Feinden hinterbracht, da beide Lager so nahe beieinander lagen.

8. Kaum hatte die Nachhut das Lager verlassen, als die Gallier sich gegenseitig anfeuerten, keinesfalls die erhoffte Beute fahren zu lassen; bei dem Schrecken, der die Römer ergriffen habe, dauere es viel zu lange, wenn man die Hilfstruppen der Germanen erst erwarten wolle; auch könne es ihre Würde nicht ertragen, daß sie nicht den Mut hätten, mit einer solch ansehnlichen Truppenmacht eine so kleine Schar, die dazu noch auf der Flucht und daher in ganz gefechtsuntüchtigem Zustand sei, anzugreifen. Sie setzten daher ohne Bedenken über den Fluß und eröffneten auf einem für sie ungünstigen Gelände den Kampf. Das hatte Labienus vorausgesehen, und um sie alle über den Fluß zu locken, zog er langsam weiter, indem er immer noch einen Rückmarsch vortäuschte. Dann sandte er das Gepäck ein wenig voraus und ließ es auf eine

Anhöhe bringen. Den Soldaten aber rief er zu: »Jetzt ist der von euch ersehnte Zeitpunkt da. Der Feind ist auf diesem für ihn gänzlich ungeeigneten Gelände in eure Hand gegeben. Beweist uns als Führern dieselbe Tapferkeit, die ihr schon so oft dem Oberfeldherrn bewiesen habt, und denkt, er selbst sei hier und sehe dies mit eigenen Augen!« Zugleich ließ er die Truppen kehrtmachen und befahl, die Schlachtreihe mit der Richtung zum Feind hin aufzustellen; die Reiter wies er auf die Flügel, nachdem er einige Schwadronen zum Schutz des Gepäcks abgeschickt hatte. Die Unsrigen erhoben das Kriegsgeschrei und schleuderten schnell ihre Pilen auf den Feind. Als nun die Feinde ganz wider Erwarten die vermeintlichen Flüchtlinge zum Angriff gegen sie vorgehen sahen, vermochten sie dem Ansturm nicht zu widerstehen; beim ersten Zusammenprall in die Flucht geschlagen, flüchteten sie in die nächsten Wälder. Labienus ließ sie durch seine Reiterei verfolgen; dabei wurde eine große Zahl getötet, etliche nahm man gefangen. So konnte Labienus nach einigen Tagen die Unterwerfung des Stammes entgegennehmen. Denn die Germanen, die zur Hilfe heranzogen, kehrten auf die Kunde von der Flucht der Treverer wieder in ihre Heimat zurück. Mit ihnen zusammen verließen die Verwandten des Indutiomarus, die den Aufstand angezettelt hatten, ihr Land. Die oberste Leitung in Krieg und Frieden aber wurde wieder dem Cingetorix übertragen, der, wie wir schon erwähnten, von Anfang an uns treu geblieben war.

9. Nachdem Caesar aus dem Land der Menapier in das der Treverer gelangt war, wollte er aus zwei Gründen den Rhein (nochmals) überschreiten, einmal, weil man den Treverern Hilfstruppen gegen ihn geschickt hatte, zweitens, um zu verhindern, daß Ambiorix sich dorthin flüchte. Infolgedessen ließ er ein wenig oberhalb der Stelle, an der er das erste Mal das Heer hinübergeführt hatte, eine Brücke schlagen. Nach dem bekannten und festgelegten Plan wurde dank des großen Eifers der Soldaten das Werk in wenigen Tagen vollendet. Auf dem Trevererufer ließ er bei der Brücke eine starke Be-

satzung zurück, damit nicht von der Seite dieses Stammes plötzlich eine Empörung erfolge; die übrigen Truppen führte er mitsamt der Reiterei hinüber. Die Ubier, die schon früher Geiseln gestellt und sich unterworfen hatten, ordneten zu ihrer Rechtfertigung Gesandte an ihn ab mit der Erklärung, sie hätten weder den Treverern Hilfe geschickt noch überhaupt je die Treue verletzt; sie baten ihn inständigst um Schonung, damit nicht bei dem gemeinsamen Haß, den sie und die Römer gegen die Germanen hegten, Unschuldige für Schuldige büßen müßten. Dabei versprachen sie die Stellung einer noch größeren Zahl von Geiseln, wenn er sie ausgeliefert haben wolle. Caesar untersuchte den Fall und erfuhr, daß die Sueben die Hilfstruppen gestellt hätten. Er nahm daher die Rechtfertigung der Ubier an und zog von ihnen genaue Erkundigungen über die Wege ein, auf denen man ins Suebenland einrücken könne.

10. Nach wenigen Tagen erfuhr Caesar von den Ubiern, daß die Sueben ihre ganzen Streitkräfte an einem Punkt zusammenzögen und die ihrer Herrschaft unterstehenden Stämme anwiesen, Fußvolk und Reiterei zur Hilfe zu entsenden. Dies veranlaßte ihn, sich mit Getreide zu versehen und einen geeigneten Lagerplatz feststellen zu lassen. Die Ubier erhielten den Befehl, ihr Vieh fortzutreiben und mit ihrem Eigentum von den Feldern in die befestigten Orte zu wandern. Dies tat Caesar in der Hoffnung, die rohen und unerfahrenen Sueben aus Mangel an Lebensmitteln zur Annahme ungünstiger Kampfbedingungen zwingen zu können. Außerdem betraute er die Ubier mit der Aufgabe, zahlreiche Kundschafter zu den Sueben zu entsenden, die die Vorgänge bei ihnen in Erfahrung bringen sollten. Jene führten den Befehl aus und teilten nach einigen Tagen folgendes mit: Die Sueben hätten sich alle auf die zuverlässige Kunde von dem Anmarsch des römischen Heeres mit der gesamten eigenen und bundesgenössischen Streitmacht, die sie aufgeboten hätten, in die äußerste Ecke ihres Landes zurückgezogen; dort befinde sich ein unendlicher Wald, Bacenis genannt; der ziehe sich weit ins Land hinein und mache gleichsam wie eine natürliche Mauer gewaltsame Einfälle der Cherus-

cer ins Land der Sueben und umgekehrt unmöglich; am Anfang dieses Waldes hätten die Sueben beschlossen, die Ankunft der Römer zu erwarten.

11. An dieser Stelle der Darstellung scheint es durchaus berechtigt zu sein, von den Sitten Galliens und Germaniens und von den unterscheidenden Merkmalen beider Völker zu berichten. In Gallien gibt es nicht nur in allen Stämmen, ja Gauen und Bezirken, sondern beinahe in jeder einzelnen Familie Parteien. An der Spitze dieser Parteien stehen diejenigen Fürsten, die sich in der öffentlichen Meinung der Gallier die meiste Geltung zu verschaffen wissen und denen die letzte Entscheidung in allen Dingen zukommt, die sie teils nach persönlichem Ermessen, teils nach gewissen Rechtsnormen fällen. Offenbar hat man diese Einrichtung schon vor langen Zeiten eingeführt, damit kein Mann aus dem niederen Volk gegen einen Mächtigen ohne Schutz sei. Denn kein Adliger duldet, daß seine Klienten bedrängt oder hintergangen werden, und wenn einer hier anders handelt, hat er jedes Ansehen bei den Seinen verloren. Aufs Ganze Galliens gesehen, besteht hier dasselbe Verhältnis; denn alle Stämme sind in zwei Parteien gespalten.

12. Zur Zeit, als Caesar nach Gallien kam, war das Haupt der einen Partei der Stamm der Haeduer, das der anderen der der Sequaner. Da die Macht der letzteren für sich allein genommen nicht sehr bedeutend war, weil seit alten Zeiten der größte Einfluß bei den Haeduern lag und diese über große Klientelschaften verfügten, hatten jene sich die Germanen und Ariovist verpflichtet und mit großen Opfern und Geldversprechungen auf ihre Seite gezogen. Nach mehreren siegreichen Schlachten und der Hinmetzelung des ganzen haeduischen Adels war ihre Macht derart gestiegen, daß sie einen großen Teil der haeduischen Klienten sich angliedern konnten, von den Haeduern als Geiseln die Söhne ihrer Fürsten empfingen und sie von Staats wegen den Schwur tun ließen, keine gegen die Sequaner gerichteten Pläne zu schmieden; auch hatten sie einen Teil der an sie grenzenden Felder, der gewaltsam besetzt worden war, sich angeeignet und standen an der Spitze von ganz

Gallien. Diese harten Maßnahmen hatten Diviciacus zu einer Reise nach Rom zum Senat veranlaßt, um sich Hilfe zu erbitten; doch hatte er unverrichteter Dinge wieder umkehren müssen. Die Ankunft Caesars (in Gallien) hatte sodann einen Umschwung der Lage herbeigeführt; den Haeduern waren ihre Geiseln wieder zurückgegeben worden, die alten Klientelschaften hatte Caesar wiederhergestellt und neue dazu eingerichtet, weil diejenigen Stämme, die sich an die Haeduer freundschaftlich angeschlossen hatten, sahen, daß sie dort unter besseren Verhältnissen lebten und unter einer milderen Herrschaft gehalten wurden; außerdem steigerte Caesar auch in jeder anderen Beziehung den Einfluß und die hohe Stellung der Haeduer. Darüber hatten die Sequaner ihre Vormachtstellung eingebüßt. An ihre Stelle waren die Remer getreten. Als man nun in Gallien sah, daß diese bei Caesar ebenso in Gunst standen wie die Haeduer, begaben sich diejenigen, die wegen alter Feindschaften sich auf gar keine Weise an die Haeduer binden konnten, in die Schutzherrschaft der Remer. Die Remer nahmen sich ihrer mit großer Sorgfalt an; so behaupteten sie ihren jungen und plötzlich erhaltenen Einfluß. Die gallischen Verhältnisse lagen damals folgendermaßen: Als die bei weitem angesehensten galten die Haeduer; an zweiter Stelle im Rang folgten die Remer.

13. Das ganze Gallien kennt nur zwei Stände, die einige Bedeutung und Rang (im politischen Leben) haben. Denn der gemeine Mann wird fast wie ein Sklave behandelt; er darf nichts auf eigene Faust wagen, und zu staatlichen Beratungen wird er nicht hinzugezogen. Die meisten begeben sich in die Knechtschaft, wenn private oder Staatsschulden oder Gewalttätigkeiten der Mächtigen sie drücken. Die Vornehmen haben nämlich solchen Leuten gegenüber alle Rechte, die (bei uns) die Hausherren gegen die Sklaven haben. Der eine von den beiden Ständen ist der der Druiden, der andere der der Ritter. Die Druiden sind beim Gottesdienst tätig; sie besorgen die Staats- und Privatopfer und erklären die Sachen des Glaubens. Der religiösen Lehre wegen versammeln sich bei ihnen

viele junge Leute, und überhaupt stehen die Druiden bei den Galliern in hohem Ansehen. Denn in fast allen öffentlichen und privaten Streitigkeiten fällen sie die Entscheidung, und wenn ein Verbrechen begangen worden, ein Mord vorgefallen ist, wenn Erbschafts- und Grenzstreitigkeiten vorliegen, immer entscheiden sie und setzen die Strafen fest. Einen Privatmann oder einen Stamm, die sich ihrer Entscheidung nicht fügen, schließen sie von der Teilnahme an den Opfern aus. Das ist bei ihnen die größte Strafe. Die so Ausgeschlossenen rechnen sie unter die Gottlosen und Verbrecher; alle gehen dann solchen aus dem Weg; sie meiden ihren Verkehr und ihr Gespräch, damit sie durch die Berührung mit ihnen nicht selbst unrein werden; auch wird jenen auf ihr Nachsuchen kein Recht gesprochen, und sie erhalten keine Ehre mit den übrigen gemeinsam. An der Spitze aller Druiden steht ein einziger bei ihnen hoch angesehener Mann. Nach seinem Tod folgt entweder einer, der sich vor den übrigen auszeichnet kraft seiner Würde, oder, wenn mehrere gleichen Ansehens da sind, durch Wahl der Druiden; zuweilen kämpfen sie sogar mit Waffen um die erste Stelle. Zu einer bestimmten Zeit im Jahr halten sie im Land der Carnuten – diese Gegend wird für die Mitte von Gallien gehalten – eine Gerichtssitzung an einem geweihten Ort ab. Hier finden sich von allen Seiten die Menschen ein, die gegenseitig in Streitigkeiten miteinander verwickelt sind, und unterwerfen sich ihren Entscheidungen und Urteilssprüchen. Die Lehre soll in Britannien erfunden und von dort aus in Gallien verbreitet worden sein; wer sie daher genauer kennenlernen will, reist auch jetzt noch meistens dorthin, um sich zu unterrichten.

14. Die Druiden sind im Gegensatz zur übrigen Bevölkerung vom Kriegsdienst und den Steuern befreit. Eine solche Bevorzugung läßt viele teils freiwillig sich der Lehre widmen, teils auch werden sie von ihren Eltern und Verwandten den Druiden geschickt. Bei ihnen sollen sie eine große Menge Verse auswendig lernen; daher müssen einige zwanzig Jahre in der Lehre verweilen. Sie halten es für frevelhaft, den Inhalt der

Lehre niederzuschreiben, obgleich sie im gewöhnlichen Leben und bei der Abfassung von öffentlichen und privaten Urkunden griechische Buchstaben zu benutzen pflegen. Dies geschieht, wie mir scheint, aus zwei Gründen. Erstens wollen sie nicht, daß ihre Lehre unter das Volk gebracht wird; zweitens soll die Pflege des Gedächtnisses der Lernenden nicht im Vertrauen auf die schriftliche Abfassung ihrer Texte leiden; denn es ist doch fast immer so, daß man unter dem Schutz einer Niederschrift die Sorgfalt beim Lernen und das Gedächtnis vernachlässigt. In ihrer Lehre wollen sie vor allem davon überzeugen, daß die Seelen nicht sterben, sondern nach dem Tod von einem Körper in einen anderen übergehen, und sie glauben, daß dies vor allem die Menschen zu tapferem Verhalten anreize, denn die Todesfurcht werde dabei ganz gebannt. Außerdem stellen sie weitgehende wissenschaftliche Erörterungen an über die Sterne und deren Bewegungen, über die Größe des Weltalls und der Erde, ferner über die Natur und die Gewalt und Macht der unsterblichen Götter. Auch darüber belehren sie die jungen Leute.

15. Der zweite Stand ist der der Ritter. Diese stehen, wenn eine Notwendigkeit vorliegt und irgendein Krieg droht – und das war vor Caesars Ankunft in Gallien fast jedes Jahr der Fall – alle im Feld, um entweder selbst den Krieg zu beginnen oder sich zu verteidigen; und je einflußreicher ein jeder von ihnen von Geburt oder durch Reichtum ist, um so mehr Ambacten und Klienten hat er in seiner Umgebung. Das ist das einzige Zeichen von Einfluß und Macht, das sie kennen.

16. Das ganze gallische Volk ist außerordentlich religiösen Dingen ergeben, und aus diesem Grund opfern diejenigen, die von einer schweren Krankheit befallen sind, die in die Schlacht ziehen oder sonst sich Gefahren aussetzen müssen, an Stelle von Opfertieren Menschen oder geloben, daß sie sie noch opfern werden. Zu diesen Opfern ziehen sie als Gehilfen Druiden hinzu. (Die Menschenopfer erklären sich so,) daß sie glauben, die unsterblichen Götter ließen sich nur dann versöhnen, wenn für ein Menschenleben wieder ein Menschenleben gegeben wer-

de. Opfer dieser Art gibt es bei ihnen auch von Staats wegen. Andere Stämme kennen ungeheuer große Götterbilder. In deren Glieder, die aus Weidenruten geflochten sind, stecken sie lebendige Menschen. Dann zünden sie die Götterbilder an, und die Flammen verzehren die (eingeschlossenen) Menschen. Das Opfern eines bei Diebstahl, Straßenraub oder sonst einer bösen Tat abgefaßten Menschen ist, so glauben sie, den unsterblichen Göttern am willkommensten. Fehlen ihnen aber solche Leute, dann entschließen sie sich auch zur Opferung Unschuldiger.

17. Unter allen Göttern verehren sie vornehmlich den Merkur. Man sieht sehr viel Götterbilder von ihm. Sie halten ihn für den Erfinder aller Künste und für den Geleiter auf Wegen und Reisen, und es ist ihre feste Überzeugung, daß er den größten Einfluß auf Gelderwerb und Handel hat. Nächst ihm verehren sie den Apollo, den Mars, den Juppiter und die Minerva. Von ihnen haben die Gallier dieselben Vorstellungen wie die meisten übrigen Völker. Apollo vertreibt Krankheiten, Minerva lehrt die Anfangsgründe des Handwerks und der Künste, Juppiter beherrscht den Himmel, und Mars regiert den Krieg. Haben die Gallier in einer Schlacht zu kämpfen beschlossen, so weihen sie meist dem Mars die Kriegsbeute; wenn sie dann gesiegt haben, opfern sie die lebende Beute, alles übrige schichten sie an einer Stelle auf. Bei vielen Stämmen kann man an heiligen Orten Hügel aus solcher Beute sehen. Selten setzt sich jemand über die religiösen Bräuche so gewissenlos hinweg, daß er den Mut hätte, ein Beutestück bei sich zu verbergen oder etwas von dem Hügel hinwegzunehmen. Die schwerste mit Martern verbundene Todesstrafe ist auf ein solches Vergehen gesetzt.

18. Die Gallier betonen, daß sie alle ohne Ausnahme vom Vater Dis abstammen, und berufen sich dabei auf die Angaben der Druiden. Deswegen begrenzen sie die Zeitabschnitte nicht mit der Zahl der Tage, sondern der Nächte. Geburtstage sowie die Monats- und Jahresanfänge berechnen sie so, daß der Tag auf die Nacht folgt. In den sonstigen Einrichtungen des Lebens unterscheiden sie sich etwa dadurch von den übrigen Menschen,

daß sie ihre Söhne in der Öffentlichkeit erst in ihrer Nähe dulden, wenn sie herangewachsen und damit wehrhaft geworden sind, und es gilt bei ihnen als schändlich, wenn ein Sohn in minderjährigem Alter sich in der Öffentlichkeit mit seinem Vater sehen läßt.

19. So viel Geld als Mitgift ein Mädchen ihrem Bräutigam mitbringt, schätzungsweise ebenso viel fügt der Mann aus seinen Gütern hinzu. Dieses ganze Vermögen wird gemeinsam verwaltet; die Zinsen werden zurückgelegt. Wer von ihnen den anderen überlebt, an den fällt beider Anteil samt den Zinsen aus den voraufgegangenen Jahren. Die Männer haben gegenüber ihren Frauen ebenso wie gegenüber ihren Kindern Gewalt über Leben und Tod; und wenn ein vornehmer Familienvater gestorben ist, dann versammeln sich seine Verwandten und stellen, falls ihnen der Todesfall verdächtig ist, mit den Frauen eine Untersuchung wie bei Sklaven an; ist die Sache erwiesen, so richten sie sie mit Feuer und allen erdenklichen Martern hin. Die Leichenbegängnisse der Gallier sind, ihren Lebensverhältnissen entsprechend, prächtig und kostspielig; alles, was den Lebenden, wie sie glauben, am Herzen gelegen hat, werfen sie mit in das Feuer, auch Tiere. Noch vor kurzem wurden auch Sklaven und Klienten, von denen man wußte, daß sie von den Verstorbenen sehr geschätzt waren, nach Vollzug der ordentlichen Leichenfeierlichkeiten mitverbrannt.

20. Die Stämme, die ihre öffentlichen Angelegenheiten zweckmäßiger zu verwalten glauben, haben die gesetzliche Bestimmung, daß jeder, der etwas über ihre öffentlichen Angelegenheiten von den Nachbarn gerüchtweise vernimmt, dies (unverzüglich) seiner Behörde melden muß, aber mit keinem anderen besprechen darf; denn diese unbesonnenen und unerfahrenen Menschen geraten (leicht) durch falsche Gerüchte in Schrecken, lassen sich zu bösen Handlungen hinreißen und fassen Entschlüsse über ganz entscheidende Dinge; diese Erfahrung wurde häufig gemacht. Was angemessen erscheint, halten die Behörden geheim, und der Menge teilen sie nur mit, was ihrer Ansicht nach hierzu dienlich ist. Über die öffentlichen Angelegenheiten

darf nur in der Versammlung und mit ihrer Erlaubnis gesprochen werden.

21. Die Germanen weichen von diesen Sitten stark ab. Denn bei ihnen gibt es weder Druiden, die den Gottesdienst leiten, noch legen sie großen Wert auf Opfer. Als Götter gelten bei ihnen nur diejenigen, die sie sehen können und die ihnen offen ihre Hilfe angedeihen lassen. Dies sind die Sonne, das Feuer und der Mond; alle übrigen kennen sie nicht einmal vom Hörensagen. Ihr ganzes Leben bringen sie mit Jagd und Kriegsübungen zu; von Kind an sind sie auf Strapazen und Abhärtung bedacht. Die am längsten keusch bleiben, erhalten bei den Ihrigen größtes Lob; dies, so glauben sie, mache sie groß und stark und festige ihre Muskeln. Vor dem zwanzigsten Jahr mit einem Weib umgegangen zu sein gehört für sie zum Entehrendsten, das es gibt. Es ist unmöglich zu verbergen, weil beide Geschlechter miteinander in Flüssen baden und sich dabei nur mit Fellen oder kleinen Pelzdecken bekleiden, wobei ein großer Teil ihres Körpers nackt bleibt.

22. Für den Ackerbau haben sie keine besondere Vorliebe, und der größte Teil von ihnen ernährt sich von Milch, Käse und Fleisch. Niemand von ihnen verfügt über ein bestimmtes Maß an Ackerland oder über Grundeigentum, sondern die Behörden und die Fürsten weisen für jedes Jahr den Geschlechtern und den Sippen sowie denjenigen, die sich deshalb zusammengetan haben, so viel Ackerland dort an, wie und wo es ihnen gut scheint, und veranlassen sie, nach einem Jahr anderswohin zu gehen. Dafür geben sie viele Gründe an: Sie wollen nicht durch langjährige Gewöhnung an einen und denselben Besitz ihre kriegerischen Neigungen gegen den Ackerbau vertauschen; sie sollen nicht nach Großgrundbesitz trachten können, indem die Mächtigen die niedriger Gestellten aus ihren Besitzungen vertreiben; es soll von ihnen nicht zu sorgfältig gegen Frost und Hitze gebaut werden; es soll die Geldgier unterdrückt werden, die immer Parteiungen und Zwistigkeiten hervorruft; sie wollen durch zufriedenen Sinn das niedere Volk

im Zaum halten, indem es sieht, daß sein Besitz und der der Mächtigen sich nicht an Umfang voneinander unterscheiden.

23. Ihren Stämmen gilt es als besonderer Ruhm, wenn rings um sie herum die Ländereien so weit wie möglich wüst liegen und Einöden sich ausbreiten. Sie sehen eine besondere Seite ihrer Tapferkeit darin, wenn sie die Nachbarstämme von ihren Feldern vertreiben, so daß diese ihr Land räumen müssen, und wenn niemand den Mut hat, in ihrer Nähe zu siedeln. Sie glauben, dadurch mehr Schutz vor einem plötzlichen Einfall zu haben, da so die Furcht beseitigt ist. Wenn ein Stamm angreift oder sich verteidigen muß, so werden Behörden gewählt, denen die Führung dieses Krieges obliegt und denen Gewalt über Leben und Tod zusteht. Im Frieden gibt es keine gemeinsame Behörde, sondern Gebiets- und Gaufürsten sprechen bei den Ihren Recht und legen die Streitigkeiten gütlich bei. Räubereien sind bei ihnen nicht verrufen, soweit sie außerhalb der Grenzen eines jeden Stammes stattfinden; und sie erzählen, man unternehme solche Züge, um die Jugend zu üben und dem Nichtstun zu steuern. Sobald einer der Fürsten in der Volksversammlung verkündet, er werde der Führer sein, wer ihm folgen wolle, solle es kundtun, erheben sich alle, denen der Anführer und das Unternehmen gefällt, sagen ihm ihre Hilfe zu und werden von der Bevölkerung hoch gepriesen; versagt dann einer von diesen hernach die Gefolgschaft, so betrachtet man ihn als Fahnenflüchtigen und Verräter, und in nichts mehr findet er in der Folgezeit noch irgendwelchen Glauben. Einen Gast zu verletzen sehen sie als Frevel an; aus welchem Grund man auch zu ihnen kommt, (immer) schützen sie den Gast vor Gewalt und behandeln ihn als einen unverletzlichen Menschen; aller Häuser stehen den Gastfreunden offen, und das Essen wird mit ihnen geteilt.

24. Nun gab es früher eine Zeit, in der die Gallier weit tapferer waren als die Germanen; die Gallier bekriegten sogar die Germanen und schickten, da sie großen Bevölkerungsüberschuß bei starkem Mangel an Ackerland hatten, Kolonien über den Rhein. Daher besetzten die tectosagischen Volcer die frucht-

barste Gegend Germaniens um den hercynischen Wald, der, wie ich sehe, dem Eratosthenes und einigen griechischen Schriftstellern vom Hörensagen bekannt ist und den sie den orkynischen Wald nennen, und ließen sich dort nieder; dieses Volk sitzt bis heute dort und gilt als sehr gerecht und kriegerisch. Jetzt aber, da die Germanen noch immer ebenso arm, bedürftig und genügsam leben wie früher, blieb ihnen dieselbe Lebensweise und Körperpflege eigentümlich; die Gallier dagegen erhielten durch die Nähe der römischen Provinzen und die Bekanntschaft mit überseeischen Waren vieles zu Besitz und Gebrauch; allmählich haben sie sich daran gewöhnt, die Besiegten zu sein, und in vielen Kämpfen geschlagen, vergleichen sie sich (heute) mit den Germanen schon selbst nicht mehr, was die Tapferkeit angeht.

25. Die Breite dieses hercynischen Waldes, auf den oben hingedeutet worden ist, beträgt für einen Fußgänger ohne Gepäck neun Tage; anders läßt sie sich nicht angeben; denn man kennt dort keine Wegemaße. Er beginnt bei den Helvetiern, Nemetern und Rauracern und zieht sich in gerader Richtung mit der Donau hin bis zu den Dacern und Anarten. Hier wendet er sich links in vom Fluß abgewandte Gegenden und berührt wegen seiner Größe die Länder vieler Völker. Und niemand in diesem Teil von Germanien lebt, der sagen könnte, er sei am anderen Ende des Gebirges gewesen, und wenn er 60 Tage gegangen ist, oder der gehört hätte, wo der Wald beginnt. Man weiß, daß vielerlei Arten von wilden Tieren in diesem Wald leben, die sonst nicht zu sehen sind; die sich am meisten von den übrigen unterscheiden und erwähnt werden müssen, sind folgende.

26. Es gibt dort ein Rind in Hirschgestalt, auf dessen Stirn sich in der Mitte zwischen den Ohren ein Horn erhebt, höher und steiler als die uns bekannten Hörner; von der Spitze dieses Horns breiten sich gleichsam Hände und Zweige weithin aus. Das weibliche und männliche Tier zeigen dieselbe Natur und beide haben dieselbe Form und Größe der Hörner.

27. Weiter gibt es dort sogenannte Elche. Sie haben eine

ziegenartige Gestalt und ein gesprenkeltes Fell, doch sind sie etwas größer, tragen abgestumpfte Hörner und haben Schenkel ohne Gelenkknoten. Wenn sie der Ruhe pflegen wollen, legen sie sich nicht hin, und wenn sie durch einen unglücklichen Zufall zu Boden gestürzt sind, können sie nicht wieder aufstehen. Ihnen dienen die Bäume als Schlafstätten; an diese lehnen sie sich an, und indem sie sich so nur ein klein wenig anlehnen, pflegen sie der Ruhe. Wenn die Jäger an ihren Spuren einen Schlupfwinkel dieser Tiere erkannt haben, unterwühlen sie entweder an der Stelle alle Bäume unter der Wurzel oder schneiden sie am Stamm unten an, so daß es aussieht, als stünden sie noch fest. Wenn sich dann wie gewöhnlich die Tiere an sie anlehnen, dann werfen sie durch ihr Gewicht die schwachen Bäume um und fallen selbst dabei hin.

28. Die dritte Gattung ist die der sogenannten Auerochsen. Diese sind etwas kleiner als die Elefanten; an Aussehen, Farbe und Gestalt gleichen sie den Stieren. Sie verfügen über große Kraft und Schnelligkeit und schonen weder Mensch noch Tier, wenn sie ihrer ansichtig werden. Die Germanen töten die Auerochsen, nachdem sie sie mit großem Eifer in Gruben gefangen haben. Durch diese Strapaze härten sich die Jünglinge ab, und in dieser Art von Jagd üben sie sich; diejenigen unter ihnen, welche die meisten Ure getötet haben, tragen großes Lob davon, wenn sie als Beweise die Hörner öffentlich eingeliefert haben. An Menschen können sich diese Tiere nicht einmal in jungen Jahren gewöhnen, und sie lassen sich nicht zähmen. Die Größe der Hörner, ihre Gestalt und ihr Aussehen ist von den Hörnern unserer Ochsen sehr verschieden. Sie sammeln sie mit Eifer und fassen den oberen Rand mit Silber ein; bei glanzvollen Gastmählern brauchen sie sie als Trinkbecher.

29. Durch die Kundschafter der Ubier hatte Caesar die Nachricht von dem Rückzug der Sueben in die Wälder erhalten. Da er Getreidemangel befürchten mußte, weil, wie wir oben erwähnten, die Germanen alle ihre Felder nur sehr spärlich bestellen, beschloß er, nicht weiter vorzudringen; um aber den Barbaren nicht überhaupt die Furcht vor seiner Rückkehr zu

nehmen und um die Sendung von Hilfstruppen nach Gallien zu unterbinden, ließ er, nachdem er das Heer auf das gallische Ufer zurückgeführt hatte, den an das ubische Ufer stoßenden äußersten Teil der Brücke auf eine Länge von 200 Fuß abbrechen und am Ende der Brücke einen Turm mit vier Stockwerken errichten; zur Bewachung der Brücke legte er eine Besatzung von zwölf Kohorten dorthin und sicherte den Platz mit ausgedehnten Befestigungen. Zum Kommandanten dieses Lagers und seiner Besatzung ernannte er den jungen Gaius Volcatius Tullus. Sobald es auf die Ernte zuging, brach Caesar zum Krieg gegen Ambiorix auf. Er schickte Lucius Minucius Basilus mit der ganzen Reiterei durch den Arduenna-Wald vorauf. [Dieser Arduenna-Wald ist der größte von ganz Gallien und zieht sich von den Ufern des Rheins und den Treverern bis zum Land der Nervier hin in einer Länge von mehr als 500 Meilen.] Er sollte versuchen, ob er durch Schnelligkeit auf dem Marsch oder die Gunst des Augenblicks bereits einen Erfolg erzielen könne. Caesar befahl ihm, keine Wachtfeuer im Lager anbrennen zu lassen, damit nicht schon aus der Ferne der Feind seinen Anmarsch wahrnehmen könne. Dazu teilte er ihm mit, er werde ihm unmittelbar folgen.

30. Basilus tat, wie ihm befohlen. Schnell und ganz wider Erwarten war er in das Land der Eburonen gelangt und hatte etliche Leute von der ahnungslosen Bevölkerung auf den Feldern gefangen genommen. Nach deren Angaben ritt er sofort auf den Ort zu, wo Ambiorix selbst sich mit wenigen Reitern aufhalten sollte. Viel vermag das Glück nicht nur sonst, sondern auch im Krieg. Denn wie es ein großer Zufall war, daß Basilus auf Ambiorix selbst stieß, als dieser gänzlich arglos und unvorbereitet war, und daß die Leute ihn im Land sahen, ehe sie durch Gerücht und Nachricht von seinem Anrücken hörten, so war es ein großes Glück, daß Ambiorix nach dem Verlust aller kriegerischen Ausrüstung, die er bei sich hatte, sowie aller Wagen und Pferde dem Tod entging. Das kam dadurch, daß das Gehöft (wo er weilte) mit Wald umgeben war – so sind fast alle Gehöfte der Gallier gebaut, denn die Gallier lieben

es, um die Hitze des Sommers zu vermeiden, sich in der Nähe von Wäldern und Flüssen anzusiedeln –; seine Begleiter und Freunde konnten deshalb an einer Wegenge eine Zeitlang den Angriff unserer Reiter zurückweisen. Während man hier noch miteinander focht, setzte ihn einer seiner Leute auf ein Pferd; den Fliehenden deckten die Wälder. So hat Fortuna großen Einfluß, wenn man in Gefahr gerät und entkommt.

31. Man weiß nicht recht, ob Ambiorix mit Absicht seine Truppen nicht zusammengezogen hat, weil er sich zu einer offenen Feldschlacht nicht entschließen konnte, oder ob er keine Zeit mehr gehabt hat und (am Kampf) durch die plötzliche Ankunft unserer Reiter verhindert wurde, weil er davon überzeugt sein mußte, daß das übrige Heer unmittelbar folge. Sicher ist aber, daß er Boten im Land umherschickte und alle für sich selber sorgen hieß. Ein Teil der Eburonen flüchtete infolgedessen in den Arduenna-Wald, ein anderer Teil in die dortigen weit ausgedehnten Moore. Die dem Ozean zunächst Wohnenden verbargen sich auf den Inseln, die bei Flut entstehen. Viele wanderten aus und vertrauten sich und ihr Eigentum ganz fremden Leuten an. Der König Catuvolcus aber, der die eine Hälfte des Eburonenlandes beherrschte und mit Ambiorix gemeinsam den Anschlag gegen uns ersonnen hatte, war den Anstregungen des Krieges und der Flucht nicht mehr gewachsen, da er schon sehr alt war; er verfluchte daher Ambiorix mit allen (nur erdenklichen) Verwünschungen als den, der den unglückseligen Krieg über ihn gebracht, und nahm sich durch das Gift des Eibenbaums, der in Gallien und Germanien sehr häufig vorkommt, das Leben.

32. Die Segner und Condruser, der Abstammung nach germanische Völker, zwischen den Eburonen und den Treverern, schickten an Caesar Gesandte und ließen ihn bitten, sie nicht als Feinde anzusehen. Er dürfe nicht die Ansicht haben, daß irgendeines der linksrheinischen germanischen Völker mit den Eburonen gemeinsame Sache gemacht habe; sie hätten nie an Krieg gedacht, und von ihnen seien Ambiorix keine Hilfstruppen geschickt worden. Durch Befragung von Gefangenen

konnte Caesar die Richtigkeit ihrer Aussage feststellen, worauf er ihnen befahl, jeden Eburonen, der etwa nach der Flucht sich bei ihnen eingefunden habe, ihm wieder zuzuführen; dann werde er ihr Gebiet unangetastet lassen. Er teilte darauf seine Truppen in drei Teile und ließ das ganze schwere Legionsgepäck nach Atuatuca schaffen. So heißt dort ein befestigter Platz etwa in der Mitte des Eburonenlandes, wo Titurius und Aurunculeius ihr Winterlager errichtet hatten. Dieser Platz schien ihm in jeder Hinsicht geeignet, besonders aber deshalb, weil die Befestigungswerke des vorigen Jahres noch intakt waren und er daher den Soldaten die Schanzarbeit erleichtern konnte. Zum Schutz des Gepäcks ließ er die vierzehnte Legion, eine von den drei Legionen, die er kürzlich in Italien ausgehoben und nach Gallien geführt hatte, dort zurück und machte Quintus Tullius Cicero zum Kommandanten der Legion und des Lagers. Um 200 Reiter wurde die Legion verstärkt.

33. Nach der Teilung des Heeres erhielt Titus Labienus den Befehl, mit drei Legionen gegen den Ozean hin zu marschieren, und zwar in die Gegenden nahe den Menapiern; Gaius Trebonius wurde mit der gleichen Anzahl Legionen abgesandt, um die an das Land der Atuatucer grenzenden Ländereien zu verwüsten; er selbst beschloß, mit den drei übrigen Legionen bis zum Scaldis, einem Nebenfluß der Mosa, und zum Ende des Arduenna-Waldes zu ziehen, wohin Ambiorix mit wenigen Reitern geflohen sein sollte. Beim Aufbruch hinterließ er, er werde nach sieben Tagen zurück sein; auf diesen Tag fiel nämlich der Termin, an dem er der (als Besatzung in Atuatuca zurückgelassenen) Legion Getreide zuteilen lassen mußte. Labienus und Trebonius wurden von ihm aufgefordert, auf den gleichen Tag zurückzukehren, wenn sie es ohne Nachteil für die Führung des Krieges tun könnten. Er wolle sich dann mit ihnen aufs neue beraten, um neue Maßnahmen ergreifen zu können, nachdem er inzwischen weiteres über die Pläne des Feindes erfahren habe.

34. Es gab, wie wir schon oben angedeutet haben, keine geschlossene gegnerische Streitmacht, keinen befestigten Platz,

keine Truppenabteilung, die sich verteidigt hätte, sondern nur eine nach allen Seiten hin flüchtige Menge. Wo einer ein entlegenes Tal oder ein Waldstück oder ein schwer zugängliches Sumpfgebiet fand, das ihm einigermaßen Schutz und Rettung zu bieten schien, da blieb er. Diese Stellen waren den Nachbarn natürlich bekannt, und es erforderte große Sorgfalt, nicht um das Heer im ganzen zu schützen – denn allen insgesamt vermochte von seiten eines verstörten und zerstreuten Feindes nichts Gefährliches zu widerfahren –, aber um die einzelnen Soldaten vor Überfällen zu bewahren. Denn die Beutegier zog manchen weiter vom Weg ab; auch machten die Wälder mit ihren undeutlichen, versteckten Pfaden ein Betreten durch geschlossene Abteilungen unmöglich. Wenn Caesar aber seinen Vernichtungsplan durchgeführt und den Stamm dieser Verbrecher ausgetilgt wissen wollte, so mußte er eine ganze Reihe von Einzelabteilungen ausschicken und die Soldaten weit auseinanderziehen; wollte er aber die Manipel bei den Feldzeichen halten, wie es die überkommene Taktik des römischen Heeres forderte, dann war das Gelände unbedingt des Feindes Schutz, und so konnte es jenen denn auch nicht an Mut fehlen, aus dem Hinterhalt heimliche Überfälle zu machen und die zerstreuten Soldaten zu umzingeln. Man traf daher für eine solch schwierige Lage seine Vorsichtsmaßnahmen, soweit man das unter Anwendung aller erdenklichen Sorgfalt konnte, so daß man lieber dem Feind etwas weniger Schaden zufügte, obschon alle vor Rachbegierde brannten, als daß man ihm mit Verlusten an eigenen Soldaten Schaden zufügte. Caesar sandte überall zu den Nachbarstämmen Boten; indem er ihnen allen Aussicht auf Beute machte, bot er sie auf, das Eburonenland zu plündern, damit in den Wäldern eher das Leben der Gallier als das eines Legionssoldaten auf dem Spiel stehe, zugleich aber auch, damit durch diese große sich herandrängende Menge für ein so unglaubliches Verbrechen Stamm und Name der Eburonen getilgt werde, Und es fand sich schnell eine große Anzahl Menschen dazu ein.

35. Solcherlei waren die Vorgänge in allen Teilen des Eburo-

nenlandes, und es nahte der siebte Tag heran, an dem Caesar zu dem Gepäck und der Legion zurückzukehren beschlossen hatte. Hier nun konnte man den Einfluß erkennen, den das Glück auf den Krieg hat und wie bedeutende Wechselfälle es im Gefolge hat. Die Feinde waren, wie wir erzählten, zerstreut und vollständig eingeschüchtert, und es gab keine Abteilung des Gegners, die auch nur den geringsten Anlaß zu irgendwelchen Befürchtungen gegeben hätte. Die Kunde, daß das Eburonenland ausgeplündert werde und obendrein noch alle aufgerufen seien, Beute zu machen, war auch über den Rhein zu den Germanen gedrungen. So brachten die Sugambrer, ein Volksstamm ganz nahe am Rhein, der, wie wir oben erwähnten, die Tencterer und Usipeten nach ihrer Flucht bei sich aufgenommen hatte, 2000 Reiter zusammen. Sie überschritten auf Schiffen und Kähnen den Rhein 30 Meilen unterhalb der Stelle, wo die Brücke geschlagen und jene Besatzung von Caesar zurückgelassen worden war. Sie kamen in den Grenzbezirken des Eburonenlandes an; viele von den Flüchtlingen griffen sie auf und nahmen eine Menge Vieh weg, auf das es die Barbaren besonders abgesehen haben. Die Beute reizte, tiefer in das Eburonenland vorzustoßen. Sie, die zwischen Krieg und Raub geboren waren, hielt kein Sumpf, hielt kein Wald auf. Wo Caesar sei, fragen sie Gefangene und erfahren, er sei weit ins Land marschiert, und das ganze Heer sei aus dieser Gegend abgezogen. Da ruft einer von den Gefangenen: »Was jagt ihr dieser elenden und armseligen Beute nach, wo ihr schon die reichsten Leute sein könntet? In drei Stunden reitet ihr nach Atuatuca; sein ganzes Eigentum hat das römische Heer dort aufgestapelt; Besatzung liegt dort nur so viel, daß weder der Mauerring ganz besetzt werden kann noch einer den Mut hat, die Befestigungen zu verlassen.« Das war für die Germanen die gegebene Gelegenheit. Die bisher gemachte Beute versteckten sie (irgendwo und) ritten darauf schnellstens nach Atuatuca mit demselben Mann als Führer, der ihnen diese Entdeckungen gemacht hatte.

36. Cicero, der an allen voraufgehenden Tagen entsprechend

der Vorschrift Caesars mit großer Sorgfalt die Soldaten im Lager gehalten und nicht einmal einen Troßknecht außerhalb der Verschanzungen hatte gehen lassen, schickte am siebten Tag fünf Kohorten in die nächsten Saatfelder – nur ein Hügel trennte diese von dem Lager –, um Getreide herbeischaffen zu lassen. Denn er gab langsam die Hoffnung auf, daß Caesar bezüglich der Zahl der Tage sein Wort halten könne, weil ihm zu Ohren gekommen war, daß jener einen recht weiten Vorstoß unternommen hatte, und bisher keinerlei Nachricht über seine Rückkehr eingetroffen war; auch machten die Stimmen derer auf ihn Eindruck, die seine Geduld, wenn man nun schon nicht das Lager verlassen dürfe, fast als Belagerung bezeichneten; und schließlich befürchtete er auch nicht das Eintreten eines Ereignisses, durch das, zumal in einem Raum von 3 Meilen, sich ein Unglück zutragen könnte, weil neun Legionen und eine sehr große Abteilung Reiterei im Feld eingesetzt und der Feind zerstreut und fast vernichtet war. Im Lager weilten, von Caesar zurückgelassen, etliche Kranke der Legionen; 300 von ihnen, die in diesen sieben Tagen wieder gesund geworden waren, wurden unter einer Fahne vereinigt und mit hinausgeschickt; außerdem gingen eine große Anzahl Troßknechte, nachdem ihnen die Erlaubnis dazu gegeben worden war, und viele Pferde, die ebenfalls im Lager zurückgeblieben waren, mit hinaus.

37. In diesem Augenblick tauchten zufällig die germanischen Reiter auf und versuchten so, wie sie angeritten kamen, sofort von der Porta decumana her in das Lager einzubrechen. Man hatte sie wegen des Waldes, der auf dieser Seite des Lagers die Sicht versperrte, erst wahrnehmen können, als sie bereits auf das Lager zuritten, so daß die am Fuß des Walles zeltenden Kaufleute keine Möglichkeit mehr hatten, sich im Lager in Sicherheit zu bringen. Der unerwartete Überfall brachte unsere Leute in arge Verwirrung, und die Kohorte, die vor dem Tor den Wachtdienst versah, vermochte nur mit Mühe dem ersten Ansturm zu begegnen. Darauf umschwärmten die Feinde das Lager auch auf den anderen Seiten, um etwa einen Zugang zu

finden. Mit knapper Not behaupteten die Unsrigen die Tore; jeder sonstige Zugang war dank dem Gelände und den Verschanzungen unmöglich. Ein großer Schrecken überkam alle Leute im Lager, und man fragte einander nach dem Grund für diese Aufregung; denn niemand gab einen Befehl, in welcher Richtung der Angriff vorzutragen sei oder wo die Soldaten zusammentreten sollten. Einer schrie, der Feind habe das Lager schon erobert, ein anderer, das Heer und der Oberfeldherr seien untergegangen, und die Barbaren kämen als Sieger angeritten. Die meisten knüpften an diesen Ort neue abergläubische Vorstellungen und dachten ständig an die Katastrophe des Cotta und Titurius, die in demselben festen Platz gefallen seien. Diese allgemeine Panik bei unseren Leuten bestärkte die Feinde in der Meinung, daß nur eine ganz unbedeutende Besatzung im Lager stehe, wie sie es auch von jenem Gefangenen gehört hatten. Daher wollten sie mit aller Kraft durchbrechen, und sie riefen einander zu, eine solch günstige Lage sich nicht entgehen zu lassen.

38. Unter den Kranken im Lager befand sich auch Publius Sextius Baculus, der in Caesars Heer Primipilus gewesen war und dessen wir schon bei früheren Schlachten gedachten. Vier Tage lang hatte er keine Nahrung zu sich genommen. Er glaubt nicht mehr recht an seine und aller anderen Rettung und tritt ohne Waffen aus seinem Zelt; da sieht er die Feinde in drohender Nähe und erfaßt sofort das höchst Bedenkliche der Situation; er ergreift von den nächststehenden Soldaten die Waffen und stellt sich an ein Tor. Es folgen ihm darin die Centurionen der dort auf Posten stehenden Kohorte; zusammen gelingt es ihnen, eine Zeitlang den Angriff aufzuhalten. Sextius wird dabei schwer verwundet und sinkt ohnmächtig nieder; mit Mühe schafft man ihn, von Hand zu Hand weitergegeben, zurück und rettet ihn trotz seiner Schwäche. Unterdessen ermannen sich die übrigen, so daß sie sich getrauen, die Schanzen zu besetzen, und so wenigstens den Anschein bieten, als wollten sie sich verteidigen.

39. Das Getreideholen ist inzwischen beendet, und unsere

Soldaten hören (plötzlich) das Geschrei (vom Lager her); die Reiter sprengen voraus; sie erkennen die gefährliche Lage. Aber hier gibt es keine Verschanzung, die die Leute in ihrem Schrecken aufnehmen könnte; erst kurz ausgehoben und mit dem Krieg noch gar nicht vertraut, blicken sie auf den Militärtribunen und die Centurionen und erwarten deren Befehle. Denn niemand ist so tapfer, daß nicht auch ihn eine neue Situation verwirren kann. Als die Barbaren in der Ferne die Feldzeichen erblicken, lassen sie von dem Sturm auf das Lager ab; zuerst glauben sie, die Legionen seien zurück, von denen Gefangene ihnen gesagt hatten, daß sie weiter fortgezogen seien; hernach aber sehen sie mit Verachtung die kleine Schar und greifen sie von allen Seiten an.

40. Die Troßknechte laufen auf den nächsten Hügel. Da sie von hier sofort verjagt werden, stürzen sie sich zwischen die Feldzeichen und Manipel; dadurch schrecken sie die an sich schon furchtsamen Soldaten noch mehr. Einige schlagen vor, einen Keil zu bilden und sich schnell hindurchzuhauen, da das Lager so nahe sei, und sie glauben fest, wenn auch ein Teil von ihnen abgeschnitten werde und auf dem Schlachtfeld bleiben müsse, so könne doch wenigstens der Rest gerettet werden; andere wiederum meinen, man solle sich auf dem Hügel aufstellen und zusammen dasselbe Geschick teilen. Aber das lehnen die alten Soldaten, die, wie erwähnt, unter einer Fahne zusammengefaßt, mitmarschiert waren, rundweg ab. Nachdem sie sich gegenseitig ermuntert hatten, bahnten sie sich unter der Führung ihres Kommandanten, des römischen Ritters Gaius Trebonius, einen Weg mitten durch die Feinde und gelangten ohne Verlust ins Lager. Die Reiter und die Troßknechte folgten ihnen und wurden durch denselben Angriff unserer tapferen Soldaten gerettet. Diejenigen indes, die sich auf dem Hügel aufgestellt hatten, konnten weder bei ihrem Entschluß bleiben, sich von dem Hügel herab zu verteidigen, noch dieselbe schnelle Energie aufbringen, die, wie sie gesehen hatten, ihren Kameraden von solchem Nutzen gewesen war, denn es fehlte ihnen damals noch an jeder Kriegserfahrung. Aber bei dem Versuch,

sich ins Lager zurückzuziehen, mußten sie in ungünstiges Gelände herabsteigen. Nun waren in die höheren Ränge dieser Legion einige Centurionen aus den unteren Rängen der anderen Legionen um ihrer Tapferkeit willen versetzt worden; diese fielen hier in tapferstem Kampf, um den in den früheren Jahren erworbenen Kriegsruhm nicht zu verlieren. Da dank deren Tapferkeit die Feinde etwas zurückgedrängt worden waren, vermochte ein Teil der Soldaten sich wider Erwarten ins Lager zu retten; der andere wurde umringt und niedergehauen.

41. Da die Germanen sahen, daß die Unsrigen auf den Verschanzungen sich nunmehr aufgestellt hatten, gaben sie die Eroberung des Lagers auf und kehrten mit der in den Wäldern niedergelegten Beute über den Rhein in ihr Land zurück. Noch nach ihrem Abzug herrschte in unserem Lager ein solcher Schrecken, daß Gaius Volusenus, der in dieser Nacht mit der Reiterei, mit welcher Caesar ihn vorausgeschickt hatte, im Lager eintraf, es nicht fertig brachte, daß man seinem Bericht glaubte, Caesar treffe bald ein und dem Heer sei nichts widerfahren. Und die Furcht hatte sich so sehr aller Gemüter bemächtigt, daß man, schon fast von Sinnen, die Behauptung aufstellte, die Truppen seien samt und sonders vernichtet und die Reiterei habe sich nach einem fluchtartigen Rückzug gerettet, denn die Germanen hätten nicht das Lager bestürmt, wenn das Heer nicht geschlagen wäre. Erst Caesars Ankunft beseitigte diese Furcht.

42. Caesar kannte die Wechselfälle des Krieges nur zu gut. Er tadelte bei seiner Rückkehr daher lediglich die eine Tatsache, daß man die Kohorten aus dem ihnen als Posten angewiesenen Standort habe ausrücken lassen – man hätte das Eintreten auch des geringsten Zwischenfalls ausschließen müssen –; im übrigen betonte er die bedeutende Rolle, die das Glück bei dem plötzlichen feindlichen Überfall gespielt habe und welche vielleicht darin noch bedeutender war, daß es die Feinde unmittelbar am Wall und den Toren des Lagers habe umkehren heißen. Von allem, was vorgefallen, schien das am merkwürdigsten zu sein, daß die Germanen, die in der Absicht, das Land

des Ambiorix zu verwüsten, über den Rhein gegangen waren, auf das römische Lager trafen und damit Ambiorix einen außerordentlichen Dienst erwiesen.

43. Caesar brach alsdann nochmals auf, um das feindliche Gebiet zu verheeren, und entsandte eine große Anzahl ⟨Reiter⟩ aus den Nachbarstämmen nach allen Richtungen. Alle Dörfer und alle Gehöfte, die man sah, wurden eingeäschert, das Vieh getötet und von überall die Beute weggeführt; das Getreide wurde nicht allein von den vielen Tieren und Menschen aufgezehrt, sondern lag auch, durch die Regengüsse in dieser Jahreszeit zu Boden gedrückt, auf den Feldern, so daß, wer sich auch im Augenblick noch versteckt halten konnte, nach dem Abzug des Heeres an dem vollständigen Mangel an aller Nahrung sicher umkommen mußte. Und oft war es bei der nach allen Seiten verteilten großen Anzahl Reiter so weit gekommen, daß Gefangene sich nach Ambiorix, als hätten sie ihn eben noch auf der Flucht gesehen, umschauten und fest behaupteten, er sei noch nicht vollständig aus ihrem Gesichtskreis entschwunden. Wieder schien Aussicht, ihn doch noch einzuholen. Diese Reiter nahmen endlose Strapazen auf sich. Da sie glaubten, so bei Caesar höchstes Ansehen zu gewinnen, entfalteten sie fast übernatürliche Kräfte, und es fehlte ihnen immer offenbar nur ganz wenig zum Letzten an ihrem Erfolg. Aber Ambiorix entzog sich der Verfolgung stets durch Aufenthalt in Schlupfwinkeln, Wäldern und Gebirgsschluchten und ritt, vom Dunkel der Nacht geschützt, in andere Gegenden, und dies unter einer Bedeckung von nur vier Reitern, denen allein er sein Leben anzuvertrauen wagte.

44. Auf solche Weise wurde das Eburonenland verwüstet. Dann führte Caesar unter Verlust von zwei Kohorten sein Heer nach Durocortorum im Remerland zurück. Er sagte dorthin für Gallien einen Landtag an, auf dem er eine Untersuchung über die Verschwörung der Senonen und Carnuten abzuhalten beschloß. Über Acco als Anstifter zu diesem Unternehmen wurde ein hartes Urteil verkündet; Caesar ließ ihn nach der Sitte der Vorfahren hinrichten. Einige fürchteten sich vor der

Strafe und flüchteten, worauf sie in die Acht erklärt wurden. Zwei Legionen legte Caesar in der Nähe des Trevererlandes ins Winterquartier, zwei bei den Lingonen und die übrigen sechs in Agedincum im Land der Senonen. Auch sorgte er für die Verpflegung des Heeres, wie er es stets tat. Darauf reiste er nach Italien ab, um daselbst die Gerichtstage abzuhalten.

Siebtes Buch

1. So war in Gallien die Ruhe wiederhergestellt, und Caesar konnte, wie er es sich vorgenommen, nach Italien abreisen, um die Gerichtstage abzuhalten. Dort erfuhr er von der Ermordung des Publius Clodius; auch erhielt er Kenntnis von einem Senatsbeschluß, gemäß dem alle jüngeren Leute Italiens in Abteilungen bei der Fahne vereidigt werden sollten. Er ordnete deshalb in der ganzen Provinz die Aushebung von Soldaten an. Die Kunde von diesen Vorgängen verbreitete sich schnell im jenseitigen Gallien. Entsprechend der allgemeinen Lage der Dinge schmückten die Gallier alles noch mit Gerüchten aus: Es hieß, Unruhen in der Hauptstadt hielten Caesar zurück, und er könne angesichts so großer politischer Zerwürfnisse nicht zum Heer kommen. Die günstige Gelegenheit riß die Gallier mit sich fort; sie, die es schon längst schmerzte, der Herrschaft des römischen Volkes unterworfen zu sein, fingen nun an, offener und kühner an den Krieg zu denken. Die Fürsten Galliens beraumten Versammlungen in abgelegenen Wäldern an; sie beklagten den Tod Accos und wiesen darauf hin, daß sie dasselbe Schicksal treffen könne. Sie bedauerten das gemeinsame Unglück Galliens; durch große Versprechungen und Belohnungen forderten sie diejenigen vor, die mit dem Krieg den Anfang machen und mit Gefahr des eigenen Lebens den Grund zu Galliens Freiheit legen würden. Man müsse, so wurde erklärt, vor allem darauf bedacht sein, Caesar von seinem Heer abzuschneiden, ehe ihr heimlicher Anschlag verraten würde. Das sei nicht so schwierig, denn in der Abwesenheit des Oberfeldherrn hätten die Legionen nicht den Mut, ihre Winterlager

zu verlassen; anderseits könne ohne militärische Bedeckung der Feldherr nicht zu seinen Legionen gelangen. Schließlich sei es besser, in der Schlacht zu fallen als auf den alten Kriegsruhm und die Freiheit, die ihnen von den Vorfahren überkommen sei, für immer zu verzichten.

2. Man besprach dieses alles immer wieder. Dabei erklärten die Carnuten, sie unterzögen sich für die Rettung aller jeder Gefahr, und versprachen, mit dem Krieg zu beginnen; aber da sie sich im Augenblick nicht durch Geiseln gegenseitig Sicherheit geben könnten, damit der ganze Plan nicht verraten werde, baten sie darum, man solle sich bei den (gleichsam zu einem Bund) vereinigten Feldzeichen – ein Brauch, der bei ihnen die Feierlichkeit der ganzen religiösen Handlung ausmacht – eidlich verpflichten, sie nach Eröffnung des Krieges nicht im Stich zu lassen. Die Carnuten wurden sehr gelobt; alle Anwesenden leisteten den Eid und setzten den Zeitpunkt für ihr Vorhaben fest. Dann löste sich die Versammlung auf.

3. Sobald der verabredete Tag herangekommen war, strömten unter der Führung des Gutuater und des Conconnetodumnus, zweier verwegener Männer, die Carnuten auf ein gegebenes Zeichen in Cenabum zusammen, ermordeten die römischen Bürger, die sich daselbst als Händler niedergelassen hatten, und plünderten ihr Gut. Unter den Ermordeten befand sich auch ein angesehener römischer Ritter namens Gaius Fufius Cita, der im Auftrag Caesars die Aufsicht über das Verpflegungswesen übernommen hatte. Die Kunde von diesem Ereignis drang sofort zu allen gallischen Stämmen. Denn jeden größeren und wichtigeren Vorfall teilen die Gallier sich über die Felder und das umliegende Land durch Zuruf mit; andere nehmen ihn der Reihe nach auf und geben ihn an die Nachbarn weiter. So auch damals. Denn was in Cenabum um Sonnenaufgang geschah, vernahm man bereits vor dem Ende der ersten Nachtwache im Arvernerland, obgleich die Entfernung etwa 160 Meilen beträgt.

4. Dort trieb in ähnlicher Weise der Arverner Vercingetorix,

der Sohn des Celtillus, ein sehr mächtiger junger Mann, dessen Vater der bedeutendste Adlige in ganz Gallien gewesen war, den die Arverner aber, weil er nach der Königskrone strebte, umgebracht hatten, ohne Mühe seine von ihm aufgebotenen Schutzgenossen zum Aufstand. Als man von seinen Absichten hörte, eilte man zu den Waffen; doch Gobannitio, der Oheim des Vercingetorix, sowie die übrigen Fürsten, die sich auf ein solches Abenteuer nicht einlassen wollten, warfen sich dazwischen und jagten Vercingetorix aus der Stadt Gergovia. Er ließ sich indes von seinem Plan nicht abbringen und veranstaltete auf dem Land unter ärmlichem Gesindel eine Aushebung. Aus diesen Leuten brachte er eine Mannschaft zusammen und gewann alle Stammesgenossen, an die er herantrat, für seinen Plan; er forderte sie auf, für die Sache der allgemeinen Freiheit zu den Waffen zu greifen. So versammelte er eine große Truppenmacht und konnte seinerseits die politischen Gegner, von denen er kurz zuvor vertrieben worden war, aus dem Stamm der Arverner verjagen. Seine Anhänger gaben ihm den Königstitel. Nach allen Seiten schickte er Gesandtschaften aus und beschwor die Gallier, treu zu bleiben. Die Senonen, Parisier, Pictonen, Cadurcer, Turonen, Aulercer, Lemovicen, Ander und die übrigen an den Ozean grenzenden Völkerschaften brachte er schnell auf seine Seite; mit aller Einverständnis wurde ihm der Oberbefehl gegeben. Kraft der ihm übertragenen Gewalt legte Vercingetorix diesen Stämmen die Stellung von Geiseln auf; er befahl, ihm schnell eine festgesetzte Zahl Soldaten zuzuführen, und bestimmte die Menge der Waffen, die jeder Stamm daheim herzustellen habe, und bis zu welchem Zeitpunkt sie abzuliefern seien; vor allem aber befaßte er sich mit der Aufstellung einer Reiterei. Mit der äußersten Sorgfalt seiner Entwürfe verband er die strengste Handhabung der Befehlsgewalt; durch die Härte seiner Strafen bezwang er die noch Unschlüssigen. Denn wer sich schwerer vergangen hatte, wurde mit allen erdenklichen Foltern durch Feuer hingerichtet, bei leichteren Verbrechen ließ er den Missetätern die Ohren abschneiden oder auch ein Auge ausstechen, worauf er sie heimgehen ließ, damit sie den übrigen eine Warnung seien und durch die Größe ihrer Strafe auf die anderen abschreckend wirkten.

5. Derartige Strafen ließen ihn schnell ein Heer zusammenbringen. Nun entsandte er unter der Führung des Cadurcen Lucterius, eines sehr verwegenen Mannes, einen Teil seiner Truppen zu den Rutenern; er selbst marschierte in das Land der Biturigen. Bei seiner Ankunft schickten die Biturigen zu den Haeduern, in deren Schutz sie standen, Gesandte mit der Bitte um Hilfe, um so den Truppen der Feinde leichter entgegentreten zu können. Die Haeduer entsandten auf den Rat der von Caesar beim Heer zurückgelassenen Legaten Reiterei und Fußvolk, die den Biturigen helfen sollten. Als diese Truppen den Liger erreicht hatten, welcher die Biturigen von den Haeduern scheidet, blieben sie dort einige Tage stehen; dann kehrten sie wieder um, ohne den Flußübergang gewagt zu haben, und meldeten unseren Legaten, sie seien aus Furcht vor der Untreue der Biturigen zurückgekehrt; denn sie hätten zuverlässige Kunde erhalten, daß man sie nach dem Flußübergang habe einschließen wollen, auf der einen Seite die Biturigen, auf der anderen die Arverner. Ob die Haeduer tatsächlich aus diesem den Legaten mitgeteilten Grund so handelten oder aus Treulosigkeit, läßt sich nicht als sicher hinstellen, da es uns nicht im geringsten bekannt ist. Die Biturigen aber vereinigten sich nach deren Abzug sofort mit den Arvernern.

6. Die Nachricht von diesen Vorgängen erhielt Caesar in Italien. Als er sah, daß die Dinge in der Stadt durch die Energie des Gnaeus Pompeius wieder erträglichere Formen angenommen hatten, reiste er in das jenseitige Gallien. Dort geriet er in große Verlegenheit, wie er zu seinem Heer kommen könnte. Denn wenn er die Legionen in die Provinz zog, dann mußten sie sich, wie er sah, ohne ihn auf dem Marsch einer Schlacht stellen, und wenn er selbst zum Heer aufbrechen wollte, tat er offenbar recht daran, wenn er seine Person nicht

einmal mehr den Stämmen anvertraute, die damals noch befriedet zu sein schienen.

7. Unterdessen gelang es dem Cadurcer Lucterius, die Rutener mit den Arvernern zu verbinden. Dann marschierte er zu den Nitiobrogen und Gabalern und empfing von beiden Stämmen Geiseln. Da seine Truppenmacht inzwischen sehr gewachsen war, hatte er sich zu einem Einfall in die römische Provinz entschlossen, und zwar in der Richtung auf die Stadt Narbo. Auf die Nachricht von diesen Vorgängen hin schien es Caesar gut, alle übrigen Pläne zurückzustellen und zunächst nach Narbo zu eilen. Dort angekommen, ermutigte er zuerst die zaghafte Bevölkerung; dann legte er einzelne Schutzkommandos zu den zur Provinz gehörigen Rutenern, arecomischen Volcern, Tolosaten und in die Gegend um Narbo, die unmittelbar am Feind lag. Den (anderen) Teil der Truppen aus der Provinz sowie den Ersatz, den er aus Italien herangeführt hatte, ließ er sich im Land der Helvier sammeln, eines Nachbarstamms der Arverner.

8. Inzwischen wurde Lucterius zurückgedrängt und zum Abzug gezwungen; und er zog ab, weil er ein Eindringen in den Bereich der römischen Schutzkommandos für zu gefährlich erachtete. Caesar jedoch hatte seinerseits alle die erwähnten Schutzmaßnahmen getroffen und marschierte nun ebenfalls ins Land der Helvier. Das Cebenna-Gebirge, das wie eine fast unüberwindliche Sperre zwischen dem Arvernerland und den Helviern liegt, war in dieser ganz rauhen Jahreszeit noch von tiefem Schnee bedeckt; der Weg schien ungangbar. Aber Caesar ließ den Schnee bis zu einer Tiefe von 6 Fuß wegräumen und machte so die Wege passierbar, auf denen er unter höchster Anstrengung der Soldaten ins Arvernerland gelangte. Der Überfall kam den Arvernern ganz unvermutet, weil sie sich hinter dem Gebirge wie hinter einer Mauer sicher glaubten; auch hatte bisher ein einzelner Mensch in dieser Jahreszeit niemals die Bergpfade benutzen können. Caesar gab der Reiterei den Befehl, möglichst weit herumzuschweifen, um so den

Feinden einen gewaltigen Schrecken einzujagen. Schnell gelangte die Kunde hiervon durch das Gerücht und Boten zu Vercingetorix. Alle Arverner drängten sich entsetzt um ihn und beschworen ihn, ihren Besitz zu schützen und seine Plünderung nicht zu dulden, zumal er doch sehe, daß der Krieg mit allen seinen Schrecknissen sich in ihr Land gezogen habe. Vercingetorix gab ihren Bitten nach und zog aus dem Biturigenland ab ins Arvernische.

9. Aber Caesar hielt sich nur zwei Tage in diesen Gegenden auf. Er hatte sich gedacht, daß Vercingetorix so handeln werde. Unter dem Vorwand, Ersatztruppen und Reiterei zusammenziehen zu wollen, verließ er diesen Teil des Heeres und unterstellte ihn dem Kommando des jungen Brutus. Dieser erhielt die Anweisung, nach allen Richtungen seine Reiter möglichst weite Streifen unternehmen zu lassen; er werde sich bemühen, nicht mehr als drei Tage vom Lager abwesend zu sein. Darauf reiste Caesar, ohne daß jemand von seinen Leuten etwas ahnte, in Eilmärschen nach Vienna. Hier erhielt er jüngst ausgehobene Reiterei, die er schon viele Tage vorher dorthin voraufgeschickt hatte, und eilte mit ihr, ohne den Marsch bei Tag und Nacht zu unterbrechen, durch das Land der Haeduer zu den Lingonen, wo zwei Legionen überwinterten; so wollte er den Haeduern, falls auch sie einen Anschlag gegen sein Leben geplant haben sollten, durch die Schnelligkeit zuvorkommen. Dort angekommen, schickte er sofort zu den übrigen Legionen; er konnte, noch ehe die Arverner sein Eintreffen beim Heer erfuhren, alle Legionen an einer Stelle zusammenziehen. Daraufhin führte Vercingetorix sein Heer wieder zu den Biturigen zurück und marschierte von dort nach der von Boiern bewohnten Stadt Gorgobina – die Boier waren nach ihrer Niederlage im Helvetischen Krieg von Caesar dort angesiedelt und den Haeduern als Klienten überwiesen worden. Diese Stadt begann Vercingetorix zu bestürmen.

10. In solcher Lage war es für Caesar sehr schwierig, einen Plan zu entwerfen, denn er mußte befürchten, daß nach Be-

siegung eines haeduischen Klientelstammes ganz Gallien abfallen werde, wenn er den Rest des Winters hindurch die Legionen an einer Stelle konzentriert hielt – sah er doch ganz klar, daß jene bei ihm so keine Hilfe würden finden können. Anderseits, wenn er die Legionen zu zeitig aus dem Winterlager herausführte, so bestand die Gefahr, daß er wegen der Schwierigkeiten bei der Zufuhr mit der Verpflegung zu kämpfen haben werde. Dennoch schien es besser, alle Schwierigkeiten auf sich zu nehmen, als eine so große Schande zu ertragen und sich die Zuneigung aller seiner Anhänger zu verscherzen. Er forderte daher die Haeduer auf, Verpflegung heranzuschaffen, und sandte einen Boten an die Boier, der ihnen von seinem Anrücken Kenntnis geben und sie ermahnen sollte, treu zu bleiben und mutig die Angriffe der Feinde zurückzuweisen. Zwei Legionen und das schwere Gepäck des ganzen Heeres ließ Caesar in Agedincum zurück; mit den anderen Truppen trat er den Marsch zu den Boiern an.

11. Am folgenden Tag traf er vor Vellaunodunum, einer Stadt der Senonen, ein. Da er keinen Feind in seinem Rücken brauchen konnte, um in der ungehinderten Zufuhr der Lebensmittel um so freier zu sein, ging er an eine Belagerung der Stadt, die er innerhalb von zwei Tagen mit einem Wall einschließen ließ. Am dritten Tag wurden aus der Stadt Gesandte zwecks Übergabe an ihn geschickt. Er wies die Einwohner an, die Waffen zusammenzutragen, die Zugtiere vorzuführen und 600 Geiseln zu stellen. Zur Abwicklung dieser Maßnahmen ließ er den Legaten Gaius Trebonius zurück; er selbst zog, um möglichst schnell sein Marschziel zu erreichen, nach Cenabum im Land der Carnuten. Die Carnuten hatten damals erst die Nachricht von dem Sturm auf Vellaunodunum erhalten; da sie glaubten, daß sich die Belagerung in die Länge ziehen werde, rüsteten sie gerade zum Schutz Cenabums eine Truppenabteilung aus, um sie dorthin zu entsenden. Nach zwei Marschtagen langte Caesar dort an. Vor der Stadt wurde das Lager aufgeschlagen. Da er wegen der vorgerückten Tageszeit den Sturm

auf den folgenden Tag verschieben mußte, befahl er den Soldaten, alles dazu Erforderliche vorzubereiten. Nun führte bei Cenabum eine Brücke über den Liger, und Caesar fürchtete, die Feinde möchten während der Nacht fluchtartig die Stadt verlassen. Er ließ daher zwei Legionen unter den Waffen (als Außenwache) biwakieren. Tatsächlich verließen kurz vor Mitternacht die Bewohner von Cenabum die Stadt und begannen, über den Fluß zu gehen. Caesar erfuhr davon durch Spähtrupps. Er schickte sofort die Legionen, die sich gefechtsbereit hatten halten müssen, in die Stadt, nachdem er an die Tore hatte Feuer legen lassen; so bemächtigte er sich der Stadt. Nur ganz wenige von den Feinden wurden vermißt, so daß man beinahe alle gefangen nahm, da die Enge der Brücke und der Wege den Einwohnern die Flucht unmöglich machte. Caesar ließ die Stadt plündern und anzünden; die Beute schenkte er den Soldaten. Dann setzte er mit dem Heer über den Liger und traf im Land der Biturigen ein.

12. Als Vercingetorix von der Ankunft Caesars erfuhr, brach er die Bestürmung von Gorgobina ab und warf sich Caesar entgegen, der einen Sturm auf Noviodunum unternommen hatte. Dies ist eine Stadt der Biturigen, die auf seinem Weg lag. Als aus dieser Stadt zu ihm Gesandte kamen, mit der Bitte, ihnen zu verzeihen und ihr Leben zu schonen, ließ er auch sie lediglich wieder die Waffen zusammentragen, die Pferde vorführen und Geiseln stellen; denn er wollte mit der Schnelligkeit, mit der er bisher alles erreicht hatte, auch den noch übrigen Teil seines Kriegsplans durchführen. Schon hatten die Feinde einen Teil der Geiseln ausgeliefert; man war mit der weiteren Durchführung von Caesars Anordnungen beschäftigt, und die Centurionen und einige Soldaten waren in die Stadt entsandt worden, um die Waffen und Pferde in Empfang zu nehmen. Plötzlich sah man in der Ferne die Reiterei, welche die Spitze von Vercingetorix' Heereszug bildete. Sobald die Städter sie zu Gesicht bekamen, faßten sie die Hoffnung auf Entsatz. Sie griffen unter Geschrei wieder zu den Waffen, schlossen die

Tore und füllten die Mauer. Die in der Stadt (eingeschlossenen) Centurionen merkten an dem Gebaren der Gallier, daß diese entschlossen waren, neuen Widerstand zu leisten, worauf sie mit gezückten Schwertern die Tore besetzten und ihre Leute ohne Verlust zum Lager zurückführten.

13. Caesar ließ die Reiterei aus dem Lager ausrücken und begann ein Reitergefecht. Als seine (gallischen) Reiter in Bedrängnis gerieten, schickte er ihnen etwa 400 germanische Reiter zu Hilfe, die er seit Beginn (dieses Feldzuges) bei sich hatte. Das war eine neue Einrichtung. Die Germanen ritten die Gallier über den Haufen und schlugen sie in die Flucht; mit großem Verlust mußten sie sich auf ihre Hauptmacht zurückziehen. Diese Niederlage sahen die Städter mit Entsetzen, und sie ergriffen diejenigen, die das Volk nach ihrer Meinung zu dem Abfall verführt hatten, um sie Caesar vorzuführen und sich nun wirklich zu ergeben. Darauf marschierte Caesar auf Avaricum zu, die größte und festeste Stadt im Land der Biturigen, in einer außerordentlich fruchtbaren Gegend. Er war der festen Überzeugung, daß er nach dem Fall dieser Stadt den Stamm der Biturigen wieder in seine Hand bekommen werde.

14. Die zahlreichen unmittelbar aufeinanderfolgenden Niederlagen bei Vellaunodunum, Cenabum und Noviodunum veranlaßten Vercingetorix, eine allgemeine Versammlung seiner Anhänger zu berufen. Auf dieser Versammlung erklärte er, man müsse den Krieg ganz anders als bisher führen; insbesondere sei es von Wichtigkeit, die Römer an der Einbringung des Grünfutters und dem Lebensmittelnachschub zu hindern. Angesichts ihrer Überlegenheit an Reiterei und bei der günstigen Jahreszeit sei das nicht schwer. Die Wiesen könnten noch nicht gemäht werden; daher seien die Feinde gezwungen, einzeln Futter aus den Häusern zu holen; alle diese Soldaten könnten täglich von ihren Reitern umgebracht werden. Ferner sei es ihre Pflicht gegenüber dem Wohl des Ganzen, die Erhaltung ihres eigenen Besitzes zurückzustellen; Dörfer und Gehöfte müßten von ihnen in Brand gesteckt werden, und zwar

so weit rechts und links des Weges, als die Römer zum Futterholen sich entfernen könnten. Ihnen selbst hingegen stehe genügend Unterhalt zur Verfügung, weil sie sich von den Mitteln derer erhalten würden, in deren Land der Krieg geführt werde; die Römer würden den Mangel entweder nicht ertragen können oder sich unter großer Gefahr weit vom Lager entfernen müssen. Dabei sei es schließlich nicht so wichtig, ob sie die Soldaten töteten oder ihnen das Gepäck wegnähmen, denn ohne dieses könnten sie den Krieg nicht führen. Außerdem müßten sie sämtliche Städte anzünden, die nicht durch künstliche Befestigungen und natürliche Lage gegen alle Gefahr geschützt seien; denn diese dürften für die Ihren kein Schlupfwinkel sein, um sich dem Kriegsdienst zu entziehen, und für die Römer kein Anreiz, die dort in Menge aufgespeicherten Lebensmittel und das sonstige Eigentum wegzuschleppen. Käme es sie auch bitterschwer an, was er befehle, so müßten sie es noch als weit härter empfinden, wenn ihre Kinder und Frauen in die Knechtschaft geführt, sie selbst getötet würden; und diesem Schicksal könne nach dem Sieg der Römer keiner entrinnen.

15. Dieser Vorschlag fand allgemeine Zustimmung. An einem einzigen Tag gingen mehr als 20 biturigische Ortschaften in Flammen auf. Gleiches geschah bei den übrigen Stämmen. Überall sah man die Feuersäulen aufsteigen. Freilich empfanden alle über diese Maßnahme großen Schmerz; aber sie trösteten sich mit dem Glauben, nach dem Sieg die Verluste schnell wieder ausgleichen zu können. Man beriet auf der Zusammenkunft auch über das Schicksal Avaricums und überlegte, ob man es anzünden oder verteidigen solle. Da warfen sich die Biturigen allen Galliern zu Füßen und flehten, sie nicht zu zwingen, die schönste Stadt von fast ganz Gallien, die stolzeste Festung ihres Stammes mit eigenen Händen in Brand zu stecken. Sie würden Avaricum dank seiner natürlichen Lage leicht verteidigen können; denn es sei auf fast allen Seiten von einem Fluß und Sumpf umgeben und habe nur einen einzigen, sehr schma-

len Zugang. Man gewährte den Biturigen ihre Bitte. Zwar hatte Vercingetorix anfangs dem Vorschlag widerraten; dann aber gab er nach, bestimmt durch die Bitten der Biturigen und die mitleidsvolle Anteilnahme der Allgemeinheit. Darauf suchte man die geeignetsten Verteidiger für die Stadt aus.

16. Vercingetorix zog in kurzen Märschen hinter Caesar her und suchte für sein Lager einen Platz aus, der, durch Sümpfe und Wälder geschützt, von Avaricum 16 Meilen entfernt war. Durch zuverlässige Späher ließ er sich dort stündlich über die Vorgänge vor Avaricum unterrichten und gab daraufhin seine Anweisungen. Jeden unserer Züge nach Grünfutter und Lebensmitteln beobachtete er und überfiel die zerstreuten Soldaten, wenn sie sich notwendigerweise weiter vorwagten. Man erlitt dadurch große Verluste, obgleich man dem seitens der Unsrigen, soweit es sich voraussehen ließ, dadurch zu begegnen suchte, daß man zu wechselnden Zeiten und auf ganz verschiedenen Wegen auszog.

17. Nachdem Caesar sein Lager auf der Seite der Stadt hatte schlagen lassen, wo der Fluß und der Sumpf jenen oben erwähnten schmalen Zugang ließen, ging er daran, einen Belagerungsdamm aufführen, Sturmdächer vorschieben und zwei Türme erbauen zu lassen; denn das Gelände verbot es, die Stadt mit einem Wall einzuschließen. Unablässig mahnte er die Boier und Haeduer an den Nachschub der Verpflegung; denn die einen betrieben die Sache sehr lässig und waren daher keine große Hilfe, während die andern ob ihrer Armut – der Stamm der Boier war klein und schwach – selbst ihre Vorräte schnell aufzehrten. Aber obgleich das Heer infolge der Armut der Boier, der Saumseligkeit der Haeduer und der Einäscherung der Häuser mit dem Nachschub in die größten Schwierigkeiten geriet – kam es doch soweit, daß die Soldaten mehrere Tage lang kein Getreide hatten und ihren Hunger mit dem Fleisch von dem Vieh stillen mußten, das sie aus entfernteren Dörfern herbeischafften –, so hörte man doch von ihnen kein Wort, das der Hoheit des römischen Volkes und der früheren Siege un-

würdig gewesen wäre. Im Gegenteil: Als Caesar bei der Arbeit die einzelnen Legionen ansprach und erklärte, er werde, wenn sie die Not zu schwer ankomme, die Belagerung aufheben, baten sie ihn einhellig, das nicht zu tun. Sie hätten sich etliche Jahre hindurch unter seinem Kommando solche Verdienste erworben, daß sie eine Schande wie diese nicht auf sich nähmen und niemals unverrichteter Dinge abzögen. Sie würden es als Schimpf empfinden, wenn sie die begonnene Belagerung aufgeben müßten. Es sei besser, alle Widerwärtigkeiten zu ertragen, als den Tod der treulos von den Galliern in Cenabum ermordeten römischen Bürger nicht zu rächen. Dasselbe übermittelten die Soldaten den Centurionen und Militärtribunen, damit es auch auf diesem Weg Caesar mitgeteilt werde.

18. Als sich die Türme schon der Stadtmauer näherten, erfuhr Caesar von Gefangenen, daß Vercingetorix kein Futter mehr habe und deshalb näher an Avaricum herangerückt sei. Um einen Hinterhalt zu legen, habe er mit der Reiterei und den Leichtbewaffneten, die zwischen den Reitern zu kämpfen pflegten, einen Zug an die Stelle unternommen, von der er annehme, daß unsere Leute dort am folgenden Tag Grünfutter holen würden. Daraufhin marschierte Caesar still um Mitternacht ab und erreichte in der Frühe das gallische Lager. Die Feinde hatten die Ankunft Caesars von Kundschaftern schnell erfahren; sie führten daher ihre Wagen und ihr Gepäck tiefer in das Waldesdickicht und stellten ihre ganzen Truppen auf einem offenen Hügel in Schlachtordnung auf. Daraufhin ließ Caesar die Soldaten schnell das Traggepäck zusammenlegen und die Waffen gefechtsbereit machen.

19. Der (von den Feinden besetzte) Hügel stieg ganz sanft von unten her an. Es umgab ihn auf fast allen Seiten ein schwer zu passierender Sumpf, der allerdings nur 50 Fuß breit war. Auf dem Hügel hatten die Gallier, dem Gelände vertrauend, Aufstellung genommen, nachdem sie vorher die Brükken abgebrochen hatten. Stammweise verteilt überwachten sie aufmerksam sämtliche Furten und die den Sumpf bedeckenden

Waldstreifen. Sie waren dazu entschlossen, falls die Römer den Übergang über den Sumpf versuchen sollten, ihnen, wenn sie in dem Sumpf stecken blieben, von der Höhe herab stark zuzusetzen, so daß, wer die geringe Entfernung der beiden Heere sah, hätte glauben können, die Gallier seien zu einem Kampf unter gleichen Bedingungen bereit; wer aber die ungünstigen Bedingungen des Geländes durchschaute, erkannte, daß jene sich nur mit leerem Schein brüsteten. Die Soldaten waren ungehalten, daß die Feinde ihren Anblick noch aus solcher Nähe ertrugen, und forderten von Caesar stürmisch das Zeichen zur Schlacht; aber Caesar setzte ihnen auseinander, mit welchen Opfern und mit wie vieler tapferer Männer Tod der Sieg erkauft werden müsse. Wenn sie entschlossen wären, sich für seinen Ruhm jeder Gefahr auszusetzen, dann müsse man ihm ganz unerhörte Selbstsucht vorwerfen, wenn ihm nicht ihr Leben wertvoller sei als sein Ruhm. So tröstete er die Soldaten. Noch am selben Tag führte er sein Heer ins Lager zurück, wo er alles für den Sturm auf die Stadt noch Erforderliche fertigstellen ließ.

20. Als Vercingetorix zu den Seinen zurückkehrte, wurde er des Verrates bezichtigt, weil er sein Lager so nahe dem der Römer aufgeschlagen, weil er sich mit der ganzen Reiterei entfernt, weil er ohne Oberbefehl so große Truppenmassen zurückgelassen habe und weil nach seinem Weggang die Römer in einem für sie so günstigen Augenblick und mit so großer Schnelligkeit angerückt seien. Das habe nicht alles zufällig oder ohne Absicht eintreten können; er wolle sicher lieber das gallische Königtum durch Caesars Gnade als durch ihre Güte besitzen. Auf diese Anklage antwortete Vercingetorix etwa wie folgt: Das Lager habe er abbrechen müssen, weil kein Grünfutter mehr vorhanden gewesen sei, und sie hätten selbst dazu geraten; daß er näher an die Römer herangerückt sei, dazu habe ihn das günstige Gelände bestimmt, da der Platz sich selbst ohne Verschanzungen verteidige; die Tätigkeit der Reiter sei in dem sumpfigen Gelände (des Lagers) entbehrlich

gewesen, während sie dort, wohin sie gezogen, von großem Nutzen war. Den Oberbefehl habe er bei seinem Fortgang absichtlich niemandem übertragen; denn er habe verhindern wollen, daß jenen die Leidenschaft der Menge zum Kampf zwinge – sehe er doch ganz klar, daß sie wegen ihrer Weichlichkeit eine Schlacht forderten; denn sie seien außerstande, die Kriegsstrapazen noch länger zu ertragen. Wenn die Römer durch Zufall dazwischen gekommen seien, so habe man es dem Schicksal zu danken, wenn durch Verrat, dem Verräter, daß man ihre schwache Zahl von dem Hügel herab erkennen und auf ihre vermeintliche Tapferkeit mit Verachtung herabsehen konnte, da jene nicht den Mut zum Kampf aufgebracht hätten und schimpflich ins Lager zurückgewichen seien. Den Oberbefehl wünsche er niemals von Caesar durch Verrat zu bekommen, da er ihn durch den Sieg besitzen könne, der ihm und allen Galliern bereits jetzt schon ganz sicher sei; ja, er überlasse sogar ihnen wieder den Oberbefehl, wenn sie das Gefühl hätten, sie verliehen ihm im Verhältnis zu der Rettung, die sie von ihm empfingen, zu hohe Ehren. »Und damit ihr seht, daß ich die Wahrheit spreche«, rief er aus, »so hört römische Soldaten.« Er ließ nun ein paar Sklaven vorführen, die einige Tage vorher aufgegriffen worden waren und die er durch Hunger und Fesseln hatte foltern lassen. Die Sklaven waren bereits vorher darüber unterrichtet worden, welche Antwort sie auf die Fragen zu geben hätten. Sie erklärten also, römische Soldaten zu sein; Hunger und Mangel habe sie dazu getrieben, das Lager heimlich zu verlassen und zu versuchen, ob sie auf den Feldern etwas Getreide oder Vieh auftreiben könnten; ähnlich wie sie drücke der Hunger das ganze Heer; schon reichten bei allen die Kräfte nicht mehr hin, und niemand mehr könne die mit der Schanzarbeit verbundenen Strapazen ertragen; daher habe der Oberfeldherr beschlossen, wenn er in den nächsten drei Tagen mit der Belagerung der Stadt keine Fortschritte mache, das Heer von hier fortzuführen. Da rief Vercingetorix aus: »Das alles habt ihr mir zu verdanken, den ihr des Verrates anklagt, durch dessen Mühe, wie ihr seht, ein großes und siegreiches Heer, ohne daß euer Blut vergossen ward, allein durch den Hunger fast aufgerieben ist; daß kein Stamm dieses Heer bei seinem fluchtartigen Rückzug innerhalb seiner Grenzen aufnimmt, dafür habe ich gesorgt.«

21. Das ganze Heer jauchzte Beifall und stieß nach gallischer Sitte die Waffen klirrend zusammen, wie sie immer tun, wenn ihnen eine Rede gefällt. Vercingetorix, rufen sie, sei ihr oberster Führer. Man dürfe weder an seiner Zuverlässigkeit zweifeln, noch könne man den Krieg besser führen. Sie beschließen, 10 000 Auserlesene aus allen Truppen in die Stadt zu Hilfe zu schicken, und äußern sich dahin, daß man den Biturigen nicht allein die gemeinsame Rettung überlassen solle; sahen sie doch, daß der siegreiche Ausgang des Krieges ihnen zu verdanken sei, wenn sie diese Stadt halten könnten.

22. Die einzigartigen Leistungen unserer Soldaten wurden durch Gegenmaßnahmen jeder Art von den Galliern zunichte gemacht, wie denn dieser Menschenschlag überhaupt sehr geschickt ist und fähig, alles nachzuahmen und zu bewerkstelligen, was man ihnen zeigt. So lenkten sie unsere Mauersicheln durch Anwendung von Schlingen ab, indem sie die Sicheln, wenn sie mit den Schlingen gefaßt waren, vermittelst Winden in die Stadt zogen. Auch brachten sie den Damm zum Einsturz, und zwar durch Stollen, deren Bau sie um so eher verstanden, als es dort große Eisenbergwerke gibt und jede Art von Stollen bei ihnen bekannt ist und angewandt wird. Schließlich hatten sie überall auf der Mauer Türme errichtet und diese mit Stockwerken versehen und mit (nassen) Fellen überdeckt. Anhaltend machten die Gallier bei Tag und Nacht Ausfälle. Entweder legten sie Feuer an den Damm, oder sie fielen über die mit den Belagerungsarbeiten beschäftigten Soldaten her. Und um wieviel der tägliche Fortschritt der Arbeit den Belagerungsdamm erhöhte, stets suchten sie ihre Türme gleichhoch zu halten mit denen der Römer, indem sie die (in die Luft ragenden) Eckbalken ihrer Türme (zu neuen Stockwerken) miteinander ver-

banden. Das Vortreiben der Minengänge aber verzögerten sie dadurch, daß sie diese öffneten und vorn gehärtete, spitze Balken, heißes Pech und ganz schwere Felsblöcke hineinwarfen. So versuchten sie ein Heranbringen der Laufgräben an die Stadtmauer unmöglich zu machen.

23. Alle gallischen Mauern haben etwa folgende Form: Man legt (eine Schicht) Balken fortlaufend im rechten Winkel zur Richtung des Mauerzuges auf den Erdboden; die Abstände der Balken sind gleich und betragen 2 Fuß. Sie werden im Innern (der Mauer) verkämmt und vernagelt und mit vielem Boden umkleidet; an der Außenseite stopft man die erwähnten Zwischenräume mit großen Felsblöcken voll. Sind diese Balken gelegt und miteinander verklammert, so wird eine zweite Schicht darübergelegt unter Wahrung des gleichen Abstandes, so daß die Balken einander nicht berühren, sondern unter Einhaltung der gleichen Abstände in einzelne dazwischen gelegte Steinpackungen fest eingebettet werden. So wird Schicht über Schicht gelegt, bis die Mauer die richtige Höhe erreicht hat. Was das äußere Bild und die Abwechslung angeht, so ist ein solcher Bau nicht unschön, weil immer die Balken und Felsblöcke einander ablösen, die jedesmal gradlinige Schichten bilden. Besonders für eine erfolgreiche Verteidigung der Städte ist diese Konstruktion sehr vorteilhaft, weil vor dem Feuer der Stein und vor dem Widder das Holzwerk schützt, das (noch obendrein) durch Längsbalken von 40 Fuß meist im Innern der Mauer verkämmt und vernagelt ist und weder durchgeschlagen noch auseinandergerissen werden kann.

24. Obwohl alle diese Maßnahmen der Gallier die Belagerungsarbeiten erheblich hemmten und überdies unsere Soldaten während der ganzen Zeit durch die Kälte und anhaltende Regengüsse aufgehalten waren, überwanden sie doch durch ihre zähe Arbeit alle diese Hindernisse und erbauten in 25 Tagen einen Belagerungsdamm von 330 Fuß Breite und 80 Fuß Höhe. Als der Damm fast die Stadtmauer der Feinde erreichte, während Caesar bei der Arbeit biwakierte, wie er es gewöhnlich

tat, und die Soldaten anfeuerte, jeden Augenblick auf die Arbeiten zu verwenden, bemerkte man kurz vor der dritten Nachtwache, daß aus dem Damm Rauch aufstieg. Die Feinde hatten ihn von einem Minengang aus unten angezündet. Zu gleicher Zeit erhoben sie auf der ganzen Mauer großes Geschrei und machten aus beiden Toren rechts und links der Türme einen Ausfall. Ein anderer Teil der Feinde warf aus der Ferne Fackeln und Reisig von der Mauer auf den Damm und goß Pech und sonstige feuerfangende Stoffe darüber, so daß man kaum Zeit hatte zu überlegen, wo man zuerst hinlaufen oder welchem Übel man abhelfen sollte. Weil jedoch nach Caesars Anordnung stets zwei Legionen vor dem Lager biwakierten und noch mehr Legionen abwechselnd bei der Schanzarbeit tätig waren, ließ es sich schnell durchführen, daß die einen die Ausfälle zurückwiesen, andere die Türme zurückbrachten und in den Damm eine Lücke rissen, während alle sonstigen verfügbaren Leute aus dem Lager herbeieilten, um den Brand zu löschen.

25. Es war bereits Tag geworden, und noch kämpfte man überall. Immer wieder kam den Feinden die Hoffnung zu siegen, und dies um so mehr, als sie sahen, daß die Schutzwände der Türme verbrannt waren und niemand ohne Dekkung so leicht herankommen konnte, um (den Turmbesatzungen) Hilfe zu bringen. Da ferner immer frische Kämpfer an die Stelle der ermüdeten Mannschaften traten und die Gallier glaubten, daß die Rettung von ganz Gallien auf diesen Augenblick gestellt sei, ereignete sich vor unseren Augen etwas, das wir als denkwürdig unbedingt erzählen müssen. Vor einem Stadttor stand ein Gallier und warf schon einige Zeit Klumpen aus Talg und Pech, die von Hand zu Hand durchgereicht wurden, gegenüber dem (einen) Turm in das Feuer. Ein Schuß aus einem Mehrladegeschütz traf ihn auf der rechten Seite, und er brach tot zusammen. Da stieg einer von den Nächststehenden über seine Leiche und versah die Tätigkeit des Gefallenen. Auch dieser fiel ebenso, von einem Pfeil des Mehrladegeschützes

getroffen. An die Stelle des zweiten Galliers trat ein dritter, an die des dritten ein vierter, und nicht eher räumten die Kämpfer diesen Platz, als bis der Dammbrand gelöscht und die Feinde überall zurückgeworfen waren, wodurch dem Kampf ein Ende gesetzt wurde.

26. Alle Gegenmaßnahmen der Gallier waren mithin erfolglos geblieben. So faßten sie den Entschluß, am anderen Tag aus der Stadt zu fliehen, was ihnen Vercingetorix nachdrücklich geraten hatte und schließlich befehlen mußte. Sie hofften, ihre Flucht, wenn sie in der Stille der Nacht unternommen werde, ohne allzu große Verluste bewerkstelligen zu können; denn das Lager des Vercingetorix befand sich nicht weit von der Stadt, und der sehr ausgedehnte Sumpf, der dazwischenlag, verzögerte eine Verfolgung der Römer erheblich. Schon trafen sie Anstalten, ihr Vorhaben während der Nacht auszuführen, als die verheirateten Frauen plötzlich auf die Straße liefen und sich weinend ihren Angehörigen zu Füßen warfen und sie inständig baten, sie und ihre gemeinschaftlichen Kinder, die durch ihr Geschlecht und ihre schwachen Kräfte an der Flucht gehindert seien, nicht der Rache des Feindes zu überlassen. Aber sie mußten sehen, daß jene in ihrer Absicht verharrten, denn meistens kennt die Furcht in der höchsten Gefahr kein Mitleid; darauf erhoben sie ein lautes Geschrei und verrieten durch allerlei Zeichen den Römern die beabsichtigte Flucht. Die Gallier fürchteten nun, daß die römische Reiterei die Wege vorher besetzen könnte; das erschreckte sie so, daß sie ihren Plan fallen ließen.

27. Am folgenden Tag befahl Caesar, einen Turm vorzuschieben und die Belagerungswerke, die er hatte bauen lassen, ⟨...⟩ Heftige Regenschauer gingen hernieder. Das Unwetter war, wie Caesar meinte, der Ausführung seines Planes sehr günstig. Weil er nun sah, daß die feindlichen Wachtposten etwas sorgloser auf der Mauer verteilt waren, befahl er auch seinen Soldaten, bei den Belagerungsarbeiten nachlässiger zu sein, und erklärte ihnen seinen Plan. Nachdem sich die Legio-

nen unter den Sturmlaubengängen insgeheim gefechtsbereit gemacht hatten, sprach Caesar sie an, sie sollten endlich für ihre lange, entsagungsvolle Arbeit durch den Sieg ihren Lohn bekommen, und setzte Geschenke für diejenigen aus, die zuerst die Mauer erstiegen hätten. Dann gab er den Soldaten das Zeichen zum Sturm. Plötzlich brachen sie überall hervor und füllten schnell die Mauer.

28. Der überraschende Überfall verbreitete Entsetzen unter den Feinden. Von der Mauer und den Türmen vertrieben, stellten sie sich auf dem Markt und sonstigen freieren Plätzen keilförmig auf, entschlossen, in einer regelrechten Schlacht den Entscheidungskampf zu kämpfen, wenn man gegen sie von irgendeiner Seite anrücke. Als sie aber sahen, daß niemand von der Mauer in die Stadt herabstieg, die Römer vielmehr nach und nach die ganze Mauer besetzten, warfen sie aus Furcht, es werde ihnen die Möglichkeit zur Flucht genommen werden, die Waffen weg und stürmten unaufhaltsam in die äußeren Stadtteile. Ein Teil von ihnen wurde dort, als sie sich gegenseitig in den engen Torwegen drängten, von unserem Fußvolk niedergemacht, den anderen Teil, der schon außerhalb der Tore war, hieb die Reiterei zusammen. Niemand von den Unsrigen aber dachte ans Plündern. Die Soldaten waren über den Mord von Cenabum und die Strapazen bei der Erbauung der Belagerungswerke so wütend, daß sie nicht die Greise, nicht die Frauen, nicht die Kinder schonten. Kurz, von der ganzen etwa 40 000 Köpfe zählenden Einwohnerschaft gelangten kaum 800, die sofort, als sie das Geschrei hörten, aus der Stadt weggelaufen waren, ohne Zwischenfall zu Vercingetorix. Er nahm sie – es war schon tief in der Nacht – in aller Stille nach der Flucht auf aus Furcht, es könne infolge ihres Eintreffens und durch die Anteilnahme der Menge sich eine allgemeine Erregung des Lagers bemächtigen. Infolgedessen ließ Vercingetorix durch seine Vertrauten, die er weitab auf dem Weg nach Avaricum verteilt hatte, und durch die Fürsten der Stämme die Flüchtlinge nach Stämmen sondern und zu dem Teil des Lagers füh-

ren, der einem jeden Stamm von Anfang an zugeteilt worden war.

29. Am folgenden Tag berief Vercingetorix eine Versammlung ein, auf der er sie tröstete und ermahnte, ja nicht ganz mutlos zu werden und sich nicht durch die Niederlage einschüchtern zu lassen. Nicht durch Tapferkeit noch in einer Feldschlacht hätten die Römer gesiegt, sondern durch eine gewisse technische Fertigkeit und Kenntnis der Belagerungskunst, über die sie selbst nicht verfügten. Diejenigen irrten, die etwa in einem Krieg lauter glückliche Erfolge erwarteten. Er sei niemals mit der Verteidigung Avaricums einverstanden gewesen, dessen seien sie selbst Zeugen; dieser Schlag sei der Torheit der Biturigen und der allzu großen Nachgiebigkeit der anderen zu danken. Doch er werde durch größere Erfolge die Niederlage schnell wieder ausgleichen. Denn die noch abseits stehenden Stämme Galliens werde er durch seine Umsicht auf seine Seite ziehen und eine Vereinigung von ganz Gallien zu einem einzigen Kriegsplan zustande bringen, dessen Einmütigkeit sich dann nicht einmal der Erdkreis widersetzen könne; ja, er habe dies eigentlich schon fast fertiggebracht. Vorläufig sei es berechtigt, wenn er um des allgemeinen Besten willen es bei ihnen durchzusetzen versuche, ein befestigtes Lager aufzuschlagen, um dadurch um so leichter plötzlichen Angriffen des Feindes Widerstand entgegensetzen zu können.

30. Diese Rede hörten die Gallier nicht ungern, und zwar vor allem deswegen, weil Vercingetorix selbst trotz einer solchen Niederlage nicht den Mut sinken ließ und sich nicht verborgen und das Heer gemieden hatte. Man glaubte von ihm, daß er mehr (als die anderen) vernünftig planen und vorausahnen könne, weil er, als noch alles gut stand, zunächst für die Einäscherung, hernach für die Aufgabe von Avaricum eingetreten war. Während daher sonst eine unglückliche Schlacht das Ansehen der Feldherrn mindert, stieg Vercingetorix' Einfluß trotz seiner Niederlage von Tag zu Tag. Gleichzeitig machte ihnen seine Versicherung Hoffnung, auch noch die

übrigen Stämme zu gewinnen. Zum erstenmal gingen damals die Gallier daran, ein befestigtes Lager aufzuschlagen, und sie waren (von allem) so betroffen, daß sie, die an Anstrengung nicht gewöhnt waren, gutwillig alles taten und litten, was er befahl.

31. Mit seiner ganzen Energie, die er versprochen hatte, sann nun Vercingetorix darauf, die noch übrigen Stämme auf seine Seite zu bringen, und er versuchte, ihre Fürsten durch Geschenke und Versprechungen an sich zu ziehen. Er wählte dazu geeignete Leute aus; jeder von ihnen verstand es, durch gewandte Rede oder persönlichen Einfluß andere zu gewinnen. Die Truppen, die nach der Erstürmung von Avaricum sich zu ihm geflüchtet hatten, ließ er neu bewaffnen und kleiden. Um gleichzeitig seine verminderten Truppen wieder aufzufüllen, mußten ihm die Stämme eine bestimmte Anzahl Soldaten stellen, und er setzte den Tag fest, bis zu dem sie im Lager eingetroffen sein sollten; außerdem befahl er, alle Bogenschützen, deren es in Gallien sehr viele gibt, auszuheben und zu seinem Heer zu senden. Durch diese Maßnahmen vermochte er schnell die Verluste von Avaricum auszugleichen. Inzwischen traf auch der Nitiobrogenkönig Teutomatus, der Sohn des Ollovico – letzterer hatte von unserem Senat den Titel »Freund« erhalten –, mit einer großen Anzahl eigener und sonst in Aquitanien ausgehobener Reiter bei Vercingetorix ein.

32. Caesar blieb noch mehrere Tage in Avaricum und ließ von dem großen Vorrat an Getreide und sonstigen Lebensmitteln, der ihm dort in die Hände gefallen war, das Heer sich von den Strapazen und Entbehrungen erholen. Der Winter war jetzt fast vorbei, und die Jahreszeit rief ihn ins Feld. Er hatte den Vormarsch gegen den Feind beschlossen, um zu versuchen, ihn entweder aus seinen Sümpfen und Wäldern herauszulocken oder durch Einschließung zu bedrängen. Da kamen plötzlich Fürsten der Haeduer als Gesandte zu ihm mit der Bitte, ihrem Stamm, der in einer höchst mißlichen Lage sei, zu Hilfe zu kommen. Die Gefahr sei sehr groß; denn während

seit alten Zeiten stets ein Haeduer zum obersten Beamten gewählt wurde und für ein Jahr königliche Machtbefugnis hatte, behaupteten nunmehr zwei Männer diese Stelle, von denen jeder erkläre, verfassungsmäßig gewählt worden zu sein. Der eine von ihnen, ein vermögender, adliger junger Mann, sei Convictolitavis, der andere Cotus, der einer sehr alten Familie entstamme und persönlich nicht nur sehr einflußreich sei, sondern auch einen weiten Verwandtenkreis habe; dessen Bruder Valetiacus sei im voraufgegangenen Jahre der oberste Beamte gewesen. Der ganze Stamm stehe in Waffen; gespalten sei der Rat, gespalten das Volk und die Klientel eines jeden (Adligen). Werde dieser Zwist noch länger genährt, so würden die beiden Parteien des Stammes miteinander kämpfen müssen; nur Caesars gewissenhaftes Vorgehen und sein Ansehen könnten solches verhindern.

33. Obgleich Caesar es als ein großes Unglück ansehen mußte, wenn er in diesem Augenblick den Krieg unterbrach und vom Feind abließ, so kannte er doch sehr gut die bösen Folgen, welche meist derartige Zerwürfnisse haben; und um zu verhüten, daß ein so mächtiger und dem römischen Volk so verbundener Stamm, den auch er selbst immer gefördert und in jeder Weise ausgezeichnet hatte, zu Waffengewalt schritt und der Teil der Haeduer, der minderes Zutrauen zu sich selbst hatte, sich von Vercingetorix Hilfe erbat, mußte er doch wohl vorbeugend einschreiten. Weil es nun nach den Gesetzen der Haeduer dem obersten Beamten nicht gestattet ist, das Land zu verlassen, entschloß er sich, selbst zu den Haeduern zu marschieren, um nicht den Eindruck zu erwecken, als habe er ihr Recht und die Macht ihrer Gesetze irgendwie geschmälert. Er berief ihren ganzen Rat und die streitenden Parteien zu sich nach Decetia. Dort versammelte sich fast der ganze Adel des Stammes. Als Caesar erfahren hatte, daß in einer Versammlung, zu der nur wenige insgeheim aufgeboten waren und die an anderer Stelle und zu anderer Zeit, als es hätte geschehen sollen, stattfand, ein Bruder von dem anderen als gewählt aus-

gerufen worden war, während die Gesetze verboten, daß zwei Familienmitglieder, solange beide lebten, überhaupt zu obersten Beamten gewählt wurden, ja es sogar unmöglich machten, daß beide im Rat saßen, zwang er den Cotus, auf seine Amtsgewalt zu verzichten, und hieß den Convictolitavis sie ausüben, da er nach (vorzeitigem) Rücktritt der Beamten der Sitte des Stammes gemäß von den Priestern gewählt worden war.

34. Nachdem Caesar diese Verfügung erlassen hatte, ermahnte er die Haeduer, ihre Streitigkeiten und Meinungsverschiedenheiten zu vergessen und nunmehr ausschließlich ihre Tätigkeit dem weiteren Krieg zu widmen; sie sollten sich die verdienten Belohnungen gegenwärtig halten, wenn er Gallien niedergeworfen habe, und ihm sofort ihre ganze Reiterei und 10 000 Mann Fußvolk zusenden, die er auf einzelne Posten verteilen wolle, um den Nachschub der Verpflegung zu sichern. Darauf teilte er sein Heer in zwei Teile: Vier Legionen befahl er dem Labienus zu den Senonen und Parisiern zu führen; er selbst rückte mit sechs Legionen längs des Elaver ins Arvernerland gegen die Stadt Gergovia; einen Teil der Reiterei teilte er Labienus zu, den anderen behielt er sich vor. Als Vercingetorix dies erfuhr, befahl er, sämtliche Brücken, die über diesen Fluß führten, abzubrechen, und trat seinen Marsch (nach Gergovia) auf der anderen Seite des Flusses an.

35. Als die beiden Heere einander ansichtig waren, schlug Vercingetorix sein Lager fast genau dem Lager Caesars gegenüber auf und verteilte Spähtrupps, damit die Römer nicht irgendwo eine Brücke schlügen und ihre Truppen hinüberführten. Die Lage war für Caesar sehr bedrohlich; er mußte fürchten, den größten Teil des Sommers durch den Fluß festgehalten zu werden, da man ihn im allgemeinen kaum vor dem Herbst auf einer Furt überschreiten kann. Dazu durfte es unter keinen Umständen kommen. Caesar schlug daher sein Lager an einer waldigen Stelle gegenüber einer der Brücken auf, die Vercingetorix hatte abbrechen lassen, und blieb am folgenden Tag mit zwei Legionen heimlich im Lager zurück; die übrigen

Truppen und das gesamte schwere Gepäck schickte er wie gewöhnlich ⟨...⟩ Kohorten, damit der Anschein erweckt werde, die Zahl der Legionen sei die gleiche geblieben. Diese Truppen erhielten den Befehl, so weit wie möglich vorzurücken. Als Caesar nach der Tageszeit schloß, daß sie in ihrem Lager angekommen seien, ließ er auf den gleichen Pfählen, deren unterer Teil noch unversehrt vorhanden war, die Brücke erneuern. Diese Arbeit war schnell getan. Die Legionen wurden hinübergeführt und ein geeigneter Platz für das Lager ausgesucht. Dann ließ Caesar die übrigen Truppen zurückrufen. Nachdem Vercingetorix davon Kenntnis erhalten hatte, zog er in Eilmärschen vor Caesar her, um sich nicht gegen seinen Willen zum Kampf zwingen zu lassen.

36. Von der Übergangsstelle über den Elaver gelangte Caesar in fünf Tagen nach Gergovia; noch an demselben Tag lieferte man sich ein leichtes Reitertreffen. Nachdem er die Lage der Stadt sehr genau erkundet hatte – Gergovia liegt auf einem hohen Berg und hat sehr schwierige Zugänge –, stand er von einem Sturm als aussichtslos ab; an eine Belagerung aber konnte er nicht gehen, bevor er die Getreidezufuhr sichergestellt hatte. Vercingetorix dagegen hatte sein Lager an dem Bergabhang nahe bei der Stadt aufgeschlagen und mit mäßigen Zwischenräumen im Halbkreis um sich die Truppen der einzelnen Stämme gesondert in ihm untergebracht. Außerdem hatte er alle Erhebungen des Gebirgszuges, so weit man blicken konnte, besetzen lassen, was einen schrecklichen Anblick bot. Die Fürsten der Stämme, die er sich zur Beratung ausgesucht hatte, beschied er täglich in aller Frühe zu sich, sei es zur Besprechung oder zur Durchführung irgendwelcher militärischer Operationen; und er ließ keinen Tag vergehen, ohne daß er die Reiter zusammen mit Bogenschützen ins Gefecht schickte und so erprobte, wie tapfer jeder seiner Leute sei. Gegenüber der Stadt lag am Fuß des Berges von Gergovia ein durch die Natur ausgezeichnet befestigter Hügel, der auf allen Seiten von den übrigen Hügeln getrennt war. Wenn unsere Soldaten diesen

Hügel in ihrem Besitz hatten, so konnte man, wie es schien, die Feinde großenteils an der Versorgung mit Wasser und dem bisher ungefährdeten Futterholen hindern. Aber der Hügel war von ihnen mit einer wenn auch nicht eben starken Besatzung belegt. Trotzdem verließ Caesar im Schweigen der Nacht das Lager; er vertrieb, ehe man aus der Stadt Hilfe bringen konnte, die Besatzung von dem Hügel, bemächtigte sich seiner und legte zwei Legionen dorthin. Dann verband er das große und das kleine Lager auf dem Hügel mit zwei 12 Fuß breiten Gräben, damit auch einzelne Leute, vor einem feindlichen Überfall gesichert, hin und her gehen konnten.

37. Während dieses vor Gergovia geschah, besprach sich Convictolitavis, dem, wie wir erzählten, von Caesar das Amt des höchsten Beamten zuerkannt worden war, mit gewissen jungen Männern, da er von den Arvernern mit Geld zum Abfall aufgestachelt worden war. Die Führer dieser Leute waren der junge Litaviccus und dessen Brüder, alle aus einer sehr vornehmen Familie. Mit ihnen teilte Convictolitavis das Geld und ermahnte sie, sie sollten daran denken, daß sie freie Menschen seien und zur Herrschaft geboren. Nur der Stamm der Haeduer halte den sicheren Sieg Galliens hintan; sein Ansehen schrecke die übrigen Stämme vor dem Abfall zurück; träte ihr Stamm zu Vercingetorix über, dann hätten die Römer keine Möglichkeit mehr, sich in Gallien festzusetzen. Freilich könne er nicht abstreiten, daß ihm von Caesar einige Gefälligkeiten erwiesen worden seien, doch so, daß er dabei nur sein Recht durchgesetzt habe; und die gemeinsame Freiheit müsse er höher stellen. Warum gingen denn die Haeduer in Sachen ihres Rechts und ihrer Gesetze zu Caesar als Schiedsrichter, warum nicht die Römer zu den Haeduern? Die jungen Männer ließen sich durch diese Worte ihres obersten Beamten und durch das Geld schnell verführen, und indem sie erklärten, sogar die Verantwortung für die Ausführung dieses Plans übernehmen zu wollen, wurde nach Mitteln und Wegen dazu gesucht, weil sie nicht glaubten, daß ihr Stamm sich so ohne weiteres zum

Eintritt in den Krieg werde bestimmen lassen. Sie faßten den Beschluß, Litaviccus solle das Kommando über die 10 000 Mann übernehmen, die Caesar geschickt werden mußten, und sie ihm zuführen; seine Brüder aber sollten schon zu Caesar vorauseilen. Auch verabredeten sie, wie man den Plan weiter durchführen wolle.

38. Litaviccus übernahm das Heer. Als er etwa 30 Meilen von Gergovia entfernt war, rief er plötzlich die Soldaten zusammen und fragte sie unter Tränen: »Wohin ziehen wir denn eigentlich, Soldaten? Unsere ganze Reiterei, unser ganzer Adel ist tot; die Stammesfürsten Eporedorix und Viridomarus sind von den Römern des Verrates angeklagt und, ohne sich verteidigen zu dürfen, hingerichtet worden. Dies könnt ihr von denen erfahren, die dem Blutbad entronnen sind; denn da meine Brüder und meine ganze Verwandtschaft ermordet worden sind, hindert mich der Schmerz zu verkünden, was geschehen ist.« Darauf wurden einige Haeduer vorgeführt, denen man vorher beigebracht hatte, was Litaviccus gesagt wissen wollte. Sie erzählten der Menge alles das, was vorher Litaviccus gesagt hatte: Alle Reiter der Haeduer seien getötet worden, weil sie mit Arvernern gesprochen haben sollten; sie selbst seien in der Menge der Soldaten untergetaucht und unmittelbar aus diesem Blutbad geflüchtet. Da beschworen die Haeduer mit lautem Geschrei den Litaviccus, er solle ihnen einen Rat geben. »Ihr redet«, rief jener, »als ob es hier überhaupt noch etwas zu überlegen gibt; wir müssen natürlich nach Gergovia ziehen und uns mit den Arvernern verbünden! Oder zweifelt einer von euch daran, daß nach dieser furchtbaren Tat die Römer nicht bereits sich zusammenrotten, um auch uns umzubringen? Deshalb laßt uns, wenn wir überhaupt noch Mut haben, den Tod unserer Stammesgenossen rächen, die auf so empörende Weise umgekommen sind! Tod den Räubern!« Darauf zeigte er ihnen römische Bürger, die im Vertrauen auf die Bedeckung durch die Haeduer mit bei dem Zug waren. Sofort nahm er ihnen eine große Menge Getreide und andere Lebensmittel weg,

sie selbst ließ er unter Martern hinrichten. Nach allen Seiten sandte er durch den Haeduerstamm Boten und hielt beharrlich an seiner Lüge von der Ermordung der Reiter und Fürsten fest; er forderte sie auf, nach seinem Beispiel sich für das erlittene Unrecht zu rächen.

39. Der Haeduer Eporedorix, ein Jüngling von sehr hoher Abkunft, der daheim sehr großen Einfluß hatte, und mit ihm Viridomarus, ebenso alt und einflußreich, aber minderer Abkunft – Viridomarus war Caesar von Diviciacus anvertraut worden, und Caesar hatte ihn von seiner niedrigen Stellung zu höchster Würde erhoben –, waren ebenfalls mit den Reitern gekommen, weil Caesar sie namentlich aufgeboten hatte. Beide stritten miteinander um den Vorrang, und in jenem Streit um die oberste Beamtenstelle hatte sich der eine für Convictolitavis, der andere für Cotus mit allen Kräften eingesetzt. Als Eporedorix von dem Anschlag des Litaviccus erfuhr, begab er sich etwa um Mitternacht zu Caesar, um ihm die Sache zu entdecken; er bat ihn, doch ja zu verhüten, daß sein Stamm infolge unsinniger Anschläge junger Leute den Freundschaftsvertrag mit dem römischen Volk breche; es werde zweifellos dahin kommen, wenn so viele tausend Leute auf die Seite des Feindes träten; denn deren Ergehen könne den Verwandten nicht gleichgültig sein und müsse von dem Stamm unbedingt wichtig genommen werden.

40. Caesar wurde durch diese Mitteilung in große Unruhe versetzt; denn gerade den Stamm der Haeduer hatte er immer bevorzugt. Ohne lange zu zögern, führte er vier gefechtsbereite Legionen und die ganze Reiterei aus dem Lager. Zeit, das Lager zu verkleinern, war unter solchen Umständen nicht vorhanden, wo alles von einem schnellen Handeln abhing. Zum Schutz des Lagers ließ er den Legaten Gaius Fabius mit zwei Legionen zurück. Die Brüder des Litaviccus sollten auf seinen Befehl verhaftet werden, aber er erfuhr kurz vorher, daß sie zum Feind geflohen waren. Er hielt an die Soldaten eine Ansprache, sie sollten in solchem Drang der Zeit nicht mißmutig werden

über den (bevorstehenden) anstrengenden Marsch. Da zeigten die Soldaten die größte Einsatzbereitschaft. Nach einem Marsch von 25 Meilen kam der Zug der Haeduer ihnen zu Gesicht. Caesar ließ gegen sie seine Reiterei anrücken, die den Zug aufhielt und am Weitermarsch hinderte, und er warnte sie alle, ja niemanden zu töten. Eporedorix und Viridomarus, die jene unter den Ermordeten wähnten, mußten mit den Reitern vorsprengen und ihre Landsleute anreden. Sie wurden von ihnen erkannt, und nun durchschauten die Haeduer den Betrug des Litaviccus. Sie warfen die Waffen weg, erhoben die Hände und flehten um ihr Leben. Litaviccus aber floh mit seinen Klienten, denen es nach der Sitte der Gallier verboten ist, auch im höchsten Unglück ihre Schutzherrn zu verlassen – solches gilt als Frevel –, nach Gergovia.

41. Caesar sandte an den Stamm der Haeduer Boten, die sie darüber unterrichten sollten, daß ihre Landsleute, die er nach dem Kriegsrecht hätte töten können, dank seiner Gnade gerettet und wohlbehalten seien. Drei Stunden ließ er sein Heer ruhen; dann zog er nach Gergovia zurück. Mitten auf dem Weg trafen Reiter bei ihm ein, die Fabius abgeschickt hatte. Sie berichteten, in welch gefährlicher Lage sich die Truppen vor Gergovia befunden hätten. Mit seinen ganzen Streitkräften habe Vercingetorix einen Sturm auf das Lager unternommen. Dabei hätten auf der Seite der Gallier dauernd frische Truppen die ermüdeten ablösen können, welche durch ununterbrochene Angriffe die Unsrigen mürbe machten, die wegen der Größe des Lagers ständig auf dem Wall ausharren mußten. Die Masse der Pfeile und jede andere Art von Angriffswaffen habe viele verwundet; zur Abwehr seien die Wurfmaschinen von großem Nutzen gewesen. Nach dem Abzug der Feinde sei Fabius damit beschäftigt, außer zweien die übrigen Tore verrammeln und auf dem Wall Brustwehren anbringen zu lassen, um sich für den folgenden Tag auf einen ähnlichen Angriff vorzubereiten. Auf diese Nachricht hin gelangte Caesar durch den fast über-

menschlichen Eifer der Soldaten vor Sonnenaufgang in das Lager.

42. Während dies bei Gergovia geschah, haten die Haeduer die ersten Nachrichten des Litaviccus erhalten und nahmen sich gar nicht erst Zeit, den wirklichen Sachverhalt zu prüfen. Die einen trieb die Habsucht, die anderen Erregbarkeit und Unbesonnenheit – ein bei diesem Volk oft stark hervortretender Charakterzug –, leeres Geschwätz als Tatsachen hinzunehmen. Sie schritten zur Plünderung der den römischen Bürgern gehörigen Güter, mordeten und schleppten in die Knechtschaft. Die zu schlimmem Ausgang neigende Angelegenheit förderte Convictolitavis; er entfachte die Volkswut, damit die Menge nach den entsetzlichen Taten sich scheue, wieder zu vernünftigem Handeln einzulenken. Dem Militärtribunen Marcus Aristius, der zu seiner Legion reiste, versprechen sie sicheres Geleit und weisen ihn aus der Stadt Cavillonum aus; ebenso machen sie es mit denjenigen, die sich dort zu Handelszwecken niedergelassen hatten. Unmittelbar darauf überfallen sie die Ausgewiesenen auf dem Marsch und nehmen ihnen alles Gepäck ab; als sich jene zur Wehr setzen, belagern sie sie einen Tag und eine Nacht; nach großen beiderseitigen Verlusten bieten sie eine größere Menge Menschen zu den Waffen auf.

43. Mittlerweile trifft die Nachricht ein, daß Caesar ihre Soldaten in seiner Gewalt habe. Da laufen sie alle zu Aristius und erklären ihm, das Geschehene gehe nicht auf einen Volksbeschluß zurück; sie beschließen eine Untersuchung über die Plünderung der Güter, beschlagnahmen zugunsten des Staates das Eigentum des Litaviccus und seiner Brüder und schicken an Caesar Gesandte, um sich zu rechtfertigen. Dies tun sie, um ihre Landsleute wieder zurückzuerhalten; aber im Bewußtsein ihrer bösen Tat und durch den Erlös aus den geplünderten Gütern betört beginnen sie, weil an der Plünderung viele teilhatten und sie die Furcht vor der Strafe schreckte, heimlich an den Krieg zu denken und wiegeln die übrigen Stämme durch Gesandtschaften auf. Obgleich Caesar das wußte, redete er

doch die Gesandten so milde an, wie es möglich war: Wegen der Torheit und Leichtfertigkeit des Pöbels wolle er keine schwerere Strafe über die Haeduer verhängen, und er werde ihnen auch nichts von seiner Huld entziehen. Denn Caesar erwartete ein weiteres Umsichgreifen des gallischen Aufstandes und überlegte, um nicht von allen Stämmen umstellt zu sein, wie er von Gergovia abziehe und wieder das ganze Heer vereinige, damit es nicht so aussehe, als sei der Abzug von der Furcht vor weiterem Abfall hervorgerufen worden und ähnlich einer Flucht.

44. Während er das noch überdachte, schien sich die Gelegenheit zu einem erfolgversprechenden Unternehmen zu bieten. Denn bei einer Rekognoszierung der Arbeiten in dem kleinen Lager gewahrte er einen der Hügel [den die Feinde bisher besetzt hielten] menschenleer, den man in den voraufgehenden Tagen vor Menschen fast nicht hatte sehen können. Verwundert fragte er Überläufer, die täglich in großer Zahl bei ihm eintrafen, nach dem Grund. Alle waren einerlei Meinung, und auch Caesar hatte dasselbe von Spähtrupps erfahren, daß der Rücken jenes Berghangs fast eben sei, aber bewaldet und schmal dort, wo er auf der anderen Stadtseite eine Zugangsmöglichkeit biete. Um diese Stelle seien jene sehr besorgt, und sie könnten es sich nicht anders denken, als daß sie, nachdem die Römer den einen Hügel besetzt hätten, wenn sie auch den zweiten verlören, wirklich fast eingeschlossen und von jeder Verbindung nach außen und dem Futter abgeschnitten seien; daher habe Vercingetorix alle aufgeboten, um diese Stelle befestigen zu lassen.

45. Auf diese Mitteilungen hin sandte Caesar mehrere Reiterschwadronen kurz nach Mitternacht dorthin; sie erhielten den Befehl, überall dort in der Nähe der Verschanzungen ein wenig lärmender als sonst herumzustreifen. Mit Tagesanbruch ließ er eine große Zahl Zugtiere, insbesondere Maulesel, aus dem Lager herausführen, die Packsättel abnehmen und die Maultiertreiber Reiterhelme aufsetzen. Indem sie also Reiter vortäuschten,

sollten sie um den Hügel herumreiten. Einige (echte) Reiter gab Caesar ihnen bei, die er anwies, weiter herumzuschwärmen, um die Aufmerksamkeit des Feindes auf diesen Zug zu lenken. Ihnen allen erteilte er den Befehl, in einem weiten Bogen zu jener Stelle hinzureiten. Diese Bewegungen wurden von der Ferne aus der Stadt beobachtet; denn von Gergovia konnte man auf das römische Lager heruntersehen; doch bei der großen Entfernung gelang es den Galliern nicht zu ermitteln, was eigentlich vor sich ging. Auch eine Legion schickte Caesar über denselben Höhenrücken; nachdem sie ein wenig vorgerückt war, ließ er sie an einer tieferliegenden Stelle des Geländes halt machen und in einem Gehölz sich verbergen. Dadurch mehrte sich bei den Galliern der Verdacht, (daß ein Angriff auf dieser Seite bevorstünde,) und sie führten alle ihre Truppen dorthin, um die Stelle zu verschanzen. Als Caesar das Lager der Feinde von Menschen entblößt sah, ließ er die Seinen ihre Auszeichnungen bedecken und die Feldzeichen verbergen und führte sie dann, um nicht von der Stadt herab bemerkt zu werden, Mann für Mann von dem großen Lager zum kleinen hinüber. Den Legaten, welche die einzelnen Legionen kommandierten, erklärte er, was er ausgeführt sehen wollte; in erster Linie ermahnte er sie, die Soldaten zusammenzuhalten, daß sie nicht in der Leidenschaft des Kampfes oder in der Hoffnung auf Beute zu weit vorstürmten; er setzte ihnen auseinander, welche Nachteile das ungünstige Gelände mit sich bringen könne; nur durch rasches Vorgehen sei es möglich, solche zu vermeiden; was sie vorhätten, sei mehr eine Sache der Überraschung als des regelrechten Kampfes. Darauf gab er das Zeichen. Gleichzeitig setzte er die Haeduer in Marsch, damit sie von rechts her auf einem andern Aufstieg den Berg erkletterten.

46. Die Stadtmauer war von der Ebene und der Stelle, wo der Anstieg begann, wenn man keinen Umweg hätte machen müssen, in der Luftlinie 1000 Schritt entfernt; denn um das, was an Umweg hinzukam, so daß man bequem den Berg ersteigen konnte, um so viel verlängerte sich der Weg. Die

Gallier hatten etwa auf halber Höhe des Bergrückens auf der ganzen Länge, der natürlichen Beschaffenheit des Berges folgend, aus großen Felsblöcken eine 6 Fuß hohe Mauer aufgeführt, um unsern Angriff aufzuhalten. Die untere Hälfte des Berges war von ihnen nicht besetzt worden; in dem oberen Teil jedoch bis zur Stadtmauer folgte ein Lager auf das andere. Unsere Soldaten arbeiteten sich auf das gegebene Zeichen hin schnell bis zu jener Verschanzung den Berg hinauf, überstiegen die Felsmauer und eroberten drei Lager. Die Besetzung dieser Lager ging so schnell vor sich, daß Teutomatus, der König der Nitiobrogen, ganz plötzlich, als er sich eben zur Mittagsruhe hingelegt hatte, überrascht wurde und sich kaum, mit entblößtem Oberkörper, noch dazu auf einem verwundeten Pferd, aus den Händen der plündernden Soldaten retten konnte.

47. Als Caesar seinen Zweck erreicht hatte, ließ er zum Rückzug blasen. Die zehnte Legion, bei der er ständig weilte, machte halt. Aber die Soldaten der übrigen Legionen hörten das Tubasignal nicht, weil sie und die zehnte Legion durch ein großes Tal getrennt waren; doch versuchten die Militärtribunen und die Legaten gemäß Caesars Befehl sie zurückzuhalten. Aber fortgerissen von der Aussicht auf einen schnellen Sieg, von der Flucht der Feinde und dem Gedanken an alle die siegreichen Schlachten der vorhergehenden Jahre, glaubten sie mit ihrer Tapferkeit selbst die schwierigsten Widerstände bezwingen zu können, und so hielten sie bei ihrer Verfolgung erst unmittelbar vor der Stadtmauer und den Toren inne. Überall in der Stadt erhob sich jetzt ein Geschrei, und die Einwohner, die in den äußeren Stadtteilen sich aufhielten, verließen in ihrem Schrekken über den plötzlichen Tumult fluchtartig die Stadt, da sie den Feind schon innerhalb der Tore wähnten. Da warfen die Familienmütter Kleidung und Silber von der Stadtmauer herab und beschworen, sich mit entblößter Brust über die Mauer herüberbeugend, die Römer, ihrer zu schonen und nicht wie in Avaricum Frauen und Kinder zu morden. Einige wurden sogar von den Händen (der oben Stehenden) von der Mauer herunter-

gelassen und ergaben sich den Soldaten. Lucius Fabius, ein Centurio der achten Legion, von dem man wußte, daß er an diesem Tag zu seinen Leuten gesagt hatte, ihn trieben die Belohnungen von Avaricum vorwärts und er werde nicht zugeben, daß ein anderer vor ihm die Mauer ersteige, nahm drei Legionäre mit sich und erkletterte, von ihnen emporgehoben, die Mauer. Dann reichte er seinerseits den Soldaten einzeln die Hand und zog sie ebenfalls hinauf.

48. Inzwischen hörte der Teil der Gallier, der auf die andere Stadtseite gezogen war, um, wie wir erzählten, dort die Verschanzungen zu bauen, sogleich das erste Geschrei und stürmte, durch die immer häufiger eintreffenden Nachrichten von der Besetzung der Stadt durch die Römer angespornt, zu der bedrohten Stelle. Die Reiter waren schon vorausgesprengt. In der Reihenfolge, wie sie gerade ankamen, stellten sie sich unter der Mauer auf und vermehrten die Zahl der dort Kämpfenden. So waren bald sehr viele dort beieinander; die Familienmütter, die kurz zuvor ihre Hände von der Mauer herab zu den Römern ausgestreckt hatten, begannen nun die Ihren zu beschwören und nach gallischer Sitte ihr aufgelöstes Haar zu zeigen und ihnen ihre Kinder vor die Augen zu halten. Die Römer kämpften keinen gleichen Kampf, weder was das Gelände betraf noch hinsichtlich der Zahl; überdies konnten sie, von dem Laufen und der Länge des Gefechtes ermüdet, nur schwer den frischen und unverbrauchten Kräften des Feindes standhalten.

49. Als Caesar sah, daß man auf ungünstigem Gelände kämpfte und daß die Zahl der feindlichen Truppen sich ständig vermehrte, sandte er, im voraus um das Schicksal der Seinen besorgt, an den Legaten Titus Sextius, den er (mit der dreizehnten Legion) zum Schutz des kleinen Lagers zurückgelassen hatte, er solle schleunigst seine Kohorten aus dem Lager herausführen und am Fuß des Gebirgsrückens in der rechten Flanke des Feindes aufstellen und, wenn er sähe, daß die Unsrigen von dem Berg heruntergeworfen würden, die Feinde an einer allzu

nachdrücklichen Verfolgung hindern. Er selbst rückte mit seiner Legion ein wenig aus seiner bisherigen Stellung vor und wartete dort den Erfolg des Kampfes ab.

50. Während man gegenseitig in den heftigsten Nahkampf verwickelt war, in dem die Feinde ganz auf das Gelände und ihre große Zahl, die Unsrigen ganz auf ihre Tapferkeit vertrauten, erblickten unsere Soldaten plötzlich auf ihrer offenen Flanke die Haeduer, die Caesar von rechts auf einem anderen Aufstieg gegen den Berg in Marsch gesetzt hatte, um die Scharen des Feindes weit auseinanderzuziehen. Die Ähnlichkeit der Waffen bereitete den Unsrigen nicht geringen Schrecken, und obgleich sie sahen, daß jene die rechte Schulter entblößt hatten, was meist das ausgemachte Kennzeichen war, so dachten die Soldaten doch, der Feind wolle sie täuschen. In diesem Augenblick wurden der Centurio Lucius Fabius und die Soldaten, die zusammen mit ihm die Mauer erklettert hatten, umstellt und niedergehauen; ihre Leichen wurden von der Mauer herabgeworfen. Als ein anderer Centurio derselben Legion, Marcus Petronius, das Stadttor sprengen wollte, überwältigte ihn eine größere Abteilung der Feinde. Er hatte viele Wunden erhalten und sah wenig Hoffnung mehr, sich zu retten. Da rief er den Legionären, die ihm gefolgt waren, zu: »Da ich mich zusammen mit euch nicht in Sicherheit bringen kann, so will ich wenigstens für euer Leben sorgen, die ich euch, verführt durch Ruhmbegierde, in diese Gefahr gebracht habe. Helft euch selbst, wenn sich die Möglichkeit dazu bietet!« Mit diesen Worten stürzte er sich mitten in die Feinde, und nachdem er zwei Gegner getötet hatte, vermochte er die übrigen ein wenig von dem Tor zurückzudrängen. Die Seinen versuchten ihm Hilfe zu bringen; er aber rief ihnen zu: »Vergeblich sucht ihr mein Leben zu retten, schon ist der Blutverlust zu groß, und es verlassen mich die Kräfte. Zieht euch daher, solange es möglich ist, zurück und sucht eure Legion!« Er fiel bald darauf in tapferem Kampf und rettete so die Seinen.

51. Die Unsrigen wurden auf allen Seiten hart bedrängt.

Mit einem Verlust von 46 Centurionen wurden sie den Abhang hinuntergeworfen. Die zehnte Legion, die ihre Stellung auf einem etwas ebeneren Gelände als Reserve bezogen hatte, hielt die Gallier vorübergehend auf, als sie zu hitzig nachdrängten. Sie selbst wurde darauf von den Kohorten der dreizehnten Legion, die unter dem Kommando des Titus Sextius aus dem kleinen Lager ausgerückt waren und eine Anhöhe besetzt hatten, aufgenommen. Sobald die Legionen die Ebene erreicht hatten, machten sie wieder gegen den Feind Front. Vercingetorix aber führte seine Truppen vom Fuß des Bergrückens in die Verschanzungen zurück. An diesem Tag vermißte man römischerseits fast 700 Soldaten.

52. Am folgenden Tag berief Caesar eine Heeresversammlung. Er tadelte die Unbesonnenheit und Leidenschaftlichkeit der Soldaten, weil sie für sich selbst darüber entschieden hätten, bis wohin etwa man vorrücken müsse und was man zu tun habe. Sie seien weder beim Rückzugssignal stehen geblieben, noch hätten sie sich durch die Militärtribunen und Legaten zurückhalten lassen. Er schilderte ihnen den Einfluß der Geländeschwierigkeiten auf den Gang einer Schlacht; bei Avaricum habe er sich selbst ein Bild davon machen können, als er, der den führerlosen und von Reiterei entblößten Feind überraschte, einen fast sicheren Sieg fahren lassen mußte, damit er in dem Kampf durch die Ungunst des Geländes keinen auch noch so geringen Verlust erleide. So sehr er den großen Mut an ihnen bewundere, die sich nicht durch die Schanzen der Lager, nicht durch die Höhe des Bergrückens, nicht durch die Stadtmauer hätten aufhalten lassen, so sehr tadle er ihre Zügellosigkeit und ihren Ungehorsam, daß sie geglaubt hätten, sie verstünden mehr von Sieg und Ausgang einer Schlacht als ihr Oberfeldherr; er müsse von seinen Soldaten ebenso viel Gehorsam und Zucht erwarten wie Tapferkeit und großen Mut.

53. Am Ende der Rede ermutigte er die Soldaten, sie sollten sich aber deshalb nicht verwirren lassen und nicht der Tapferkeit des Feindes zuschreiben, was die Ungunst des Geländes

verschuldet habe. Darauf erwog er erneut, wie schon einmal, den Abzug. Er führte die Legionen aus dem Lager heraus und stellte sie an einem geeigneten Punkt in Schlachtordnung auf. Trotzdem ließ Vercingetorix seine Truppen nicht aus den Verschanzungen heraus und stieg nicht in das günstige Gelände herab. Es kam nur zu einem leichten Reitergefecht, in dem unsere Soldaten Sieger blieben. Dann führte er die Truppen ins Lager zurück. Als er am folgenden Tag seine Truppen nochmals ebenso aufgestellt hatte, glaubte er, es sei genug geschehen, um das Triumphgefühl der Gallier zu dämpfen und den Mut seiner Soldaten zu heben. Er brach das Lager ab und zog zu den Haeduern zurück. Da die Feinde auch jetzt die Verfolgung nicht aufnahmen, gelangte er nach zwei Tagen an den Elaver, ließ die Brücke daselbst wiederherstellen und führte auf ihr das Heer über den Fluß.

54. Dort ließen sich Viridomarus und Eporedorix bei ihm melden, und er erfuhr von ihnen, daß Litaviccus mit der gesamten Reiterei aufgebrochen sei, um den Stamm der Haeduer aufzuwiegeln; jetzt müßten sie vorauseilen, um sich des Stammes zu versichern. Zwar wußte Caesar nun durch mancherlei Ereignisse von der treulosen Haltung der Haeduer, und der Weggang dieser beiden Männer mußte zweifellos den Abfall ihres Stammes noch beschleunigen. Trotzdem war er der Meinung, sie nicht zurückhalten zu dürfen; denn er wollte sichtlich kein Unrecht tun und keinen Verdacht, daß er sich fürchte, aufkommen lassen. Bei ihrem Fortgehen schilderte er ihnen kurz seine Verdienste um die Haeduer und führte ihnen vor Augen, wie er sie vorgefunden, will sagen, in welchem Zustand der Erniedrigung er sie angetroffen habe: zusammengedrängt in ihren Städten, des Landbesitzes verlustig, aller Bundesgenossen beraubt, belastet mit hohem Tribut, gepreßt zur Stellung von Geiseln unter den schmachvollsten Umständen. (Er betonte sehr), zu welcher Stellung und welchem Einfluß er sie emporgehoben habe, so daß sie offenbar nicht nur zu ihren früheren Verhältnissen zurückgekehrt seien, sondern auch, verglichen mit

ihrer ganzen Vergangenheit, einen weit größeren Einfluß besäßen. Damit entließ er sie.

55. Noviodunum war eine Stadt der Haeduer, erbaut an einer günstigen Stelle an den Ufern des Liger. Hierher hatte Caesar alle Geiseln Galliens schaffen lassen, ferner das Getreide und die öffentlichen Kassen sowie einen großen Teil seines eigenen und des Heeresgepäcks; auch eine Menge Pferde, die auf seinen Befehl für diesen Krieg in Italien und Spanien aufgekauft worden waren, hatte er dorthin gesandt. Als Eporedorix und Viridomarus hier eintrafen und den Zustand des Stammes sahen – Litaviccus war von den Haeduern in Bibracte, ihrer bedeutendsten Stadt, aufgenommen worden, Convictolitavis, ihr oberster Beamter, und ein großer Teil ihres Rates hatten sich dort bei ihm eingefunden, auf öffentlichen Beschluß waren Gesandte an Vercingetorix abgeordnet worden, die einen Friedens- und Freundschaftsvertrag vermitteln sollten –, da durften sie nach ihrer Überzeugung eine so günstige Gelegenheit nicht unbenutzt vorbeigehen lassen. Daher ermordeten sie die kleine (von Caesar zurückgelassene) Wache der Stadt Noviodunum samt den dortigen römischen Händlern und Reisenden, teilten Geld und Pferde unter sich, ließen die Geiseln der Stämme zu ihrer obersten Behörde nach Bibracte führen und steckten die Stadt, die sie ihrer Meinung nach nicht halten konnten, in Brand, um den Römern diesen Stützpunkt zu entziehen; soweit es gleich geschehen konnte, transportierten sie das Getreide zu Schiff ab, den Rest warfen sie in den Fluß oder verbrannten ihn. Dann zogen sie aus den Nachbargegenden Truppen zusammen, verteilten längs der Ufer des Liger zum Schutz größere Abteilungen und einzelne Wachtposten und zeigten überall zum Schrecken (der Bevölkerung) ihre Reiterei; denn sie wollten versuchen, ob sie die Römer von der Verpflegung abschneiden oder sie wenigstens durch Mangel an Lebensmitteln zum Abzug in die Provinz zwingen könnten. Diese Hoffnung ward dadurch sehr genährt, daß der Liger infolge der Schneeschmelze

stark angeschwollen war, so daß er auf einer Furt, wie es schien, überhaupt nicht überschritten werden konnte.

56. Als Caesar von diesen Vorfällen Kenntnis erhalten hatte, sagte er sich, daß er sich beeilen müsse, falls es während des Brückenbaues zum Kampf kommen sollte, damit er kämpfen könne, ehe dort größere feindliche Kräfte versammelt seien. Denn seinen Plan zu ändern und sich in die Provinz zurückzuwenden – einige meinten tatsächlich in ihrer Furcht, daß er dies hätte tun müssen –, daran hinderte ihn nicht nur die Schande und das Unwürdige einer solchen Handlungsweise sowie das sich vor ihm auftürmende Cebenna-Gebirge mit seinen schwer gangbaren Wegen, sondern vor allem die Sorge um den von ihm getrennten Labienus und um die Legionen, die er mit ihm geschickt hatte. Daher traf er gegen aller Erwartung nach großen, Tag und Nacht nicht unterbrochenen Märschen am Liger ein und führte auf einer Furt, die die Reiter gefunden hatten und die im Drang des Augenblicks noch als geeignet gelten mußte, das Heer ohne Verlust hinüber, indem eben noch Oberarme und Schultern vom Wasser frei waren, um die Waffen emporzuhalten, und im Fluß verteilte Reiterei die Gewalt der Strömung brach. Die Reiterei der Feinde war, sobald sie die Römer zu Gesicht bekommen hatte, verwirrt geflohen. Jetzt konnte Caesar wieder sein Heer reichlich mit Getreide von den Äckern und mit Vieh versorgen. Dann trat er den Marsch gegen das Land der Senonen an.

57. Während solches bei Caesar geschah, marschierte Labienus mit vier Legionen nach Lutecia; der kürzlich aus Italien eingetroffene Ersatz blieb als Bedeckung des schweren Gepäcks in Agedincum zurück. Lutecia ist eine Stadt im Land der Parisier und liegt auf einer Insel in der Sequana. Als die Feinde von seinem Anmarsch erfuhren, versammelten sich große Streitkräfte der Nachbarstämme. Den Oberbefehl übertrugen sie dem Aulercer Camulogenus; er war schon hochbetagt, aber man berief ihn zu diesem Amt wegen seiner ausgezeichneten Kenntnis der Kriegsführung. Camulogenus entdeckte in jener Ge-

gend einen sich weit hinziehenden Sumpf, der seinen Abfluß in die Sequana hatte und die ganze Gegend sehr schwer zugänglich machte. Hier bezog er seine Stellung und ging daran, die Unsrigen am Übergang zu hindern.

58. Labienus versuchte zuerst Sturmlauben vorzuschieben, den Sumpf mit Flechtwerk und Schutt auszufüllen und einen festen Weg anzulegen. Als er aber die gar zu großen Schwierigkeiten sah, (die sich dieser Arbeit in den Weg legten,) verließ er zur Zeit der dritten Nachtwache in aller Stille sein Lager und zog auf demselben Weg, den er gekommen, nach Metlosedum. Diese Stadt gehört den Senonen; auch sie liegt ähnlich, wie wir es schon von Lutecia sagten, auf einer Insel der Sequana. Labienus ließ etwa 50 Schiffe requirieren, die schnell miteinander verbunden wurden. Auf ihnen schiffte er seine Soldaten ein. Über das plötzliche Erscheinen des römischen Heeres gerieten die Stadtbewohner, von denen ein großer Teil zu diesem Krieg aufgeboten war, in die größte Bestürzung, die Labienus benutzte, um die Stadt ohne Kampf einzunehmen. Er ließ die dortige Brücke wiederherstellen, die in den voraufgehenden Tagen von den Feinden abgebrochen worden war, führte das Heer hinüber und begann nunmehr flußabwärts (erneut) den Marsch auf Lutecia. Flüchtlinge aus Metlosedum hatten dies den Feinden verraten; sie zündeten Lutecia an und zerstörten die Brücken zur Stadt; ihre Truppen zogen aus dem Sumpfgelände ab und lagerten sich am Ufer der Sequana gegenüber von Lutecia im Angesicht von Labienus' Lager.

59. Schon hörte man von dem Abzug Caesars von Gergovia, und allerlei Gerüchte von einem Abfall der Haeduer sowie dem gelungenen Aufstand Galliens gelangten dorthin, und die Gallier versicherten im Gespräch, Caesar sei von seinem Weg über den Liger abgeschnitten und habe sich aus Mangel an Getreide zu eiligem Rückzug in die Provinz gezwungen gesehen. Als die schon an sich unzuverlässigen Bellovacer von dem Abfall der Haeduer Kunde erhielten, zogen sie Truppen zusammen und rüsteten sich offen zum Krieg. Da sah Labienus,

daß er bei einem so großen Umschwung der Dinge einen gegen den bisherigen ganz anderen Plan entwerfen mußte, und er erwog nichts mehr, um irgendwelche Eroberungen zu machen und die Feinde zum Kampf herauszufordern, sondern um das Heer ohne Verlust nach Agedincum zurückzuführen. Denn auf der einen Seite (des Flusses) drohten die Bellovacer, ein Stamm, dessen Tapferkeit in Gallien sehr gerühmt wird, die andere hielt Camulogenus mit einem schlagfertigen und wohlgerüsteten Heer besetzt; von der Besatzung (zu Agedincum) aber und dem schweren Gepäck trennte damals die Legionen der große Fluß. Bei so großen, plötzlich auftretenden Schwierigkeiten mußte Labienus sich mit kühnem Entschluß helfen.

60. Er berief daher gegen Abend einen Kriegsrat und forderte in seiner Ansprache, man müsse seine Anordnungen gewissenhaft und tatkräftig ausführen. Die Schiffe, die er von Metlosedum mitgenommen hatte, unterstellte er römischen Rittern und gab ihnen den Befehl, nach der ersten Nachtwache 4 Meilen in aller Stille flußabwärts zu fahren und dort auf ihn zu warten. Fünf Kohorten, die er für ganz kampfesuntüchtig hielt, ließ er zum Schutz des Lagers zurück; die fünf anderen Kohorten derselben Legion sollten kurz nach Mitternacht mit dem ganzen Troß unter großem Lärm flußaufwärts marschieren. Auch Kähne ließ er zusammensuchen; unter lautem Ruderklatschen wurden auch sie ebenfalls dorthin gefahren. Labienus selbst zog bald hernach in aller Stille mit den drei anderen Legionen aus dem Lager und setzte sich zu der Stelle in Marsch, wo die Schiffe auf seinen Befehl angelegt hatten.

61. Dort angekommen, überfiel man die überall längs des Flusses aufgestellten Späher der Feinde, die gänzlich ahnungslos waren, weil plötzlich ein großes Unwetter losgebrochen war. Dann wurde unter Leitung der römischen Ritter, die Labienus mit der Einschiffung betraut hatte, in aller Schnelligkeit das Heer samt der Reiterei übergesetzt. Im gleichen Augenblick erhielten die Feinde gegen Morgen die Nachricht, daß im Lager der Römer anders als sonst großer Lärm zu hören sei und ein

großer Zug sich flußaufwärts bewege und man ebenda auch das Klatschen von Rudern vernommen habe und daß ein wenig stromabwärts Soldaten auf Schiffen übergesetzt würden. Da glaubten die Feinde, die Legionen überschritten an drei Stellen den Fluß, und man treffe allgemein in der Bestürzung über den Abfall der Haeduer Anstalten zur Flucht; sie teilten daher auch ihre Truppen in drei Abteilungen: Gegenüber dem Lager ließen sie eine Deckungsabteilung zurück, eine kleine Schar sandten sie auf Metlosedum zu mit dem Befehl, so weit vorzurücken, wie die Schiffe hinaufgerudert worden seien, die übrigen Truppen führten sie gegen Labienus.

62. Mit Tagesanbruch waren unsere Leute insgesamt übergesetzt, und man wurde der Aufstellung des Feindes ansichtig. Labienus hielt an die Soldaten eine Ansprache, sie sollten ihrer früheren Tapferkeit und der vielen gewonnenen Schlachten gedenken und sich vorstellen, Caesar selbst, unter dessen Führung sie so oft die Feinde besiegt hätten, sei zugegen. Dann gab er das Zeichen zur Schlacht. Beim ersten Zusammenstoß wurden auf dem rechten Flügel, wo die siebte Legion stand, die Feinde geworfen und in die Flucht geschlagen; auf dem linken Flügel aber, der der zwölften Legion zugewiesen war, leisteten die Feinde, obgleich ihre ersten Reihen unter der Salve der Pilen zusammengebrochen waren, sehr tapferen Widerstand; niemand von ihnen machte sich der Flucht verdächtig. Hier hielt sich auch Camulogenus, der feindliche Anführer, auf und ermunterte ständig die Seinen. Aber der Sieg war noch immer ganz ungewiß. Als den Militärtribunen der siebten Legion die Vorgänge auf dem linken Flügel gemeldet wurden, ließen sie ihre Legion im Rücken der Feinde überraschend aufmarschieren und griffen von dorther an. Auch jetzt noch wich niemand von seiner Stelle, sondern alle wurden umzingelt und niedergehauen. Camulogenus teilte mit den Seinen das Schicksal. Diejenigen Truppen des Feindes aber, die als Deckung gegenüber dem Lager des Labienus zurückgelassen worden waren, kamen auf die Kunde von dem Beginn der Schlacht den Ihren zu

Hilfe und stellten sich auf einem Hügel auf, doch konnten sie dem Angriff unserer siegreichen Soldaten nicht standhalten. In die Flucht der Ihrigen hineingezogen, wurden sie, soweit nicht Wälder und Berge sie deckten, von der Reiterei zusammengehauen. Nach dieser Schlacht kehrte Labienus nach Agedincum zurück, wo das schwere Gepäck des ganzen Heeres zurückgelassen war; von dort gelangte er mit allen Truppen zu Caesar.

63. Die zuverlässige Kunde von dem Abfall der Haeduer führte zu einer weiteren Ausdehnung des Krieges. Die Haeduer schickten Gesandtschaften nach allen Richtungen aus. Ihren ganzen Einfluß, ihr ganzes Ansehen und ihr Geld boten sie auf, um die Stämme aufzuwiegeln. Da sie die Geiseln, die Caesar bei ihnen aufbewahren ließ, in ihre Hand bekamen, ließen sie sie hinrichten, um dadurch die noch Schwankenden zu schrecken. Die Haeduer baten Vercingetorix, er möge doch zu ihnen kommen und mit ihnen zusammen den Feldzugsplan entwerfen, und als ihnen das zugesagt wurde, bestanden sie darauf, daß man ihnen den Oberbefehl übertrage. Darob kam es zum Streit, und es wurde ein Landtag von ganz Gallien nach Bibracte einberufen. Von allen Seiten her fand man sich dort in großer Zahl ein. Man ließ die Versammlung über die Sache abstimmen; alle ohne Ausnahme bestätigten Vercingetorix als Oberfeldherrn. An diesem Landtag nahmen die Remer, die Lingonen und die Treverer nicht teil, jene wegen ihrer unerschütterlichen Freundschaft mit Rom, diese, weil sie zu weit entfernt wohnten und von den Germanen bedrängt wurden; das war auch der Grund, weshalb sie sich am ganzen Krieg nicht beteiligten und keiner der beiden Parteien Hilfstruppen schickten. Für die Haeduer war es sehr schmerzlich, sich aus ihrer Vormachtstellung verdrängt zu sehen; sie beklagten den Umschwung in ihrem Schicksal und wünschten sich Caesars Huld zurück, aber sie hatten nicht den Mut, nach ihrem Eintritt in den Krieg sich wieder von den übrigen zu trennen. Nur mit Widerwillen gehorchten die beiden hochstrebenden jungen Männer Eporedorix und Viridomarus dem Vercingetorix.

64. Vercingetorix legte allen übrigen Stämmen die Stellung von Geiseln auf und setzte den ⟨...⟩ Tag dafür fest ⟨...⟩. Hier sollten alle Reiter, an Zahl 15 000 Mann, sich schnell versammeln. Mit dem Fußvolk, das er bisher zur Verfügung gehabt habe, werde er sich begnügen; er wolle nicht das Glück auf die Probe stellen und werde keinesfalls in einer offenen Feldschlacht kämpfen. Da er aber Reiterei reichlich zu seiner Verfügung habe, sei es nicht schwierig, die Römer von dem Getreide- und Futterholen abzuschneiden. Sie sollten nur gelassen ihr eigenes Getreide vernichten und ihre Gehöfte in Brand stecken; denn sie sähen, daß sie durch dieses Opfer an persönlichem Besitz für immer ein Reich und die Freiheit gewinnen würden. Nachdem er diese Verfügungen getroffen hatte, verlangte er von den Haeduern und den Segusiavern, von denen die letzteren in unmittelbarer Nachbarschaft der Provinz wohnen, die Stellung von 10 000 Fußsoldaten, die er durch 800 Reiter verstärkte. An ihre Spitze stellte er den Bruder des Eporedorix und gab ihm den Befehl zu einem Angriff auf die Allobrogen. Von der anderen Seite ließ er die Gabaler und die nächstgelegenen Gaue der Arverner in das Land der Helvier und die Rutener und Cadurcer ins Land der arecomischen Volcer einrücken und betraute sie mit der Aufgabe, diese Landstriche zu verheeren. Trotzdem versuchte er durch heimliche Boten und Gesandtschaften auch die Allobrogen zum Aufstand zu treiben, indem er hoffte, sie möchten sich seit dem letzten Krieg noch nicht ganz beruhigt haben. Ihren Fürsten versprach Vercingetorix große Geldsummen, dem Stamm aber die Herrschaft über die ganze Provinz.

65. Gegen solche Gefährdung (der Provinz) stand nur eine Schutztruppe in der Stärke von 22 Kohorten zur Verfügung, die in der Provinz selbst ausgehoben worden waren. Diese Truppen wurden von dem Legaten Lucius Caesar überall den Feinden entgegengeworfen. Die Helvier hatten sich schon auf eigene Faust mit ihren Nachbarn in einen Kampf eingelassen, waren aber geschlagen worden; Gaius Valerius Domnotaurus,

der Sohn des Caburus, der Führer dieses Stammes, und mehrere andere waren in diesem Kampf gefallen. Die Helvier wurden in ihre Städte und in den Schutz ihrer Mauern gejagt. Die Allobrogen stellten längs des Rhodanus zahlreiche Schutztruppen auf und sicherten mit großer Sorgfalt und Umsicht ihre Grenzen. Caesar sah die Überlegenheit der Feinde, und da er infolge der Verlegung aller Wege aus der Provinz und Italien keinerlei Unterstützung erhalten konnte, sandte er über den Rhein nach Germanien zu den in den vorhergehenden Jahren befriedeten Stämmen und ließ von dort Reiter kommen, dazu Leichtbewaffnete zu Fuß, die zwischen den Reitern zu kämpfen pflegen. Aber deren Pferde waren nicht recht brauchbar; als sie bei ihm eintrafen, nahm er deshalb den Militärtribunen, den römischen Rittern und den ausgedienten, wieder aufgebotenen Freiwilligen die Pferde weg und gab sie den Germanen.

66. Inzwischen hatten sich die Truppen der Feinde, vom Arvernerland kommend, sowie die dem ganzen Gallien auferlegten Reiter gesammelt. Mit dieser großen Masse lagerte sich Vercingetorix, während Caesar in der Richtung auf das Sequanerland durch die Grenzlande der Lingonen zog, um leichter der Provinz Hilfe bringen zu können, (eines Tages) in 10 Meilen Entfernung von den Römern in drei Lagern. Er berief daselbst seine Reiterbefehlshaber zu einer Versammlung und erklärte ihnen, der Augenblick des Sieges sei nun gekommen; die Römer flüchteten in die Provinz und räumten Gallien. Dies genüge ihm, um im Augenblick die Freiheit zu behaupten; aber für einen zukünftigen Frieden und die Sicherheit des Alltags sei damit zu wenig erreicht, denn die Römer zögen nur größere Truppenmassen zusammen und würden wiederkommen und kein Ende mit dem Krieg machen. Deshalb sollten sie sie jetzt angreifen, wo sie in Marschkolonne daherzögen und nicht gefechtsbereit seien. Wenn jene dann ihr Gepäck retten wollten und sich damit aufhielten, könnten sie nicht weitermarschieren; wenn sie aber – und er hoffe stark, daß es eher so kommen

werde – das Gepäck im Stich ließen und nur an ihre Rettung dächten, so büßten sie mit dem notwendigen Kriegsmaterial auch ihr Ansehen ein. Denn daß von den feindlichen Reitern auch nicht ein einziger den Mut habe, aus dem Heereszug herauszureiten, das dürften wohl sie selbst nicht einmal bezweifeln. Und damit sie um so mutiger seien, werde er seine ganzen Truppen vor den Lagern aufstellen und so dem Feind ein Schrecken sein. Da riefen die Reiter laut, man müsse sich durch einen heiligen Eid einander verpflichten, daß derjenige, der nicht zweimal durch den feindlichen Zug quer hindurchgeritten sei, nicht mehr daheim aufgenommen werden solle und keinen Zutritt zu Kindern, Eltern und Gattin haben dürfe.

67. Der Vorschlag fand starken Beifall, und alle mußten den Eid leisten. Am folgenden Tag teilt Vercingetorix seine Reiterei in drei Abteilungen; zwei von ihnen erscheinen an den Flanken des römischen Heereszuges, während die dritte die Vorhut am Weitermarsch zu hindern beginnt. Als Caesar darüber Meldung erstattet wird, läßt auch er seine Reiterei in drei Abteilungen gegen den Feind anreiten. Überall ist der Kampf in vollstem Gang. Der Heereszug macht halt; der Troß wird von den Legionen in die Mitte genommen. Wenn man sah, daß an einer Stelle unsere Leute wankten oder in allzu große Bedrängnis gerieten, befahl Caesar den Legionen, den Angriff in dieser Richtung vorzutragen und dorthin Front zu machen; dies Manöver hemmt das Andringen des Feindes und ermutigt die Unsrigen durch die stete Aussicht auf Hilfe. Endlich gewinnen die Germanen auf der rechten Flanke den höchsten Punkt einer Anhöhe. Sie vermögen die Feinde von hier hinabzujagen und verfolgen die Flüchtigen bis zu einem Fluß, an dem Vercingetorix sich mit seinem Fußvolk lagerte. Dabei werden etliche von ihnen getötet. Als die übrigen dies sehen, fliehen sie gleichfalls aus Furcht vor einer Umgehung. Überall wird furchtbar gemordet. Drei vornehme Haeduer werden als Gefangene vor Caesar geführt: Cotus, der Reiterkommandeur, der jenen Streit mit Convictolitavis anläßlich der letzten Wah-

len hatte; Cavarillus, der nach dem Abfall des Litaviccus zum Befehlshaber der Fußtruppen bestellt worden war; Eporedorix, der im Krieg der Haeduer mit den Sequanern vor der Ankunft Caesars in Gallien den Oberbefehl über die Haeduer gehabt hatte.

68. Nachdem die ganze Reiterei der Gallier zur Flucht gezwungen worden war, führte Vercingetorix seine Fußtruppen, so wie er sie vor den Lagern aufgestellt hatte, zurück und trat sofort den Marsch auf Alesia an, eine Stadt der Mandubier; sein Troß sollte ebenfalls schnell die Lager verlassen und ihm nachkommen. Caesar ließ das schwere Gepäck (seines Heeres) auf den nächsten Hügel fahren, wo er zwei Legionen zu seinem Schutz zurückließ. Mit den anderen Truppen folgte er dem Vercingetorix so weit, als es die Zeit an diesem Tag noch gestattete; dabei wurden etwa 3000 Mann der feindlichen Nachhut getötet. Am folgenden Tag schlug er sein Lager bei Alesia auf. Er erkundete genau die Lage der Stadt, und da es die Feinde sehr bestürzt hatte, daß gerade ihre Reiterei, das heißt der Teil ihres Heeres, auf den sie sich am meisten verließen, geschlagen war, ging er daran, Alesia mit einem Wall einzuschließen, nachdem er die Soldaten in einer Ansprache zu tüchtiger Schanzarbeit angefeuert hatte.

69. Alesia lag hoch oben auf einem sehr steilen Berg, und es war klar, daß es nur durch Belagerung erobert werden konnte. Der Fuß des Berges wurde auf zwei Seiten von Flüssen bespült. Vor der Stadt breitete sich eine Ebene aus, etwa drei Meilen lang; auf allen anderen Seiten umgaben Alesia in einer mäßigen Entfernung von der Stadt Hügel von ziemlich gleicher Höhe und Abdachung. Auf der Ostseite des Berges hatten die Gallier am Fuß der Stadtmauer ihre ganzen Truppen gelagert und einen Graben gezogen sowie eine Lehmmauer errichtet, 6 Fuß hoch. Die von den Römern erbauten Befestigungen hatten einen Umfang von 10 Meilen. An geeigneten Stellen waren ⟨acht⟩ Lager errichtet, ⟨die durch Befestigungen miteinander verbunden waren⟩, und längs dieser Befestigungen waren 23

Schanzen angelegt. In diesen Schanzen standen bei Tag kleine Feldwachen, damit man nicht plötzlich von einem Ausfall überrascht werde; nachts waren sie von Posten und starken Wachabteilungen besetzt.

70. Nachdem man mit diesem mächtigen Einschließungswerk begonnen hatte, kam es in der Ebene, die, wie wir schilderten, die Hügelkette unterbricht und sich 3 Meilen weit hinzieht, zu einem Reitergefecht. Von beiden Gegnern wurde mit höchstem Einsatz gefochten. Als die Unsrigen in Bedrängnis gerieten, schickte Caesar ihnen die Germanen zu Hilfe und stellte die Legionen vor den Lagern in Schlachtordnung auf, damit nicht überraschend die feindliche Infanterie einbreche. Unter der Deckung der Legionen wuchs den Unsrigen der Mut; die Feinde wurden zur Flucht gezwungen. Sie hinderten sich dabei gegenseitig durch ihre Masse und ballten sich in den zu engen Durchgängen zusammen, die man (in der Lehmmauer) gelassen hatte. In ziemlich scharfer Verfolgung kamen die Germanen bis an diese Befestigung und richteten hier ein furchtbares Blutbad an. Einige versuchten unter Zurücklassung der Pferde über den Graben zu gelangen und die Lehmmauer zu übersteigen. Darauf ließ Caesar die Legionen, die er vor dem Wall aufgestellt hatte, ein wenig vorrücken, wodurch diejenigen Gallier, die sich innerhalb der Verschanzung befanden, nicht weniger in Verwirrung gerieten als die Reiter. Sie glaubten, man rücke sofort gegen sie an, und riefen zu den Waffen. Einige stürzten in ihrem Schrecken (hinauf) in die Stadt. Um das Lager nicht von Verteidigern zu entblößen, ließ Vercingetorix die Stadttore schließen. Nachdem die Germanen viele niedergehauen und etliche Pferde erbeutet hatten, zogen sie sich wieder zurück.

71. Bevor indes die Römer ihre Einschließungswerke vollendeten, wollte Vercingetorix seine ganze Reiterei unter dem Schutz der Nacht herausschicken. Vor ihrem Fortgang erhielt sie von ihm die Weisung, daß ein jeder sich zu seinem Stamm aufmachen und alle waffenfähigen Leute für den Krieg aufbieten solle. Er sprach ihnen dabei von seinen Verdiensten um

sie und beschwor sie alle, doch an seine Rettung zu denken; sie dürften ihn, der sich um die gemeinsame Freiheit so verdient gemacht habe, nicht den Feinden zur Hinrichtung preisgeben. Er wies sie auf die Folgen etwaiger Säumigkeit hin: 80 000 auserwählte Männer würden dann mit ihm zusammen den Tod finden. Nach seiner Berechnung habe er für knapp 30 Tage Getreide; bei sparsamster Verteilung könne man auch ein wenig länger aushalten. Damit entließ er die Reiterei in aller Stille um die zweite Nachtwache; durch die in unseren Befestigungen vorhandenen Lücken gelangte sie hinaus. Eine Verordnung erging, daß man ihm alles Getreide abliefern müsse; auf Ungehorsam setzte er die Todesstrafe. Das Vieh, das von den Mandubiern dort zahlreich zusammengetrieben worden war, verteilte er auf seine Leute nach der Kopfzahl, das Getreide maß er sparsam und allmählich zu. Dann nahm er alle Truppen, die bisher vor der Stadt gelagert hatten, in die Stadt zurück. Das waren die Maßnahmen, mit denen er daranging, die Hilfstruppen Galliens zu erwarten und den Krieg weiterzuführen.

72. Nachdem Caesar von diesen Vorgängen durch Überläufer und Gefangene erfahren hatte, ließ er folgende Befestigungswerke herstellen: Er zog einen 20 Fuß breiten Graben mit senkrechten Seitenwänden, so daß er an der Sohle ebenso breit war wie an den Oberkanten. Alle übrigen Befestigungen verlegte er 400 Schritt hinter diesen Graben zurück. Die Absicht dabei war diese: Da er eine so große Strecke einschließen mußte, aber nur schwer das ganze Befestigungswerk ringsum mit Soldaten belegen konnte, wollte er verhindern, daß die feindlichen Massen während der Nacht überraschend gegen die Befestigungen anstürmten oder bei Tag auf unsere durch die Schanzarbeit in Anspruch genommenen Leute ihre Speere warfen. Hinter dem erwähnten Zwischenraum ließ er zwei weitere Gräben von 15 Fuß Breite und derselben Tiefe auswerfen; an den Stellen, wo der innere (der beiden Gräben) sich durch die Ebene und in den Talgründen hinzog, wurde er mit Wasser

gefüllt, das man aus dem Fluß ableitete. Hinter diesen Gräben wurde ein Damm und Wall von zusammen 12 Fuß Höhe erbaut. Diesen ließ er mit einer Brustwehr und mit Zinnen versehen; an der Verbindungsstelle der einzelnen Brustwehren mit dem Damm ragten mächtige geweihartige Baumkronen heraus, die den Feinden den Anstieg erschweren sollten. Das ganze Befestigungswerk entlang ließ er Türme errichten, die 80 Schritt Abstand von einander hatten.

73. Man war gezwungen, zur gleichen Zeit einerseits Bauholz und Getreide heranzuschaffen, anderseits diese großen Befestigungen zu erbauen; dabei waren unsere Truppen stark vermindert, denn ein Teil mußte sich stets weiter von den Lagern entfernen. Zudem versuchten die Gallier noch zuweilen einen Angriff auf unsere Befestigungen und machten aus der Stadt durch mehr als ein Tor unter Aufbietung aller Kräfte einen Ausfall. Deshalb hielt es Caesar für richtig, die beschriebenen Befestigungen durch weitere zu ergänzen, damit man sie mit einer um so kleineren Anzahl Soldaten verteidigen könne. Er ließ daher Baumstrünke und besonders feste Äste hauen und deren Kronen abschälen und vorne zuspitzen; ferner wurden überall Grabenstücke von 5 Fuß Tiefe ausgehoben. In diese Gräben wurden die Baumstämme herabgelassen und auf dem Grund festgemacht, so daß man sie nicht herausreißen konnte; von den Ästen an schauten sie aus der Erde. Dieser Art waren je fünf Reihen miteinander verbunden und verschlungen; wer dort hineingeriet, blieb an den ganz spitzen Pfählen hängen. Diese Stämme nannten die Soldaten »Leichensteine«. Davor grub man in schrägen Linien in Kreuzstellung 3 Fuß tiefe Gruben, die sich trichterförmig nach unten verengten. In diese wurden glatte Rundhölzer von Schenkeldicke, die man oben angespitzt und am Feuer gehärtet hatte, eingesetzt, so daß sie nicht mehr als 4 Finger hoch über die Erde herausragten. Um dem Ganzen einen recht festen Halt zu geben, stampfte man außerdem in den Gruben einen Fuß hoch Erde fest; der übrige Teil (der Gruben) wurde, um die Falle zu

verbergen, mit Weidenruten und Strauchwerk überdeckt. Von diesen Gruben wurden acht Reihen angelegt, die unter sich 3 Fuß voneinander entfernt waren. Auf Grund der Ähnlichkeit mit der (bekannten) Blume nannten die Soldaten die Gruben »Lilien«. Vor diesen schlug man dann noch einen Fuß lange Pflöcke mit eisernen Haken ein und vergrub sie ganz in die Erde; man verteilte sie überall mit mäßigen Zwischenräumen und gab ihnen den Namen »Ochsenstachel«.

74. Caesar ließ nach Beendigung dieser Arbeiten, wobei er, so gut es ging, überall die nach der natürlichen Beschaffenheit des Geländes ebensten Stellen benutzte, gleiche Befestigungen derselben Art in einem Umfang von 14 Meilen anlegen. Diese zweiten Befestigungen lagen zu den ersten in entgegengesetzter Richtung und wurden gegen einen von außen andringenden Feind erbaut. Caesar wollte nämlich verhindern, daß auch eine große Truppenmasse – und daß dies geschah, lag nach der Entlassung der gallischen Reiterei durchaus im Bereich des Möglichen – die Besatzungen der Befestigungswerke einschließen könne; ⟨um⟩ dann aber ⟨nicht⟩ gezwungen zu sein, unter Lebensgefahr die Lager zu verlassen, befahl er allen, für 30 Tage Grünfutter und Getreide vorrätig zu halten.

75. Während dies bei Alesia geschah, beschlossen die Fürsten der Gallier auf einem Fürstentag nicht, wie Vercingetorix gemeint hatte, *alle* waffenfähigen Leute aufzubieten, sondern durch jeden Stamm eine bestimmte Zahl stellen zu lassen; denn sie mußten befürchten, wenn eine so große Menschenmenge zusammenkäme, ihre Leute weder leiten noch unterscheiden zu können, noch daß es ihnen möglich wäre, die Verpflegungszufuhr zu regeln. So legten sie den Haeduern und deren Klienten, den Segusiavern, Ambarrern und brannovischen Aulercern, die Stellung von 35 000 Mann auf; die gleiche Zahl setzten sie für die Arverner fest und für die zu ihnen gehörenden Eleuteter, Cadurcer, Gabaler und Vellavier, die stets unter der Oberhoheit der Arverner standen; die Sequaner, Senonen, Biturigen, Santoner, Rutener und Carnuten sollten 12 000 stellen, die

Bellovacer 10 000. Ebenso viele forderten sie von den Lemovicen; 8000 Mann wurden den Pictonen, Turonern, Parisiern und Helvetiern auferlegt, den Suessionen, Ambianern, Mediomatricern, Petrocoriern, Nerviern, Morinern und Nitiobrogen 5000, den cenomanischen Aulercern ebenso viele; von den Atrebaten forderten sie 4000 Mann, von den Veliocassern⟨. . .⟩ und den eburovischen Aulercern 3000, von den Rauracern und Boiern 2000 und ⟨. . .⟩ von allen am Ozean liegenden Stämmen, die sich nach ihrer Sitte die aremorischen Stämme nennen und zu denen die Coriosoliten, Redonen, Ambibarier, Caleten, Osismer, Veneter, ⟨. . .⟩ und Veneller gehören. Von diesen allen stellten einzig die Bellovacer nicht die volle Zahl; sie erklärten, im eigenen Namen und auf eigene Faust mit den Römern Krieg führen und niemandes Befehl gehorchen zu wollen; erst als Commius sie eindringlich darum bat, schickten sie in Anbetracht der sie und ihn verbindenden Gastfreundschaft 2000 Mann.

76. Die treue und nützliche Tätigkeit des Commius war für Caesar, wie wir früher erzählten, in den voraufgehenden Jahren in Britannien eine große Hilfe gewesen; zur Belohnung für seine Verdienste hatte Caesar bestimmt, daß sein Stamm steuerfrei sein solle; auch hatte er ihm seine Rechte und Gesetze wiedergegeben und die Moriner mit seinem Land vereinigt. Doch die Einmütigkeit ganz Galliens, die Freiheit zu schützen und den alten Kriegsruhm wiederzugewinnen, war so groß, daß weder Wohltaten noch die Erinnerung an die Freundschaft Eindruck machten und sie sich alle in opferwilliger Begeisterung zur Teilnahme an diesem Krieg bereit erklärten. Man brachte 8000 Reiter und etwa 250 000 Fußsoldaten auf; im Land der Haeduer wurden sie gemustert, und man veranstaltete eine Zählung von ihnen; auch wurden (dort) ihre Offiziere ernannt. Den Oberbefehl erhielten der Atrebate Commius, die Haeduer Viridomarus und Eporedorix und der Arverner Vercassivellaunus, ein Vetter des Vercingetorix. Erwählte Leute der Stämme, nach deren Plan der Krieg geleitet werden sollte, werden ihnen

zugeteilt. Begeistert und voll Zuversicht marschieren sie auf Alesia zu, und es gab niemand unter ihnen, der nicht geglaubt hätte, daß man auch nur den Anblick so großer Menschenmassen ertragen könne, zumal in einem Kampf auf zwei Fronten, in dem gleichzeitig ein Ausfall aus der Stadt zum Kampf zwinge und draußen eine derartige Masse an Reiterei und Fußtruppen sich zeige.

77. Indes beriefen die in Alesia Eingeschlossenen, nachdem der Tag, an welchem sie die Hilfstruppen ihrer Landsleute erwartet hatten, verstrichen und alles Getreide aufgezehrt war, in Unkenntnis dessen, was bei den Haeduern geschah, eine Versammlung und berieten sich über ihr endgültiges Schicksal. Mannigfache Vorschläge wurden gemacht; ein Teil stimmte für die Unterwerfung, ein anderer für einen Ausfall, solange noch die Kräfte reichten. Hier kann die Rede des Critognatus nicht übergangen werden wegen dessen einzig dastehender und teuflischer Grausamkeit. Dieser Mann, der aus einer vornehmen arvernischen Familie stammte und als sehr angesehen galt, führte folgendes aus: »Über die Ansicht derer, die mit dem Wort Unterwerfung die schändlichste Knechtschaft bezeichnen, sage ich gar nichts; denn ich bin der Meinung, daß man sie nicht als Mitbürger ansehen darf und daß sie nicht wert sind, zu der Versammlung hier zugezogen zu werden. Ich habe es vielmehr mit denen zu tun, die für den Ausfall sind; denn offenbar schimmert in ihrem Vorschlag nach eurem allgemeinen Beifall noch eine Erinnerung an unsere frühere Tapferkeit durch. Aber es ist Willensschwäche und keine Tapferkeit, wenn man nicht eine Zeitlang auch die Not ertragen kann. Menschen, die absichtlich in den Tod rennen, finden sich leichter als solche, die den Schmerz geduldig ertragen. Und ich würde dieser Meinung auch beitreten – so viel gilt bei mir die Ehre –, wenn ich sähe, daß wir nur unser Leben opfern müßten; aber wir dürfen bei unserer Beratung nicht ganz Gallien vergessen, das wir zu unserem Entsatz aufgeboten haben. Wie, glaubt ihr wohl, wird unseren Verwandten und Blutsgenossen zumute sein, wenn

80 000 Leute an einer Stelle gefallen sind und jene sozusagen auf ihren Leichen die entscheidende Schlacht kämpfen müssen? Beraubt sie nicht eurer Hilfe, die um eurer Rettung willen ihre eigene Gefahr nicht achten, verderbt nicht ganz Gallien durch eure törichte Handlungsweise und Unbesonnenheit oder eure Geistesschwäche und unterwerft es nicht ewiger Knechtschaft. Müßt ihr denn, wenn sie nicht genau auf den Tag eintrafen, gleich an ihrer Zuverlässigkeit und Entschlossenheit zweifeln? Was denn? Glaubt ihr, die Römer mühen sich in den Verschanzungen dort drüben jeden Tag nur zum Vergnügen? Wenn ihr schon nicht, wo jeder Zugang zu uns versperrt ist, durch Boten aus Gallien darin bestärkt werden könnt, dann nehmt als Zeugen von ihrer bevorstehenden Ankunft sie da drunten, die in ihrer furchtbaren Angst Tag und Nacht ihre Werke besetzt halten! Was will ich also raten? So zu handeln, wie unsere Vorfahren in dem Krieg mit den Cimbern und Teutonen gehandelt haben, der mit dem jetzigen gar nicht zu vergleichen ist. Als sie in ihre Städte zusammengedrängt wurden und unter ähnlicher Not litten, haben sie ihr Leben mit den Körpern der durch ihr Alter zum Krieg untauglichen Leute gefristet und sich den Feinden nicht ergeben. Wenn wir das Beispiel solcher Heldenhaftigkeit nicht hätten, so würde ich es doch für die schönste Tat halten, wenn wir um der Freiheit willen ähnlich handelten und diese Tat den Nachfahren überlieferten. Denn worin läßt sich jener Krieg mit diesem vergleichen? Nachdem Gallien verwüstet und furchtbar heimgesucht worden war, verließen schließlich die Cimbern unser Land doch und suchten andere Wohnsitze auf: Recht, Gesetze, Felder und Freiheit blieben uns. Was aber suchen und wollen die Römer anderes, als sich aus Neid auf den Feldern und in den Stämmen derjenigen Völker festzusetzen, von deren Ruhm und Macht im Krieg sie gehört haben, und ihnen ewige Knechtschaft aufzuerlegen? Nie haben sie unter einer anderen Bedingung Krieg geführt! Und wenn ihr schon nichts von den Vorgängen bei fernen Völkern wißt – seht auf das benachbarte Gallien, das,

zur Provinz gemacht, sein Recht und seine Gesetze mit fremden vertauschen mußte und das, den Liktorenbeilen unterworfen, bedrückt ist von ewiger Knechtschaft.«

78. Hierauf beschließen sie, daß die wegen ihrer Gesundheit oder wegen ihres Alters zum Krieg Untauglichen die Stadt verlassen müßten und die andern erst alles versuchen sollten, ehe sie sich zu dem Antrag des Critognatus verstünden; doch wenn die Lage es erfordern sollte und die Hilfstruppen wirklich auf sich warten ließen, müsse man eher seinem Vorschlag folgen, als daß man sich auf eine Bedingung der Unterwerfung oder des Friedens einlassen dürfe. Die Mandubier, von denen die Gallier in Alesia aufgenommen worden waren, werden mit Weib und Kind zum Abzug gezwungen. Als sie zu den römischen Befestigungen kamen, baten sie unter Tränen inständig, man möchte sie in die Knechtschaft aufnehmen und ihnen zu essen geben. Caesar aber verhinderte durch die auf dem Wall verteilten Wachen ihre Aufnahme.

79. Inzwischen treffen Commius und die übrigen Führer, denen der Oberbefehl übertragen worden war, mit allen Truppen vor Alesia ein; sie besetzen einen der äußeren Hügel und lagern sich höchstens eine Meile von unseren Befestigungen. Am folgenden Tag lassen sie ihre Reiterei aus dem Lager rücken; sie füllt die ganze, wie wir sagten, 3 Meilen in der Länge sich hinziehende Ebene an; das Fußvolk führen sie ein wenig von dort nach rückwärts und stellen es an den Abhängen auf. Von Alesia konnte man in die Ebene heruntersehen. Als man die Hilfstruppen drunten erblickt, rennt man zusammen; Glückwünsche werden getauscht, und alle Menschen sind freudig erregt. Daher rücken sie mit ihren Truppen aus der Stadt aus und lagern vor ihr; den nächsten Graben überdecken sie mit Flechtwerk, füllen ihn mit Schutt und rüsten sich zu einem Ausfall und für alle Möglichkeiten.

80. Caesar stellte sein ganzes Heer auf beiden Seiten der Befestigung auf, damit nötigenfalls jeder Mann seinen Platz besetzt halte und mit ihm vertraut sei; die Reiterei ließ er aus

den Lagern ausrücken und ein Gefecht beginnen. Von allen ringsum auf den Kämmen der Hügel befindlichen Lagern konnte man in die Ebene heruntersehen, und alle Soldaten erwarteten voller Spannung den Ausgang des Kampfes. Die Gallier hatten unter die Reiter einzelne Bogenschützen und Leichtbewaffnete gemischt, die ihren Leuten, falls sie wichen, helfen und den Angriff der Unsrigen zum Stehen bringen sollten. Etliche von unsern Reitern wurden daher unversehens verwundet und verließen die Schlacht. Die Gallier vertrauten darauf, daß ihre Leute den Kampf siegreich bestehen würden, und als sie die Unsrigen von der Masse bedrängt sahen, feuerten sie von allen Seiten – und daran beteiligten sich die Belagerten ebenso wie das Entsatzheer – mit ungeheurem Geschrei ihre Landsleute an. Da der Kampf sich vor aller Augen abspielte und Tapferkeit wie Feigheit nicht verborgen blieben, trieb die Begierde nach Ruhm und die Furcht vor Schande die Truppen auf beiden Seiten zu höchstem Einsatz an. Von Mittag bis zum Sonnenuntergang hatte man unentschieden gefochten; da machten von einer Seite die Germanen mit dicht geschlossenen Schwadronen einen Angriff und trieben die Feinde zurück; als die Reiter flohen, konnten die Bogenschützen umstellt und niedergemacht werden. Ebenso verfolgten auch in den anderen Abschnitten die Unsrigen die zurückflutenden feindlichen Reiter bis zu ihrem Lager und ließen ihnen nicht die Möglichkeit, sich wieder zu sammeln. Diejenigen aber, die aus Alesia ausgerückt waren, zogen sich traurig, den Sieg schon fast aufgebend, in die Stadt zurück.

81. Am übernächsten Tag verlassen die Gallier – in der Zwischenzeit hatten sie eine Menge Flechtwerk, Leitern und Greifhaken hergerichtet – um Mitternacht in aller Stille ihr Lager und rücken gegen die in der Ebene befindlichen Befestigungswerke vor. Plötzlich erheben sie ein großes Geschrei – ein Zeichen, an dem die in der Stadt Eingeschlossenen erkennen konnten, daß sie da seien – und gehen daran, das Flechtwerk (in den Graben) zu werfen, mit Schleudern, Pfeilen und Feld-

steinen unsere Leute vom Wall zu vertreiben und alle Vorbereitungen zu einem Sturm zu treffen. Auf das Geschrei hin gibt Vercingetorix in demselben Augenblick mit der Tuba den Seinen das Zeichen und führt sie aus der Stadt heraus. Die Unsrigen besetzen so, wie in den vorangehenden Tagen jedem Soldaten sein Platz angewiesen worden war, die Befestigungen; mit pfundschweren Schleudersteinen und Pfählen, die auf dem Werk verteilt worden waren, sowie mit Schleuderbleien jagen sie die Gallier zurück. Da die Dunkelheit die Sicht nimmt, gibt es auf beiden Seiten viele Verwundete. Die Schleudermaschinen entfalten eine lebhafte Tätigkeit. Aber die Legaten Marcus Antonius und Gaius Trebonius, denen die Aufgabe der Verteidigung in diesen Abschnitten zugefallen war, schickten Kohorten aus den entfernteren Schanzen dorthin zu Hilfe, wo sie die Unsrigen in Bedrängnis sahen.

82. Solange die Gallier noch ein gutes Stück von den Befestigungen entfernt waren, war der Geschoßhagel von größerer Wirkung; als sie näher kamen, blieben sie nichtsahnend an den »Ochsenstacheln« hängen oder wurden, in die Gruben stürzend, aufgespießt oder kamen um, getroffen durch die vom Wall und den Türmen abgeschleuderten Mauerspieße. Mit vielen Wunden bedeckt und ohne irgendwo die Befestigung durchbrochen zu haben, zogen sie sich mit Morgengrauen zu den Ihren zurück, weil sie fürchteten, sie könnten von ihrer offenen Flanke her durch einen Ausfall aus den höhergelegenen Lagern umgangen werden. Die Eingeschlossenen aber schaffen, sobald sie mit den Vorbereitungen fertig sind, alles zu einem Ausfall Erforderliche aus der Stadt heraus; die Spitze füllt die Gräben aus; aber indem sie sich dabei zu lange aufhalten, müssen sie erkennen, daß ihre Landsleute draußen abgezogen waren, ehe sie selbst sich den Befestigungen nähern konnten. So kehren sie unverrichteter Dinge wieder in die Stadt zurück.

83. Nachdem die Gallier zweimal mit großen Verlusten zurückgeschlagen waren, beraten sie sich über ihre weiteren Maßnahmen; sie ziehen dabei ortskundige (Bauern) hinzu; von

diesen ließen sie sich den Platz der auf den Hügeln errichteten Lager und die Befestigungen daselbst beschreiben. Im Norden erhob sich ein Hügel, den die Unsrigen wegen seines großen Umfangs in die Befestigungslinie nicht hatten einbeziehen können, und so wurde von ihnen das Lager notwendigerweise auf reichlich ungünstigem und nur ganz wenig abfallendem Gelände erbaut. Dieses Lager hielten die Legaten Gaius Antistius Reginus und Gaius Caninius Rebilus mit zwei Legionen besetzt. (Feindliche) Späher kundschaften diese Gegend genau aus; darauf wählten die gallischen Führer aus der ganzen Zahl 60 000 Mann aus den Stämmen aus, die als besonders tapfer galten. Heimlich verabreden sie untereinander das Was und Wie ihres Planes; etwa auf die Mittagszeit legen sie den Angriff fest. Das Kommando über diese Truppen erhält der Arverner Vercassivellaunus, einer von den vier Feldherrn, ein Verwandter des Vercingetorix. Mit Beginn der ersten Nachtwache rückt Vercassivellaunus aus dem Lager aus; da er schon gegen Morgen seinen Marsch fast beendet hat, verbirgt er seine Soldaten hinter dem Berg und befiehlt ihnen, sich von den Anstrengungen der Nacht zu erholen. Als dann der Mittag ungefähr herankam, stürmten sie auf das oben erwähnte Lager zu; zur gleichen Zeit ritt die Kavallerie gegen die Befestigungen in der Ebene an; das übrige Fußvolk zeigte sich nach und nach vor dem Lager.

84. Als Vercingetorix die Seinen von der Burg Alesia aus sieht, rückt er zum zweitenmal aus der Stadt; wieder schaffen die Truppen Flechtwerk, lange Stangen, Schutzdächer und Sicheln sowie alles andere, was er sonst noch, um den Ausfall zu unternehmen, hatte herrichten lassen, aus der Stadt heraus. Man kämpft zur selben Zeit auf allen Abschnitten und greift überall an. Gegen die schwächsten Stellen stürmen die Gallier geschlossen an. Die römischen Mannschaften stehen infolge der großen Ausdehnung der Werke weit auseinandergezogen und können nur mit Schwierigkeiten an mehreren Stellen den Feinden entgegentreten. Viel trägt zum Schrecken der Unsrigen das

Geschrei bei, das im Rücken der Kämpfenden entsteht, weil sie dabei erkennen, daß die Abwehr der Gefahr, die ihrem Leben droht, auf der Tapferkeit eines anderen beruhe. Denn meist verwirrt den menschlichen Sinn dasjenige stärker, was man nicht sehen kann.

85. Caesar findet einen geeigneten Punkt, von dem aus er erkennen kann, was auf jedem Abschnitt vorgeht; den bedrängten Soldaten schickt er Hilfe. Beide Parteien werden sich dessen bewußt, daß einzig dies der Zeitpunkt sei, an dem es gilt, unter höchstem Einsatz zu kämpfen; denn die Gallier müssen, wenn sie nicht die Befestigungen durchbrechen, ihre Rettung aufgeben, die Römer aber erwartet, wenn sie die Befestigungen behaupten, das Ende aller Strapazen. Am härtesten ging es bei den höher gelegenen Verschanzungen her, wohin, wie wir gesagt haben, Vercassivellaunus entsandt worden war. Die ungünstige, fast abschüssige Neigung des Geländes hatte dabei große Bedeutung. Die einen schleudern ihre Speere, die andern rücken unter einem Schildkrötendach vor; an die Stelle der ermüdeten Leute treten ablösend immer wieder frische Truppen. Alle insgesamt werfen Schutt in die Gräben; das ermöglicht den Galliern den Aufstieg und überdeckt die von den Römern in der Erde versteckten Fallen. Und schon beginnen den Unsrigen die Waffen und Kräfte zu mangeln.

86. Als Caesar diese Vorgänge erkennt, sendet er den Labienus mit sechs Kohorten seinen schwer bedrängten Leuten zu Hilfe; er befiehlt, wenn er sich nicht halten könne, die Truppen von den Wällen wegzuziehen und einen Ausfall zu machen; doch solle er das nur im äußersten Fall tun. Er selbst eilt zu den übrigen und ermahnt sie, nicht den Anstrengungen zu erliegen; der Lohn für alle früheren Kämpfe beruhe auf dem Erfolg dieses Tages und dieser Stunde. Die Eingeschlossenen geben den Kampf in der Ebene wegen der Größe der Befestigungen auf und versuchen den Aufstieg an den steilen und ⟨...⟩ Stellen des Geländes; alles, was sie vorbereitet haben, schaffen sie jetzt hierher. Durch einen Hagel von Geschossen

vertreiben sie die Kämpfer auf den Türmen, füllen mit Schutt und Flechtwerk die Gräben aus und reißen mit den Sicheln den Wall und die Zinnen ein.

87. Caesar entsendet mit einem Teil der Kohorten zuerst den jungen Brutus, hernach den Legaten Fabius mit weiteren; zuletzt führt er selbst, als der Kampf an Stärke noch zunahm, frische Truppen zur Hilfe heran. Er kann das Treffen wiederherstellen und die Feinde zurückwerfen; dann rückt er eiligst dorthin, wohin er Labienus geschickt hatte. Vier Kohorten zieht er aus einer der nächsten Schanzen an sich und befiehlt einem Teil der Reiterei, ihm zu folgen, einem anderen, die äußeren Befestigungen zu umreiten und die Feinde vom Rücken anzugreifen. Nachdem nämlich weder die Wälle noch die Gräben dem feindlichen Ansturm standhalten konnten, hatte Labienus elf Kohorten unter seinem Kommando vereinigt, die ihm der Zufall aus den nächsten Schanzen anbot, und benachrichtigte Caesar über die weiteren von ihm zu ergreifenden Maßnahmen. Caesar eilte heran, um an diesem Kampf teilzunehmen.

88. Als man seine Anwesenheit an der Farbe seiner Kleidung erkannte – dieses Abzeichen pflegte er in den Schlachten zu tragen – und die ihm befehlsgemäß folgenden Reiterschwadronen und Kohorten sah – man konnte von den Höhen die Abhänge und tieferen Stellen überblicken –, beginnen die Feinde den Kampf. Das hier von beiden Seiten erhobene Geschrei wird von dem Geschrei wieder aufgenommen, das von dem Wall und allen Befestigungen herüberdringt. Die Unsrigen werfen die Pilen beiseite und greifen zum Schwert. Plötzlich sieht man im Rücken die Reiterei; auch jene Kohorten stürmen heran. Die Feinde wenden sich zur Flucht; den Fliehenden galoppieren Reiter entgegen. Ein furchtbares Blutbad wird angerichtet. Sedullus, der Führer und Fürst der Lemovicen, fällt; der Arverner Vercassivellaunus wird lebend auf der Flucht ergriffen; 84 Feldzeichen werden zu Caesar gebracht; nur wenige von den vielen Feinden vermögen unversehrt in ihr Lager zurückzugelangen. Als man von der Stadt her das Blutbad und die

Flucht der Landsleute sah, schwand die Hoffnung auf Rettung, und sie führten ihre Truppen von den Befestigungen zurück. Auf die Kunde hiervon flüchten die Gallier sofort aus dem Lager. Wenn unsere Soldaten durch das häufige helfende Eingreifen und die Anstrengungen des ganzen Tages nicht so ermüdet gewesen wären, hätten sie die gesamten feindlichen Massen vernichten können. Kurz nach Mitternacht erreicht die hinter (den Fliehenden) hergesandte Reiterei die Nachhut; eine große Anzahl wird gefangengenommen und niedergehauen. Die Übriggebliebenen zerstreuen sich unmittelbar nach der Flucht in ihre Stämme.

89. Auf der am folgenden Tag einberufenen Versammlung erklärt Vercingetorix den Galliern, er habe die Führung dieses Krieges nicht im eigenen Interesse, sondern um der gemeinsamen Freiheit willen übernommen, und da man ja nun dem Schicksal weichen müsse, stelle er ihnen anheim, ob er durch Selbstmord den Römern Genüge tun solle oder ob sie ihn lebend ausliefern wollten. Man entsendet in dieser Sache an Caesar eine Abordnung. Er gibt den Befehl, die Waffen auszuliefern und die Fürsten vorzuführen. Er selbst setzt sich innerhalb der Befestigung vor einem Lager nieder; dort werden die Führer vor ihn gebracht. Vercingetorix wird ausgeliefert, die Waffen wirft man zusammen. Die Gefangenen der Haeduer und Arverner behielt Caesar zurück für den Fall, daß er durch sie ihre Stämme sich wiedergewinnen könnte; von den anderen Gefangenen teilte er den Soldaten einzeln je einen Mann als Beute zu.

90. Hierauf marschiert er in das Land der Haeduer; ihren Stamm nimmt er in Gnaden wieder an. Dorthin sind auch von den Arvernern Gesandte geschickt worden. Sie versprechen, seinen Befehlen nachzukommen. Er fordert von ihnen die Stellung einer großen Anzahl Geiseln. Die Legionen schickt er in die Winterquartiere. Etwa 20 000 Gefangene gibt er den Haeduern und den Arvernern zurück. Titus Labienus erhält den Befehl, mit zwei Legionen und Reiterei zu den Sequanern zu

ziehen; ihm wurde Marcus Sempronius Rutilus zugeteilt. Die Legaten Gaius Fabius und Lucius Minucius Basilus legt er mit zwei Legionen zu den Remern, damit sie vor Einfällen der benachbarten Bellovacer geschützt seien. Gaius Antistius Reginus schickt er zu den Ambivaretern, Titus Sextius zu den Biturigen, Gaius Caninius Rebilus zu den Rutenern, alle drei mit je einer Legion. Quintus Tullius Cicero und Publius Sulpicius beordert er nach Cavillonum und Matisco im Haeduerland – beide Städte liegen am Arar – und betraut sie mit der ordnungsgemäßen Durchführung der Verproviantierung. Er selbst beschließt, in Bibracte zu überwintern. Nachdem man (seitens des Senats) aus dem Schreiben Caesars von den Ereignissen dieses Jahres Kenntnis genommen hatte, vergalt man in Rom mit einem zwanzigtägigen Dankfest den Göttern den Sieg.

Des Aulus Hirtius achtes Buch

VORREDE

Gedrängt durch deine beständigen Aufforderungen, mein Balbus, habe ich, da anscheinend meine tägliche Weigerung nicht eine Entschuldigung für die Schwierigkeit, sondern offenbar nur eine Ablehnung aus Trägheit darstellte, das sehr schwierige Werk übernommen. Die Aufzeichnungen unseres Caesar über seine Taten in Gallien habe ich, da seine früheren und späteren Schriften nicht aneinanderpassen, fortgesetzt und das Letzte, noch Unvollendete von den Ereignissen zu Alexandria an zum Ende geführt, zwar nicht der Auseinandersetzungen unter den (römischen) Bürgern, das wir niemals erleben, sondern von Caesars Leben. Ach, daß doch die, welche diese Bücher lesen, wissen möchten, wie widerwillig ich ihre Abfassung übernommen habe, damit ich um so eher von dem Vorwurf der Torheit und Selbstüberhebung verschont bleibe, der ich mich mitten in Caesars Schriften hineingesetzt habe. Es ist nämlich allgemein bekannt, daß nichts von anderen Geschichtsschreibern so mühevoll vollendet wurde, das die Eleganz dieser Aufzeichnungen nicht in den Schatten stellte. Sie sind veröffentlicht worden, damit den Geschichtsschreibern die Kenntnis von so großen Taten nicht fehle, und von allen werden sie mit voller Überlegung so sehr anerkannt, daß den Geschichtsschreibern die Möglichkeit, sich an der Darstellung der Ereignisse (im Sinne der künstlerischen) Geschichtsschreibung zu versuchen, vorweggenommen und nicht angeboten zu sein scheint. Dennoch ist dafür unsere Bewunderung größer als die anderer; sie nämlich wissen, wie gut und sprachrichtig, wir aber auch, wie leicht und schnell er sie vollendet hat. Caesar besaß Befähigung zum Schreiben und höchste Eleganz des Stils; vor allem aber verfügte er über die beste Kenntnis zur Darlegung seiner Pläne. Mir war es nicht einmal beschieden, am alexandrinischen und afrikanischen Krieg teilzunehmen. Nun sind uns zwar diese Kriege zum Teil aus Gesprächen mit Caesar bekannt, aber wir hören die Dinge doch anders, wenn sie uns ob ihrer Neuheit oder durch ihr staunenerregendes Wesen tief beeindrucken, anders, wenn wir als zuverlässige Zeugen über sie sprechen müssen. Doch das ist unstreitig: Bis ich alle möglichen Entschuldigungsgründe hervorgesucht habe, um nicht mit Caesar verglichen zu werden, lade ich allein schon darin den Vorwurf der Selbstüberhebung auf mich, daß ich den Anschein erwecke, es könnte ein Leser mich mit voller Überzeugung mit Caesar vergleichen. Lebe wohl!

1. Nach der völligen Besiegung von ganz Gallien wollte Caesar, da er seit dem vorigen Sommer keinen Augenblick den Krieg unterbrochen hatte, daß sich die Soldaten in den Winterquartieren ruhig von so großen Strapazen erholen sollten; da erhielt er die Nachricht, daß mehrere Stämme gleichzeitig auf die Erneuerung des Krieges sännen und eine Verschwörung anzettelten. Als wahrscheinlicher Grund wurde angegeben, daß alle Gallier aus Erfahrung wüßten, daß man auf der einen Seite mit keiner an einem Ort vereinigten Truppenmacht den Römern Widerstand leisten könne, daß aber anderseits das Heer des römischen Volkes, wenn mehrere Stämme zu derselben Zeit an mehreren Stellen zugleich den Krieg beginnen würden, nicht hinreichend Hilfsmittel, Zeit und Truppen zur Verfügung haben werde, um alle Kriege gleichzeitig zu führen. Aber kein Stamm dürfe über etwaiges Unglück murren, das ihn treffen könnte, wenn sich die übrigen Stämme durch solchen Verzug freizumachen imstande seien.

2. Damit diese Meinung der Gallier sich nicht vertiefe, über-

gab Caesar dem Quaestor Marcus Antonius den Befehl über sein Winterlager. Er selbst begab sich, begleitet von einer Reitereskorte, am 31. Dezember von Bibracte aus zur dreizehnten Legion, die er nicht weit von den Haeduern im Biturigenland die Winterquartiere hatte beziehen lassen, und hieß die in der Nähe liegende elfte Legion sich ihr anschließen. Unter Zurücklassung von je zwei Kohorten zum Schutz des Trosses zog er mit dem übrigen Heer in das sehr reiche Biturigenland, dessen Bewohner, da sie ein weites Gebiet und etliche Städte haben, durch das Winterlager der einen Legion an den Kriegsrüstungen und an der Verschwörung nicht hatten gehindert werden können.

3. Durch Caesars plötzliche Ankunft kam es – und bei völlig unvorbereiteter und zerstreut wohnender Bevölkerung mußte es so kommen –, daß die Landleute, die ohne jede Furcht auf ihren Feldern tätig waren, von der Reiterei überrascht wurden, ehe sie sich in die Städte flüchten konnten. Denn auch das sonst übliche Zeichen eines feindlichen Einfalls, die brennenden Gebäude, gab es nicht infolge eines Verbots, das Caesar erlassen hatte; denn er wollte keinen Mangel an Grünfutter und Getreide leiden, wenn er die Absicht hatte, weiter vorzurücken; auch sollten die Feinde durch die Feuersbrünste nicht aufgeschreckt werden. Nach Gefangennahme von vielen tausend Menschen waren die verstörten Biturigen, die sich gleich bei der Ankunft Caesars hatten davonmachen können, in die Nachbarstaaten geflüchtet, teils auf ihre persönlichen Beziehungen, teils auf das Gemeinsame ihres Planens vertrauend. Aber vergeblich: Caesar eilte überall in Eilmärschen zur Abwehr herbei und ließ keinem Stamm die Zeit, eher an die Sicherheit der anderen zu denken als an die eigene. Durch diese Schnelligkeit hielt er die treu ergebenen Bundesgenossen weiter im Gehorsam; die Säumigen aber zwang er durch Schrecken zur Annahme von Friedensbedingungen. Angesichts dieser Sachlage handelten die Biturigen ebenso, als sie sahen, daß ihnen durch Caesars Milde die Möglichkeit der Rückkehr in ein Freundschaftsbünd-

nis mit ihm offen stand und daß die Nachbarstaaten ungestraft Geiseln gestellt hatten und in seinen Schutz wieder aufgenommen waren.

4. Für die großen Anstrengungen und die Ausdauer, mit der die Soldaten sich im tiefsten Winter bei sehr schwierigen Wegeverhältnissen und unerträglicher Kälte dem Kriegshandwerk aufs eifrigste gewidmet hatten, versprach ihnen Caesar je 200 Sesterzen und den Centurionen so viel tausend Sesterzen als Beute. Nachdem er die Legionen in die Winterquartiere zurückgeschickt hatte, begab er sich selbst am vierzigsten Tag nach Bibracte zurück. Als er dort Recht sprach, schickten die Biturigen Gesandte an ihn mit der Bitte um Hilfe gegen die Carnuten. Sie beklagten sich, daß jene ihnen den Krieg erklärt hätten. Auf die Kunde hiervon ließ Caesar nach einem Aufenthalt im Winterlager von nicht mehr als 18 Tagen die vierzehnte und sechste Legion aus den Lagern am Arar ausrücken; wie im vorigen Buch erwähnt, hatte er sie dorthin geschickt, damit sie (den Legionen) die Verpflegung richtig zuleiteten. So brach er mit zwei Legionen zur Verfolgung der Carnuten auf.

5. Als die Nachricht von dem Anmarsch unseres Heeres zu den Feinden drang, ließen die Carnuten, belehrt durch das Unglück der anderen Stämme, ihre Dörfer und Städte, in denen sie, um den Winter ertragen zu können, notdürftig und schnell errichtete kleine Häuser bewohnten – kürzlich erst hatten sie, völlig besiegt, mehrere ihrer Städte aufgeben müssen –, im Stich und flüchteten nach allen Richtungen. Da Caesar nicht wollte, daß die Soldaten den gerade in dieser Jahreszeit ausbrechenden heftigen Stürmen ausgesetzt waren, schlug er in Cenabum, einer Stadt der Carnuten, sein Lager auf und drängte die Soldaten teils in den (verlassenen) Häusern der Gallier zusammen, teils in Strohhütten, die an die Wände jener Häuser angebaut waren; das dazu erforderliche Stroh hatte man schnell beschafft. Dennoch schickte er Reiter und Hilfstruppen zu Fuß überall dorthin, wohin, wie es hieß, die Feinde sich geflüchtet hatten. Und nicht vergeblich; denn meistens kehrten die Soldaten mit

großer Beute zurück. Mitgenommen durch die ungünstige winterliche Jahreszeit und die mit den Gefahren verbundenen Schrecken – denn sie hatten, aus ihren Häusern vertrieben, nicht den Mut gefunden, an einer Stelle länger zu verweilen, und waren durch die Wälder vor den furchtbar rauhen Stürmen nicht geschützt –, flohen die Carnuten in einzelnen Gruppen auseinander und zerstreuten sich unter Einbuße eines großen Teils ihres Eigentums in die benachbarten Stämme.

6. Da Caesar sich begnügte, die zusammenkommenden Scharen auseinanderzutreiben, damit kein neuer Krieg entstehe, und da er ziemlich genau wußte, soweit dies im Bereich menschlicher Berechnung liegt, daß vor dem Sommer kein allgemeiner Krieg ausbrechen werde, ließ er die beiden Legionen, die er bei sich hatte, wegen der ganz ungünstigen Jahreszeit unter Gaius Trebonius das Winterlager in Cenabum beziehen. Er selbst wurde unterdessen durch zahlreiche Gesandtschaften der Remer davon unterrichtet, daß die Bellovacer, die alle Gallier und Belger an Kriegsruhm übertrafen, sowie ihre Nachbarn unter Anführung des Bellovacers Correus und des Atrebaten Commius Truppen ausrüsteten und an einem Punkt zusammenzögen, denn sie wollten mit der ganzen Masse einen Einfall in das Land der Suessionen machen, die (politisch) den Remern angeschlossen waren; und da Caesar urteilte, es verlange nicht nur seine Ehre, sondern auch seine Sicherheit, daß die um den Staat immer sehr verdienten Bundesgenossen keine Niederlage erlitten, rief er abermals die elfte Legion aus dem Winterlager. An Gaius Fabius aber schickte er ein Schreiben, er solle seine beiden Legionen ins Gebiet der Suessionen führen; auch eine der beiden Legionen des Titus Labienus zog er zur Unterstützung heran. So belastete er, wie es die Verteilung der Winterlager und die Kriegsführung erforderten, die Legionen abwechselnd mit den Beschwerden des Krieges, während er selbst unaufhörlich tätig war.

7. Mit den so vereinigten Streitkräften zog er gegen die Bellovacer, schlug in ihrem Land sein Lager auf und entsandte

überallhin Reiterschwadronen; diese sollten einige Leute aufgreifen, von denen er die feindlichen Pläne erfahren könne. Die Reiter führten den Auftrag aus und meldeten zurück, in den Gebäuden habe man nur wenige gefunden und diese seien nicht zurückgeblieben, um die Felder zu bestellen – denn alles sei sorgfältig geräumt worden –, sondern man habe sie zurückgeschickt, damit sie Kundschafterdienste leisteten. Als Caesar die Gefangenen fragte, wo das Hauptheer der Bellovacer stehe und was ihr Kriegsplan sei, erfuhr er, daß alle waffenfähigen Bellovacer sich an einem Punkt eingefunden hätten, ebenso die Ambianer, Aulercer, Caleter, Veliocassen und Atrebaten; in einem Wald habe man sich einen ganz von Sümpfen umgebenen Berg als Lagerplatz ausgesucht und alles Gepäck in die entfernteren Waldungen geschafft. Mehrere Fürsten stünden hinter dem Krieg, die Menge aber gehorche vor allem dem Correus, weil sie gesehen habe, daß ihm der Name des römischen Volkes am meisten verhaßt sei. Vor wenigen Tagen habe der Atrebate Commius dies Lager verlassen, um Hilfstruppen heranzuführen von den Germanen, die in der nächsten Nachbarschaft wohnten und deren Menschenmenge unbegrenzt sei. Die Bellovacer hätten aber im Einverständnis mit allen Fürsten, getrieben durch das leidenschaftliche Verlangen des Volkes, beschlossen, den Römern im Kampf entgegenzutreten, wenn, wie es hieß, Caesar mit drei Legionen anrücken würde; denn sie wollten nicht hernach gezwungen sein, mit dem ganzen Heer unter wesentlich schlechteren und härteren Bedingungen die Entscheidungsschlacht zu kämpfen; wenn er aber noch größere Truppenmassen heranführe, blieben sie an ihrem ausgesuchten Lagerplatz, doch würden sie den Römern dann das Futterholen wehren – das Grünfutter sei in dieser Jahreszeit spärlich und müsse an den verschiedensten Punkten aufgebracht werden. Auch an der Beschaffung des Getreides und der sonstigen Zufuhr würden sie die Römer aus dem Hinterhalt hindern.

8. Diese Aussagen stimmten bei mehreren überein. Da Caesar urteilte, die ins Auge gefaßten Maßnahmen seien sehr klug

und von barbarischer Unbesonnenheit weit entfernt, sagte er sich, er müsse mit allen Mitteln darauf hinarbeiten, daß sich die Feinde, welche die geringe Stärke seiner Truppen verachteten, um so schneller zu offenem Kampf stellten. Denn außerordentlich tapfer waren seine alten Legionen, die siebte, achte und neunte; über sehr hoffnungsvolle, auserlesene junge Leute verfügte die elfte Legion, aber sie hatte, obgleich schon im achten Dienstjahr, sich noch nicht im Vergleich zu den übrigen Legionen denselben Ruf altbewährter Tapferkeit erworben. Daher schilderte er auf einer Versammlung alles, was er erfahren hatte, und ermutigte die Soldaten. Um zu versuchen, ob er zufällig die Feinde mit den drei Legionen zum Kampf locken könne, hatte er die Ordnung des Heereszuges so festgesetzt, daß die siebte, achte und neunte Legion vor dem ganzen Gepäck marschierten, dann der ganze Zug des Gepäcks folgte, der aber nur klein war, wie gewöhnlich auf Streifzügen, und die elfte Legion den Zug schloß, damit den Feinden nicht der Anblick einer größeren Zahl werde, als sie selbst gefordert hätten. Nachdem er so die Marschkolonne fast wie die Gefechtsmarschformation aufgestellt hatte, rückte er mit dem Heer über alles Erwarten schnell in die Nähe der Feinde.

9. Als die Gallier plötzlich sahen, daß die Legionen wie in Schlachtordnung aufgestellt festen Tritts heranrückten, stellten sie – Caesar waren alle ihre hoffnungsvollen Pläne hinterbracht worden –, entweder geschreckt durch die Gefahr eines nahen Gefechts oder überrascht durch den plötzlichen Anmarsch oder schließlich in Erwartung unserer Absichten, ihre Truppen vor dem Lager auf, zogen aber nicht von dem Hügel ab. Zwar hatte Caesar schlagen wollen; aber aus Verwunderung über die so große feindliche Truppenstärke errichtete er auf der anderen Seite eines Tales, das sich mehr nach der Tiefe senkte als in die Breite erstreckte, sein Lager genau dem Lager der Feinde gegenüber. Er ließ es mit einem Wall von 12 Fuß Höhe befestigen, baute eine Brustwehr im Verhältnis zur Höhe des Walles daran und zog zwei tiefe Gräben von je 15 Fuß Breite

davor mit senkrechten Seitenwänden; auch ließ er zahlreiche Türme von drei Stockwerk Höhe errichten und verband diese durch hinübergelegte, mit Brettern belegte Brücken, deren Vorderseiten durch Brustwehren aus Weidenruten geschützt waren. Auf diese Weise wurde das Lager gegen die Feinde durch den zweifachen Graben und eine zweifache Reihe Streiter verteidigt; die eine schleuderte von den Brücken, je geschützter sie selbst durch deren Höhe war, ihre Geschosse um so kühner und weiter, die andere, die näher dem Feind auf dem Wall selbst aufgestellt war, wurde durch die Brücke vor den einschlagenden Geschossen gedeckt. An den Toren ließ er Torflügel und höhere Türme anbringen.

10. Die Absicht, die Caesar mit der Anlage dieser Verschanzung verfolgte, war eine doppelte. Auf der einen Seite hoffte er, die Größe des Werkes und seine vorgetäuschte Furcht würden das Selbstvertrauen der Barbaren heben, anderseits sah er, daß das Lager, wenn man wegen des Futterholens weiter ausrücken müsse, auch durch eine nur kleine Truppenabteilung und die Verschanzung selbst verteidigt werden könne. Inzwischen fanden häufig Gefechte statt; aber beiderseits konnten immer nur wenige vorstürmen, denn zwischen beiden Lagern befand sich ein Sumpf. Unsere gallischen und germanischen Hilfstruppen überschritten ihn trotzdem einige Male und verfolgten die Feinde recht hitzig, oder aber die Feinde warfen umgekehrt die Unsrigen etwas zurück, wenn sie den Sumpf überschritten hatten. Es kam aber bei dem täglichen Futterholen so – und das war vorauszusehen –, daß die Futterholer, wenn sie in den einzeln und zerstreut liegenden Gehöften das Grünfutter zusammensuchten, allein an unwegsamen Stellen umzingelt wurden. Dies blähte, obgleich es uns nur einen unbedeutenden Verlust an Zugtieren und Sklaven eintrug, doch den törichten Dünkel der Barbaren auf, um so mehr, als Commius, der, wie erwähnt, aufgebrochen war, um germanische Hilfstruppen heranzuführen, mit den Reitern bereits eingetroffen war. Obgleich deren Zahl nicht mehr als 500 betrug, wurden doch

die Feinde durch die Ankunft der Germanen sehr übermütig gemacht.

11. Als Caesar sah, daß der Feind sich einige Tage lang in seinem durch den Sumpf und die natürliche Beschaffenheit des Platzes wohl geschützten Lager hielt und daß dies Lager nur in mörderischem Kampf bestürmt werden könne, die Einschließung des Platzes aber durch Befestigungen ein größeres Heer erfordere, schickte er den Befehl an Trebonius, möglichst schnell die dreizehnte Legion, die unter dem Legaten Sextius bei den Biturigen überwinterte, zu übernehmen und sodann mit drei Legionen in Eilmärschen zu ihm zu stoßen; er selbst schickte wechselweise die Reiter der Remer, der Lingonen und der übrigen Stämme, aus denen er eine große Anzahl aufgeboten hatte, als Deckungsmannschaft für die Futterholer aus, damit sie diese vor den plötzlichen feindlichen Überfällen schützten.

12. Die Überfälle ereigneten sich täglich, und da infolge der Gewöhnung die Umsicht bereits nachließ, was meistens eintritt, wenn irgend etwas längere Zeit hindurch geschieht, suchten die Bellovacer eine Schar Fußsoldaten aus und legten sie, als sie von den täglichen Posten unserer Reiter Kunde erhalten hatten, an bewaldeten Stellen in einen Hinterhalt; am folgenden Tag schickten sie auch Reiter dorthin, damit sie zuerst unsere Soldaten in den Hinterhalt locken und dann die Umstellten angreifen sollten. Das Unglückslos traf die Remer, denen an jenem Tag der Dienst zugefallen war. Denn sie wurden, als sie plötzlich die Reiter der Feinde zu Gesicht bekamen, deren kleine Zahl – die Remer waren ihnen überlegen – verachteten und ihnen zu hitzig nachsetzten, auf allen Seiten von Fußsoldaten umzingelt. Dies brachte sie schneller in Verwirrung, als es sonst die Gewohnheit in Reitertreffen mit sich bringt, und nach Verlust des Vertiscus, des Fürsten ihres Stammes und ihres Befehlshabers, zogen sie sich zurück; zwar war jener so bejahrt, daß er kaum noch reiten konnte, aber nach gallischer Sitte hatte er bei der Übernahme des Kommandos weder sein hohes Alter als Entschuldigung vorgebracht noch

geduldet, daß irgendein Kampf ohne ihn stattfand. Durch dieses für die Feinde günstige Treffen, in dem sogar der Befehlshaber der Remer gefallen war, wurden sie zu noch größerer Selbstüberhebung verleitet; unsere Soldaten aber belehrte die Niederlage über die Notwendigkeit, die Gegend zuvor zu erkunden, die Posten sorgfältiger zu verteilen und den weichenden Feind mit größter Mäßigung zu verfolgen.

13. Inzwischen dauerten die täglichen Kämpfe unter den Augen beider Lager ohne Unterbrechung an. Sie fanden immer noch an den passierbaren Stellen des Sumpfes statt. Bei einem dieser Kämpfe hatten alle Germanen, die Caesar über den Rhein hatte kommen lassen, damit sie zwischen den Pferden kämpften, recht entschlossen den Sumpf überschritten und nach Niedermetzelung der wenigen noch Widerstand wagenden Feinde hartnäckig die übrige Menge verfolgt. Darob gerieten nicht nur diejenigen von den Galliern, die im Handgemenge überrannt und aus der Ferne verwundet waren, in größte Verwirrung, sondern auch ihre gewöhnlich weiter hinten stehenden Reservetruppen; sie flüchteten schmählich und machten mit ihrer Flucht nicht eher ein Ende, als bis sie sich unter Verlust etlicher Anhöhen in ihr Lager zurückgezogen hatten; einige flüchteten aus Scham sogar noch weiter. Durch diesen Mißerfolg gerieten alle feindlichen Truppen so in Verwirrung, daß man kaum unterscheiden konnte, ob sie bei einem unerheblichen Erfolg übermütiger oder durch einen an sich glimpflichen Unfall furchtsamer waren.

14. Als die Bellovacer einige Tage in diesem Lager zugebracht hatten, erfuhren ihre Führer, daß die Legionen unter dem Legaten Gaius Trebonius herangerückt seien; da sie daraufhin so etwas wie eine zweite Belagerung von Alesia fürchteten, entließen sie bei Nacht alle, die durch ihr Alter und ihre Kräfte minderwertig oder kampfuntüchtig waren, und mit ihnen allen übrigen Troß. Während sie den bestürzten und unordentlichen Zug entwirrten – denn eine große Anzahl Karren pflegt den Galliern auch dann zu folgen, wenn sie in feld-

marschmäßigem Zustand sind –, stellten sie, überrascht vom Anbruch des Tages, bewaffnete Truppenabteilungen vor ihrem Lager auf, damit die Römer mit der Verfolgung nicht eher beginnen könnten, als bis der Zug ihres Gepäcks weit genug entfernt sei. Aber Caesar hielt es nicht für richtig, bei einer derartig starken Steigung des Hügels die Feinde, die ihre Stellung zu halten entschlossen waren, mit den Legionen anzugreifen; anderseits mußten die Legionen soweit vorrücken, daß die Barbaren bei dem Vordringen der Soldaten von dieser Stelle gefahrlos nicht abziehen konnten. Da er sah, daß sein Lager von dem der Feinde durch jenen unwegsamen Sumpf getrennt war, der das Übersetzen erschwerte und die Schnelligkeit der Verfolgung hemmte, und daß der Bergrücken, der jenseits des Sumpfes sich bis beinahe an das feindliche Lager hinzog, von diesem nur durch ein kleines Tal getrennt sei, ließ er den Sumpf durch einen Bohlendamm decken und führte die Legionen hinüber. Schnell und glücklich gelangte er auf die Hochfläche des Bergrückens, die durch das abschüssige Gelände auf zwei Seiten gesichert war. Von dort rückte er rasch mit den Legionen in Gefechtsformation bis an den Rand des Bergrückens vor und stellte sie dort in Schlachtordnung auf, von wo die Kriegsmaschinen in die keilförmigen Kolonnen der Feinde Geschosse schleudern konnten.

15. Da die Barbaren im Vertrauen auf das Gelände zum Kampf entschlossen waren, verblieben sie in Schlachtaufstellung für den Fall, daß die Römer versuchen sollten, von unten gegen den Hügel vorzurücken; auch wollten sie ihre Truppen nicht nach und nach in einzelnen Abteilungen abziehen lassen, damit sie nicht einzeln in Verwirrung gerieten. Als Caesar ihre Beharrlichkeit bemerkte, stellte er dort 20 Kohorten in Schlachtordnung auf und ließ ein Lager abstecken, das er zu befestigen befahl. Nachdem die Schanzarbeit vollendet war, wies er den zur Schlacht geordneten Legionen ihren Platz vor dem Wall an; die Reiter verteilte er mit aufgezäumten Pferden auf die Vorposten. Als die Bellovacer sahen, daß die Römer zu ihrer Ver-

folgung entschlossen seien und sie an dieser Stelle weder die Nacht zubringen noch ohne Gefahr dort bleiben konnten, entwarfen sie folgenden Rückzugsplan: Wo sie lagerten – denn daß die Gallier sich meist in der Schlachtreihe lagern, ist in den vorangehenden Büchern Caesars geschildert worden –, gaben sie Bündel aus Stroh und Ruten, von denen sie sehr viele im Lager hatten, von Hand zu Hand weiter und schichteten sie vor der Schlachtreihe auf; am Abend zündeten sie alles auf ein gegebenes Zeichen hin im gleichen Augenblick an. Das Flammenmeer entzog ganz plötzlich alle Truppen dem Blick der Römer. Die Barbaren aber flohen in schnellstem Lauf rückwärts.

16. Zwar konnte Caesar den Abzug der Feinde wegen des davorliegenden Brandes nicht bemerken, ließ aber doch, da er vermutete, die Feinde hätten diese List erdacht, um fliehen zu können, die Legionen vorrücken und schickte die Schwadronen zur Verfolgung ab. Er selbst rückte aus Furcht vor einem Hinterhalt langsamer vor, damit nicht an derselben Stelle der Feind etwa halt zu machen und unsere Leute auf ein ungünstiges Kampfgelände zu locken versuche. Da die Reiter sich scheuten, in den Rauch und die sehr dichten Flammen einzudringen, und diejenigen, die zu hitzig eingedrungen waren, kaum selbst die vorderen Teile ihrer Pferde wahrnehmen konnten, gaben sie aus Furcht vor einem Hinterhalt den Bellovacern die Möglichkeit, sich ungestört in Sicherheit zu bringen. So vermochten denn die Feinde durch eine Flucht voll Furcht, zugleich aber auch voll Schlauheit ohne jeden Verlust abzuziehen; nach nur ungefähr 10 Meilen schlugen sie abermals an einem sehr geschützten Punkt ihr Lager auf. Dort legten sie oft Reiter und Fußtruppen in einen Hinterhalt und fügten den Römern beim Futterholen schweren Schaden zu.

17. Als sich dies des öfteren wiederholt hatte, hörte Caesar von einem Gefangenen, daß Correus, der Anführer der Bellovacer, 6000 der tapfersten Fußsoldaten und aus der ganzen Zahl 1000 Reiter ausgewählt habe, um sie dort in einen Hin-

terhalt zu legen, wohin seiner Vermutung nach die Römer wegen der Menge des Getreides und Grünfutters schicken würden. Nachdem Caesar von dieser Absicht erfahren hatte, führte er mehr Legionen als gewöhnlich aus dem Lager und sandte die Reiterei voraus, die er nach seiner Gewohnheit zur Deckung der Futterholer mitzuschicken pflegte; in sie reihte er leichtbewaffnete Hilfstruppen ein; mit den Legionen rückte er selbst, so schnell er konnte, heran.

18. Verteilt im Hinterhalt, hatten sich die Feinde als Platz zur Ausführung ihres Unternehmens ein freies Feld ausgesucht, das nur etwa eine Meile im Geviert maß; es war auf allen Seiten von Wäldern (umgeben) und wurde durch einen sehr schwer zu überschreitenden Fluß geschützt; wie bei einer Treibjagd hatten sie rings um dieses Feld ihre Leute verteilt. Nachdem der feindliche Plan ausgekundschaftet war, trafen unsere Reiter, entschlossen zum Kampf mit den Waffen, schwadronenweise an jener Stelle ein, denn da sie die Legionen dicht hinter sich wußten, lehnten sie keinen Kampf ab. Als Correus bei ihrer Ankunft glaubte, es sei die Zeit für den Überfall gekommen, zeigte er sich zuerst mit nur wenigen und machte auf die nächsten Schwadronen einen Angriff. Unsere Leute hielten standhaft den Vorstoß des aus dem Hinterhalt hervorbrechenden Feindes aus, und niemals drängten sich an einer Stelle mehrere zusammen; dies geschieht doch meistens in den Reitertreffen infolge irgendeiner Furcht, besonders aber erhält man durch das Gedränge unter den eigenen Leuten eine Schlappe.

19. Als die Schwadronen verteilt waren, kämpften sie wechselweise in einzelnen kleinen Abteilungen und verhinderten, daß ihre Leute auf den Flügeln umzingelt wurden; da brachen, während Correus kämpfte, auch die übrigen aus den Waldungen hervor. Unter großer Anstrengung wurde ein nach verschiedenen Richtungen gewendetes Gefecht ausgetragen. Als der Kampf sich schon ziemlich geraume Zeit ohne Entscheidung hingezogen hatte, rückte nach und nach die zur Schlacht geordnete Masse der Fußtruppen aus dem Wald hervor, die unsere

Reiter zurückzugehen zwang. Den Reitern aber kamen schnell die leichtbewaffneten Fußsoldaten, die, wie erwähnt, vor den Legionen herzogen, zu Hilfe und kämpften, zwischen unsere Schwadronen eingereiht, sehr tapfer. Eine Zeitlang focht man unentschieden; dann gewann, wie es die Regeln der Schlacht forderten, diejenige Partei, welche die ersten Angriffe aus dem Hinterhalt ausgehalten hatte, dadurch die Oberhand, daß sie von den aus dem Hinterhalt vorbrechenden Angreifern nicht überrascht wurde und daher keine Verluste erlitten hatte. Inzwischen rückten die Legionen näher, und häufig trafen bei den Unsrigen und bei den Feinden zu gleicher Zeit Boten ein mit der Meldung, der Oberfeldherr sei mit den zur Schlacht aufgestellten Truppen da. Auf diese Kunde hin kämpften unsre Reiter im Vertrauen auf den Schutz der Kohorten sehr tapfer, um nicht, wenn sie sich zu lässig geschlagen hätten, den Ruhm des Sieges mit den Legionen teilen zu müssen. Der Widerstand der Feinde wurde nunmehr schwächer, und sie suchten in verschiedenen Richtungen zu fliehen. Umsonst; denn eben das schwierige Terrain, in welchem die Feinde die Römer hatten abschneiden wollen, behinderte nunmehr die Feinde selbst. Nachdem sie über die Hälfte ihrer Leute verloren hatten, flohen sie endlich besiegt und kopflos, wohin der Zufall sie in ihrer Bestürzung führte, indem sie teils die Wälder, teils den Fluß zu erreichen suchten. Sie wurden auf der Flucht bei unserer hitzigen Verfolgung niedergemacht, während inzwischen der unterlegene Correus durch nichts dazu zu bringen war, die Schlacht zu verlassen und die schützenden Wälder aufzusuchen, oder gar sich zu ergeben, wozu die Unsrigen ihn aufforderten. Und so zwang er die durch den Jähzorn fortgerissenen Sieger dadurch, daß er sehr tapfer focht und schon etliche verwundet hatte, auf ihn ihre Geschosse zu schleudern.

20. Caesar betrat unmittelbar nach dem Kampf das Schlachtfeld. Er kam nach diesem Sieg zu dem Schluß, daß die Feinde, die in einer recht großen Niederlage überwunden worden waren, auf die Nachricht hiervon den Lagerplatz, der von

diesem Schlachtfeld nur etwa 8 Meilen entfernt war, räumen würden. Daher führte er, obgleich ihm die mit einem (neuen) Flußübergang verbundenen Schwierigkeiten durchaus bewußt waren, dennoch das Heer hinüber und rückte gegen das Lager an. Da aber die Bellovacer und die übrigen Stämme nur wenige Leute und diese nur als Verwundete, die dank den Wäldern vor dem Tod bewahrt blieben, nach der Flucht bei sich hatten aufnehmen können, beriefen sie angesichts des allgemeinen Unglücks – Correus gefallen, die Reiterei und ihre besten Fußtruppen verloren – bei dem vermeintlichen Anrücken der Römer mit der Kriegstrompete ganz plötzlich eine Versammlung, auf der sie mit Geschrei verlangten, daß man an Caesar Gesandte und Geiseln schicke.

21. Da alle den Entschluß billigten, flüchtete der Atrebate Commius zu den Germanen, von denen er zu diesem Krieg Hilfstruppen entlehnt hatte. Die übrigen schickten auf der Stelle Gesandte an Caesar und baten ihn, sich mit der (bereits erlittenen) Strafe seiner Feinde zu begnügen, die er ihnen bei noch ungeschwächten Verhältnissen vorher hätte ohne Kampf auferlegen können, ihnen aber in Anbetracht seiner bekannten Milde und Menschlichkeit sicherlich niemals würde auferlegt haben. Die Macht der Bellovacer sei durch die Reiterschlacht erschüttert worden; von den auserwählten Fußsoldaten seien viele Tausend umgekommen, kaum daß sich die Boten mit der Kunde von der Niederlage hätten flüchten können. Dennoch hätten die Bellovacer, soweit man bei einer solchen Niederlage überhaupt davon reden könne, durch den Kampf noch einen großen Gewinn davongetragen, daß nämlich Correus, der Urheber dieses Krieges und der Aufwiegler des Volkes, tot sei; denn niemals habe ihr Rat bei jenes Mannes Lebzeiten einen solchen Einfluß auf den Stamm gehabt, wie der unerfahrene große Haufe ihn hatte.

22. Auf die Bitte der Gesandten antwortete Caesar: Um dieselbe Zeit hätten im vorigen Jahr die Bellovacer und die anderen gallischen Stämme einen Krieg auf sich genommen;

von allen seien gerade sie sehr hartnäckig dabei geblieben und hätten sich durch die Unterwerfung der übrigen nicht zur Vernunft bringen lassen. Er wisse sehr genau, wie bequem es sei, die Ursache an dem Verbrechen den Toten zuzuschieben: Niemandes Einfluß sei so stark, daß er wider den Willen der Adligen, im Kampf gegen den Rat und beim Widerstreben aller politisch gut gesinnten Bürger mit einer schwachen Schar aus dem Volk den Krieg entfachen und ihn führen könne; aber dennoch wolle er mit der Strafe zufrieden sein, die sie selbst auf ihrem Haupt vereinigt hätten.

23. In der folgenden Nacht übermittelten die Gesandten ihren Landsleuten die Antwort und brachten die Geiseln auf. Nun eilten auch die Gesandten der übrigen Stämme, die auf den Erfolg der Bellovacer gewartet hatten, herbei; sie alle stellten Geiseln und führten Caesars Befehle aus mit Ausnahme des Commius; ihn hinderte die Furcht, sein Leben irgend jemandem anzuvertrauen. Denn als im vorigen Jahr Caesar in Oberitalien Recht sprach, hatte Titus Labienus in Erfahrung gebracht, Commius wiegele die Stämme auf und bilde gegen Caesar eine Verschwörung; dabei hatte Labienus geglaubt, dessen Treubruch könne, ohne daß er selbst sich den Vorwurf der Treulosigkeit zuziehe, unschädlich gemacht werden. Da Labienus aber der Ansicht war, daß jener, ins Lager gerufen, nicht kommen werde, schickte er ihm, um ihn durch einen Versuch nicht vorsichtiger zu machen, Gaius Volusenus Quadratus entgegen mit dem Auftrag, er solle versuchen, ihn unter dem Vorwand eines Zwiegesprächs zu ermorden; ausgewählte geeignete Centurionen bestimmte er außerdem für das Unternehmen, die er ihm als Begleiter mitgab. Als man zur Unterredung zusammentraf und Volusenus ihn, wie verabredet, bei der Hand faßte, vermochte der Centurio, sei es beeindruckt von dem Ungewöhnlichen seines Tuns, sei es von den vertrautesten Freunden daran gehindert, Commius nicht zu ermorden; dennoch aber brachte er ihm mit dem ersten Schwerthieb eine schwere Kopfwunde bei. Als man darauf auf beiden

Seiten die Schwerter gezückt hatte, war es ihnen allen weniger darum zu tun, zu kämpfen als vielmehr zu fliehen, die Unsrigen, weil sie glaubten, Commius habe eine tödliche Wunde erhalten, die Gallier, weil sie, nachdem sie den Anschlag erkannt, mehr Hinterhalte befürchteten, als sie sahen. Danach soll Commius beschlossen haben, keinem Römer jemals mehr unter die Augen zu kommen.

24. Die kriegerischsten Stämme waren vollständig besiegt. Als Caesar sah, daß kein Stamm mehr gegen ihn zum Krieg rüste, um ihm entgegenzutreten, sondern einige gar, um der gegenwärtigen Herrschaft zu entgehen, sich aus den Städten und vom Land flüchteten, beschloß er, sein Heer in verschiedene Gegenden Galliens zu entsenden. Den Quaestor Marcus Antonius ließ er mit der zwölften Legion zu sich stoßen; den Legaten Gaius Fabius schickte er mit 25 Kohorten in den abgelegensten Teil Galliens, weil er gehört hatte, dort hätten gewisse Völker sich erhoben; denn er glaubte nicht, daß der Legat Gaius Caninius Rebilus, der in jenen Gegenden stand, mit seinen beiden Legionen stark genug sein werde. Titus Labienus beschied er zu sich; die fünfzehnte Legion aber, die unter Labienus' Kommando mit im Winterlager gelegen hatte, schickte er nach Oberitalien, damit sie die Kolonien der römischen Bürger schütze; denn das Land sollte nicht durch einen Einfall barbarischer Völker von den Bergen her in ähnliche Bedrängnis geraten wie im Sommer vorher die Stadt Tergeste, die von einem plötzlichen räuberischen Überfall der Illyrier heimgesucht worden war. Er selbst zog (nochmals) zur vollständigen Verwüstung von Ambiorix' Land aus; da er nicht mehr daran glaubte, den bestürzten Flüchtling in seine Gewalt zu bekommen, hielt er es für die nächste, seiner Ehre schuldige Aufgabe, sein Land durch Niedermetzelung der Einwohner, Einäscherung der Gehöfte und Wegtreiben des Viehs in eine solche Einöde zu verwandeln, daß Ambiorix durch den Haß seiner Untertanen, sollten noch einige den Verfolgungen glücklich entgangen sein, keine Möglichkeit der Rückkehr in seinen Stamm mehr habe

infolge des so großen Unglücks (das er über die Eburonen gebracht).

25. Als er überallhin ins Land des Ambiorix die Legionen oder die Hilfstruppen entsendet und durch Niedermetzelung, Niederbrennen und Raubzüge alles hatte verwüsten lassen, schickte er nach Ermordung und Gefangennahme vieler Menschen Labienus mit zwei Legionen zu den Treverern, deren Stamm wegen der Nachbarschaft Germaniens, durch tägliche Kämpfe geübt, sich nur wenig in Sitte und Wildheit von den Germanen unterschied und die Befehle (der Römer) nur ausführte, wenn er durch ein Heer dazu gezwungen war.

26. Inzwischen wurde der Legat Gaius Caninius von (einem gewissen) Duratius, der dem römischen Volk immer die Treue gehalten hatte, auch als ein Teil seines eigenen Stammes abgefallen war, durch Briefe und Boten benachrichtigt, daß eine große Menge Feinde sich im Land der Pictonen versammelt habe. Darauf zog Caninius nach Lemonum. Bei seinem Anmarsch erfuhr er von Gefangenen Genaueres: Der in Lemonum eingeschlossene Duratius werde von vielen tausend Mann unter Dumnacus, dem Anführer der Anden, heftig angegriffen. Aber Caninius hatte nicht den Mut, seine schwachen Legionen den Feinden entgegenzustellen, und schlug daher an einem geschützten Platz ein Lager auf. Als Dumnacus von dem Anmarsch des Caninius Kunde erhielt, wandte er sich mit allen seinen Truppen gegen die Legionen und schickte sich an, das Lager der Römer zu stürmen. Mehrere Tage lang tat er das; aber da er nur große Verluste an Soldaten erlitt, ohne einen Teil der Verschanzung durchbrechen zu können, kehrte er wieder zur Belagerung von Lemonum zurück.

27. Zu derselben Zeit nahm der Legat Gaius Fabius mehrere Stämme in seinen Schutz auf und versicherte sich ihrer Treue durch Geiseln. Da wurde er durch Gaius Caninius Rebilus brieflich von den Vorgängen bei den Pictonen benachrichtigt. Hierauf zog auch Fabius dem Duratius zu Hilfe. Als Dumnacus von seinem Anmarsch erfuhr, verzweifelte er am Erfolg; denn

er wollte nicht gezwungen sein, zu einer und derselben Zeit sich gegen einen äußeren Feind zu halten und gleichzeitig auf die Städter ein Auge zu haben und ihretwegen in steter Furcht zu schweben. Daher zog er sich unvermutet mit allen Truppen wieder zurück und glaubte sich nicht eher in Sicherheit, als bis er den Liger, den er wegen seiner Breite auf einer Brücke überschreiten mußte, mit seinen Truppen hinter sich hatte. Obgleich Fabius noch nicht in den Gesichtskreis des Feindes gekommen und zu Caninius gestoßen war, nahm er, als er von Ortskundigen Nachrichten erhielt, dennoch als Wahrscheinlichstes an, die ganz erschreckten Feinde würden in die Gegend ziehen, der sie auch wirklich zustrebten. Er eilte daher mit seinen Truppen zu derselben Brücke und befahl der Reiterei, nur soweit vor den Legionen einherzuziehen, daß sie später ohne Ermattung der Pferde den Rückzug in dasselbe Lager bewerkstelligen könne. Dem Befehl gemäß ritten unsere Reiter den Feinden nach und drangen in den Heereszug des Dumnacus ein; sie griffen die fliehenden und eingeschüchterten Feinde auf dem Marsch unter dem Gepäck an, töteten viele und bemächtigten sich großer Beute. Nach diesem erfolgreichen Unternehmen zogen sich die Reiter wieder ins Lager zurück.

28. In der folgenden Nacht schickte Fabius Reiter aus, die von ihm angewiesen waren, kämpfend den ganzen Heereszug so lange aufzuhalten, bis er selbst herangekommen sei. Daß der Kampf nach Fabius' Vorschriften durchgeführt werde, dazu feuerte Quintus Atius Varus, ein Reiterpräfekt und Mann von ausgezeichneter Klugheit und Tapferkeit, die Seinen an; er erreichte den feindlichen Zug und verteilte die Schwadronen teils an geeigneten Stellen, teils begann er ein Reitertreffen. Die feindliche Reiterei kämpfte, da ihnen Fußsoldaten zu Hilfe kamen, recht mutig; der ganze Zug machte halt und brachte seinen Reitern gegen uns Hilfe. Das Gefecht war sehr heftig, denn unsere Leute kämpften, da ihnen bewußt war, daß die Legionen unmittelbar folgten, sehr tapfer gegen die feindlichen Fußtruppen, aus Verachtung für die am vorigen Tag besiegten

Feinde; es trieb sie Scham vor einer Flucht und Begierde, das Treffen allein zu Ende zu führen; die Feinde aber wollten in dem Glauben, es würden nicht mehr Truppen nachrücken, als sie tags zuvor zu Gesicht bekommen hatten, sich die gute Gelegenheit, unsere Reiterei zu vernichten, offenbar nicht entgehen lassen.

29. Als man eine Zeitlang mit höchstem Einsatz gekämpft hatte, stellte Dumnacus die Truppen, die den Reitern abwechselnd zur Deckung dienen sollten, in Schlachtordnung auf; da erschienen plötzlich die Legionen dicht gedrängt auf dem Plan. Bei ihrem Erscheinen gerieten die Schwadronen und die Front der Barbaren in große Verwirrung, das Gepäck kam in Unordnung; und plötzlich floh unter großem Geschrei alles davon und lief nach allen Seiten auseinander. Unsere Reiter aber, die kurz vorher mit den Feinden sich äußerst tapfer geschlagen hatten, erhoben voll Freude über diesen Sieg ein großes Geschrei, umringten die Weichenden und töteten in dem Treffen so viele, wie die Kräfte der Pferde bei der Verfolgung und die rechte Hand beim Töten hergaben. So wurden mehr als 12 000 Mann, die entweder noch die Waffen trugen oder sie aus Furcht schon weggeworfen hatten, getötet und der ganze feindliche Troß erbeutet.

30. Nun war bekannt, daß der Senone Drappes gleich nach dem Abfall Galliens von überallher Gesindel gesammelt, Sklaven zur Freiheit aufgerufen, Verbannte aller Stämme an sich gezogen und Räuber bei sich aufgenommen hatte, mit denen er die Gepäckzüge und Verpflegungstransporte der Römer aufbrachte. Es war weiter bekannt, daß er auch nach dieser Flucht mehr als 2000 Mann gesammelt hatte und auf die Provinz zu marschierte und daß der Cadurcer Lucterius, der, wie im vorigen Buch der Aufzeichnungen erwähnt, gleich beim Abfall Galliens selbst einen Angriff auf die Provinz unternehmen wollte, mit jenem zusammen diesen Plan gefaßt hatte. Caninius eilte mit seinen beiden Legionen zu ihrer Verfolgung herbei, denn er mußte der üblen Nachrede begegnen, die entstand,

wenn die Provinz überfallen würde oder auch nur in ständiger Furcht leben müßte infolge der Raubzüge dieses Gesindels.

31. Gaius Fabius aber zog mit dem übrigen Heer zu den Carnuten und den anderen Stämmen, von denen er wußte, daß sie durch die Schlacht gegen Dumnacus sehr geschwächt worden waren. Er zweifelte nämlich nicht daran, daß sie der kürzlich erlittene Schlag unterwürfiger machen würde; aber er glaubte, sie könnten, wenn er ihnen länger Frist gebe, wieder von Dumnacus aufgewiegelt werden. Bei der Übernahme der Stämme in den Schutz des römischen Volkes begleitete ihn ein glücklicher und schneller Erfolg; denn die Carnuten, die, obgleich sie oft und viel zu leiden hatten, niemals ein Wort vom Frieden hatten verlauten lassen, stellten Geiseln und unterwarfen sich; auch die übrigen, in den äußersten Strichen Galliens wohnenden, an den Ozean grenzenden Stämme, die man kurz die aremorischen nennt, leisteten, bewogen durch das Ansehen der Carnuten, unverzüglich den Befehlen Folge, als Fabius und die Legionen anrückten. Dumnacus aber mußte, aus seinem Land vertrieben, heimlich umherirrend und von allen verlassen, die entlegensten Gegenden Galliens aufsuchen.

32. Als aber Drappes und Lucterius erfuhren, daß die Legionen unter Caninius heranmarschierten, glaubten sie angesichts des nachrückenden Heeres nicht ohne ihr sicheres Verderben in die Provinz einfallen zu können; dazu hätten sie dann keine Gelegenheit mehr zu ungehindertem Umherschweifen und zu Raubzügen. Daher setzten sie sich im Land der Cadurcer fest. Dort hatte Lucterius ehemals bei seinen Mitbürgern, als noch niemand an seiner Macht rüttelte, einen großen Einfluß gehabt und stand auch weiterhin als der Urheber neuer Unruhen bei diesen Barbaren in großem Ansehen. Daher besetzte er die von Natur so vortrefflich geschützte Stadt Uxellodunum, die zu seiner Klientel gehörte, mit seinen und den Truppen des Drappes und schloß sich die Bewohner an.

33. Als Gaius Caninius eiligst dort eintraf und sah, daß die Stadt auf allen Seiten durch sehr steile Felsen geschützt wurde,

die auch, ohne daß sie jemand verteidigte, Bewaffnete sehr schwer erklimmen konnten, sich aber andererseits darüber klar war, daß der Troß der Städter, wenn er sich heimlich durch Flucht zu entfernen versuchen sollte, nicht der Reiterei, ja nicht einmal den Legionen entgehen könnte, teilte er seine Kohorten in drei Abteilungen und schlug auf einem Berg drei Lager auf; von diesen aus ließ er allmählich, soweit die Truppen es leisten konnten, einen Wall rings um die Stadt führen.

34. Als dies die Städter sahen, fürchteten sie, erregt durch die Erinnerung an das überaus bittere Schicksal von Alesia, eine ähnliche Blockade, am meisten von allen Lucterius, der jene unglückliche Belagerung miterlebt hatte und der seine Landsleute dringend darauf hinwies, an die Verpflegung zu denken. So beschlossen sie im Einverständnis aller, einen Teil der Truppen zurückzulassen und selbst mit Truppen ohne Gepäck zum Getreideholen auszuziehen. Dieser Plan wurde gebilligt, und in der folgenden Nacht führten Drappes und Lucterius unter Zurücklassung von 2000 Bewaffneten die übrigen aus der Stadt heraus. In nur wenigen Tagen brachten sie aus dem Land der Cadurcer eine Menge Getreide auf; teils halfen ihnen damit die Cadurcer gern von sich aus, teils konnten sie nicht verhindern, daß es genommen wurde. Einige Male griffen die beiden feindlichen Führer auf nächtlichen Streifzügen auch unsere Schanzen an. Deshalb führte Caninius die Befestigungen noch nicht rings um die Stadt, damit er nicht in die Lage käme, die bisherigen Befestigungen nicht schützen zu können oder an sehr vielen Stellen schwache Posten aufstellen zu müssen.

35. Nachdem Drappes und Lucterius eine große Menge Getreide aufgestapelt hatten, setzten sie sich etwa 10 Meilen von der Stadt entfernt fest, von wo sie langsam das Getreide in die Stadt schafften. Sie verteilten untereinander die Befehlsbereiche; Drappes blieb mit einem Teil der Truppen zum Schutz des Lagers zurück, während Lucterius den Zug der Tiere in die Stadt führte. Dort wurden Schutzwachen aufgestellt; dann begann er etwa um die zehnte Nachtstunde, auf schmalen

Waldwegen das Getreide in die Stadt zu schaffen. Jedoch die römischen Lagerwachen hörten das von ihnen verursachte Geräusch, und man sandte Späher aus, die von den Vorgängen berichteten; schnell machte Caninius mit bewaffneten Kohorten aus den benachbarten Schanzen auf den Getreidetransport beim Morgengrauen einen Überfall. Verwirrt durch das plötzliche Unheil stoben die Angegriffenen auseinander und flüchteten sich zu ihrer Bedeckungsmannschaft. Als die Unsrigen das sahen, kämpften sie noch erbitterter gegen die Bewaffneten und duldeten es nicht, daß einer von ihnen lebend in Gefangenschaft geriet. Da floh Lucterius mit ganz wenigen Leuten; ins Lager zog er sich nicht zurück.

36. Darauf erfuhr Caninius von Gefangenen, ein Teil der feindlichen Truppen stehe unter Drappes in einem höchstens 12 Meilen entfernten Lager. Mehrere bestätigten das. Obgleich er einsah, daß nach der Niederlage und Flucht des einen Führers die übrigen in ihrem Schrecken leicht würden vernichtet werden können, hielt er es doch für einen großen Glücksfall, wenn aus jenem Überfall niemand in das Lager geflohen sei, der dem Drappes die Kunde dieser Niederlage übermittelt hätte. Da er indes in einem Überrumpelungsversuch keine gefährliche Unternehmung sah, sandte er die ganze Reiterei und die germanischen Fußsoldaten, sehr flinke Leute, gegen das feindliche Lager voraus; er selbst legte eine Legion in seine drei Lager, die andere nahm er ohne Gepäck mit sich. Als er sich den Feinden näherte, erfuhr er von den vorausgeschickten Spähtrupps, das Lager sei, wie dies überhaupt Gewohnheit der Barbaren ist, unter Freilassung der Höhen an den Ufern eines Flusses angelegt; gegen dieses Lager seien, ohne daß einer etwas geahnt habe, unversehens die Germanen und Reiter losgestürmt und hätten ein Gefecht eröffnet. Auf diese Nachricht hin führte Caninius seine bewaffnete und in Schlachtordnung aufgestellte Legion heran und ließ auf ein gegebenes Zeichen ringsum alle Höhen besetzen. Als die Germanen und Reiter die Feldzeichen der Legion erblickten, kämpften sie sehr hitzig. Sofort machten

die Kohorten von allen Seiten einen Angriff, töteten viele oder nahmen sie gefangen und bemächtigten sich großer Beute. Unter den Gefangenen aus diesem Kampf befand sich auch Drappes.

37. Darauf kehrte Caninius, fast ohne daß ein Soldat verwundet worden war, zur Belagerung der Städter zurück. Er hatte den äußeren Feind vernichtet, den er bisher fürchten mußte und dessentwegen er vorher gehindert war, die Stadt mit Wachen und einer Einschließungslinie zu umgeben. Nun ließ er die Befestigungen überall anlegen. Am folgenden Tag traf auch Gaius Fabius mit seinen Truppen vor Uxellodunum ein und übernahm einen Belagerungsabschnitt.

38. Caesar ließ unterdessen den Quaestor Marcus Antonius mit 15 Kohorten bei den Bellovacern zurück, damit den Belgern jede Gelegenheit, abermals neue Unruhen gegen uns anzustiften, genommen sei. Er selbst begab sich zu den übrigen Stämmen, legte ihnen die Stellung von mehr Geiseln auf und beruhigte ihre furchtsamen Gemüter durch trostreichen Zuspruch. Als er zu den Carnuten kam, bei denen, wie Caesar in den Aufzeichnungen des vorigen Jahres schildert, seinerzeit der Krieg ausgebrochen war, bemerkte er, daß sie vor allem im Bewußtsein dieser Tat sich fürchteten; er forderte daher, um ihren Stamm so rasch als möglich von der Furcht zu befreien, daß der Anstifter zu diesem Verbrechen und der Kriegshetzer Gutuater ihm zur Bestrafung ausgeliefert werde. Obgleich dieser Gutuater sich nicht einmal seinen Landsleuten anvertraute, entdeckte man ihn doch durch die Bemühungen aller sehr bald und führte ihn zum Lager. Entgegen seiner sonstigen Natur wurde Caesar durch einen großen Auflauf seiner Soldaten, die dem Gutuater alle im Krieg überstandenen Gefahren und Verluste zu verdanken hatten, zu seiner Bestrafung gedrängt, so daß er ihn zu Tode peitschen und dann mit dem Beil hinrichten ließ.

39. Im Carnutenland erreichten ihn häufig Schreiben des Caninius. Er teilte darin mit, was mit Drappes und Lucterius geschehen sei und in welcher Absicht die Städter verharrten.

Zwar verachtete Caesar deren geringe Zahl, glaubte aber doch, sie für ihre Hartnäckigkeit schwer bestrafen zu müssen; sonst müsse Gesamtgallien glauben, daß ihm nicht die Kräfte, sondern nur die Ausdauer gefehlt habe, um den Römern Widerstand zu leisten. Auch sollten die anderen Stämme, sich auf dieses Beispiel verlassend, infolge der günstigen Lage ihrer Gegend sich nicht freimachen dürfen; denn Caesar wußte sehr wohl, daß es bei allen Galliern bekannt war, daß nur noch ein Sommer von seiner Provinzialverwaltung übrig sei; wenn sie diesen noch durchhalten würden, dann hätten sie fernerhin keine Gefahr mehr zu befürchten. Daher ließ er den Legaten Quintus Calenus mit zwei Legionen zurück mit der Weisung, ihm in normalen Tagesmärschen zu folgen. Caesar selbst eilte mit der ganzen Reiterei möglichst schnell zu Caninius.

40. Als Caesar wider aller Erwarten nach Uxellodunum kam und bemerkte, daß die Stadt durch Verschanzungen bereits eingeschlossen sei, und sah, daß man unter keiner Bedingung mehr die Belagerung aufheben könne, anderseits durch Überläufer erfuhr, daß die Städter reichlich mit Getreide versehen seien, machte er den Versuch, den Feinden das Wasser abzuschneiden. Ein Fluß wand sich im Grund eines Tales; dieses umzog fast den ganzen Berg, auf dem [das auf allen Seiten jäh abfallende] Uxellodunum lag. Örtliche Schwierigkeiten verboten es, diesen Fluß abzuleiten; er strömte nämlich so am Fuß des Berges dahin, daß eine Ablenkung durch tiefe Gräben nach keiner Seite vorgenommen werden konnte. Aber auch für die Städter war der Abstieg dorthin so schwierig und steil, daß sie, wenn die Unsrigen ihnen Schwierigkeiten machten, ohne Wunden und Lebensgefahr weder zu dem Fluß kommen noch sich von da wieder auf dem steilen Aufstieg zurückbegeben konnten. Caesar erkannte genau die Schwierigkeit, in der die Städter sich befanden; er verteilte daher an dieser Stelle Bogenschützen und Schleuderer und stellte dazu Geschütze an bestimmten Punkten dort gegenüber auf, wo man am leichtesten herab-

steigen konnte; so schnitt er die Städter vom Wasser des Flusses ab.

41. Später versammelte sich die Menge der Städter an einer bestimmten Stelle, um Wasser zu holen; denn unmittelbar unter der Stadtmauer, dort, wo der Fluß auf eine Länge von 300 Fuß aussetzte, sprudelte eine große Quelle hervor. Nur Caesar sah – die übrigen wünschten es lediglich –, daß man die Städter von dieser Quelle abschneiden könne. Er begann ihr gegenüber gegen den Berg Sturmlauben vorzuschieben und einen Belagerungsdamm zu erbauen, doch unter großer Anstrengung und anhaltendem Kampf. Denn die Städter liefen den Berg hinab, fochten ohne Gefahr aus der Ferne und verwundeten viele, die verbissen (den Berg) herauf anrückten. Indes ließen sich unsere Soldaten nicht daran hindern, die Sturmlauben vorzuschieben und durch mühsam hergestellte Schanzwerke die Schwierigkeiten des Geländes zu überwinden. Gleichzeitig trieben sie gedeckte Stollen zu den Wasseradern und zum Ursprung der Quelle vor, eine Arbeit, die ohne Gefahr und ohne Verdacht seitens der Feinde durchzuführen war. Der Damm wurde bis zu einer Höhe von 60 Fuß aufgeführt und auf ihm ein Turm mit zehn Stockwerken errichtet; er sollte nicht die Höhe der Stadtmauer erreichen, denn das hätte man niemals fertiggebracht, wohl aber die Höhenlage der Quelle etwas überragen. Von dort bestrich man den Zugang zu ihr mit Geschützen, und nun konnten die Städter ohne Lebensgefahr kein Wasser mehr holen. Da wurde nicht nur das Schlacht- und Zugvieh, sondern auch ein großer Teil der Menschen durch den Durst hinweggerafft.

42. Dies war für die Städter ein schwerer Schlag und versetzte sie in Schrecken. Sie füllten daher Fässer mit Talg, Pech und Holzspänen und ließen sie brennend auf unsere Schanzwerke herabrollen. Zu gleicher Zeit verwickelten sie die Römer in ein sehr heftiges Gefecht, um sie durch den gefährlichen Kampf am Löschen des Brandes zu hindern. Ganz plötzlich standen die Schanzwerke in hellen Flammen. Was nämlich den

steilen Abhang herabrollte, wurde zwar zunächst für einen Augenblick durch die Sturmlauben und den Belagerungsdamm aufgehalten, erfaßte dann aber eben diese Hindernisse. Obgleich unsere Soldaten durch die gefährliche Kampfesweise und das ungünstige Gelände in arge Bedrängnis gerieten, boten sie doch allen Fährnissen mit großer Tapferkeit die Stirn. Denn die angegriffene Stelle lag hoch und wurde vom ganzen Heer gesehen; und von beiden Seiten erhob sich großes Geschrei. Daher traten gerade die Tüchtigsten, damit ihre Tapferkeit noch bekannter und offenkundiger werde, den Geschossen und dem Feuer entgegen.

43. Als Caesar sah, daß einige von seinen Leuten verwundet wurden, ließ er auf allen Seiten der Stadt die Kohorten den Berg hinaufsteigen; sie sollten ringsum ein großes Geschrei erheben und so tun, als wollten sie die Mauern besetzen. Dadurch gerieten die Städter in Verwirrung; im ungewissen, was an den übrigen Stellen vor sich ging, riefen sie ihre Truppen vom Sturm auf die Schanzwerke zurück und stellten sie auf der Stadtmauer auf. So war dieser Kampf zu Ende; die Unsrigen löschten rasch die von der Flamme erfaßten Werke oder rissen sie ein. Aber die Städter leisteten weiter verbissen Widerstand und gaben nicht nach, obgleich sie viele ihrer Leute durch den Durst verloren hatten. Da konnten endlich die Quelladern durch die Stollen abgefangen und das Wasser abgeleitet werden. Plötzlich versiegte die stets fließende Quelle. Die Städter gerieten darob in eine solche Verzweiflung an ihrer Rettung, daß sie überzeugt waren, nicht Menschensinn habe solches fertig gebracht, sondern der Wille der Unsterblichen. So ergaben sie sich denn, durch die Not bezwungen.

44. Caesar wußte, daß seine Milde allgemein bekannt war, und er brauchte nicht zu fürchten, aus einer angeborenen Grausamkeit der Natur einmal zu hart verfahren zu sein; anderseits sah er, daß er mit seinen Absichten nie zum Ziel kommen könne, wenn in ähnlicher Weise an den verschiedensten Stellen mehr Stämme erneut Unruhen stifteten. Er kam daher zu der

Ansicht, hier durch die Art der Bestrafung den übrigen ein abschreckendes Beispiel liefern zu müssen. So ließ er allen Waffenfähigen die Hände abhauen und schenkte ihnen dann das Leben, damit die Strafe für Aufständische um so offenkundiger sei. Drappes, von dessen Gefangennahme durch Caninius ich berichtete, nahm sich, sei es aus Unwillen und Schmerz über die Haft, sei es aus Furcht vor einer schwereren Strafe, das Leben, indem er einige Tage lang die Nahrungsaufnahme verweigerte. Zur selben Zeit wurde auch Lucterius, dessen Flucht aus jenem Treffen ich beschrieb, von dem mit dem römischen Volk sehr befreundeten Arverner Epasnactus, in dessen Gewalt er geraten war, ohne langes Zögern in Fesseln Caesar zugeführt; durch häufigen Ortswechsel mußte sich Lucterius vielen Leuten anvertrauen, weil er offenbar ohne Gefahr nirgends länger sich aufhalten konnte, da er sich vollkommen darüber klar war, wie sehr Caesar ihn hassen müsse.

45. Labienus focht unterdessen bei den Treverern siegreich in einem Reitertreffen, bei dem einige Treverer und Germanen getötet wurden, von denen die letzteren keinem Stamm die Hilfe gegen die Römer verweigerten. Die Fürsten der Treverer brachte er lebend in seine Gewalt, unter ihnen auch den Haeduer Surus, der sehr tapfer und von hoher Geburt war und als einziger von den Haeduern bis jetzt noch nicht die Waffen gegen die Römer niedergelegt hatte.

46. Als Caesar davon benachrichtigt worden war und sah, daß überall in Gallien die Unternehmungen einen glücklichen Verlauf genommen hatten, war er zu der Überzeugung gekommen, daß in den vorangehenden Sommern Gallien niedergeworfen und wirklich unterjocht worden war; da er Aquitanien noch niemals selbst besucht hatte, dieses vielmehr durch Publius Crassus zu einem bestimmten Teil besiegt worden war, zog er mit zwei Legionen in diesen Teil Galliens, um dort den Rest des Sommers zu verbringen. Dies vollendete Caesar wie alles andere leicht und schnell. Denn alle Stämme Aquitaniens ordneten Gesandtschaften an ihn ab und stellten Geiseln. Dar-

auf reiste er mit einer Eskorte zu Pferd nach Narbo. Das Heer ließ er durch seine Legaten in die Winterquartiere führen. Vier Legionen legte er zu den Belgern unter dem Kommando der Legaten Marcus Antonius, Gaius Trebonius, Publius Vatinius und ⟨...⟩; zwei Legionen kamen zu den Haeduern, von denen er wußte, welch hohes Ansehen sie in ganz Gallien genossen. Zwei Legionen legte er in das Land der Turoner an der Grenze des Carnutenlandes; sie hatten den Auftrag, alle am Ozean liegenden Landschaften im Zaum zu halten. Die letzten beiden Legionen ließ er zu den Lemovicern, nahe bei den Arvernern, führen, damit kein Teil Galliens ohne Heer sei. Er selbst hielt sich für einige Tage in der Provinz auf. Alle Gerichtsorte durcheilte er schnell, entschied die politischen Streitigkeiten und teilte für Verdienste Belohnungen aus – hatte doch Caesar zur Zeit des gallischen Aufstandes, den er nur durch die Treue und die Hilfstruppen der Provinz hatte bezwingen können, ausgezeichnet Gelegenheit gehabt, die Gesinnung eines jeden (der dortigen Adligen) gegen das römische Volk kennenzulernen. Nach Abwicklung seiner Geschäfte kehrte er zu den Legionen nach Belgien zurück und blieb den Winter über in Nemetocenna.

47. Dort erfuhr er von einem Kampf des Atrebaten Commius mit der römischen Reiterei. Denn als Antonius in das Winterlager einrückte und sich der Stamm der Atrebaten ruhig und willig der römischen Herrschaft fügte, streifte Commius, der nach jenem oben geschilderten Anschlag stets, wenn sich eine Aufstandsneigung bemerkbar machte, seinen Landsleuten zur Verfügung stand, damit ihnen nicht der Kriegshetzer und Anführer fehle, wenn sie auf Empörung sinnen sollten, mit seinen Reitern herum und ernährte, während sein Stamm den Römern gehorchte, sich und die Seinen von Raub; er machte die Wege unsicher und brachte mehrere für das Winterlager der Römer bestimmte Getreidetransporte auf.

48. Als Reiterpräfekt war dem Antonius Gaius Volusenus Quadratus unterstellt, der auch mit ihm überwintern sollte.

Diesen entsandte Antonius, um die Reiterei der Feinde zu verfolgen. Volusenus verband mit seiner einzigartigen Tapferkeit einen großen Haß gegen Commius, der ihn um so lieber diesen Auftrag übernehmen ließ. Er legte daher seine Leute in einen Hinterhalt, griff die Reiter des Commius oft an und focht gegen sie mit Erfolg. Schließlich kam es zu einem hitzigeren Kampf, und Volusenus verfolgte mit wenigen Reitern den Commius zu hartnäckig in der Begierde, ihn selbst in die Hände zu bekommen. Jener indes lockte ihn durch schnelle Flucht weiter fort. (Plötzlich) flehte Commius, von gleichem Haß gegen Volusenus erfüllt, die Treue und Hilfe aller seiner Landsleute an, sie sollten seine ihm trotz eines Treueversprechens zugefügten Wunden nicht ungerächt lassen; er riß sein Pferd herum, und sich von den übrigen trennend stürzte er sich – reichlich unvorsichtig – auf den Präfekten. Dasselbe taten auch seine Reiter; sie brachten unsere kleine Zahl Reiter zum Weichen und verfolgten sie. Commius aber gab seinem Pferd die Sporen, sprengte dicht an das Pferd des Volusenus heran und durchbohrte mit großer Kraft mit seiner Lanze den Oberschenkel seines Gegners. Als der Präfekt verwundet war, zögerten die Unsrigen nicht, den Kampf wieder aufzunehmen, die Pferde herumzuwerfen und den Feind zu verjagen. Bei dieser Gelegenheit wurden mehrere Feinde, über den heftigen Angriff der Unsrigen erschrocken, verwundet und teils auf der Flucht niedergeritten, teils gefangen genommen. Diesem Geschick entging ihr Führer nur durch Schnelligkeit seines Pferdes. So war der Kampf gewonnen; der schwer verwundete Präfekt – es schien sogar Lebensgefahr zu bestehen – wurde in das Lager zurückgetragen. Commius aber schickte, sei es, daß er seinen Schmerz gerächt hatte, sei es, daß ihn der Verlust eines großen Teils seiner Begleiter dazu bestimmte, an Antonius Gesandte und versicherte, er werde nach der Stellung von Geiseln zukünftig dort bleiben, wo er es ihm vorschreibe, und tun, was er befehle; nur das eine bitte er sich aus, daß man es ihm bei seiner Furcht nicht zumute, einem Römer unter die Augen kommen zu müssen. Da Antonius der Ansicht war, daß seine Forderung von echter Furcht bestimmt sei, gewährte er ihm auf seine Bitte Verzeihung und nahm die Geiseln an. – Ich weiß, daß Caesar für die einzelnen Jahre einzeln die Bücher seiner Aufzeichnungen verfaßt hat; aber ich glaube, davon abweichen zu dürfen, weil das folgende Jahr, das Konsulatsjahr des Lucius Paulus und Gaius Marcellus, keine bedeutenden Unternehmungen in Gallien mehr aufzuweisen hat. Damit dennoch jeder wisse, wo Caesar und sein Heer damals weilten, muß ich noch einiges aufzeichnen und diesem Buch anfügen.

49. Als Caesar in Belgien überwinterte, hatte er nur dies eine Ziel vor Augen, die Stämme in einem Freundschaftsbündnis zu erhalten und niemandem Hoffnung oder Grund zum Krieg zu geben. Denn er wollte nichts weniger, als sich bei seinem Abgang aus der Provinzialverwaltung in die Notwendigkeit versetzt zu sehen, einen neuen Krieg führen zu müssen. Wenn er das Heer aus Gallien wegführte, sollte kein Krieg in seinem Rücken zurückbleiben, den ganz Gallien gern, ohne unmittelbar eine Gefahr fürchten zu müssen, auf sich genommen hätte. Daher sprach er die Stämme ehrend an, schenkte den Fürsten große Gelder und legte dem Land keine neuen Lasten auf; und so erhielt er in Gallien leicht den Frieden aufrecht, da für das durch so viele Niederlagen geschwächte Land die Untertänigkeit vorteilhafter war.

50. Er selbst brach nach Ablauf des Winters gegen seine Gewohnheit, so schnell er konnte, nach Oberitalien auf, um sich durch persönliche Ansprache an die Landstädte und Kolonien zu wenden, denen er die Unterstützung der Bewerbung seines Quaestors Marcus Antonius um ein Priesteramt empfohlen hatte. Er setzte nämlich seinen ganzen Einfluß bei der Wahl ein und stritt für den ihm sehr vertrauten Mann, welchen er kurz zuvor wegen dieser Bewerbung hatte abreisen lassen; anderseits stemmte er sich damit gegen die Macht und die Partei der Nobilität, die durch eine erfolglose Bewerbung des Marcus Antonius den Einfluß Caesars bei seinem Abgang aus

der Provinz zu erschüttern trachtete. Obgleich er schon unterwegs, noch ehe er Italien erreicht hatte, davon hörte, daß jener Augur geworden sei, glaubte er dennoch, auch jetzt noch berechtigten Grund zu einem Besuch der Municipien und Kolonien zu haben; denn nun wollte er ihnen seinen Dank dafür aussprechen, daß sie Antonius so zahlreich zur Verfügung gestanden hätten. Zugleich aber wollte er sich und sein Konsulat für das folgende Jahr durch Bewerbung anempfehlen, denn seine Gegner prahlten übermütig damit, daß Lucius Lentulus und Gaius Marcellus zu Konsuln gewählt seien, die ihn um seine ganze Stellung bringen sollten; auch dem Servius Galba sei trotz seines weit größeren Einflusses bei den Wählern das Konsulat entzogen worden wegen des engen Bandes und des freundschaftlichen Verhältnisses, das jenen als seinen Legaten mit ihm (Caesar) verband.

51. Aufgenommen wurde Caesars Ankunft von allen Municipien und Kolonien mit Beweisen von fast unglaublicher Auszeichnung und Liebe. Er kam nämlich damals zum ersten Mal nach jenem denkwürdigen Krieg mit dem gesamten Gallien. Nichts blieb übrig, was noch zum Schmücken der Tore, der Straßen und aller Plätze, durch die Caesar auf seiner Reise zu kommen vorhatte, ausgedacht werden konnte. Die ganze Bevölkerung ging ihm mit ihren Kindern entgegen, überall wurden Dankesopfer dargebracht, und durch die für die Gäste aufgestellten Speisesofas waren Märkte und Tempel besetzt, so daß die Freude an einem der prächtigsten Triumphe schon im voraus genossen werden konnte. So groß war der Aufwand bei den Reichen, so groß die Liebe bei den Minderbegüterten!

52. Als Caesar alle Gegenden Oberitaliens auf seiner schnellen Reise besucht hatte, kehrte er so bald wie möglich nach Nemetocenna zum Heer zurück. Alle Legionen ließ er aus den Winterlagern nach dem Land der Treverer marschieren; er reiste ebenfalls dorthin und musterte daselbst das Heer. Titus Labienus gab er den Befehl über Oberitalien, damit ihm desto eher ⟨...⟩. Die Legionen ließ er nur so viel marschieren, wie für

einen Ortswechsel nötig schien, wenn sich ein Lager als ungesund herausstellte. Dabei kam ihm häufig zu Ohren, Labienus werde von seinen politischen Gegnern aufgewiegelt. Auch erhielt er die Nachricht, die Nobilität gehe in ihren Plänen darauf aus, ihm vermittelst eines Senatsbeschlusses einen Teil seines Heeres zu nehmen. Aber er vermochte weder solches von Labienus zu glauben, noch konnte er sich dazu verstehen, etwas gegen einen Senatsbeschluß zu tun. Denn er war der Ansicht, durch die freie Meinungsäußerung der Senatoren noch leicht zu seinem Recht zu gelangen. Der Volkstribun Gaius Curio hatte es übernommen, Caesars Recht und Ehre zu verteidigen; er hatte auch häufig dem Senat versprochen, wenn einen die Furcht vor Caesars Waffen beunruhige, ⟨so werde⟩, da auch das willkürliche Waffenregiment des Pompeius keinen geringeren Schrecken für das Staatsleben darstelle, ⟨Caesar sich nicht weigern, wenn der Beschluß gefaßt würde⟩, daß beide abrüsten und ihre Heere entlassen müßten. Alsdann werde der Staat wieder frei und unabhängig sein. Aber Curio versprach dies nicht nur, sondern begann auch, über den Senatsbeschluß durch Auseinandertreten abstimmen zu lassen; daß es nicht zur Entscheidung kam, setzten die Konsuln und die Freunde des Pompeius durch; durch Hinauszögerung brachten sie die Sache zum Scheitern.

53. Dies war ein gewichtiges Zeugnis von der Gesinnung des ganzen Senats und paßte zu einer früheren Tat dieser Körperschaft. Denn Marcus Marcellus hatte im vorigen Jahr, als er gegen Caesars Stellung vorging, wider das Gesetz des Pompeius und Crassus vorzeitig dem Senat über Caesars Provinzen Bericht erstattet. Nachdem dann jeder der Senatoren seine Meinung geäußert hatte, ließ Marcellus, der alle Ehren für sich aus dem Haß gegen Caesar erhoffte, abstimmen; doch stimmte der Senat in Menge dagegen. Caesars Feinde aber wurden dadurch nicht mutlos gemacht, sondern angespornt, desto größere Zwangsmittel ins Werk zu setzen, durch die auf den

Senat ein Druck ausgeübt werden sollte, ihre Entschlüsse zu billigen.

54. Darauf wurde ein Senatsbeschluß gefaßt, daß zu dem Krieg gegen die Parther eine Legion von Gnaeus Pompeius, die andere von Gaius Caesar geschickt werden sollte; aber es war unverkennbar, daß Caesar allein zwei Legionen entzogen werden sollten. Denn Gnaeus Pompeius gab die erste Legion ab, die er durch Aushebung in Caesars Provinz zusammengebracht und hernach zu Caesar geschickt hatte, so als sei sie aus der Zahl seiner eigenen Legionen. Zwar bestand für Caesar über das Vorhaben seiner Gegner nicht mehr der geringste Zweifel; trotzdem schickte er Pompeius jene Legion zurück und befahl, in seinem Namen die in Oberitalien stehende fünfzehnte Legion nach dem Senatsbeschluß zu übergeben. An ihrer Stelle schickte er die dreizehnte Legion nach Italien; sie sollte den Schutz der befestigten Plätze übernehmen, aus denen die fünfzehnte Legion herausgeführt wurde. Das übrige Heer verteilte er auf die Winterquartiere: Gaius Trebonius legte er mit vier Legionen zu den Belgern, Gaius Fabius schickte er mit ebenso vielen zu den Haeduern. Dann nämlich hielt er Gallien für am meisten gesichert, wenn die Belger, die am tapfersten waren, und die Haeduer, die das größte Ansehen genossen, durch Besatzungsarmeen niedergehalten wurden. Er selbst brach darauf nach Oberitalien auf.

55. Dort erfuhr er, daß durch den Konsul Gaius Marcellus die beiden von ihm gesandten Legionen, die nach Senatsbeschluß im Partherkrieg Verwendung finden sollten, Pompeius übergeben und in Italien zurückgehalten worden seien. Obgleich infolge dieses Vorgehens des Senats keinem mehr zweifelhaft sein konnte, was man gegen Caesar ins Werk setzte, hielt Caesar es doch für richtig, alles zu ertragen, solange für ihn noch irgendeine Hoffnung übrigbliebe, sich mit seinen Gegnern eher rechtmäßig auseinandersetzen zu können als mit ihnen Krieg zu führen. Er suchte ⟨vom Senat durch ein Schreiben⟩ zu erreichen, ⟨daß Pompeius den Oberbefehl über seine Truppen

niederlege; er werde dann das Gleiche tun. Im anderen Fall könne er nicht einmal sein Heer entlassen, sondern werde anrücken und den ihm und dem Staat angetanen Schimpf rächen. Diesen Brief übergab er Curio, der zu ihm nach Ravenna gekommen war, mit der Weisung, ihn den Konsuln auszuhändigen. Jener eilte nach Rom zurück und übergab das Schreiben den Konsuln Lucius Lentulus und Gaius Marcellus, als sie am 1. Januar das Rathaus betraten⟩.

Nachwort

Gaius Julius Caesar steht gleichsam im Mittelpunkt der römischen Geschichte. Sein Name bedeutet die Grenze von Republik und Monarchie, seine Kriege den letzten Schritt zur inneren Vollendung des Weltreiches und zugleich den ersten eines bewußt gewollten Ausgreifens über den Raum um das Mittelmeer hinaus. Daß gerade dieser Schritt nicht nur den Beginn fast schon des mittelalterlichen Europa darstellt, sondern zu dem des eigentlichen Abendlandes wurde, gilt längst als eine Tatsache, die niemand mehr bezweifelt. Indirekte wie direkte Wirkungen sind in der Tat bis auf den heutigen Tag in allen Ländern zu spüren, in denen Caesar sich auf seinem Weg zur Macht aufgehalten hat. Die Frage, wie weit er selbst diese Wirkung beabsichtigte, ist dabei freilich ebenso wenig zu beantworten wie die nach möglichen Nahzielen, die ihm vorgeschwebt haben mögen.

Als Etappe auf diesem Weg, der ihn in wenig mehr als zwei Jahrzehnten zum Herrscher über das ganze Imperium machte, als Bestandteil eines sorgfältig vorausberechneten, wenngleich nur im Politischen gültigen Planes nimmt sich in späterer Deutung auch die Eroberung Galliens zwischen 58 und 51 v. Chr. aus. Welchen Stellenwert das Ergebnis dieses Planes in den Augen miterlebender Zeitgenossen und schließlich Caesars selbst besaß, wird sich allerdings nie bis ins Letzte hinein feststellen lassen, bleibt unser Bild von Caesars wirklichen Zielen selbst am Ende seines Lebens doch ebenso unklar wie deren allmähliche Entwicklung im Verlauf der Jahre, in denen er politisch tätig war.

Ein Blick auf die politische Situation seiner Zeit mag weiter helfen, ihn wenigstens zu verstehen. Der römische Staat, seiner Entstehung wie seinem Aufbau nach ein Stadtstaat von räumlich kleinen Ausmaßen, war seinem Wesen nach immer geblieben, was er war. Als Ergebnis hiervon hatte es sich schon Jahrhunderte zuvor gezeigt, daß er den Anforderungen nicht mehr gerecht zu werden vermochte, die sich aus veränderten äußeren Bedingungen ergaben. Wohl war die Gemeinde freier, in ihren Entscheidungen souveräner Bürger einmal in der Lage gewesen, über ihr Schicksal zu entscheiden, als ihr Machtbereich über benachbarte Landschaften nicht hinausreichte: Sie war außerstande, mit den ihr verfügbaren Mitteln dementsprechend den Belangen etwa ganz Italiens nachzukommen, geschweige denen des Imperiums, das sich seit dem 2. Jahrhundert v. Chr. vom Atlantik bis nach Kleinasien und von den Alpen bis zur Sahara erstreckte. Sicher, es hatte Generationen hindurch anhaltender, geradezu übermenschlicher Kräfteanstrengungen bedurft, sich mit dem Imperium einen solchen Machtbereich zu schaffen. Man hatte Formen gefunden, die diesem mit seinen heterogenen Bestandteilen eine gewisse Stabilität gaben, ja selbst eine weitere, begrenzte Ausdehnung erlaubten. Nach allem, was wir wissen, war dieser Komplex, wie übrigens auch der Terminus »Imperium« andeutet, seinem Aufbau nach als ein Provisorium angelegt. Auf die Dauer war ein solches Gefüge von Untertanen verschiedenen Grades, von Provinzen, Bundesgenossen und Bürgern, sie alle wieder untereinander abgestuft, nicht zu halten: Mochte eine solche Vielfalt von Abhängigkeitsverhältnissen auch als begründet erscheinen, solange die Entwicklung nicht zur Ruhe kam, die Expansion anhielt und die Möglichkeit von Statusverbesserungen gegeben war – nach deren Ende mußte der Tag kommen, an dem das Provisorium seinen Sinn verlor. Die nächste Stufe aber konnte dann nur der Zerfall dieses Gefüges oder aber, sieht man von der Möglichkeit einer Gewaltherrschaft ab, zu der indes Rom schon kräftemäßig nicht in der Lage war, das Sichdurchdringen dieser Bestandteile und deren Verschmelzung zu einem politisch einheitlichen Ganzen sein. Dies aber bedeutete auf jeden Fall, daß Rom seinen Charakter als in sich geschlossene, das Ganze dirigierende und eine Vielzahl einzelner Vertragspartner beherrschende Bürgergemeinde aufzugeben hatte. Eine früh sich abzeichnende Ausdehnung etwa des römischen Bürgerrechtes auf Einzelpersonen, Gemeinden und schließlich ganz Italien läßt die von vornherein gleichsam spontan eingeschlagene Richtung äußerer Entwicklung deutlich erkennen.

Vorerst freilich zeigte sich vor allem, daß der Apparat dieses Stadtstaates, wie angedeutet, bei solchem Wachstum immer weniger in der Lage war, den notwendig ihm zufallenden Aufgaben nachzukommen. Sicher, der Senat, in seiner Zusammensetzung naturgemäß das entscheidende Organ jeglicher Imperiumspolitik, verkörperte in sich geradezu ein Maximum an politischer Erfahrung und hat seine Rolle, in die er im Laufe von Jahrhunderten hineingewachsen war, durch alle Fährnisse von Staat wie Imperium bis zuletzt zu spielen vermocht. Befugnisse, Funktionen wie auch die Möglichkeiten ihrer Machtausübung für die Kräfte, die dieses Imperium verwalteten, waren ihrem Wesen nach immer die des Stadtstaates geblieben. Sie reichten auch bei Vermehrung von Beamtenstellen nicht aus, dem gerecht zu werden, was sich allein aus den räumlichen Dimensionen des Imperiums an Forderungen ergab. Und dazu kommt im Verlaufe der räumlichen Ausweitung die soziale Polarisierung innerhalb Roms selbst und gerade dieser leitenden Bürgergemeinde. Sie konnte nicht ohne weitere, mit der Zeit lähmende Folgen bleiben. Wohl ist es nach dem Ende der Ständekämpfe die gesamte Gemeinde, Patrizier und Plebejer, die mit den Entscheidungen über die eigenen auch die der Imperiumsbelange fällt. Die eigentlichen Staatsgeschäfte indes liegen in Händen einer kleinen Gruppe nunmehr patrizischer wie plebejischer Familien, die als Nobilität eine neue, in sich geschlossene Oberschicht bildet und, untereinander durch kaum überschaubare familiäre Verbindungen gleichsam verfilzt, die entscheidenden Posten innehat. Sie wacht über die Zusammensetzung dieses Kreises und schirmt ihn nach außen gegen Eindringlinge ab, zwangsläufig wird für sie der Senat zum Instrument ihrer Willensäußerung. Mit den Wirkungsbereichen nun wuchsen die Möglichkeiten persönlichen Nutzens wie persönlichen Einflusses durch die große Politik für einzelne ihrer Mitglieder. So war denn kaum zu vermeiden, daß sich in diesem Senat mehr und mehr Interessengruppen artikulierten, für die sich sehr reale, eigennützige Ziele mit politischer Tätigkeit und Imperiumsverwaltung verbanden. In den Jahrzehnten der Ausdehnung Roms auf den ganzen Mittelmeerraum mochte die formale Autorität des Senats dabei noch zunehmen: Innerlich in der angedeuteten Weise verändert, mußte er an solcher Autorität anderseits dadurch wieder verlieren, daß er selbst Partei wurde, während zugleich seine Entscheidungen mit ihrer natürlichen Legalität die moralische Wirkungskraft verloren. Daß die Gracchen dann erstmals auf seine Mitwirkung an politischen Entscheidungen verzichteten, war die Konsequenz dieser Entwicklung.

Nichts scheint diese Entwicklung des Senats zur Interessengruppe schärfer zu kennzeichnen als die damit beginnende Spaltung der Nobilität in Optimaten, Anhänger der Senatsautorität und damit Verfechter der bestehenden Verhältnisse, und Popularen, die bereit waren, ihre Ziele auch ohne den Senat durchzusetzen. Indem sich letztere direkt an das Volk wandten, um Handlungen oder Gesetze durch das in der Tat eigentliche Entscheidungsgremium zu sanktionieren, handelten sie keineswegs völlig illegal, war doch der Gedanke von der formal lediglich beratenden Funktion des Senats für Magistrate – um diese ging es eigentlich stets hier – nie außer Kraft gekommen und fehlte eine fixierte Rechtsordnung, auf die man sich berufen konnte. Mit Parteiwesen im modernen Sinne demnach in nichts zu vergleichen, nehmen diese Gruppierungen angesichts fortschreitender Ausweitung der Kämpfe und ihrer Radikalisierung im Laufe des 2. und 1. Jahrhunderts mehr und mehr aber den Charakter von Kräften an, die in Konfrontation wie Anwendung ihrer Machtmittel jede Funktionsfähigkeit des Staatswesens untergraben mußten. Bei all dem etwa scheint der Anlaß, den die Gracchen gegeben hatten, die von vornherein fragliche Reagrarisierung stadtrömischen Proletariats, von zweitrangiger Bedeutung. Wichtig als Folge ist die Italikerfrage, die schließlich zum Bundesgenossenkrieg und 89/88 zur Verleihung des Bürgerrechts an alle Bewohner Italiens südlich des Po führt. Von all dem mochte das Imperium unberührt bleiben: Das Problem etwa der Repetundengerichtshöfe und die Frage ihrer Besetzung seit Gaius Gracchus zeigt, daß man die entsprechende Ausweitung für selbstverständlich hielt. So scheinen sich denn die Bereiche gefährlich zu durchdringen. Nicht nur, daß die Magistrate in den Provinzen nie den Blick auf Rom und die dortigen Machtkonstellationen verlieren durften, was sich auf ihre Amtsführung nur als lähmend auswirken konnte. Wir haben genug Beweise dafür, wie sich entsprechendes Fehlverhalten als Folge hiervon –

man denke an Umstände und Hintergründe des Mithradatischen Krieges – katastrophal für Provinz-, Imperiums- und Außenpolitik auswirkte. In Rom selbst lassen die Auseinandersetzungen dieser Epoche das Fortbestehen des Staates als ein Wunder erscheinen.

Die gleichsam moralischen Begleiterscheinungen der politischen Entwicklung bleiben nicht aus. Zwar hatte das Imperium mit dem Ende des 2. Jahrhunderts eine Ausdehnung erreicht, die alle römischen Wünsche als befriedigt erscheinen lassen muß; daß man etwa über zwanzig Jahre mit der Einrichtung der 95 v. Chr. durch Erbschaft an Rom gefallenen Provinz Cyrene sich Zeit ließ, ist bezeichnend. Und auch die Organisation des Ostens durch Pompeius nach der Niederringung des Mithradates erweckt nicht den Eindruck von Ausdehnung und Eroberungspolitik um jeden Preis. Es mochte überdies eine geradezu natürliche Kräfteersparnis bedeuten, wenn man in den gewonnenen Provinzen die bisherige Ordnung, so gut es ging, bestehen ließ und sich mit der Oberaufsicht der Statthalter begnügte. Indem man sich überdies noch um die Eintreibung der Steuern kümmerte, hatte man das Notwendigste getan, belastende Schwierigkeiten in diesem Bereich zu vermeiden. Die Lücken dieses Systems freilich lassen sich nicht übersehen. Bedeutet das von Rom angewandte System der Steuerpacht eine Erleichterung für den Staatsapparat, so führte es zwangsläufig zur Ausbeutung der Untertanen durch schwer kontrollierbare Instanzen und damit zu allgemeiner Verschlechterung der Verhältnisse in den Provinzen. Die kaum zu vermeidende Beteiligung römischer Magistrate an solcher Ausbeutung und Unterschleif zu eigener Bereicherung, an sich fast natürlich und wohl häufiger vorkommend, als erwähnt wird, mußte die Aversion gegenüber römischer Herrschaft vertiefen. Auch blieb die innerrömische Folge von all dem nicht aus. Sie äußert sich, abgesehen von der Tatsache der erwähnten Repetundengerichte, in der Zunahme allgemeiner Korruption in den führenden Kreisen, für die der Jugurthakrieg ebenso Zeugnis ablegt wie etwa die Bestechungspolitik Caesars in den fünfziger Jahren, die die römische Innenpolitik weitgehend lahmzulegen vermochte.

Waren demnach Rom und sein Imperium stärker, als es auf den ersten Blick zu erscheinen vermag, durch ein enges Wechselverhältnis miteinander verbunden – im ersten Jahrhundert konnte das Ergebnis einer allgemeinen Zeitanalyse nur sein, daß an ein Weiterbestehen des Imperiums in seiner bisherigen Form wie auch der inneren Konstellation Roms auf längere Sicht hin nicht mehr zu denken sei. Und wie immer man die Zuspitzung der Dinge zwischen Marius und Pompeius sah, die notwendige Reform würde bald und schnell vor sich gehen müssen. An Ansätzen fehlte es nicht: Sie bezogen sich indes durchweg auf römische Verhältnisse, und trotz etwa des Warnzeichens von 88 im Osten scheinen Veränderungen in der Imperiumsstruktur nicht beabsichtigt. Dennoch läßt sich nicht verkennen, daß die allgemeine Entwicklung für den Staat nach einer Konzentration von Macht und Verfügungsgewalt drängte, die an Umfang Bisheriges hinter sich ließ, anders als bisher alle Befugnisse zusammenfaßte, koordinierte und der Kontrolle unterwarf. Die Entwicklung in beiden Bereichen brachte es mit sich, daß jeder potentielle Inhaber einer solchen Gewalt zugleich gezwungen war, alle bestehenden Tendenzen zusammenzufassen, sie in eine bestimmte Richtung zu lenken und einen Prozeß einzuleiten, der hier wie dort die Aufhebung des Gegensatzes von Herrschern und Untertanen zum Ziel hatte. Sichtbar wurde dies in erster Linie als personales Problem.

Analog zur räumlichen Erweiterung des Imperiums nämlich zeichnet sich eine Erweiterung von Möglichkeiten auch der Verlagerung legaler Macht vom Staat mit seinen vielfältigen Institutionen und Vertretern auf einzelne Personen ab. Sie wird sichtbar besonders in Krisenzeiten, beginnt mit den Scipionen und setzt sich nach Unterbrechungen in Marius, Sulla und Pompeius fort. Als Ziel derartiger immanenter Entwicklung erscheint die führende Stellung einer überragenden Einzelpersönlichkeit, die nach Übertragung aller Machtmittel dem Staat gleichsam als Kontrahent gegenübersteht, diesen mit den Möglichkeiten eines Monarchen leitet, sich jedoch in Loyalität und Rücksicht auf eine Ordnung, die ihm selbst seinen Platz zuweist, ihm unterwirft. Das Bild einer solchen Persönlichkeit, das in den fünfziger Jahren Cicero in seiner Schrift vom Staat entwirft, wäre demnach das Ergebnis eigener Erlebnisse und Erfahrungen für die in seinen Augen allein aussichtsreiche Gestaltung römischer Zukunft.

In einer solchen Reihe bedeutender Vorläufer nun scheint

Caesar die ebenso notwendige wie natürliche Linie zur Herrschaft des einzelnen hin zu vollenden. Hatte er seinen eigenen Worten nach nie begriffen, weshalb ein Sulla nach seinen Reformen 79 die Macht wieder aus der Hand legte und auf die Alleinherrschaft verzichtete, wodurch er bewirkte, daß wenige Jahre danach sein Werk zerstört war, für einen Pompeius wird es selbst späterer Deutung schwer, zu verstehen, weshalb er 61 nach seiner Rückkehr aus dem Osten nicht die Konsequenzen auch für Rom zog; Loyalität gegenüber dem Staat reicht zur Erklärung nur teilweise noch aus. Der Schritt, den nach vier Jahren Bürgerkrieg dann Caesar unternahm, war, gemessen an den Vorläufern, denn nicht mehr allzu groß. Daß er wiederum freilich in der Ausprägung des persönlichen Regimes besonders in seinen letzten beiden Lebensjahren zu schnell vorging und seiner Umwelt kaum Zeit ließ, sich den neuen Bedingungen anzupassen, hat nicht zuletzt wohl psychologische Gründe. Erst Octavian, durch dieses Beispiel gewarnt, lenkte in seiner Synthese herkömmlicher und notwendiger neuer Vorstellungen den Gang der Ereignisse wieder in eine natürliche Entwicklungsbahn. Rom und das Imperium stehen sich unter ihm nun ganz anders gegenüber: Dies aber war es, was den Fortbestand des Reiches gesichert hat.

Laufbahn wie persönliches Schicksal Caesars nun sind allein vor einem solchen Hintergrund zu verstehen und werden in den einschlägigen antiken Quellen so gezeichnet. Geboren wohl 100 v. Chr. als Angehöriger einer alten Patrizierfamilie, war er an sich zu einer Rolle im Kräftespiel republikanischer Nobilitätspolitik prädestiniert, und vieles an Nachrichten über die ersten Jahrzehnte läßt in der Tat auf entsprechende Absichten schließen. Indes scheint er früh zugleich auch eigene Wege zu gehen und sich eigenartig von den Strömungen seiner Zeit zu distanzieren. So vermag selbst ein Sulla nach 83 von ihm nicht die Scheidung von Cornelia, der Tochter Cinnas, zu erreichen; noch 68 lobt er in der Leichenrede auf sie seine Tante, die die Gattin des Marius gewesen war. Doch heiratete er im gleichen Jahr die Enkelin jenes Sulla, obwohl eine solche Ehe gewiß keinen Vorteil mehr bringen konnte. Sensationsgeschichten aus Caesars Jugend- und früher Karrierezeit lassen früh das Außergewöhnliche seiner Persönlichkeit wie auch seines Ehrgeizes erkennen. Wieviel davon freilich späterer Verzeichnung entstammt, ist indes nur schwer auszumachen; daß sich noch bei Lebzeiten ein entsprechender Anekdotenbestand herausbildete, liegt allzu nahe. Kriegsdienst im Osten noch unter Sulla, Anklägertätigkeit nach der Rückkehr um 78 und erneuter Aufenthalt in Rhodos und Griechenland zu Studienzwecken in den siebziger Jahren werden historisch sein; wie auch die Quaestur in Spanien 68 weisen sie jedoch kaum über eine normale Ämterlaufbahn hinaus. Die Öffentlichkeit wurde offensichtlich erst durch sein Aedilitätsjahr 65 auf Caesar aufmerksam, in dem die auf eigene Kosten abgehaltenen Spiele nicht nur sein Vermögen verschlangen, sondern ihn darüber hinaus noch tief verschuldeten. Die gleiche Forciertheit politischen Auftretens zeigt sich dann wieder 61, als er, auch diesmal in Übersteigerung des Üblichen, aus seiner propraetorischen Tätigkeit mit bezahlten Schulden und überdies noch einem neuerworbenen Vermögen zurückkehrt. Auf Absichten und Interessenrichtung dieser Zeit könnte seine mehrfach bezeugte Verbindung mit Crassus einen Hinweis geben. Dazu nun kommt seine vorsichtig gezeigte, aber dennoch kaum zu übersehende Sympathie für die catilinarische Verschwörung. Sie erst wird es gewesen sein, die ihn als einen für den Staat gefährlichen Einzelgänger profilierte, auch wenn seine wirklichen Absichten, wenn überhaupt vorhanden, im Dunkel blieben. Wie weit sein berühmtes Auftreten im Rededuell mit Cato in der entscheidenden Senatssitzung vom Zweck lediglich solcher Profilierung bestimmt war, lassen weder Cicero noch Sallust klar erkennen. Zeugnisse des Mißtrauens auf jeden Fall reißen von nun an bei den Optimaten nicht mehr ab, und für enragierte Verteidiger der Republik wie den jüngeren Cato ist Caesar seither der Feind schlechthin. So liegt es nahe, um diese Zeit denn in der Tat auch die eigentliche Wende anzusetzen, den Entschluß Caesars, mit allen Mitteln auf die Gewinnung einer Machtposition hinzuarbeiten, die es ihm ermöglichte, sich gegen die traditionell gewordenen Widerstände der Senatsoligarchie durchzusetzen und die den Staat verkörpernden Gremien anders, als dies bisher geschah, in eigenem Sinne zu beeinflussen. Konkrete Ziele darüber hinaus sind aus dieser Zeit nicht bekannt, und zweifellos war Caesar Realist genug, angesichts dessen, was er an Einfluß vorerst besaß, die Dinge reifen zu lassen. Anekdoten über warnende Aussprüche eines Sulla und später seines Gegners Q. Lutatius Catulus mögen ebenfalls spätere Ausschmückung sein.

Die Intensität freilich, mit der er von nun an jede Gelegenheit ergreift, sich nach vorne zu drängen, seine Pläne zu fördern, dabei die Chancen gleichsam aneinanderreihend und Rückschläge überwindend, lassen schlagartig Züge einer Genialität erkennen, die die Zeitgenossen immer wieder frappierte und der die Nachwelt ihre Bewunderung nicht versagen konnte, auch wenn sie in ihr eine rational nicht weiter erklärbare Form von Dämonie sah oder ihn wie sein Werk gänzlich verdammte. Seine Rolle als popularer Politiker ergab sich aus den Dingen geradezu von selbst; ein Wirkungfeld für den Politiker freilich tat sich für ihn erst auf, als er sich, wohl nicht vor Herbst 60, mit Pompeius und Crassus zu einer illegalen Machtkoalition zusammenschloß, um die nur allzu berechtigten Forderungen des Pompeius, Anerkennung seiner Regelungen in Kleinasien und Palästina und Versorgung seiner Veteranen, gegen die Senatsobstruktion durchzusetzen. Er selbst, der einzige in diesem Triumvirat ohne materielle Macht im Hintergrund, erscheint dennoch als dessen treibende Kraft. Sein Konsulat 59, an sich ein Schlag gegen Senatsinteressen und Senatspolitik, bringt durch die Art, wie er auf popularem Weg die erwähnten Forderungen verwirklicht, den Staatsapparat an die Grenze der Funktionsfähigkeit, dies offenkundig nicht ohne Absicht. Nicht nur, daß im Verlauf eines Jahres fast ununterbrochenen Terrors in Rom, im Senat wie auf dem Forum, Pompeius erhielt, was ihm zustand, und übrigens durch die Heirat von Caesars Tochter Julia das Bündnis mit diesem noch zu festigen schien. Mit der nachträglichen Zuweisung des cisalpinischen (zusammen mit Illyricum) und dann auch des transalpinischen Gallien als prokonsularischer Provinzen auf vorerst fünf Jahre gewann Caesar selbst nunmehr in der Tat die Grundlage für den Ausbau jener Position, wie er sie brauchte. Sie mochte ihrem Umfang und den Möglichkeiten nach, die sie bot, der des Pompeius um 63 entsprechen: Näher an Rom indes, bot sie ganz andere Aussichten, dort die weitere Entwicklung der Dinge in seinem Sinne zu beeinflussen. Es wäre möglich, daß, nach den Erfahrungen des Konsulats, sich für Caesar der Weg klarer abzeichnete, den er einzuschlagen hatte; das konkrete Ziel, was immer er sich von seiner Zeit in Gallien erhoffte, kann schon um der eigenen Fortexistenz willen sich kaum von dem unterschieden haben, was er 49 dann anzugehen unternahm. Sicher, seine Maßnahmen zur Umgestaltung des Staates fallen in die Zeit danach und gehen von anderen Voraussetzungen aus, wie sie 59 noch kaum gegeben sind: Daß er in der Tat nicht weniger als die Ablösung der bisherigen Republik durch eine andere, den Dingen und vor allem seiner Person besser angepaßte Staatsform bereits beim Abgang nach Gallien als Ziel fest im Auge hatte, wird aus Intensität und Eile deutlich, mit der er vom ersten Tag an dort sein Potential ausbaute und im Laufe von knapp fünf Jahren sich ein Machtinstrument schuf, dem in der folgenden Auseinandersetzung Rom nichts auch nur im entferntesten Gleichwertiges entgegenzusetzen hatte.

So wird auch die Eroberung Galliens einem vorher gefaßten Plan entspringen. Zwar geschah sie formal für den Staat und bediente sich der in bisheriger römischer Geschichte entwickelten Praktiken wie der einschlägigen Termini. Caesar selbst läßt in seinem offiziellen Verhalten keinen Augenblick die Rolle als Statthalter Roms aus dem Auge. Zeugnisse von anderer Seite indes, wie etwa die Briefe Ciceros, beweisen zur gleichen Zeit das Wachstum von Caesars persönlicher Macht und auch seines Einflusses in Rom, der ihn in Anwendung moralischer wie unmoralischer Mittel vom angefeindeten popularen Politiker 59 zum Konkurrenten des Staates schlechthin werden läßt, als der er 50 erscheint. Angesichts solchen Machtzuwachses konnte es Caesar gleichgültig sein, wenn sich Mißtrauen und optimatische Aversion mit den Jahren verstärkten und letztlich doch etwas wie eine Front republikanisch gesinnter Politiker gegen ihn zustande kam. Schwerer wog, daß trotz einer Neubegründung des Triumvirats 56, die ihm selbst die Verlängerung seines gallischen Prokonsulats um fünf Jahre einbrachte, mit dem Tod des Crassus 53 wie auch dem Julias bereits 54 eine Entfremdung von Pompeius eintrat. Trotz einer Vielzahl von Nachrichten hierüber sind die wirklichen Gründe dieses Gesinnungswandels schwer zu erkennen, Pompeius' Loyalität gegenüber dem Staat mag ebenso eine Rolle gespielt haben wie seine Konzeptionslosigkeit, während auf Konkurrenzneid gegenüber Caesar verhältnismäßig wenig hinweist und von persönlicher Feindschaft nirgends die Rede ist. Es gelang den Optimaten, Pompeius durch eine Reihe von Funktionen und Aufgaben zum Garanten gerade konservativer Traditionalität zu machen, so daß er immer mehr aufgab, was ihn 60 an die Seite Caesars geführt hatte. Mochte so Caesar in den Augen der Öffentlichkeit mit der Zeit tatsächlich zum Feind des Staates werden, in der Frage seiner Ablösung nach zehnjähriger Amtsdauer und seiner Bewerbung um ein zweites Konsulat 48, wie es 56 vereinbart worden war, bot sich eine letzte, praktikable Möglichkeit seiner Vernichtung. Zwar lenkte nach ersten einschlägigen Gesetzen 52, die eine Niederlegung des Prokonsulats bereits Ende 50 vorsahen, Pompeius selbst noch einmal ein. Die seit Frühjahr 50 beginnende Debatte um Caesars Bewerbung in Abwesenheit indes mußte diesem nahelegen, daß der Kampf von nun an weniger um seine politische Zukunft als vielmehr um seine nackte Existenz ging. Und es bleibt zu fragen, welchen Ausweg Caesar für sich gesehen hätte, wären die Dinge anders verlaufen. Wie weit man denn in der zweiten Hälfte 50 die Diskussionen und Verhandlungen noch ernsthaft führte, lassen die erhaltenen Nachrichten kaum mehr ganz erkennen. Gelegentlich angedeutete Konzessionsbereitschaft von beiden Seiten tut wenig noch zur Sache gegenüber einer sich deutlich abzeichnenden Verhärtung vor allem der Gegner wie auch gegenüber der wachsenden Intensität, mit der die Anhänger in Rom den Kampf aufnahmen. Die Chronologie der ersten Tage 49 ist bekannt. Als Caesar am 10. Januar den Rubikon überschritt, war gegen ihn bereits das Senatusconsultum ultimum ergangen und in Cn. Domitius Ahenobarbus, einem seiner schärfsten Gegner, ein Nachfolger ernannt worden. Doch brach die Verteidigung Italiens schnell zusammen. Der Senat und am 17. März Pompeius selbst, mit der Kriegführung beauftragt, flohen nach Epirus, um dort den Widerstand zu organisieren, dies nicht ohne Drohungen an alle Senatoren, die ihnen nicht folgten. Caesar brachte 49 Italien, Spanien, Sardinien und Korsika in seine Hand, um im Januar 48 nach Griechenland überzusetzen, wo es ihm nach einem nicht immer erfolgreichen Belagerungskrieg von neun Monaten im September bei Pharsalus gelang, Pompeius entscheidend zu schlagen. Als dieser am 28. September auf der Flucht vor der ägyptischen Küste ermordet worden war, hatte Caesar sein Ziel im wesentlichen erreicht. Freilich, er mußte die nächsten Jahre damit verbringen, in Afrika (46) und Spanien (45) die letzten Widerstände von Republikanern, Pompeianern und persönlichen Gegnern zu brechen. Die wachsende Härte und Erbitterung dieser Kämpfe ist bezeichnend dafür, was ihm an Überwindung auch geistigen Widerstandes noch zu tun blieb. Zum Beherrscher des ganzen Imperiums geworden, begann er schnell, in einer Vielzahl vordringlicher Anordnungen und Maßnahmen nicht nur die politischen und sozialen Verhältnisse in Rom zu regeln, sondern in Verbindung damit nun in der Tat erste Ansätze einer Neugestaltung des Reiches zu verwirklichen. Die erwähnte Zügigkeit, ja Hektik seines Vorgehens im einzelnen ist dabei aus den Verzögerungen durch den Bürgerkrieg wohl zu erklären: Zeitgenossen mußte sie verwirren oder aber bei ihnen den Eindruck der Willkür erwekken. Dazu aber kommt, daß etwas wie eine Gesamtkonzeption auch jetzt kaum schon deutlich wurde.

Die Zeugnisse für die Verwirklichung einer monarchischen Imperiumsspitze scheinen Gegenstand der Diskussion schon unter den Zeitgenossen gewesen zu sein. Leugnen lassen sie sich nicht. Neben eigenen Erfahrungen, die ihm Derartiges als unabdingbar erscheinen lassen mußten, wäre sehr gut möglich, daß ihm die neuerliche Berührung mit der hellenistischen Welt etwas wie ein Modell für Herrscherstellung, Herrschaftspraktik wie auch für Aufbau und Ausgestaltung eines wirklichen Großreiches vermittelte. Sein über Gebühr langer Aufenthalt bei Kleopatra in Ägypten 47 wie selbst der den Zeitgenossen schwer verständliche Plan eines Partherkrieges 44 weisen in diese Richtung. Klarheit über die endgültige Form dieser Herrschaft indes war vorerst nicht zu gewinnen, und so blieb nur, aus jener scheinbaren Willkür auf Erneuerung der gerade in Rom so verpönten Gewaltherrschaft der Königszeit zu schließen.

Die Verschwörung, die bereits 46 zustande kam, zählte unter ihre Mitglieder nicht nur Gegner, die Caesar in der Hoffnung auf ein Zusammenwirken aller Kräfte guten Willens begnadigt und auf seine Seite zu ziehen versucht hatte. Die Grenze zwischen ihnen und enttäuschten Anhängern ist schwer zu ziehen. Daß es zur Ermordung an jenem 15. März 44, kurz vor dem Ausmarsch in den Partherkrieg, überhaupt kam, läßt auf die Tiefe der Erbitterung wie demnach wohl auch der Mißverständnisse schließen. Die Verschiedenheit der Interessen innerhalb dieses Kreises freilich ist es denn auch, die es zu einer konkreten Zielsetzung der Verschwörer über den Mord hinaus nicht kommen läßt. Wie angedeutet, schlug Octavian einen anderen, langsameren Weg ein. Bis dies möglich war, hatten noch fast zwei Jahrzehnte Bürgerkrieg zu vergehen. An seinem Ende sind die Interessengruppen so gut wie ausgerottet, mit denen Caesar, sei es als Gegnern, sei es als Anhängern, zu tun gehabt hatte.

Die Eroberung Galliens, mit der Caesar unmittelbar nach dem Konsulat begann und die nicht vor 51 beendet war, gewinnt in diesem Rahmen als Etappe des Weges zur Macht ihren Sinn. Bedeutete die erst 59 veranlaßte Zuweisung der Provinz eine der gewaltsamen Manipulationen dieses Jahres durch das Triumvirat, so kann es über die Absichten, die Caesar mit der Übernahme verband, in Rom keinen Zweifel gegeben haben.

Nicht, daß es sich bei diesem Gallien um ein den Römern vollkommen fremdes Gebiet gehandelt hätte. Seine endgültige Besiedlung von Osten her lag Jahrhunderte zurück. Inzwischen hatte sich mit der Einheitlichkeit keltischer Zivilisation und Kultur etwas wie Gemeinsamkeit der Lebensformen herausgebildet, Bevölkerungszuwachs als Folge günstig sich entwickelnder Lebensbedingungen hatte im 4. Jahrhundert zu gallischen Vorstößen bis nach Rom geführt, die schließlich in einer Landnahme in Oberitalien ausliefen. In den zwanziger Jahren des 2. Jahrhunderts war es im Süden des Landes dann zu Koloniegründung durch Rom und der Einrichtung einer Provinz gekommen, die beide neben Sicherung des Landweges nach Spanien zugleich auch die Kontrolle des nördlichen Vorfeldes erlaubten. Zur römischen Machtausweitung indes hatte es offensichtlich an Interesse gefehlt. Anderseits freilich lassen sich Spuren einer verhältnismäßig intensiven Verbindung Galliens mit der antiken Zivilisation, vermittelt durch das mit Rom verbündete Massilia, nicht übersehen. Gegen Ende des Jahrhunderts war Gallien dann Durchzugsgebiet der Kimbern und Teutonen und damit vorübergehend zum Operationsfeld auch für Rom geworden, ohne daß man freilich selbst jetzt die sich geradezu aufdrängenden weiteren Konsequenzen zog.

Die Angliederung Galliens nunmehr durch Caesar läßt, wie schon angedeutet, dieses Territorium als eine Art Pendant zu den Erwerbungen des Pompeius im Osten sehen. Im Gegensatz zu den kleinasiatischen und syrischen Gebieten mit ihrer hellenistisch-orientalischen Kulturlandschaft, ihren Reichtümern und ihrer zum Teil jahrtausendealten Zivilisation freilich bedeutet Gallien einen Zuwachs ganz anderer Art. Relativ friedliche Jahrhunderte hatten die Blüte der erwähnten keltischen Zivilisation gefördert, die längst auch die Nachbarländer, selbst Britannien, eng mit Gallien verband und es überdies immer wieder zum begehrten Ziel von Wanderbewegungen besonders aus dem Osten gemacht hatte. Dazu kam anderseits ein Durcheinander von Stämmen mit heterogenen rudimentären Herrschafts- und Regierungsformen, Spaltungen, Machtgruppierungen und Abhängigkeitsverhältnissen, die Rom nunmehr das Eindringen erleichterten. Für Caesar boten gerade 58 die Jahre zuvor bereits bekannten sich konkret abzeichnenden Verschiebungen anläßlich der Helvetierauswanderung und anschließend die Entwicklung der Macht des ebenfalls mit Rom bereits in Verbindung getretenen Ariovist eine dankbar wahrgenommene Handhabe zum Eingreifen. Indem Caesar lediglich nachzuholen scheint, was man römischerseits versäumt hatte, gelang bereits in diesem ersten Jahr die Angliederung der Mehrzahl der gallischen Stämme an das Imperium. Es fiel Caesar leicht, die Unterwerfung als eine freiwillige hinzustellen. Trat so von Anfang an Rom als die die Stabilität garantierende Macht auf, so scheinen denn auch für die folgenden Jahre die Motive zur Angliederung des restlichen Gallien leicht bei der Hand. Freilich, Caesars Argumentation dabei läßt im einzelnen so viel im unklaren, daß die Art, wie er seine Rolle usurpiert, wieder fraglich zu werden scheint. An die Unterwerfung der Belger im Norden schließt sich 56 die der atlantischen Küstengebiete und 55 die Vernichtung der über den Rhein eindringenden germanischen Stämme, deren Reste man dann in Gallien ansiedelt. Rheinübergang und Landung in Britannien noch im gleichen Jahr leuchten in Caesars Darstellung als notwendige Ausdehnung eigener Autorität in das Hinterland des bereits Gewonnenen und als Demonstration eigener Macht ein; daß man in Rom dieses Vorgehen billigte, zeigen die Dankfeste, denen sich selbst die enragierten Gegner Caesars kaum widersetzten.

Bei all dem wurde Caesars Eingreifen, als Maßnahme zum Schutz der Provinz motiviert, offensichtlich am Anfang selbst von der Mehrzahl der Gallier begrüßt, und man mochte die verwirklichten Ansätze einer stabilisierten zwischenstaatlichen Ordnung als segensreich empfinden. Neue Möglichkeiten von Handel und Interessenausweitung für einzelne, Schutz vor kräfteverschwendenden Auseinandersetzungen und schließlich die Stützung bestehender Ordnungen durch den überlegenen Bundesgenossen müssen in der Tat für einige Zeit neue Perspektiven entwickelt haben, die man gerne wahrnahm. Dort freilich, wo es zu Interessenkollisionen kam, konnte es nicht ausbleiben, daß auch das Drückende dieser neuen Oberherrschaft besonders fühlbar wurde. Dies um so mehr, als man sich der Rolle als Mittel innenpolitischer Auseinandersetzung sicher nur allzu schnell bewußt wurde und angesichts der verfügbaren Zeit die Forderungen, die Caesar zum Ausbau seines Machtpotentials zu stellen hatte, über Gebühr hoch gewesen sein müssen. Konkrete Einzelheiten sind zwar kaum überliefert. Rücksichtslosigkeit im Niederringen von Gegnern bis hin zu wiederholter Ausrottung ganzer Stämme auf der einen wie die Verwendung gallischer Verbündeter in solchen Kriegen auf der anderen Seite passen denn zu den von ihm selbst überlieferten Reden der Gallier über die römische Knechtschaft. Sie mögen zum Teil Topik sein: Ihre Verwendung gerade bei ihm läßt erkennen, daß er in den Augen einer auch anderweitig informierten römischen Öffentlichkeit um wenigstens die Andeutung solcher Realität nicht herumkam. Angesichts einer in Rom sich verstärkenden Gegnerschaft – 55 verlangte Cato nicht weniger als die Auslieferung Caesars an die durch Völkerrechtsbruch besiegten Germanen – nun ist die allmähliche Formierung gallischen Widerstandes gegen Caesar nicht verwunderlich. Die Kette sich an Umfang wie an Härte steigernder Aufstände im ganzen Land, mit denen Caesar seit 54 fertig zu werden hatte, kennzeichnen die zweite Hälfte seines Aufenthaltes. Sie sind das natürliche Ergebnis der allzu rigoros und hektisch vorgetragenen Angliederungsversuche in den ersten Jahren. Ihr Einfluß auf die Entwicklung der Dinge zuungunsten Caesars in Rom ist kaum zu verkennen, und so bedeuten sie alles in allem denn einen Rückschlag in doppeltem Sinne. Daß es fast durchwegs die ehemaligen Anhänger innerhalb der gallischen Oberschicht waren, die zum Abfall aufriefen und die Führung der Aufständischen übernahmen, mußte bei all dem einen Eindruck des Scheiterns erwecken, der sicher auch auf Caesar selbst nicht ohne Wirkung blieb, obzwar ein Zurückweichen angesichts der in Rom sich zuspitzenden Entwicklung kaum mehr möglich war. So hatte er 53 Carnuten, Eburonen und Treverer niederzuringen, 52 brachte die Sammlung aller antirömischen Kräfte Galliens unter dem Arverner Vercingetorix Caesars Herrschaftsgefüge an den Rand der Katastrophe, der Caesar nur dadurch entging, daß der Kampfeswille der Gallier eine längere Belastung offensichtlich nicht auszuhalten vermochte. Die literarische Überlieferung und selbstverständlich insbesondere die Darstellung Caesars selbst zeichnet diese Kämpfe als lediglich taktische Operationen in Beschränkung auf die militärische Perspektive. Die wirklichen Hintergründe indes klingen, verstreut zwar, aber deshalb nicht weniger eindringlich in einzelnen Hinweisen auf Grausamkeit und wachsende Erbitterung beider Seiten, Terror, Abschreckungsmaßnahmen und schließlich in den Verlustzahlen an. Sie müssen in seinem Ergebnis den Gallienkrieg auch für Caesar fragwürdig gemacht haben. Und noch für 51 hat Hirtius von Unterwerfungskämpfen nach Aufständen in verschiedenen Teilen Galliens zu berichten.

Immerhin, als Caesar 50 Gallien verließ, war der Widerstand gebrochen. Und wie erhofft, trugen die unter Zwang mobilisierten Kräftereserven des Landes entscheidend zur eigenen Überlegenheit im anschließenden Bürgerkrieg bei. Beruhigt waren die Verhältnisse noch lange nicht: 38 mußte Agrippa einen Aufstand in Aquitanien niederschlagen und danach den Rhein überschreiten, ein neuer Aufstand wird für 28 berichtet, und im gleichen Jahr waren die Stämme an der Küste neu zu unterwerfen. Die bald danach einsetzende Romanisierung fand ihre besten Ansatzmöglichkeiten darin, daß man die Verbindungsstraßen durch das Land mit einer Vielzahl von Militärstationen zu sichern hatte. Zugleich aber müssen gerade die Kämpfe der letzten Jahre unter Caesar zur Ausrottung eines großen Teils der Bevölkerung geführt und damit Wunden geschlagen haben, die in der Tat Jahrhunderte einer ruhigen, gedeihlichen Imperiumsentwicklung bedurften, um wieder zu heilen. Die Ansiedlung etwa germanischer Ubier 38 auf dem linken Rheinufer läßt auf die Verödung weiter Strecken gallischen Landes schließen.

Wie weit Caesar sich noch um den Wiederaufbau kümmerte, ist schwer zu erkennen, gezielte Maßnahmen sind nicht überliefert. Im Blick auf die politischen Ziele mochte es für Caesar vorerst wichtiger sein, daß es ihm gelang, eine Armee von zuletzt zehn Legionen zu schaffen und im Kampf auszubilden, die ihm ergeben war und einen gleichwertigen Gegner nicht besaß. Zu ihr kamen Hilfstruppen von unbegrenzter Zahl und gleicher Anhänglichkeit, dazu die germanischen Söldner, zu denen er sich mit Gallien die Verbindungswege geöffnet hatte. Was er bei all dem für sich selbst gewann, läßt sich darüber hinaus nur erahnen. Scheint indes das Bild des Politikers Caesar von dem des Menschen für keinen Augenblick seines Lebens trennbar – in Gallien erst ist es, daß sich in ihm der Übergang zum Staatsmann vollzieht. Von der schillernden Persönlichkeit, die es fertig bringt, auch Gegner immer wieder in ihren Bann zu ziehen und mit Sympathie mehr noch als mit Terror ihre Absichten durchzusetzen, bringen zeitgenössische und spätere Berichte, allen voran Cicero, an freiwilligen wie unfreiwilligen Beweisen aus allen Phasen seines Lebens genug. Der gallische Krieg hingegen zeigt im großen wie im Detail zum ersten Mal Caesars Fähigkeiten als Heerführer. Aber wenn im Heerführer naturgemäß stets sich wesentliche Bestandteile auch der Voraussetzungen für die Rolle eines Staatsmannes offenbaren, dann haben die acht Jahre Gallien einen Qualitätsbeweis erbracht, wie ihn weder die Zeitgenossen noch er selbst übersehen konnten. Wie die aller römischen Heerführer seiner Zeit, Pompeius vielleicht ausgenommen, war Caesars militärische Vorbildung gering, weder seine Rolle bei der Belagerung Milets bereits unter Sulla noch seine Unternehmungen in Spanien lassen sich als solche werten. Sicher, er übernahm einen, wenn auch nicht sehr starken, so doch hochentwikkelten Militärapparat mit Aufbau, Personalstruktur und einer Tradition an Praktiken, die ihm selbst bis ins Taktische hinein viel abnahmen. Mit Recht etwa weist Napoleon III. in seinen Analysen immer wieder darauf hin, daß diese Armee den gallischen Massenaufgeboten, welcher Stärke auch immer, eigentlich zu jedem Zeitpunkt des Krieges überlegen war. Das, was er mit diesem Apparat unternahm, die eigentliche Kriegführung, Strategie wie Politik, blieben seine Sache. In diesen Bereichen aber hat Caesar eine Meisterschaft zwar nicht vom ersten Tag an gezeigt, so doch schnell entwickelt, die ihn zu einem der größten Heerführer der Weltgeschichte macht. Freilich, wie für alle Epochen antiker Geschichte werden uns für Caesars Gallienkrieg lediglich die Ergebnisse mitgeteilt. Von den Einzelheiten, die zu ihnen hinführen, von Beratungen, Diskussionen, Erwägungen,

Zweifeln, Irrtümern und wohl auch Fehlentscheidungen, von Schwierigkeiten und Rückschlägen wird kaum etwas erwähnt. Wenig erfahren wir über den Aufbau einer zweifellos an Umfang weit über das Normale hinausgehenden militärischen Infrastruktur mit Nachschubwesen, Nachrichtendiensten, Sicherung und Logistik; die Phasen eines möglichen Lernprozesses, den Caesar in diesen Dingen durchmachte, sind unbekannt. Und nicht alles, was Zeitgenossen wie Spätere lediglich seinem Glück zuschreiben, kann auf bloßem Zufall beruhen, mochte er selbst aus naheliegenden Gründen auch eine solche Sprachregelung bevorzugen. Indes, selbst das allzu Summarische überlieferter Reaktionen, Maßnahmen und Entscheidungen läßt ihn ganz allein als die eigentliche Seele all dessen erscheinen, was die Heeresmaschinerie bewegte und dem Krieg erst seinen wirklichen Sinn gab. Strategie wie Taktik des Krieges müssen den Zeitgenossen weitgehend als ein Novum erschienen sein. Wie kaum je in römischer Geschichte außerhalb Italiens, die Kriege in Spanien im 2. Jahrhundert vielleicht ausgenommen, ging es darum, ein Territorium von großen Dimensionen zu gewinnen, dann zu befrieden und befriedet zu halten. Nach den Erfolgen der ersten Jahre hatte man seit 55 zu lavieren, mit den Kräften hauszuhalten und in Konzentration oder Verteilung einem fanatisierten Gegner bei zahlenmäßig fast stets unterlegener eigener Stärke an allen Stellen trotzdem gewachsen zu sein. Wie Caesar bei all dem in eine Rolle hineinwuchs, die er sich nur durch Erfahrung anzueignen vermochte, bezeugt nicht zuletzt die Armee durch ihre Haltung, nachdem er sie durch diese Kriegführung zu einem Instrument ohnegleichen zusammengeschweißt hatte. Von seinen Legaten begegnen zwei der besten, Labienus und Quintus Cicero, später auf der Gegenseite. Solange sie aber unter seiner Führung standen, waren sie zuverlässig bis zur Selbstaufopferung und vollbrachten in ihren Bereichen für ihn Leistungen, die den überlieferten Großtaten römischer Geschichte verglichen werden dürfen.

Das vorliegende Werk nun, von ihm verfaßt, um die Eroberung Galliens zu beschreiben, gilt längst als eines der bedeutendsten der Weltliteratur. Wie der ganze Krieg selbst freilich ist es schwer in eine der einschlägigen Kategorien einzuordnen. Denn sein Stil, klar und scheinbar einsichtig, verschweigt mehr, als er aussagt, und der Inhalt, so wie er geboten wird, läßt sich nur von den Nebenabsichten aus verstehen, die die Darstellung bedingen. Zwar hat es verwandte Literaturgattungen lange vor Caesar gegeben, Xenophons Bericht über seinen Zug an der Spitze der Zehntausend war bekannt, Autobiographien besonders hellenistischer Staatsmänner und Herrscher sind keineswegs selten. Einen Lebensbericht (»Commentarii de vita sua«) schrieb Sulla, und von Cicero ist bekannt, daß er unter diesem Titel Berichte über sein Konsulatsjahr 63 erfolglos an verschiedene Personen sandte mit dem Ansinnen, den Stoff zu einem historischen Werk zu gestalten. Offizielles und Persönliches scheint in all diesen Fällen stets ineinander übergegangen zu sein. Anderseits gehörte es zu den Pflichten römischer Magistrate, während und nach ihrer Tätigkeit in den Provinzen Berichte an den Senat einzureichen, der sie nach Prüfung und Begutachtung archiviert haben wird; derartige offizielle Schreiben Caesars sind mehrfach bezeugt, erwähnt wird auch der auffallend große Umfang, der ihnen den Charakter ganzer Bücher gab und demnach wohl auch den eigentlichen Zweck weit überschritt. Wie weit das hier Vorliegende mit derartigen Rechenschaftsablagen zu tun hat, läßt sich nicht mehr erkennen. Zwar schließt es die Benutzung gemeinsamer Materialquellen nicht aus, die im Stab Caesars archiviert gewesen sein müßten. Wie Hirtius am Anfang des von ihm verfaßten achten Buches mitteilt, war aber die auf uns gekommene Beschreibung des Krieges für spätere literarische Bearbeitung durch einen Historiker bestimmt, das heißt, sie hatte den gleichen Zweck wie die erwähnten Berichte Ciceros zu erfüllen. Gestaltung des Stoffes wie stilistische Vollendung im einzelnen freilich scheinen solche Bescheidenheit Lügen zu strafen. Was konnte ein den Ereignissen ferner stehender Literat noch verbessern? Soweit wir zu urteilen vermögen, müssen die auf Caesar selbst zurückgehenden sieben Bücher über den gallischen Krieg in der auf uns gekommenen Form bereits zur Verbreitung in der Öffentlichkeit bestimmt gewesen sein.

Unschwer ist denn auch die Absicht zu erkennen, die hinter ihnen steht. Sie besteht in einer umfassenden Dokumentation vor den Augen eben dieser Öffentlichkeit. In deren Rahmen allein denn paßt die in ihrer Detailliertheit so charakteristische Begründung fast jeder Maßnahme. Dabei werden vordergründig pragmatische oder auch die traditionell römischen Argumente strapaziert und gehen ineinander über, so daß das Werk als Ganzes schließlich zu einer scheinbar einleuchtenden Rechtfertigung des Krieges und auch der Art wird, wie Caesar ihn führte. Die Motive für die Abfassung, die sich auf diese Weise gleichsam aufdrängen, entsprechen unseren Nachrichten über Caesars Stellung in Rom während dieser Jahre; sie passen überdies zu anderweitigen Nachrichten über die gallischen Ereignisse und finden dort ihre Bestätigung.

Die sachlichen Lücken freilich, die Caesars Bericht gerade aus diesen Gründen zwangsläufig erhält, und das, was er verschweigt, sind längst Gegenstand intensiver Untersuchungen geworden. Und selbst noch im 20. Jahrhundert hält in der Forschung unvermindert eine Art Freude an der Entdeckung bewußt fragwürdig stilisierter Stellen an. So scheint denn weder das Ausgreifen über die Grenzen der zugewiesenen Provinz 58 noch der Krieg gegen Ariovist mehr voll zu rechtfertigen zu sein, und Gleiches gilt für den weiteren Gang der Ereignisse in den folgenden Jahren, den Caesar so eindeutig zu seinen Gunsten zeichnet. Und die Verharmlosung von Peinlichem, den Autor selbst Belastendem, wo immer dazu Anlaß besteht, fällt auf, je mehr man sich mit den Dingen und ihrer Darstellung beschäftigt. Dazu kommt ein anderes. Es ist das Bild des Staatsmannes und Feldherrn im Hintergrund der Ereignisse, das nicht unbeabsichtigt entstanden sein kann. Es mag Äußerlichkeit sein, wenn der Name Caesars insgesamt mehr als siebenhundertmal fällt: Schon der psychologische Effekt einer solchen Art, sich in Szene zu setzen, kann nur vorausberechnet gewesen sein. Ergänzt aber wird dieser Effekt durch das Bild als solches, die Persönlichkeit, die die Welt Galliens in ihrem Sinne gestaltet, dabei einen Idealzustand zu schaffen und schon durch die Art eigenen Verhaltens die Rolle erneut zu verwirklichen vermag, die Rom selbst seit je als die seine empfand. Dies würde auch erklären, warum Caesar die Grenzen eines bloßen Rechenschaftsberichtes auch der Form nach überschreitet und zu Exkursen ausholt, die in ganz andere Bereiche verweisen. Denn durch sie etwa wird der Nationalcharakter der Gallier mit seinen fragwürdigen, gleichsam der Korrektur bedürftigen Eigenheiten erst zur besonderen Rechtfertigung römischen Eingreifens in ihrem Land; der der Germanen als Verkörperung des schlechthin Barbarischen, untermalt überdies durch das Ariovistbild und andere Einzelheiten an vielen Stellen, gibt diesem Eingreifen seinen tieferen Sinn als Wahrnehmung des Schutzes der zivilisierten Welt.

Bei all dem beschränkt sich Caesar auffallend auf seinen Kriegsschauplatz und verzichtet auf die für ein wirklich erschöpfendes Bild nötigen Seitenblicke auf die sich zuspitzenden Verhältnisse in Rom wie auch auf Polemik, wie sie nur allzu verständlich wäre. Die Gründe liegen auf der Hand. Das Bild, das er von den unteren Schichten seiner Armee, Soldaten und Centurionen, und ihren besonderen Qualitäten zeichnet, wurde seit je als ein Suchen nach der Gunst analoger Schichten des römischen Staatsvolkes interpretiert.

Zweifellos hat Caesar sich früh mit dem Gedanken der Abfassung einer solchen Schrift getragen und deshalb, so wie Hirtius dies beschreibt, wohl bereits unmittelbar nach den Ereignissen einzelne Partien formuliert. Veröffentlicht worden muß diese Schrift jedoch als Ganzes sein, nach einzelnen Jahren eingeteilt und stilistisch zur Einheit überarbeitet. Für diese Veröffentlichung aber kommt nur die Zeit zwischen der Beendigung der Kämpfe und dem Einmarsch in Italien in Frage, das heißt, als die Kapitulation Alesias einerseits einen eindrucksvollen Abschluß bot, anderseits aber Propaganda von seiten Caesars dringender nötig geworden war als je zuvor und ein solches Werk, in Rom verbreitet, eine unübersehbare Wirkung haben mußte.

Ob er beabsichtigte, die Ereignisse in Gallien nach 52 in anderem Zusammenhang darzustellen und mit ihnen etwa die Einleitung eines Werkes über die Bürgerkriege zu bestreiten, ist nicht klar zu erkennen. Das achte Buch über den gallischen Krieg, von Hirtius zu einer Zeit verfaßt, als an Weiterführung des Berichtes durch Caesar selbst nicht mehr zu denken war, ist eine selbständige Arbeit, mochte sie auch die Archive Caesars benutzen und dessen Absichten einigermaßen folgen. Caesars Vertrauter L. Cornelius Balbus hat noch zu Lebzeiten Caesars den gallischen Krieg mit den kaum ausgereiften Büchern über den Bürgerkrieg und den sogenannten Caesarianerschriften von unterschiedlicher Qualität zu einem Corpus vereinigt. Dies kann nur als Provisorium gedacht und der Versuch gewesen sein, bei allzu schnellem Verfall von Perspektiven und politischen Konstellationen an Erinnerungen zu retten, was zu retten war.

Die Forschung hat immer wieder untersucht, wie weit das auf

uns Gekommene noch den authentischen Text Caesars darstellt oder aber das Ergebnis von Veränderungen und Interpolationen größeren wie kleineren Umfanges ist. Ganz werden die damit aufgeworfenen Fragen nie zu klären sein. Geht man freilich von den Umständen der Veröffentlichung aus und nimmt die Absicht Caesars als gegeben an, auch hier gerade durch das Ungewöhnliche zu wirken, so scheint sich vieles an sachlichen wie formalen Fragen aufzulösen. Daß die Schrift, von Anfang an mit dem Titel »Commentarii de Bello Gallico« versehen, von allen Historikern benutzt wurde, die sich in der Antike mit dieser Zeit beschäftigten, läßt darauf schließen, daß man ihre Bedeutung als historische Quelle wie als stilistisches Zeugnis ihrer Zeit sehr wohl erkannte. Erst ein Symmachusbrief aus dem 4. Jahrhundert (IV 18,5) an einen Altertumsfreund, der wohl Livius, aber nicht mehr Caesar besaß, läßt auf schwindendes Interesse schließen.

Als erster lobt Cicero das Werk 46 in seinem »Brutus«, und zwar wegen seines Inhalts wie auch wegen seines Stils. Als Stilist hat Caesar, von seinen Zeitgenossen wie von Späteren unter die führenden Redner seiner Zeit gerechnet, ganz bewußt die sprachliche Entwicklung seiner Zeit beeinflußt. Entsprechende Studien und die Abfassung einschlägiger Werke während der Feldzüge haben die Zeitgenossen unter die Kuriositäten seines vielbeschäftigten Lebens gerechnet. Die Präzision des Ausdrucks wie auch die Durchsichtigkeit der syntaktischen Gestaltung gerade des vorliegenden Werkes haben, wie gesagt, schon einem Cicero Bewunderung entlockt. Sie sind es denn, die auch heute noch die Rolle Caesars als eines bereits von Erasmus und Melanchthon empfohlenen Schulschriftstellers begründen.

Sprachliches Interesse nach dem Schwinden des historischen wird denn auch die verhältnismäßig große Zahl von Handschriften seit dem 9. Jahrhundert ebenso erklären wie ein ständiges Umgestalten des Textes, Korrekturen, Erweiterungen und Kürzungen als Zeichen intensiver und lebendiger Beschäftigung. Soweit ersichtlich, geht unsere Überlieferung auf eine Redaktion des 4. Jahrhunderts zurück, die etwa der Historiker Orosius in seinem Geschichtswerk mitverarbeitete. Im 6. Jahrhundert scheint sich diese Tradition dann aufzuspalten, ohne daß klare Grenzen zwischen den damit entstandenen beiden Zweigen sich feststellen ließen. Die erste gedruckte Ausgabe erschien 1469 in Rom, eine zweite 1471 in Venedig.

Gerhard Wirth

Zeittafel

222	Eroberung Oberitaliens durch die Römer.
218–201	Zweiter Punischer Krieg.
200–168	Kämpfe Roms mit den hellenistischen Reichen des Ostens und Unterwerfung Makedoniens.
167	Provinz Illyricum eingerichtet.
um 150	In *Gallien:* Vorherrschaft der Arverner.
149–146	Dritter Punischer Krieg, Eroberung Karthagos.
133	Numantia zerstört. Provinz Asia eingerichtet.
133	Tiberius Sempronius Gracchus Volkstribun.
um 125	In *Gallien:* Die Haeduer werden »Freunde des römischen Volkes«. Die Germanen überschreiten den Niederrhein.
123/122	Gaius Sempronius Gracchus Volkstribun.
121	In *Gallien:* Rom vernichtet die Vorherrschaft der Arverner in Gallien durch die Schlachten bei Vindalium und an der Isèremündung; Südgallien römische Provinz.
113	Die Cimbern und Teutonen erscheinen an der Ostgrenze Italiens in den Alpen.
112–106	Jugurthinischer Krieg.
107	In *Gallien:* Der Konsul L. Cassius Longinus von den helvetischen Tigurinern im transalpinischen Gallien geschlagen.
105	In *Gallien:* Sieg der Cimbern und Teutonen bei Arausio.
102	In *Gallien:* Marius besiegt die Teutonen bei Aquae Sextiae.
102 (100?)	Caesar geboren.
101	Marius schlägt die Cimbern bei Vercellae.
99–89	Regiment der Optimaten in Rom.
91–88	Bundesgenossenkrieg in Italien.

um 90	In *Gallien:* Vorübergehende Wiederaufrichtung des arvernischen Königtums durch Celtillus.
88	Sullas Konsulat.
88–84	Erster Mithradatischer Krieg, Sulla Oberbefehlshaber.
87	Cinna in Rom, Herrschaft der Popularen.
um 85	In *Gallien:* Emporkommen der Sequaner.
83	Sulla wieder in Italien.
82–79	Sullas Diktatur, Wiederherstellung des Senatsregiments, Einrichtung der Gallia Cisalpina als Provinz (81). Caesar auf der Flucht vor Sulla, sein Kriegsdienst in Asien.
79	Caesar kehrt nach Rom zurück.
78–72	Krieg gegen den Marianer Sertorius in Spanien, seit 76 Pompeius Mitbefehlshaber.
78	Niederlage des Prokonsuls L. Manlius bei Ilerda und in Aquitanien.
74	Caesar in Rhodos, besiegt Truppen des Mithradates in Kleinasien.
73–71	Sklavenkrieg in Italien.
um 72	In *Gallien:* Ariovist überschreitet den Rhein und verbündet sich mit den Sequanern gegen die Haeduer.
70	Konsulat des Pompeius und Crassus. Gesetz des Pompeius zur Wiederherstellung der vollen tribunizischen Gewalt.
70–67	Lucullus' Krieg mit Mithradates.
68	Caesar Quaestor im jenseitigen Spanien.
67	Pompeius besiegt die Seeräuber.
66	Pompeius mit dem Krieg gegen Mithradates betraut.
65	Caesar Aedil.
63	Cicero Konsul. Catilinarische Verschwörung.
62	Rückkehr des Pompeius nach Ordnung der vorderasiatischen Verhältnisse. Caesar Praetor.
61	Konsulat des Marcus Valerius Messala und des Marcus Pupius Piso. In *Gallien:* Unterwerfung der Allobroger durch Pomptinus. Orgetorix' Verschwörung.
60	Erstes Triumvirat. Der Haeduer Diviciacus in Rom.
59	Caesars Konsulat.
58–50	Caesar als Prokonsul in Gallien.
58	In *Gallien:* Auszug der Helvetier, Schlacht bei Bibracte, Sieg Caesars über Ariovist.

57 In *Gallien:* Unterwerfung der Belger. – Pompeius mit der Getreideversorgung Roms betraut.

56 Konferenz zu Luca, Erneuerung des Triumvirats.

56 In *Gallien:* Unterwerfung der Seestaaten.

55 Zweites Konsulat des Pompeius und Crassus. In *Gallien:* Erster Rheinübergang, erste Fahrt Caesars nach Britannien.

54 In *Gallien:* Zweite Fahrt Caesars nach Britannien; Aufstände.

53 Crassus fällt bei Karrhai. In *Gallien:* Kämpfe Caesars mit den Treverern und zweiter Rheinübergang. Verfolgung des Ambiorix.

52 Pompeius' drittes Konsulat (allein), Beginn der Caesar feindlichen Gesetzgebung, Clodius von Milo ermordet. In *Gallien:* Aufstand des Vercingetorix.

51 Konsulat des Sulpicius Rufus und des M. Claudius Marcellus. Curio Volktribun. In *Gallien:* Die Bellovacer unterworfen, Uxellodunum erobert.

50 Konsulat des L. Aemilius Paullus und des C. Claudius Marcellus. Pompeius zum Schutz der Republik aufgerufen.

49 Konsulat des C. Claudius Marcellus und des L. Cornelius Lentulus. Caesar überschreitet den Rubico. Besetzung Italiens durch Caesar, Sieg bei Ilerda; Curio fällt in Afrika. Caesar Diktator.

48 Caesers zweites Konsulat. Seine Niederlage bei Dyrrhachium, sein Sieg bei Pharsalus.

47 Caesar wieder Diktator. Alexandria eingenommen, Sieg bei Zela.

46 Caesars drittes Konsulat. Schlacht bei Thapsus in Afrika. Ehrungen Caesars in Rom, Beginn seiner Gesetzgebung.

45 Caesars dritte Diktatur und viertes Konsulat (allein). Schlacht bei Munda in Spanien.

45/44 Caesars Gesetzgebung.

44 Caesars vierte Diktatur und fünftes Konsulat. 15. März: Ermordung Caesars.

42 Schlacht bei Philippi.

31 Schlacht bei Actium, Ende der Bürgerkriege.

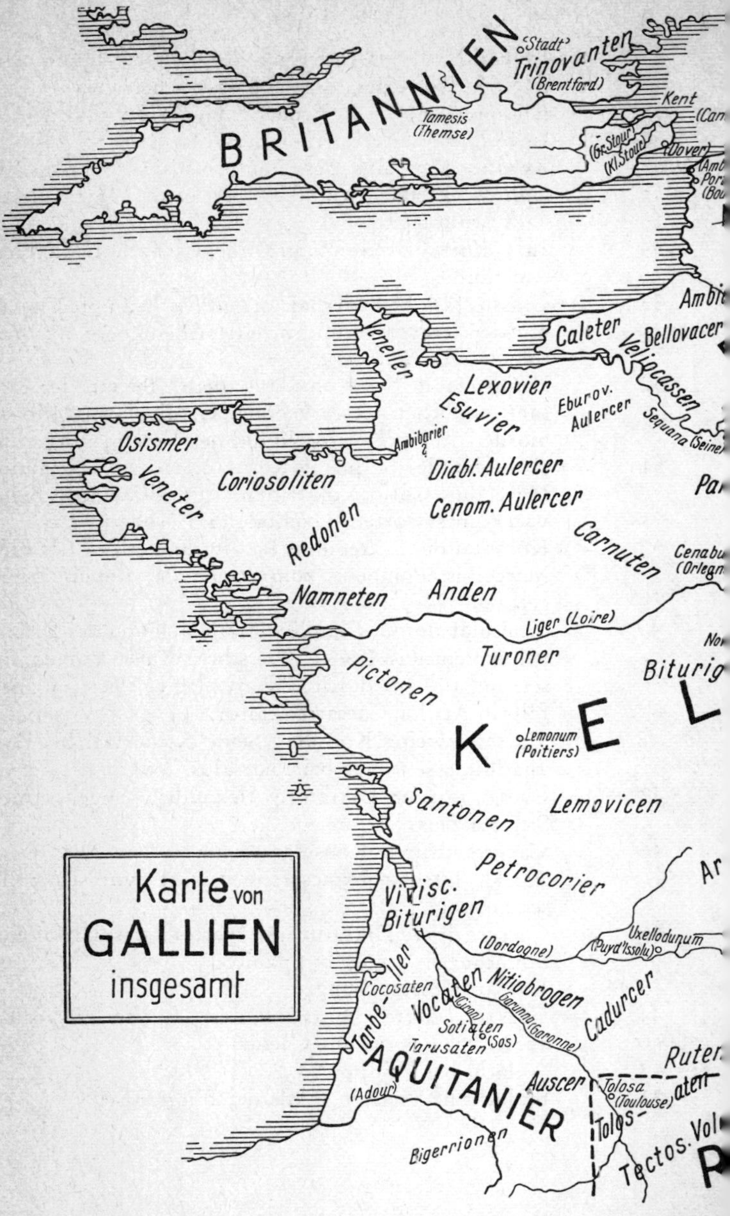
Karte von GALLIEN insgesamt
BRITANNIEN
'Stadt'
Trinovanten
(Brentford)
Tamesis
(Themse)
Kent
(Gr. Stour)
(Kl. Stour)
(Dover)
Caleter
Bellovacer
Veliocassen
Veneller
Lexovier
Esuvier
Eburov.
Aulercer
Sequana (Seine)
Osismer
Veneter
Coriosoliten
Ambibarier
Diabl. Aulercer
Cenom. Aulercer
Redonen
Carnuten
Namneten
Anden
Liger (Loire)
Turoner
Pictonen
K E L
Lemonum
(Poitiers)
Santonen
Lemovicen
Petrocorier
Vivisc.
Biturigen
(Dordogne)
Uxellodunum
(Puy d'Issolu)
Tarbeller
Cocosaten
Vocaten
Nitiobrogen
(Giron)
Garunna (Garonne)
Sotiaten
(Sos)
Tarusaten
Cadurcer
AQUITANIER
Auscer
Tolosa
(Toulouse)
Tolosaten
(Adour)
Bigerrionen
Tectos. Vol

Menapier
Vaculus (Waal)
Eburonen
Atuatuca (Tongern?)
Aduatucer
Nervier
Scaldis (Schelde)
Sugambrer
(Köln)
(Bonn)
GERMANEN
Ubier
(Neuwied)
Rhein (Rhenus)
(Namur)
Condruser
Caerosen
Viromanduer
Ardennen
Treverer
(Trier)
Vangionen
Remer
Bibrax (V. Laon)
Noviodunum
Axona (Aisne)
Durocortorum (Reims)
Mediomatricer
Mosella (Mosel)
Nemeter
Suessionen
Matrona (Marne)
Leucer
Tribocer
(Donau)
Agedincum (Sens)
Lingonen
Sequaner
(Fecht)
(Belfort)
Latobrigen
Tulinger
Ambivareter
Alesia (Alise-Sainte-Reine)
(Rioz)
Villersexel
Mandubier
(Dijon)
Magetobriga?
Vesontio (Besançon)
Dubis (Doubs)
Noviodunum (Nevers)
Bibracte (Mt. Beuvray)
Cavillonum (Chalon)
(Pontarlier)
Helvetier
Lepontier
Haeduer
Gorgobina?
Decetia (Decize)
Boier
Ambarrer
Jura
Armécy (Toulon s. A.)
Arar (Saône)
Matisco (Mâcon)
(Genfer-See)
Genava (Genf)
Nantuaten
Veragrer
Octodurus (Martigny)
Seduner
ALPEN
Segusiaver
(Ambérieux)
(Pas de l'Ecluse)
(Gr. St. Bernhard)
Comum (Como)
Vellavier
Vienna (Vienne)
(Kl. St. Bernhard)
Allobrogen
Ceutronen
Graioceler
Vercellae (Vercelli)
DIESSEIT. GALLIEN
Padus (Po)
Isara (Isère)
Elaver (Allier)
Mont Genèvre
(Dora Riparia)
Ocelum
Gabaler
Helvier
Vapincum (Gap)
Caturiger
Brigantio (Briançon)
Rhodanus (Rhone)
Vocontier
M. PROVINZ
Druentia (Durance)
Arelate (Arles)
Aquae Sextiae (Aix)
Salyer
Narbo (Narbonne)
Massilia (Marseille)
Maßstab 1:4500000

Anmerkungen

7 *Gallien als Ganzes:* So bezeichnet Caesar hier das freie Keltenland nördlich der Cevennen und der Rhône bis zur Rheinmündung, d. h. den eigentlichen Kriegsschauplatz.
Gallier: Gallier (Galli) ist die lateinische Bezeichnung für den von den Griechen gebrauchten Namen Keltoí (ab 300 auch Galater, anfangs ohne Bedeutungsunterschied, der erst kurz v. Chr. einsetzt); Keltoí scheint der original-keltischen Bezeichnung näherzukommen.
Garunna: Garonne.
Matrona: Marne.
Sequana: Seine.
der römischen Provinz: Gemeint ist mit dieser Bezeichnung immer das jenseitige Gallien, das seit 121 v. Chr. römische Provinz ist und im Süden durch die französische Mittelmeerküste ,im Norden durch die Cevennen und die Rhône, im Osten durch die Alpen begrenzt wird.
verweichlichende Ware: Wein und Luxuswaren. Vgl. II 15.
Germanen: Der (illyrische?) Name kam zuerst bei den Kelten am Niederrhein in Gebrauch; er dehnte sich langsam auf die ober- und niederrheinischen Stämme aus. Von den Griechen und Römern erkannte zuerst Caesar den völkischen Unterschied zwischen Germanen und Galliern (VI 11, 21).
Einer ... Nordwesten: Diesen Zusatz, welcher inhaltlich Gesagtes wiederholt und der Sprache Caesars nicht gemäß ist, bemerkte ein antiker Leser sich an den Rand. Schon im 4. Jahrhundert n. Chr. stand er im Text.

8 *im Konsulatsjahr des Marcus Messala und Marcus Piso:* 61 v. Chr.
scheidet: Daß Caesar die Ostgrenze des helvetischen Stammes nicht nennt, dürfte mit der nordöstlich-südwestlichen Wanderrichtung der seit 500 vom Harz her in Bewegung be-

findlichen Kelten zusammenhängen, die er kennt (VI 24). – Von den am Ende des Kapitels gegebenen Zahlen ist die der Breite viel zu groß (Schreibfehler?).

»Freund«: »Freund des römischen Volkes« (amicus populi Romani) kann sowohl ein auswärtiger Staat wie eine einzelne Person sein; der »Freundschaft« (amicitia) liegt ein Vertrag zugrunde, der Frieden und somit für den Staat oder den einzelnen sowie die Gesandten beider Gastrecht und Rechtsschutz gewährt. Der Titel ist bei Personen außer Königen erblich.

innegehabt habe: Das Königtum war bei den keltischen Stämmen mit dem Gedanken einer Einung Galliens eng verbunden. Aber die Rivalität der führenden Stämme war zu groß. So verschwand diese Regierungsform fast überall am Anfang des 1. Jahrhunderts v. Chr. und machte einem Adelsregiment Platz. Die drei genannten Männer scheinen erneut eine solche Einigung der Kelten angestrebt zu haben, um sich Ariovists zu erwehren.

Dumnorix . . . Diviciacus: Dumnorix und Diviciacus sind zwei Fürsten der in Mittelgallien wohnenden Haeduer, von denen Diviciacus mit dem keltischen Adel ganz romtreu war, während Dumnorix sich zum Führer der keltischen Nationalpartei machen wollte (I 17, 18). Solche Spaltung der Familien war in Gallien damals nicht selten (VI 11). Sie beruhte im Augenblick auf der Niederlage der Haeduer (60?), die ihnen Ariovist mit seinen sequanischen Verbündeten beigebracht hatte. An dem Unternehmen waren die Sequaner beteiligt, weil sie die an die Haeduer verlorene Vormachtstellung ihres Stammes nicht verwanden. Diviciacus suchte mit Roms Hilfe auf Grund eines seit etwa 125 bestehenden Freundschaftsvertrages die alte Vormachtstellung der Haeduer wiederzugewinnen. Die ihm im Jahre 60 auf seiner Rom-Reise – er verkehrte damals im Hause des Cicero (De divinatione I 90) – nur äußerlich zugesagte Hilfe (I 35) wurde mit der Ankunft Caesars in Gallien Wirklichkeit. Dumnorix hingegen glaubte mehr von dem antigermanischen Keltenbund des Orgetorix erwarten zu können; sein Sieg trug ihm nämlich das Königtum ein, und darum schloß er sich dem Orgetorix an. Da 58 noch alle Abmachungen geheim waren und die Haeduer offiziell jener Freundschaftsvertrag mit Rom band (I 44), weilten auf dem Kriegszug dieses Jahres sowohl Diviciacus als auch Dumnorix im Lager Caesars, letzterer auch, um zu spionieren. Dieser mit der haeduischen Rompartei zunächst gegen die Herrschaftspläne der Helvetier, in weiterer Sicht, die freilich Caesar erst während des Helvetierfeldzuges geworden sein kann, gegen die die Provinz bedrohenden Germanen geführte Feldzug mußte im Falle eines römischen Sieges unbedingt der Sache des Diviciacus und dem römischen Einfluß bei den Haeduern gegen die Germanen dienen, doch wurde diese Stellung der Rompartei mit dem Verlust des keltischen Nationalstolzes bei den Haeduern erkauft. Aber dafür war das Empfinden bei den Kelten noch nicht gleichmäßig entwickelt. – Nach dem Sieg über die Helvetier und Ariovist bleibt daher Diviciacus seiner Politik erst recht getreu (II 5, 10, 14); er scheint nach 57 gestorben. Dumnorix verfolgte trotz schärfster Beobachtung durch Caesar und trotz der Niederlage seiner Sache seine Pläne noch bis zum Jahre 53; seine Persönlichkeit und seine Motive sind aber schwer zu fassen, da das Nationale als Motiv seines Handelns lange nicht so heraustritt wie hernach bei Vercingetorix. Als Dumnorix vor Caesars zweitem Übergang nach Britannien offen meuterte, ließ Caesar ihn verfolgen und töten. – Bronze- bzw. Silbermünzen, die die Haeduer schlugen, sind mit den Köpfen beider Fürsten erhalten: Forrer, Keltische Numismatik (1908) 108 f., 346.

9 *sich in Fesseln zu verantworten:* Bei den Römern war Untersuchungshaft seit den Gracchen verboten.

entzog er sich: Die Gerichtsverhandlung konnte also nicht stattfinden.

Boier: keltischer Stamm, einst nördlich des Mains bis an den Thüringer Wald siedelnd in unmittelbarer Nachbarschaft der südlicher wohnenden Helvetier (Tacitus, Germania 28). Er taucht dann in dem von den Germanen nach ihm Böhmen genannten Land auf (Boihaemum = Heim der Boier). Ums Jahr 60 Übergang über die Donau zwischen Wien und Linz und Belagerung von Noreia im steirischen Erzgebiet.

10 *Allobrogen:* Schon zu Hannibals Zeit mächtiger Kelten-

stamm, begrenzt etwa von Rhône, Isère, den Graischen Alpen und Genf (Livius XXI 31). Im allobrogisch-arvernischen Krieg, der dadurch entstand, daß die Allobrogen den Salluviern im unteren Rhônetal nach ihrem Angriff auf die Äcker der mit den Römern verbündeten Stadt Massilia (Marseille) (um 125) gewisse Hilfe geleistet und haeduisches Land verwüstet hatten, werden sie 121 durch den Konsul Domitius fast aufgerieben. Seitdem gehören sie zu der Gallia Transalpina genannten römischen Provinz. Sie erheben sich aber noch wiederholt wegen der drückenden römischen Verwaltung (Sallust, Verschwörung Catilinas 40). Als C. Pomptinus den Aufstand vom Jahre 61 niedergeschlagen hatte, trat Ruhe ein. – »Befrieden« (pacare) bezeichnet in der politischen Sprache der Römer »die durch Kampf herbeigeführte Unterwerfung eines Volkes und seine Einfügung in den römischen Machtbereich«; die Folge sind römisches Recht und Gesetz, die den »Frieden« (pax) garantieren (H. Fuchs, Augustin und der antike Friedensgedanke 201 f.).

Rhodanus: Rhône.

Genava: Genf.

28. März ... Aulus Gabinius: = 25. März 58 v. Chr. julianisch.

Lucius Piso: L. Calpurnius Piso ist Caesars Schwiegervater. Caesar hatte Calpurnia im Jahr 59 geheiratet, s. Seite 14, Kapitel 12 Ende.

Der ganzen Provinz: Damit ist das jenseitige Gallien gemeint.

nur eine Legion: die zehnte, Caesars Lieblingslegion.

11 *Lucius Cassius getötet:* 107 wird der Konsul L. Cassius Longinus bei dem Versuch, einen im Bund mit den Cimbern und Teutonen unternommenen Einfall des helvetischen Gaues der Tiguriner ins Allobrogenland zurückzuweisen, geschlagen und getötet.

See Lemannus: Genfer See.

Mauer ... Graben ... Schanzen: Die »Befestigung« (vom Genfer See bis zum Pas de l'Écluse) wurde von Napoleon III. erforscht. Sie war nicht zusammenhängend angelegt, sondern nur, wo das Gelände eine Verstärkung brauchte, befanden sich Bauten (Napoléon, Histoire de Jules César, Atlas, Band 3).

nicht zu überreden vermochten: Es war also Casticus offenbar nicht geglückt, bei den Sequanern Anhänger für den Fürstenbund zu gewinnen. Oder er war ebenfalls tot.

12 *Santoner:* in den Niederungen zwischen Garonne und Loire. Sie waren in keiner Klientel, sondern selbständig. Ob damals die Helvetier zu diesem Volksstamm noch Beziehungen unterhielten, weil sie früher einmal am Rhein und Main gemeinsame Wohnsitze gehabt hatten, ist mehr als fraglich (Pauly-Wissowa, Realencyclopädie der klassischen Altertumswissenschaft unter »Santoni«). Das Land kam vielmehr wegen seiner Entfernung von der Germanengefahr in Betracht, denn die Haeduer und Sequaner waren ja Verbündete der Helvetier im Kampf um die gallische Vormachtstellung.

eine ganz große Gefahr für die Provinz: »Caesar hatte keinen Rechtsgrund, den Helvetiern den Zug durch das Land der Sequaner zu verbieten, er suchte daher die Überschreitung seiner (›offiziellen‹) Vollmacht als durch die Pflicht des Schutzes der Provinz gerechtfertigt darzustellen« (Meusel). Aber die Politik muß zuweilen schneller sein als die Rechtsformel. Zudem haben die Alten Caesar den Grenzübertritt niemals verargt, auch ist ihm höchstwahrscheinlich mit seiner Ernennung zum Statthalter in Gallien das Recht der Grenzüberschreitung (wie 55 dem Pompeius in Spanien und Crassus in Syrien) zugestanden worden. Und Caesar machte davon Gebrauch; denn er begriff bald etwas von der Bedeutung des »germanischen Problems«, was der Senat bisher nicht sah. Der noch hypothetische Keltenbund war für die römischen Interessen kein Schutz; den konnte er nur selbst herbeiführen. Dazu aber gab die romfreundliche Haeduerpartei die Möglichkeit. Zu deren Gunsten griff er ein. Im übrigen waren die Helvetier wie als Nachbarn der Allobrogen so auch im Santonergebiet eine Gefahr für die römische Provinz.

Titus Labienus: Titus Labienus (um 100–45) war schon vor dem Gallischen Krieg Parteigänger Caesars. Seit 58 ist er Caesars Stellvertreter in Gallien und zweifellos sein bester Offizier, mit dem ihn tiefe Freundschaft verband. Als am Ende des gallischen Feldzuges gewisse Überheblichkeiten des Labienus von Caesar eingeschränkt wurden, trat Labienus auf die Seite des Pompeius über, in dessen Heer er sehr bald eine führende Stelle einnahm. Er fiel 45 bei den Kämpfen in Spanien.

reiste . . . nach Italien: auf dem alten direkten Weg über den Kleinen St. Bernhard.

zwei Legionen . . . drei weitere: neu ausgehoben die elfte und zwölfte, Veteranenlegionen die siebte, achte und neunte. Dies ergibt sich aus VIII 8 und II 23. Also stand die zehnte im jenseitigen Gallien. – Die Bezifferungen rühren von Caesar her.

auf dem nächsten Weg: Die von Caesar benutzte Straße war 77 von Pompeius erstmalig zum Alpenübergang nach Spanien eröffnet worden. Sie führte von Ocelum etwas östlich von Le Chiuse am linken Ufer der Dora Riparia über das heutige Susa auf den Mont Genèvre und dann durch das obere Durancetal nach Briançon. Von hier erreichte man über Gap die Mündung der Isère (Valence).

13 *Engpaß:* Pas de l'Écluse. (Auch an den Weg über Pontarlier durch den Jura hat man gedacht.)

Blutsverwandten: offizielle Bezeichnung für das Klientelverhältnis gallischer Stämme.

Arar: Saône.

nach der dritten Nachtwache: zwischen 3 und 6 Uhr. – Caesar kommt von Süden auf dem linken Rhône- und Saône-Ufer heran.

16 *noch nicht reif . . . es genügte nicht einmal:* Es war also etwa Anfang Juni.

abgebogen: in nordwestlicher Richtung ins Loiretal.

Vergobret: Die Haeduer hatten wie z. B. auch die Helvetier zu Caesars Zeit kein Königtum mehr. Ihr Adel war in einem Rat vertreten (magistratus). Dessen Vorsteher ist der Vergobret (= Rechtswirker), der jährlich gegen Ende des Winters aus dem Rat gewählt wird und »königliche« Macht hat (VII 33). Doch war er den Umtrieben der einzelnen Adeligen oft nicht gewachsen.

17 *Noch . . . sei:* Der Satz ist möglicherweise unecht oder schlecht überliefert.

die Befehle der Gallier: d. h. der siegreichen Helvetier.

beim niederen Volk ... sehr beliebt: Das verschuldete niedere Volk, das die Adligen sonst wie Sklaven behandelten (VI 15), war wohl größtenteils in der Klientel des Dumnorix, der wie Orgetorix daher als »unabhängiger Dynast« auftreten und den übrigen Fürsten den Rang ablaufen konnte.

18 *eine große Reiterei:* Es waren Kriegsmannen, die durch Treueid verpflichtet waren und für ihren Herrn kämpften und starben, VII 40; vgl. V 7 und VI 30. Sie hießen Ambakten (= Klienten); bei den Sotiaten (in Aquitanien) nannte man sie »soldurii« (III 22), d. h. durch Gelübde Verpflichtete. Vgl. auch VI 15 und I 4.

Schwester mütterlicherseits: d. h. Stiefschwester.

20 *dem Stellvertreter des Oberfeldherrn:* legatus pro praetore. Siehe das »Kriegstechnische Verzeichnis« unter »Legat«.

während der dritten Nachtwache: zwischen 24 und 3 Uhr.

in der vierten Nachtwache: zwischen 3 und 6 Uhr.

Lucius Sulla: L. Cornelius Sulla (138–78) war vorübergehend Erneuerer der Herrschaft der Senatsnobilität gegen die Volkspartei des Marius und Cinna. Als Feldherr führte er 92–82 in Kilikien, Italien, im Mithradatischen Krieg in Kleinasien und wieder in Italien Heere, bis er Rom genommen hatte und zum Diktator auf Lebenszeit »zur Abfassung von Gesetzen und zum Aufbau des Staates« ernannt worden war. 79 legte er die Diktatur nieder und zog sich ins Privatleben zurück. Er hatte Caesars Größe früh erkannt (Sueton, Caesar 1).

Marcus Crassus: M. Licinius Crassus (115/14–53) war Parteigänger Sullas, hernach schloß er sich Pompeius, dann Caesar an. Der reichste Mann in Rom, war er ehrgeizig auf Steigerung seines persönlichen Einflusses bedacht. Konsul 70 und 55, jedesmal zusammen mit Pompeius, Triumvir 60 und 56. Als Feldherr beendete er 72 den Sklavenkrieg. 55–53 bekämpfte er als Statthalter von Syrien mit unglücklichem Ausgang (Niederlage von Carrhae, 9. Juni 53) die Parther.

21 *Schlachtordnung:* Siehe das »Kriegstechnische Verzeichnis« unter »Schlacht«.

Bibracte: Befestigter Hauptort der Haeduer, auf dem Mont Beuvray durch Ausgrabungen festgestellt (J. Déchelette, Les Fouilles du Mont Beuvray de 1897 à 1901, Paris 1904). Die gallischen Städte liegen stets auf Hügeln innerhalb eines Mauerrings (vgl. Caesar VII 23), von denen uns kleinere noch als Ringwälle, auch im Rheinland, erhalten sind. Die in vielen gallischen Ortsnamen vorkommende Endung -dunum weist darauf hin; es ist dies das deutsche »Zaun« (vgl. Daun in der Eifel, ferner Taunus) und das englische »town«. Die Verlegung der Siedlungen in die Ebene geschah erst unter Augustus. Bibracte wurde in Augustodunum, jetzt Autun, umbenannt.

Reiterdekurienführers: Siehe das »Kriegstechnische Verzeichnis« unter »Reiterei«.

den nächsten Hügel: Man denkt an den Hügel bei Armécy.

vier Legionen: die siebte, achte, neunte und zehnte.

22 *Phalanx:* Hier die Bezeichnung der in der Front geschlossenen, einige Glieder tief stehenden keltischen und germanischen (I 52) Schlachthaufen, bei denen das erste Glied die Schilde mit den Rändern übereinanderdeckte (Livius X 29). Mit dem römischen Pilum ist die Phalanx leicht in Unordnung zu bringen.

jede Hoffnung auf Flucht zu nehmen: Das Beispiel zu solchem Verhalten des Feldherrn hatte Catilina in der Schlacht von Pistoria (63) gegeben (Sallust, Verschwörung Catilinas 59). Nach Plutarch (Caesar 18) soll Caesar, als man ihm sein Pferd vorführte, gesagt haben: »Das will ich nach gewonnenem Sieg zum Nachsetzen gebrauchen; jetzt wollen wir auf die Feinde losgehen.«

Pilen: Siehe das »Kriegstechnische Verzeichnis« unter »Pilum«.

von oben her warfen: Die Römer suchten sich immer so aufzustellen, daß die Feinde im Kampf bergauf laufen mußten. Dann war das Gelände »günstig«.

den Schluß des Zuges: Dort befanden sich die Frauen und Kinder.

23 *gallischen Wurflanzen:* Der Text nennt ihre gallischen Bezeichnungen: »matara« und »tragula«; aber die Unterschiede sind nicht klar. Die keltischen Worte »gaesum« und »lancea« (schwerer Wurfspieß) braucht Caesar ebenfalls.

24 *Feinde . . . Unterwerfung:* »Hostes«, Feinde, ist eine Bezeichnung für den von Rechts wegen bestehenden Zustand

der Fried- und Rechtlosigkeit für alle Ausländer. Demnach ließ Caesar die Flüchtlinge töten oder als Sklaven verkaufen. »Dediticii«, Unterworfene, sind Untertanen mit »unbeschränkter Unterstellung« unter die römische Staatsgewalt samt ihrem Gebiet. Sie sind Freie ohne Anteil am römischen Bürgerrecht, es kommt ihnen aber Privatbesitz, Privatschutz und Privatverkehr zu. – Im übrigen waren die zurückkehrenden Helvetier rechtlich gut gestellt; sie wurden im Untertanenstand »Bundesgenossen« (foederati), blieben also kommunal selbständig; sie konnten nicht einzeln das römische Bürgerrecht erhalten.

25 *mit griechischer Schrift:* Die griechische Schrift vermittelte die Kolonie Massilia (Marseille, angelegt um 600 von Kolonisten aus Phokaia). Außerdem liefen in Gallien, teils von Osten über den Balkan, teils auf dem Weg um Spanien herum eindringend, teils durch Vermittlung von Massilia übernommen, viele griechische und makedonische Münzen um.

Gesamtzahl: Die folgenden Zahlen erscheinen, wie oft, viel zu hoch (vgl. H. Delbrück, Geschichte der Kriegskunst I, 426 ff.).

ganz Gallien: Stets ist hier und im folgenden an das keltische Gallien gedacht (vgl. I 1).

gewisse Sachen: Gemeint ist Ariovist, gegen den Caesar einschreiten soll.

Dann ging der Landtag wieder auseinander: Die Stelle ist etwas abrupt. Man kann vielleicht unter concilium, was wir auf den erbetenen Landtag beziehen, auch die eben geschilderte Versammlung verstehen. Dann hätte der Landtag gar nicht stattgefunden, sondern in der Angst, Caesar könne wegen des Freundschaftsvertrages mit Ariovist etwas nicht in ihrem Sinne Liegendes unternehmen, wären dann die Fürsten in Caesars Lager sofort noch einmal vor ihm erschienen, um ihn für sich zu gewinnen, wobei sie Galliens Einverständnis voraussetzten. Und das hat etwas für sich; denn soll Caesar bei den Lingonen tatsächlich nur auf die Rückkehr der Gallier von dem Landtag gewartet haben? (E. Täubler, Bellum Helveticum 131 ff.).

26 *Hierauf sprach:* Was hier erzählt wird, läßt einen Blick in die eigentliche Aufgabe Caesars tun und steigert die Dar-

stellung weit über den Helvetischen Krieg hinaus. Doch ist kein Zweifel, daß diese Vorgänge ihm schon während der Verfolgung der Helvetier bekannt wurden und ihm allmählich den Hintergrund der Bewegung und die Größe seiner Aufgabe vor Augen stellten. Aber schriftstellerisch wirkt das Aufreißen dieses Hintergrundes erst an dieser Stelle viel stärker.

Vormachtstellung: Seit der Mitte des 2. Jahrhunderts v. Chr. wird in groben Umrissen das Streben der Kelten nach nationaler Einigung sichtbar. Offenbar war das Königtum der Arverner Träger dieses Gedankens. Doch war den Arvernern kein Erfolg beschieden; auch waren seit 125 die mittelgallischen Haeduer als Konkurrenten aufgetreten. Ihr Freundschaftsvertrag mit Rom half der Entwicklung wenig, zumal man in beiden Stämmen das Königsregiment durch das Adelsregiment ersetzt hatte; ein Versuch des arvernischen Königssprosses Celtillus, des Vaters des Vercingetorix, das Königtum nochmals aufzurichten (um 90 v. Chr.), endete mit dessen Ermordung. Seitdem rivalisierte der Adel beider Staaten miteinander. Schließlich gewannen die Haeduer das Übergewicht. Die Arverner taten sich dagegen mit den Sequanern zusammen, die damals (um 75) unter König Catamantaloedes Führer der Partei gegen die Haeduer wurden (VI 12), hatten aber auch dann kein Glück. Da taten sie den verhängnisvollen Schritt und riefen um 71 v. Chr. die Germanen herbei, die Ende 61 oder Anfang 60 bei Magetobriga die Haeduer vernichteten. Als sich Ariovist dann zum Herrn der verbündeten Sequaner aufwarf – von den Arvernern wird nichts berichtet –, schuf dies eine neue Situation. Zwei neue Parteien entstanden in Gallien, vor allem bei den Haeduern: Die eine war gesonnen, die nationalen Kräfte gegen Ariovist zu vereinigen (Orgetorix, der Sequaner Casticus), die andere glaubte nur mit Roms Hilfe Ariovist besiegen und sich an der Spitze halten zu können. Über ihre Führer Dumnorix und Diviciacus siehe die fünfte Anmerkung zu Seite 8.

eine furchtbare Niederlage: bei Magetobriga.

nach Rom: 60 v. Chr. – VI 12 betont Caesar das Vergebliche seiner Reise; Rom zeigte sich an den innergallischen Verhältnissen gänzlich desinteressiert. Diviciacus kann natürlich von dem damaligen Mißerfolg seiner Sendung nicht sprechen, weil das einen Vorwurf gegen das römische Volk enthalten hätte. Über den gefaßten Senatsbeschluß siehe I 35.

27 *den dritten Teil:* das Unterelsaß, welches damals noch zum Gebiet der Sequaner gehörte; das zweite Drittel muß das Oberelsaß sein. Das erstere gab Caesar nach dem Sieg den germanischen Tribocern und anderen Stämmen; im südlichen Oberelsaß sitzen später die Rauracer.

Haruden: in Holstein wohnender Germanenstamm.

andere Siedlungen . . . aufsuchen: »Wie ist dann erst die römische Provinz bedroht, wenn die Helvetiergefahr sich vervielfacht«, will Diviciacus Caesar andeuten. So wird alles auf die Germanengefahr konzentriert.

28 *Auszeichnung:* Während Caesars Konsulat wurde Ariovist ein »Freund des römischen Volkes«. Praktisch erreichen die Gallier bei Caesar nicht viel; er verspricht ihnen nicht den Kampf gegen die Germanen. Aber die römische Bundesgenossenpolitik erforderte deren Gleichgewicht, und dessen Zerstörung, die er, mit den Augen der Gallier gesehen, besser motivieren kann, bestimmt ihn allerdings zum Eingreifen in die Verhältnisse zugunsten der Haeduer.

»Brüder und Blutsverwandte«: Der Titel war sonst nur bei gallischen Stämmen untereinander üblich (I 11, II 3). Er wurde aber im Verhältnis Roms zu den Haeduern tatsächlich gebraucht. Ob das eine besondere Betonung dieses Bündnisses bedeuten sollte?

die Cimbern und Teutonen: Die Cimbern sind ein germanischer Stamm, der um 120 aus seiner Heimat in Jütland auswandern mußte und mit den Teutonen an der unteren Elbe zusammen erst nach Süden bis Noreia in Noricum zog, dann wieder nordwärts bis zur Donau und durch Südwestdeutschland nach Gallien marschierte (mit den helvetischen Tigurinern). 109, 107 und 105 besiegten sie in der Provinz römische Heere. Dann Weitermarsch bis Nordspanien und Rückkehr nach Gallien; Zug ins Belgerland, wo die Atuatucer von ihnen mit Gepäck zurückgelassen werden (II 29; vgl. II 4) und sich ansiedeln. Hier teilte sich der Schwarm. Die

Teutonen ziehen in Gallien wieder südwärts in die römische Provinz, um so Italien zu gewinnen, werden aber 102 von Marius bei Aquae Sextiae geschlagen; die Cimbern marschieren über den Rhein und dann über die Alpen nach Oberitalien, bis sie 101, ebenfalls von Marius, bei Vercellae vernichtet werden. Noch zu Caesars Zeit erinnerten sich Gallier und Römer nicht gern an diese grausamen Züge. Ariovists Rheinübergang hat nichts mit dieser Bewegung zu tun, sondern ist in die Gesamtbewegung der Germanen gegen den Westen einzuordnen. Aber Caesar kann beide ruhig verbinden, weil er von Ariovists Vordringen nach allem dasselbe Resultat erwarten muß. Hier zum mindesten spricht er von einem »Germanenproblem«.

zumal . . . schied: Dieser Satz rührt vielleicht nicht von Caesar her.

29 *in seinem Konsulat:* 59 v. Chr.

30 *den Beschluß:* Dieser Senatsbeschluß vom Jahre 61 v. Chr. hatte wohl Diviciacus' Besuch in Rom zur Folge. Als »Freunde des römischen Volkes« kennen wir zu der Zeit in Gallien außer den Haeduern noch Catamantaloedes (Sequaner, I 3), den Vater des Ollovico, Königs der Nitiobrogen (VII 31), und den Großvater eines Piso, der König in einem aquitanischen Stamm war (IV 12).

14 Jahre nicht unter ein Dach gekommen: Hieraus erschließt man etwa 71 v. Chr. als Datum des suebischen Einmarsches in Gallien.

Sueben: Vgl. IV 1. Suebi (= die Freien oder die Sippengenossen?) ist später Sammelname für viele Stämme zwischen Elbe und Oder. Ein großer Teil wohnte nördlich von den Donauquellen und im Neckar-Rhein-Gebiet bis zur Wetterau. Der Übergang über den Rhein muß, da die Treverer ihn melden, bei Mainz oder nördlicher erfolgt sein.

31 *Vesontio:* Besançon.

Dubis: Doubs.

ein hoher Berg: Die Oberfläche des Berges, der heute die Zitadelle der Stadt trägt, schwankt in der Breite zwischen 220 m und 142 m. Dieses Maß meint Caesar, nicht den Abstand von Ufer zu Ufer (482 m).

von Kaufleuten: In die von Ariovist besetzten Gebiete führte u. a. eine vielbenutzte Handelsstraße von der Saône

durch die burgundische Pforte, auf der Kaufleute des Mittelmeers viel südländische Ware nach Germanien einführten.
Blick und Schärfe ihrer Augen: Oft betont; vgl. zum Beispiel Tacitus, Germania 4.
gefolgt waren: Junge Leute vornehmen Standes begleiteten den Feldherrn freiwillig, um in seiner Umgebung das Kriegshandwerk zu erlernen. Die Bezeichnung für diese Einrichtung heißt Zeltkameradschaft (contubernium).

32 *die Centurionen aller Ränge:* An sich gehören außer Legaten und Militärtribunen zum Kriegsrat nur die Centurionen erster Ordnung (siehe das »Kriegstechnische Verzeichnis« unter »Legion« und »Centurio«).

33 *Cimbern und Teutonen:* Vgl. die dritte Anmerkung zu Seite 28.
zur Zeit des Sklavenkriegs: Der Sklavenkrieg durchtobte unter Spartacus' Führung vor allem Mittel- und Süditalien (73–71). Crassus und Pompeius beendeten ihn. Die von Caesar erwähnte militärische Schulung empfingen viele der Sklaven in den Gladiatorenschulen.
als sie über wirkliche Waffen verfügten: Wohl in dem ersten Kampf am Vesuv (73) gewann Spartacus für seine Leute wirkliche Waffen aus seinem Sieg über den Legaten Gaius Claudius Glaber (Appian, Bürgerkriege I, Kap. 116, §§ 540 bis 542). Vorher hatten sie Stöcke und kleine Schwerter.
nicht gewachsen gewesen: bei Bibracte.
bereits ausgereift: der einzige zeitliche Anhalt für diesen Feldzug: Mitte August.

34 *stehe sein ganzes Leben als Beweis:* Das war das Geheimnis seiner Wirkung auf die Soldaten, von deren Ergebenheit wir Beispiele in Caesars Werken selbst und bei Plutarch, Caesar 16, haben; er gab reiche Belohnungen, »um zu beweisen, daß er die im Krieg erworbenen Reichtümer nicht für sich selbst zur Üppigkeit und zum schwelgerischen Genuß sammle, sondern sie als gemeinschaftliche Preise der Tapferkeit in Verwahrung nehme und ihm am Reichtum nur insofern ein Teil zustehe, als er ihn an brave, verdiente Soldaten verteile« (Plutarch, Caesar 17).
einen anderen Weg: Caesar zog nicht durch das Doubstal, sondern über Voray, Rioz, Villersexel und Arcey, was der angegebenen Länge des Weges entspricht (Napoleon III.,

Stoffel), nach Belfort und in das obere Elsaß. – Ich lasse hier unerörtert, wie weit nördlich Ariovist noch stand; das hängt alles von dem Ansatz der Marschleistung des römischen Heeres in den sieben Tagen ab. Anderseits findet die Schlacht irgendwo am Fuß der Vogesen statt (Kapitel 48). Schließlich muß ein Hügel in der Rheinebene im Zusammenhang mit diesen Angaben gesucht werden, auf dem die nun folgende Unterredung stattfand. Die Kontroverse über das Schlachtfeld ist groß, aber die taktischen Vorgänge sind klar.

35 *eine große Ebene:* Das kann nur die Rheinebene des Oberelsaß sein.

37 *in einer Schlacht:* bei Magetobriga; vgl. Kapitel 31.

»Brüder« genannt: Siehe Kapitel 33.

im letzten Allobrogenkrieg: Welcher Allobrogenkrieg gemeint ist, ist unklar.

in den Streitigkeiten: etwa 75 v. Chr.

38 *ersten Männer:* Die »ersten Männer« (principes) sind die Führer der adligen römischen Geschlechter in der Politik.

im Krieg besiegt: 121 v. Chr., als die mächtigen Arverner unter ihrem König Bituitus zugunsten der Allobrogen (siehe die erste Anmerkung zu Seite 10) in den römisch-allobrogischen Krieg eingriffen. Niederlage an der Isèremündung. Doch blieb das Volk frei.

39 *Gaius Valerius Procillus:* Es ist nicht ausgeschlossen, daß dieser Procillus mit dem Vertrauten Troucillus von Kapitel 19 identisch ist und hier ein Versehen der Handschriften vorliegt. Sein Vater erhielt das Bürgerrecht wohl 83, als Gaius Valerius Flaccus Statthalter der Provinz war.

40 *am Fuß eines Berges:* Über die Stelle in der Rheinebene (Kapitel 43), wo Caesar über Ariovist siegte, ist noch immer keine Einigung erzielt worden. Es hängt alles davon ab, wie groß man die Marschleistung des römischen Heeres für den siebentägigen Marsch von Vesontio (Besançon) bis ins Elsaß ansetzt (Kapitel 41). Während der General v. Göler und nach ihm Napoleon III., Kampen, Veith und Jullian infolgedessen das Schlachtfeld zwischen den Bächen Thur und Doller suchen (südlich der Linie Thann–Sennheim [Cernay]) und die Örtlichkeit bald mehr in der Ebene, bald näher an den Vogesen glauben feststellen zu müssen, nimmt der französische Oberst Stoffel an, daß der Kampf erheb-

lich weiter nördlich bei Rappoltsweiler stattgefunden habe. Seine These hat viel für sich; denn Caesar betont, daß er schnell marschiert sei (Kapitel 41). Die Unterlagen für diese Ansicht gehen auf den General v. Göler zurück. Dieser nahm mit Recht an, daß Ariovist nach seinem Flankenmarsch sub monte, »am Fuß der Vogesen«, lagerte (Kapitel 48). Demnach hat er den Flankenmarsch längs der Vogesen ausgeführt, während Caesar in der Ebene stand. In der Schlacht müssen dann die Germanen auf der Bergseite gestanden haben mit der Front zum Rhein, die Römer umgekehrt. Die Flucht vom linken Flügel weg muß über die Berge erfolgt sein. Diese Hypothese, der nun Stoffel und Jullian folgen, fand nicht allgemeine Billigung, weswegen Napoleon, Kampen und Veith die umgekehrte Stellung der Truppen annehmen und die Germanen mit dem Rücken zum Rhein fechten lassen. Das widerspricht aber Caesars Angaben; denn in diesem Fall wäre der Flankenmarsch Ariovists durch die Ebene ausgeführt worden, und dem hätte Caesar begegnen können. Der »Berg« kann dann nur eine der Erhebungen über die Ebene sein. Ich neige am ehesten zu Stoffels Bestimmung der Örtlichkeit und Anordnung, die weiter südlich Jullian bei Roderen wiederholt. Hier kann nur eine Ausgrabung entscheiden. Dann wird auch Aufschluß gewonnen über den Hügel in der Rheinebene, auf dem Caesar und Ariovist sich trafen (Kapitel 43). Göler sucht ihn direkt nördlich von Nieder-Aspach, Stoffel in dem Plettigbuckel, 2 km nordöstlich von dem Städtchen Dambach, Jullian denkt an einen Hügel bei Merxheim, 6 km östlich von Gebweiler, Napoleon sucht die Höhe bei Feldkirch (Höhe 231) westlich von Ensisheim usw. usw. – Der Ansatz von C. Winkler (Ariovists Lager am Fuß des Nationalberges bei Ober-Ehnheim, Caesars Lager auf der Afterburg zwischen Epsig und Stotzheim, 6 km nordnordöstlich von Dambach) führt zu weit nördlich.

41 *nach germanischem Brauch . . . vor Neumond:* »Sie glauben, daß (den Frauen) etwas Heiliges und Seherisches innewohnt, und verachten nicht ihren Rat noch vernachlässigen sie ihre Antworten«, sagt Tacitus, Germania 8. Auch die Methode der Losstäbchen beschreibt er (ebenda 10): Kleine Holzstäbchen werden mit Kennzeichen versehen und aufs Geratewohl über ein weißtes Tuch verstreut. Dann hebt der

Priester bzw. der Familienvater mit einem Gebet die Hölzchen – dreimal je eines – auf und deutet die Zeichen auf ihnen. Nach Plutarch, Caesar 19, beobachteten die Frauen Wirbel, Strudel und Flußgeräusche bei dieser Weissagung. – Daß man eine Schlacht vom Mond abhängig sein lassen müsse – in diesem Fall vom Neumond –, vertraten auch die Spartaner, als sie 490 zu spät in Attika eintrafen, um sich noch an der Schlacht bei Marathon zu beteiligen. Die Anschauung, daß erst der neue Mond bzw. der Vollmond Kräfte habe, die den Menschen Erfolge verheißen, ist in Europa weit verbreitet (siehe das »Handwörterbuch des deutschen Aberglaubens« unter »Mond«).

weil sie nicht mehr anders konnten: vielleicht wegen Verpflegungsschwierigkeiten.

Haruden: Siehe die zweite Anmerkung zu Seite 27.

Marcomannen . . . Sueben: Marcomannen (= Grenzmänner), Suebenstamm an der Mittelelbe, der in die Grenzlande südlich des Mains Siedler entsandt hatte. – *Tribocer* (= auf drei Büheln, in drei Gauen wohnend?), Suebenstamm der (vor Ariovist?) in der Gegend von Straßburg siedelt. – *Vangionen* (Wiesenbewohner), ostgermanischer Stamm, siedeln um Worms. – *Nemeten,* Suebenstamm um Speyer. Nach dem Abzug der Scharen Ariovists bleiben sicher Tribocer und Nemeten, wahrscheinlich auch die Vangionen diesseits des Rheins, woraus hervorgeht, daß sie schon länger dort seßhaft sind. Ihre Lebensweise vermischte Gallisches und Germanisches, wie die archäologischen Befunde zeigen (K. Schumacher, Siedlungs- und Kulturgeschichte der Rheinlande 1, 145 ff.). – Die *Eudusier* (so ist zu schreiben statt Sedusii) wohnen auf der jütländischen Halbinsel. Sie sind ein Splitter des Volkes, der sich Ariovist anschloß. – *Sueben* siehe die dritte Anmerkung zu Seite 30. Hier ist wohl an Teile des Hauptstamms, die Semnonen, gedacht, die zu Tacitus' Zeit zwischen Elbe und Oder im Gebiet der Spree und Havel wohnen.

zusammengefahren: natürlich nicht in der Front. Ähnliches wird von den Cimbern bei Vercellae berichtet (Plutarch, Marius 27).

42 *Quaestor:* Siehe das »Kriegstechnische Verzeichnis« unter »Quaestor«.

Publius Crassus: Der Sohn des Triumvirn Marcus Licinius Crassus, der 53 mit seinem Vater in der Schlacht von Carrhae gegen die Parther fiel (siehe die fünfte Anmerkung zu Seite 20).

43 *verbrannt . . . aufbewahrt:* Das Gefangenenopfer diente der Zukunftsdeutung. Die Cimbern weissagten aus dem Blut und den Eingeweiden getöteter Gefangener den Ausgang der Schlacht (Strabo VII 2).

in die Winterquartiere: Mit der Schlacht im Elsaß war es für Caesar entschieden, daß er die Grenze des Imperiums an den Rhein verlegte – eine für die weitere Geschichte folgenschwere Tat. Von den Galliern und ihrer Befreiung ist nirgendwo mehr die Rede. Der Satz über die Winterquartiere – wohl in Vesontio – sagt alles, und die Sequaner verloren endgültig durch den Sieg über die Germanen ihre Hegemonie, VI 12 am Ende. Was in den Büchern II–VI beschrieben wird, dient der systematischen Sicherung des Landes für das Imperium.

um die Gerichtstage abzuhalten: Caesar hatte in dieser dem Statthalter obliegenden Tätigkeit, der er sich stets im Winter widmete, schon als Quaestor im jenseitigen Spanien (68 v. Chr.) große Tüchtigkeit bewiesen (Plutarch, Caesar 5; Sueton, Caesar 7). Daß er aber während seines Aufenthaltes in Oberitalien vor allem die politischen Vorgänge in Rom beobachten wollte und dabei mit vielen Leuten aus der Stadt zusammentraf, die seinen Anhang verstärkten, sagt Plutarch, Caesar 20, ausdrücklich. Das gehört natürlich nicht in den Kriegsbericht, der erst gegen Ende ganz selten die Verknüpfung von Caesars Persönlichkeit mit dem politischen Getriebe in Rom zeigt.

44 *strebten sie . . . nach . . . Herrschaft:* Sie waren insofern Unruhestifter, als fast in allen Stämmen zu Caesars Zeit ein Rat aus Adligen die Geschäfte führte.

zwei neue Legionen: die dreizehnte und vierzehnte.

Quintus Pedius: vielleicht Neffe Caesars.

45 *stammten von den Germanen ab:* Das mögen die Belger selbst geglaubt haben; in Wirklichkeit waren sie Kelten.

über den Rhein gegangen: Die Belger sind offenbar früh von Germanen unterwandert worden.

Cimbern und Teutonen: Siehe dritte Anmerkung zu Seite 28.

46 *auch Britannien:* Die Festlands- und Inselkelten pflegten enge Beziehungen zueinander, und zwar sowohl kultureller (VI 13) wie wirtschaftlicher Art (IV 20, V 14). Der Seestamm der Veneter scheint eine Art Handelsmonopol beansprucht zu haben (III 8). Auch unterstützten die Inselkelten die Festlandskelten stark in ihren Kriegen mit Rom (III 9, IV 20), und Britannien war für die Geschlagenen ein Asyl (II 14).

versprächen: Die im folgenden genannten Zahlen sind wohl alle zu hoch. Doch waren die Gallier außerordentlich fruchtbar, und das Land wird auch sonst als sehr volkreich geschildert (Strabo IV 1 und 3).

Condruser . . . Paemaner: Auch diese Stämme sind wohl germanisch unterwanderte Kelten; sie waren vielleicht auf dem großen Rückzug die letzten, die den Rhein überschritten.

47 *Axona:* Aisne. – Der Übergang befand sich nach den meisten Forschern bei Berry au Bac, nach anderen bei Chaudardes, etwas weiter unterhalb von Berry au Bac.

Quintus Titurius Sabinus: Legat Caesars in Gallien seit dem Jahre 57, fällt im Kampf mit den Eburonen im Winter 54/53.

Bibrax: Entweder Beaurieux (v. Göler) oder der Berg Vieux Laon (Napoleon III.).

»Schildkrötendach«: Die Soldaten schließen ihre Schilde eng aneinander; das erste Glied hält sie senkrecht vor den Körper, die nachfolgenden halten sie waagrecht über die Köpfe. So schützt man sich vor dem Geschoßhagel der Verteidiger beim Sturm. Auch die Römer wandten diese Deckung an.

Numider, Kreter und Balearen: Die Numider waren gute Reiter, die Kreter Bogenschützen, die Balearen Schleuderer.

48 *wegen der Stärke der Feinde:* »Waren es auch nicht, wie man nach Kapitel 4 angenommen hat, mehr als 290 000 Mann, da ja die Nervier und ihre Bundesgenossen, die Atrabaten, Viromanduer und die Atuatucer, an diesem Kampf nicht teilnahmen, auch gewiß nicht alle das versprochene Kontingent gestellt haben, so waren sie doch sicher dem Heer Caesars an Zahl bedeutend überlegen« (Meusel).

Quergräben . . . Schanzen: Man glaubt, daß die von Colonel Stoffel, einem ganz hervorragenden französischen Caesar-

forscher, bei Berry au Bac gefundenen Gräben und Verschanzungen zu Caesars Lager gehört haben. Caesars Beschreibung wiche dann aber von der Wirklichkeit etwas ab.
Wurfgeschütze: Siehe das »Kriegstechnische Verzeichnis« unter »Geschütze«.

50 *Lucius Aurunculeius Cotta:* Legat Caesars in Gallien seit 57. Fähiger Offizier, fällt im Winter 54/53 im Kampf mit den Eburonen.
nach einem Eilmarsch: Text unsicher.
Noviodunum: Die Stadt lag wohl auf einem Hügel bei Pomiers, 4 km nordwestlich von Soissons (Augusta Suessionum).

51 *Sturmlauben . . . dient:* Siehe das »Kriegstechnische Verzeichnis« unter »Belagerung«.

52 *Ambianern:* in der Umgebung des heutigen, nach ihnen genannten Amiens (Samarobriva = Brücke über die Somme).
Nervier: Das Gebiet der Nervier erstreckt sich von dem der Ambianer bis zu dem der Eburonen (Hennegau, Namur, Brabant, Ostflandern und ein Teil von Antwerpen).
Sabis: Sambre.

53 *die Art:* Siehe das »Kriegstechnische Verzeichnis« unter »Marschordnung«.
Zäune: Solche Zäune dienen nicht so sehr der Verteidigung als dem Schutz der Gehöfte vor Wind und Wetter. Noch heute sind sie im Hohen Venn und den Ardennen zu sehen.
des Lagerplatzes: Das Lager befand sich bei den Höhen von Neuf-Mesnil, etwa 5 km südwestlich von Maubeuge.

54 *gefechtsbereit marschieren:* Siehe das »Kriegstechnische Verzeichnis« unter »Marschordnung«.
die . . . Fahne aufziehen: Siehe das »Kriegstechnische Verzeichnis« unter »Schlacht«.

57 *Porta decumana:* Siehe das »Kriegstechnische Verzeichnis« unter »Lager«.
Treverer: Die Treverer (»Flußüberquerer«) wohnten zu beiden Seiten der Mosel bis zum Rhein. Eine älteste Schicht im Treverergebiet ist vermutlich illyrisch. Zu Caesars Zeit sprachen sie keltisch. Über ihre Religion (Natur- und Fruchtbarkeitskulte) belehren die Ausgrabungen des Tempelbezirks im Altbachtal bei Trier.

Feldzeichen: Siehe das »Kriegstechnische Verzeichnis« unter »Feldzeichen«.

Primipilus: Siehe das »Kriegstechnische Verzeichnis« unter »Centurio«.

59 *fast gänzlich ausgerottet:* Tatsächlich kämpfen die Nervier auch in späteren Jahren des Krieges noch. Dieser Satz ist auf Leser in Rom berechnet und wirkungsvoller Abschluß der so dramatischen Schlachtschilderung.

Atuatucer: Volk in Belgien bei Namur zu beiden Seiten der Maas; vielleicht germanischen Ursprungs. Der Name Atuatuca (VI 32) vielleicht illyrischer Herkunft.

trefflich gesicherte Stadt: Ihre Lage ist verschieden bestimmt worden. Napoleon III. und der französische Historiker C. Jullian denken an Namur. Doch stimmt der Mont Falhize am linken Maasufer gegenüber der Stadt Huy viel genauer mit Caesars Beschreibung überein, so daß sich die heutige Forschung meist für diese Örtlichkeit entscheidet.

61 *Widderstoß:* Siehe das »Kriegstechnische Verzeichnis« unter »Belagerung«.

62 *Beute:* Diese Beute heißt sectio, die Ersteher nannte man sectores, wohl weil sie die Beute zum Wiederverkauf zerlegen mußten (secare).

53 000: Darunter sind natürlich auch die Nichtkämpfer einbegriffen. In der Klientel der Atuatucer waren auch die Eburonen, die Caesar bei dieser Gelegenheit der Bevormundung der Atuatucer entzogen hat; siehe V 27.

Publius Crassus: Siehe die zweite Anmerkung zu Seite 42.

Seestämmen: längs der Küsten der Bretagne und der Normandie. Es war eine Art Erkundungszug, denn die Unterwerfung dieser Stämme plante Caesar für das nächste Jahr in ganz konsequenter Durchführung seines Plans der Eroberung von Gallien.

befriedet: Siehe die erste Anmerkung zu Seite 10.

Illyrien: Es gehörte zu Caesars Provinz Oberitalien.

des Berichtes: Berichte über ihre Verwaltungstätigkeit mußten die Statthalter dem Senat jährlich schriftlich einreichen.

Dankfest: Ein solches allgemeines Dankfest für die Götter, das mit Wein- und Weihrauchopfern vom ganzen Volk in allen Tempeln unter Gebet gefeiert wurde, ordnete der Senat zu Ehren des siegreichen Feldherrn an. Ursprünglich dauerte es einen Tag. Seit den Punischen Kriegen steigerte sich die Zahl der Tage bis zu fünf. Als Pompeius über Mithradates im Jahre 63 v. Chr. gesiegt hatte, fand ein zwölftägiges Dankfest statt. – Mit der Unterwerfung der Belger war 1. das Hinterland der Rheingrenze gewonnen und eine neue Sicherung gegen germanische Einfälle geschaffen; 2. hatte die Unterwerfung Galliens damit begonnen, daß die Vorkämpfer der gallischen Freiheit zuerst vernichtet wurden, wie es Caesar die Belger selbst empfinden läßt (Kapitel 1). Im folgenden Jahr nahm die systematische Unterwerfung Galliens ihren Fortgang. Aus dem Helfer in der gallischen Not von 58 war der Herr geworden. Die gallischen Belange werden nicht mehr diskutiert.

63 *Servius Galba:* Servius Sulpicius Galba, geb. 94. Im Jahre 61 kämpfte er als Legat des Propraetors Gaius Pomptinus gegen die Allobrogen (siehe die erste Anmerkung zu Seite 10). Er war dann Legat Caesars in Gallien (Hirtius in VIII 50) bis 57, in dem er gegen den Winter zu die hier beschriebene, nicht eben sehr glücklich verlaufene Unternehmung führte (Caesar stellte sie wohl deshalb nicht ins zweite Buch, sondern an den Anfang des dritten). 56 wieder in Rom und Parteigänger der Triumvirn, 54 Praetor. Bei der Bewerbung um das Konsulat für 49 fiel er trotz Caesars Unterstützung durch. Im Bürgerkrieg ist er zwar auf Caesars Seite, fühlt sich aber hernach von ihm so zurückgesetzt, daß er auf die Seite der Mörder tritt. Dann kämpft er auf der Seite des Senats gegen Antonius. Über die Schlacht bei Forum Gallorum hat er einen Bericht hinterlassen (Cicero, Briefe an seine Freunde 10, 30). Über sein Ende ist nichts bekannt.

Nantuaten, Veragrern und Sedunern: um das heutige Sitten (Sion) im Rhônetal.

bis zu den Hochalpen: d. h. bis zum Großen St. Bernhard.

Octodurus: jetzt Martigny im Kanton Wallis am Rhôneknie. Das Lager lag zwischen Martigny-Bourg und Martigny-Ville (auf der linken Seite des Drance).

ein Fluß: der Drance.

65 *wie wir erzählten:* II 25.

Gaius Volusenus: Gaius Volusenus Quadratus, einer der erfahrensten Offiziere in Caesars Heer, Militärtribun und

Reiterführer (IV 21, VI 41, VIII 23 und 48). Auch im Bürgerkrieg ist er auf Caesars Seite.

66 *Hiernach:* Hier beginnt eigentlich erst Buch III mit der Darstellung der Ereignisse des Jahres 56.

Publius Crassus: Siehe die zweite Anmerkung zu Seite 42.

67 *Seefahrten nach Britannien:* Siehe die erste Anmerkung zu Seite 46.

da es an der bewegten Meeresküste: Text unsicher.

benachrichtigte: Caesar war damals (Ende März, julianisch) in Luca, um mit Pompeius und Crassus das Triumvirat zu erneuern. Die dort getroffenen Abmachungen waren sehr entscheidend für die Durchführung der Eroberung Galliens; die wichtigste Abmachung betraf die Verlängerung der gallischen Statthalterschaft bis zum Jahre 49.

Liger: Loire.

Kriegsschiffe zu bauen: Dafür waren wohl Lucius Cornelius Balbus (siehe Vorwort zu Buch VIII) und Mamurra, die Kommandeure von Caesars Pionieren, verantwortlich, die interessanterweise im »Gallischen Krieg« nie genannt werden. Es mußten natürlich Schiffe sein, die auf dem Ozean zu brauchen waren. Im Jahre 61 hatte Caesar solche bereits in Spanien erprobt (Cassius Dio, Römische Geschichte XXXVII 53).

wegen der Jahreszeit: Dahinter verbirgt sich die Konferenz von Luca.

68 *aus . . . Britannien:* Vgl. die erste Anmerkung zu Seite 46.

69 *Decimus Brutus:* Decimus Junius Brutus, geb. nach 85 v. Chr. Er ist Caesars Legat und Admiral im Gallischen und im Bürgerkrieg (Seesieg während der Belagerung von Massilia im Jahre 49). 49 zum Statthalter in Gallien ernannt. Er schließt sich den Caesarmördern an, nimmt aber auf seiten der Senatspartei die Regierung seiner Provinz Gallia Cisalpina in die Hand und verteidigt sie siegreich gegen Antonius, u. a. in der Schlacht von Mutina (43). Danach schließt er sich Octavian an, tritt dann wieder auf die Seite der Caesarmörder über; schließlich wird er auf Betreiben des Antonius nach seiner Flucht aus Oberitalien ermordet (Ende 43).

71 *den Mauersicheln:* Vgl. das »Kriegstechnische Verzeichnis« unter »Belagerung«.

72 *von der vierten Stunde des Tages:* von 10 Uhr vormittags.

74 *Dieser Teil . . . ein:* Der Zusatz stammt aus augusteischer Zeit, in der die Provinz Aquitanien fast bis zur Loire reicht und dann tatsächlich ein Drittel des Landes Gallien einnimmt. Bei Caesar (I 1) reicht Aquitanien nur bis zur Garonne.

Lucius Valerius Praeconinus: 78 Legat des Lucius Manlius im jenseitigen Gallien, mit diesem in Aquitanien überfallen und getötet, sonst unbekannt.

Lucius Manlius: Er war 78 Statthalter im jenseitigen Gallien. Bei der Bekämpfung des Quintus Sertorius in Spanien (siehe III 23) eilte er dem Statthalter der Ebroprovinz, Marcus Domitius Calvinus, mit drei Legionen und 1500 Reitern über die Pyrenäen zu Hilfe, wurde aber wie dieser von Sertorius' Legaten Hirtuleius bei Ilerda geschlagen. Auf dem Rückmarsch in seine Provinz überfielen ihn die Aquitanier; dabei büßte er das Gepäck seines Heeres ein.

75 *viele tapfere Leute:* Meist waren es Mitglieder des eingeborenen Adels, die auf ein solches Aufgebot eines römischen Feldherrn hin sich an den Kriegen beteiligten.

Tolosa: Toulouse.

Carcaso: Carcassonne.

Narbo: Narbonne.

Sturmlauben und Türme: Vgl. das »Kriegstechnische Verzeichnis« unter »Belagerung«.

»Soldurier«: Auch die Celtiberer, mit denen die Aquitanier mehr als mit den Kelten verwandt sind, kennen dieses dem germanischen ähnliche Gefolgschaftswesen (Valerius Maximus II 6).

76 *Vocaten und Tarusaten:* wohl im Adourbecken.

man rief . . . herbei: Diese Stelle zeigt die Verbindung der Aquitanier mit Spanien sehr deutlich.

Quintus Sertorius: Er kämpfte 105 und 102 mit gegen die Cimbern und Teutonen und ist auch sonst in den folgenden Jahren politisch tätig. Als Parteigänger des Marius und Cinna führt er seit 83 gegen Sulla und das Regiment der Nobilität erbitterten Krieg von Spanien aus, das er als Propraetor verwaltet. Nach mannigfachen Siegen seines aus Eingeborenen und flüchtigen Marianern bestehenden Heeres über die Feldherren des Senats (80–74) unterlagen seine

Scharen schließlich dem Pompeius, weil Sertorius 72 von seinem Unterführer Perperna ermordet wurde. Sertorius wollte in Spanien ein Reich auf römischer Grundlage gründen, um von dort aus Italien anzugreifen. Plutarch hat das abenteuerliche und kühne Leben dieses edlen Offiziers beschrieben.

verschanzte Lager aufzuschlagen: Das lernten die Gallier erst in der Not des siebten Kriegsjahres, als Vercingetorix sie dazu zwang, siehe VII 30.

77 *in zwei Treffen:* Die doppelte statt der dreifachen Schlachtreihe ist selten; aber Crassus' Aufstellung wäre zu klein gewesen, wenn er eine dreifache Schlachtreihe hätte bilden lassen.

78 *Porta decumana:* Siehe das »Kriegstechnische Verzeichnis« unter »Lager«.

die ... von keinem Kampf ermüdeten Kohorten: Die Stelle ist etwas merkwürdig. Den Reiterführern muß Crassus außer ihren Kavallerieabteilungen auch Infanterie mitgegeben haben.

von 50 000 Bewaffneten: Vgl. die zweite Anmerkung zu Seite 25.

Tarbeller ... Cocosaten: Die Völker sind alle unbedeutend.

wenige ... Völker: Die Aquitanier scheiden aus den weiteren Kämpfen in Gallien gänzlich aus. Im Jahre 51 besucht Caesar das Land für kurze Zeit (VIII 46). Erst 38 brach hier ein Aufstand aus; nach der Schlacht von Actium (31 v. Chr.) war das Land endgültig befriedet..

zu den Morinern und Menapiern: Tatsächlich werden nur die Moriner (um Boulogne und Calais) angegriffen. Städte gab es hier nicht; die Moriner lebten in Höhlen oder Zelten. Caesar hat sie nie völlig unterworfen.

79 *in die Winterlager:* Der Feldzug von 56, der mit der Gewinnung der ganzen Küste Galliens endete, war deutlich auf die Abrundung der Unterwerfung Galliens angelegt und bereitete gleichzeitig die Fahrten nach England in den Jahren 55 und 54 vor. Aber militärisch war es sehr gewagt und nur wegen der Uneinigkeit der gallischen Stämme möglich. Denn noch war Caesers Basis das Rhône- und Doubstal (Veith, Geschichte der Feldzüge Caesars 118 f.).

80 *Usipeter und Tenctherer:* Usipeter und Tenctherer waren

germanische Nachbarvölker, die 56 am Niederrhein erschienen. Ihre Vorgeschichte bis zu diesem Augenblick ist dunkel. Sie saßen wohl im Westerwald und im Lahntal. Nach ihrer Besiegung durch Caesar finden wir sie erst nördlich der Lippe, dann etwa gegenüber den Ubiern auf der rechten Rheinseite.

Sueben: Vgl. die dritte Anmerkung zu Seite 30. – Die Schilderung ist nötig, um die tieferen Ursachen für den Übergang der Usipeter und Tenctherer und Caesars Gegenmaßnahmen einschließlich seines Rheinübergangs verständlich zu machen. Doch ist Caesars Darstellung des germanischen Nomadenlebens z. T. theoretisch und mehr der Reflexion über den Naturzustand eines Volkes als wirklichem Wissen verpflichtet. Der Leser mag sich das im einzelnen durchdenken. Die 100 Gaue kennt Tacitus bei den Semnonen, dem Hauptstamm der Sueben (Germania 39). Da einzelne Züge der hier von den Sueben entworfenen Lebensweise in Caesars Schilderung des gemeingermanischen Lebens im sechsten Buch ausführlicher wiederkehren, kommen wir dort auf sie zu sprechen.

81 *einführen zu lassen:* Die Ausgrabungen auf dem rechten Rheinufer zeigen freilich ein anderes Bild. In den Gräbern ist keltische Ware zahlreich vertreten. Diese nimmt natürlich gegen das Innere Germaniens hin ab.

zu ihnen zurück: Vgl. I 48.

dulden sie . . . nicht: Auch dies ist aus der Reflexion niedergeschrieben. Tatsächlich hat der Spaten auch eine Menge von Amphorenscherben in Germanien zutage gefördert, K. Schumacher, Siedlungs- und Kulturgeschichte der Rheinlande 1, 170.

wüst liegen: Vgl. VI 23.

auf der einen Seite: nach Böhmen hin, das die Boier damals verlassen hatten, vgl. I 5.

600 Meilen: Eine der Handschriftenklassen schreibt 600 Meilen, die andere 100 Meilen. Die erste Lesart ist natürlich auf die Länge der Ostgrenze, die zweite auf die Tiefe des wüsten Gebiets zu beziehen. Die richtige Lesart ist verloren.

Ubier: erstes germanisches Volk, das sich Caesar anschloß. Seine Wohnsitze sind südlich der Sugambrer (zwischen Ruhr und Sieg) zu suchen (nördlich vom Main). 38 v. Chr. von

Agrippa auf das linke Rheinufer zwischen Bonn und Krefeld verpflanzt, Vorort Ara Ubiorum, hernach (50 n. Chr.) Colonia Claudia Augusta Agrippinensium, seit dem 4. Jahrhundert oft nur Colonia genannt, daher Köln.

gallische Sitten angenommen: Das stimmt durchaus zu den Ergebnissen der Ausgrabungen. Doch verehrten, wie die Inschriften lehren, die Ubier germanische Gottheiten.

84 *Mosa:* Maas.

Kapitel 10: Dieses Kapitel ist aus sachlichen Gründen Caesar abzusprechen. Die genauere Begründung kann hier nicht gegeben werden. Nur so viel sei gesagt: Es saßen zu Caesars Zeit die Bataver noch nicht am Rhein, sondern die Menapier, wie wir gerade in Kapitel 4 hörten. Außerdem gibt Caesar stets nur so viel geographisches Detail, wie es seine Erzählung verlangt; die – zudem sehr schlechte – Schilderung des Rheinlaufs ist hier gänzlich überflüssig. Sodann wohnen die Mediomatricer (Vorort Metz) damals nicht mehr am Rhein usw. Die Interpolation mischt also Vorcaesarisches mit Nachcaesarischem. Sie gehört wie der Schluß von I 1 in das späte Altertum und ist aus nicht von Caesar mitgeteilten Materialien ohne wirkliche Kenntnis der Verhältnisse zu Caesars Zeit zusammengearbeitet. – Im übrigen schließt Kapitel 11 genau an Kapitel 9 an.

85 *als Waffenstillstandstag erbeten:* Nach Caesars Darstellung haben die Germanen den Waffenstillstand gebrochen, wofür er die germanischen Gesandten festnehmen ließ (Kapitel 13) und dann die führerlose Schar zusammenhieb. Aber die Darstellung ist sicher nicht einwandfrei; denn der jüngere Cato hätte nicht im Senat damals die Auslieferung Caesars an die Germanen beantragt, wenn dieser rechtlich denkende Stoiker nicht die Nachricht von *Caesars* Treubruch als verbürgt erhalten hätte. Hier saß also ein Makel auf Caesar, den zu tilgen er alle Ursache hatte (Plutarch, Caesar 22; Sueton, Caesar 24).

86 *»Freund«:* Vgl. die dritte Anmerkung zu Seite 8.

87 *Mosa:* Es muß gefragt werden, ob Caesar oder seine Abschreiber hier nicht Maas und Mosel verwechselt haben. Denn die Germanen sind südwärts fast bis in Moselhöhe gezogen (Kapitel 6); auch zu dem folgenden Rheinübergang, der nur zwischen Andernach und Koblenz denkbar ist, und

dem Einmarsch in das Land der gegenüberwohnenden Ubier paßte es besser, wenn man die Niederlage der Germanen irgendwo in der südlichen Eifel annehmen könnte.

88 *Sugambrer:* germanischer Stamm, der zu Caesars Zeit am rechten Rheinufer wohnt, nördlich von den Ubiern (also zwischen Sieg und Ruhr).

von den Sueben: Man hat auf den Stamm der Quaden geschlossen.

89 *über den Rhein zu gehen:* Man nimmt heute mit guten Gründen an, daß dieser erste wie auch der zweite »ein wenig oberhalb« des ersten durchgeführte Übergang über den Rhein im Neuwieder Becken stattfand, der erste bei Weißenthurm, der zweite bei Urmitz, wo innerhalb einer neolithischen Festung wohl Caesars Lager gefunden worden ist. An dieser Stelle war ein uralter Übergang von Gallien nach Germanien (vgl. VI 9).

Verkämmen: das Verbinden zweier sich kreuzender waagrechter Bauhölzer durch Einlassen ineinander.

90 *das Werk fertiggestellt:* Die Leistung des Brückenschlags über den Rhein – des ersten, den die Geschichte kennt – wurde im Altertum gebührend bewundert. »Er war der erste Römer, der eine Brücke über den Rhein schlug«, liest man bei Sueton (Caesar 25), »ein Wunderwerk, das allen Glauben überstieg«, sagt Plutarch (Caesar 22), »er war bestrebt, in großartiger Weise auszuführen, was noch keiner seinesgleichen vor ihm getan hatte«, schreibt bewundernd Cassius Dio (XXXIX 48).

91 *sehr zeitig:* Hier muß man an römische Leser denken.

erforsche . . . kennenlerne: Britannien war im Jahre 55 v. Chr. für einen Menschen des Mittelmeerkulturkreises unbekannt. Man wußte wohl kaum mehr von der Insel, als daß sie Zinn hervorbringt, das auch in Mittelmeerhäfen gehandelt wurde; vielleicht wußte man auch, daß die Insel Reichtümer barg wie die Perlen, um derentwillen Caesar über den Kanal gegangen sein soll (Sueton, Caesar 47). Und die Berichte des Pytheas, der zur Zeit Alexanders lebte, waren für Caesar zweifellos zu alt und durch die nachfolgenden Schriftsteller in ihrer Glaubwürdigkeit, wenn auch wohl vielfach zu Unrecht, erschüttert.

den Gallien gegenüberliegenden Gegenden: Man besuchte

vor allem Kent (V 14). Das Monopol auf diesen Verkehr hatten damals die Veneter und wohl die von ihnen abhängigen Stämme an der Küste (siehe III 8), die Kaufleute werden absichtlich nicht zu viel gesagt haben.

Gaius Volusenus: Vgl. die zweite Anmerkung zu Seite 65.

92 *am kürzesten:* Vgl. die erste Anmerkung zu Seite 103. – Der Hafen wird V 2 genannt: Portus Itius.

Commius . . . Atrebaten: Zwischen den Atrebaten und England bestanden also wohl ähnliche Beziehungen wie zwischen den belgischen Suessionen und den Inselkelten (II 4). Über Commius auf seiten Caesars vgl. IV 27, V 22, VI 6. Später (52) schloß er sich der nationalen Sache an (VII 75 ff.), worauf ihm Labienus nach dem Leben stellte (VIII 23), und blieb den Römern bis zu seinem Tode ein grimmer Feind (achtes Buch). Nach 51 ist er in Britannien (Frontin, Kriegslisten II 13), wo er später über die Küstenstämme Südost-Britanniens südlich der Themse herrscht. Er hatte drei Söhne, die sich auf den Münzen als »König« bezeichnen. Auch ein Teil der Atrebaten ist später im südöstlichen England zu finden (Ptolemaios, Geographie II 3).

93 *etwa 80 Lastschiffe zusammengezogen:* Text unklar.

zweier Legionen: der siebten und zehnten.

Publius Sulpicius Rufus: Caesars Legat seit 55, Caesarianer. 49 in Spanien. 48 Praetor, Kommandant eines Teils der zum Schutz Italiens bestimmten Flotte. 47 Statthalter von Illyrien, 42 Censor.

lichtete er . . . die Anker: wohl am 26./27. August nach Mitternacht. Der Wind kam aus Südwest.

zu dem weiter aufwärts gelegenen Hafen: Ambleteuse.

um die vierte Stunde: 10 Uhr.

auf allen Hügeln: den Felsen von Dover.

bis zur neunten Stunde: drei Uhr nachmittags.

94 *günstigen Wind und günstige Strömung:* Die Strömung drehte nach Osten, der Wind kam wieder aus Südwest.

dort . . . vor Anker gehen: zwischen Walmer und Deal an der Ostküste von Kent.

Streitwagenkämpfer: Vgl. Kapitel 33.

95 *nicht erreichen können:* Der Wind war umgeschlagen.

96 *oben:* Kapitel 21.

brach . . . herein: aus Nordosten.

97 *in dieser Nacht:* in der Nacht vom 30. auf den 31. August.
unbekannt: Doch kannte man im Altertum Ebbe und Flut – wenn vielleicht auch nur sporadisch, da im Mittelmeer Ebbe und Flut fehlen – und brachte sie mit der Ab- und Zunahme des Mondes in Verbindung. Caesars Soldaten müssen zum Teil die Erscheinung auch im Veneterkrieg beobachtet haben. Aber die Springfluten waren ihnen wohl wirklich neu.

98 *die . . . aufgestellten Posten:* Das pflegt vor jedem Tor des Lagers *eine* Kohorte zu sein, siehe das »Kriegstechnische Verzeichnis« unter »Lager«.

99 *Streitwagen:* Die Gallier haben ursprünglich auch Streitwagen benutzt in der Art der hier beschriebenen. Es waren anscheinend zweirädrige Zweigespanne, mit vorne offenem Wagenkasten für zwei Mann, Lenker und Kämpfer. In der Schlacht von Sentinum (295 v. Chr.) brauchten die Gallier sie und verwirrten die römischen Pferde durch das Räderrasseln. Caesar kennt ihre Verwendung nur in Britannien, wo auch einige Wagenreste in Gräbern aufgefunden wurden. Die Gallier scheinen den Gebrauch zugunsten der Pferde aufgegeben zu haben (IV 2). Man glaubt, daß diese Wagen belgischer Herkunft sind.

100 *oben:* Kapitel 21.
westlich verschlagen: Sie landeten also wohl südlich von Boulogne-sur-Mer.
Viereck: Siehe das »Kriegstechnische Verzeichnis« unter »Schlacht«.

101 *Quintus Titurius:* Vgl. die zweite Anmerkung zu Seite 47.
Lucius Cotta: Vgl. die erste Anmerkung zu Seite 50.
Dankfest: Vgl. die achte Anmerkung zu Seite 62.
unterließen es: Daß nur zwei Stämme ihre Geiseln schicken, zeigt, daß das Resultat der ersten britannischen Expedition mager war und daß sie auf die Briten nur geringen Eindruck gemacht hatte; die Zeit war für das große Unternehmen zu kurz gewesen. Um so sorgfältiger wurde die zweite Expedition vorbereitet.

102 *Lucius Domitius:* Lucius Domitius Ahenobarbus, einer der späteren Feinde Caesars im Bürgerkrieg. Er fand seinen Tod auf der Flucht nach Pharsalus.
Appius Claudius: Appius Claudius Pulcher kämpfte mit Lucullus gegen Mithradates, später Pompeianer.

weniger hoch: Der General v. Göler betont (Caesars Gallischer Krieg, I 141, Anm. 1), daß die geringe Höhe der Wellen im Kanal, die Caesar beobachtete, nicht eine Folge des häufigen Wechsels der Strömung ist, sondern der geringen Tiefe des Kanals. An die Wellen im offenen Ozean ist nicht zu denken.

Spanien: Aus Spanien wird Caesar die Eisenteile, Segel und Taue für seine Schiffe bezogen haben; der Eisenbergbau und in Verbindung mit ihm die Schmiedekunst sowie die Leinenweberei Spaniens blühten das ganze Altertum hindurch. Das Tauwerk stellte man dort aus einer Art Pfriemengras her.

Illyrien . . . Pirustern: Die Südgrenze der Provinz Illyrien war der Ochrida-See im heutigen Jugoslawien. Südlich von ihm wohnten die Piruster. Diese Gegend war damals noch nicht unterworfen.

103 *im Hafen Itius:* Man übersetzt auch »im itischen Hafen« (Pauly-Wissowa, Realencyklopädie der klassischen Altertumswissenschaften, IX 2369, 46) und meint, daß Caesar die Bezeichnung selbst gebildet habe. Im 1. Jahrhundert n. Chr. heißt der Hafen Gessoriacum, wenn mit ihm, was jetzt ziemlich sicher ist, Boulogne-sur-Mer gemeint ist; es ist der einzige Hafen der Gegend, der so viel Schiffe fassen kann.

etwa 30 Meilen: Genau sind es 32 römische Meilen, die Zahl ist also gut geschätzt.

oben: III 11.

104 *Arduenna-Wald:* Ardennerwald; Bezeichnung für das ganze gebirgige Gebiet vom Westpunkt der heutigen Ardennen bis zum Rhein. Der Name ist vorrömisch.

105 *Melden:* von Caesar nur hier genannter ganz kleiner Stamm im Gebiet der unteren Marne (vgl. heute Meaux). Caesar ließ einen Teil seiner Schiffe dort herstellen, weil die Gegend sehr waldreich ist.

Ausfahrtsort: an der Mündung der Seine.

Dumnorix: Vgl. die fünfte Anmerkung zu Seite 8.

107 *Verpflegung:* Sie wurde also, nach den schlechten Erfahrungen des vorigen Jahres, dieses Mal vom Festland nach Britannien geschafft.

fuhr . . . ab: Über die zweite britannische Expedition erfahren wir Persönlicheres aus Ciceros Briefen. Dessen Bruder

Quintus (siehe Kapitel 24) war seit 54 in Gallien Caesars Legat und an der britannischen Expedition beteiligt. Quintus, aber auch Caesar fanden die Zeit, mehrmals von Britannien aus an Cicero zu schreiben. Man tut einen Blick in Dinge, die Caesar noch nebenbei erledigte. Cicero empfahl Caesar zuweilen irgendwelche Personen, um die Caesar sich etwas kümmern sollte; sie begaben sich, wie der Jurist Trebatius, zu ihm, um etwas Vermögen zu sammeln (Sueton, Caesar 47, behauptet sogar, daß Caesar selbst wegen der erhofften wertvollen britannischen Perlen die Überfahrt gemacht habe!). Zum Militärdienst war Trebatius wohl nicht zu brauchen, doch konnte sich Caesar nach der Rückkehr aus Britannien seiner juristischen Kenntnisse im Lager zu Samarobriva (Amiens) bedienen. – Auf eine solche Empfehlung schrieb Caesar einmal zurück: »M. Rufus (?), den du mir empfiehlst, will ich zum König von Gallien machen . . . Sende mir einen andern, damit ich ihn auszeichne.« Einmal erhält Caesar auch ein vollkommen vom Regen durchtränktes Briefpaket aus Rom. Über die Expedition äußerte sich Quintus zuweilen nicht sehr zuversichtlich, und daß es dort kein Silber gab, war für Cicero enttäuschend. Die Küstenfelsen schreckten ihn – doch wollte er die Expedition nach dem Stoff, den ihm Quintus lieferte, in einem Heldengedicht verarbeiten. – Übrigens beruht auf diesen Briefen die relativ genaue Chronologie dieses Feldzuges.

am günstigsten: Caesar fuhr wohl am 6. Juli ab und landete am 7. in Britannien. – Kurs erst nordwestlich, dann nördlich. Gegen Mitternacht war man auf der Höhe von South Foreland. Nach Mitternacht riß die Strömung die Flotte in die Nordsee, so daß die Felsen von Kingsdown hinter ihr verschwanden. Als die Strömung den Kanal hinauf aufhörte, wird Caesar die Wendung der Schiffe befohlen und mit der Ebbe abwärts fahrend die Gegend seiner vorjährigen Landung (Walmer Castle – Deal Castle) angesteuert haben. Kurz vorher trafen die Schiffe auf einen südwestwärts verlaufenden Gegenstrom, der die beschriebene Anstrengung beim Rudern der Transportschiffe nötig machte.

im Privatbesitz befindlichen Fahrzeugen: Sie gehörten vor allem wohl Kaufleuten, vielleicht auch Offizieren.

108 *an einen Fluß:* den Großen Stour. Man vermutet die Stellung bei dem heutigen Canterbury.
Schildkrötendach: Siehe das »Kriegstechnische Verzeichnis« unter »Belagerung«.

109 *halt machen:* Vielleicht ist zu übersetzen: »Er ließ sie auf dem Marsch Gegenangriffe zurückschlagen.« Caesar nahm offenbar seine Truppen an die Küste zurück.
Kapitel 12–14: Weniger aus stilistischen als aus sachlichen Gründen ist diese Stelle Caesar abzusprechen. Doch ist die Interpolation alt; zum Teil enthält sie wertvolle Nachrichten.

110 *blieben sie ... zurück:* Vielleicht ist hier eine Erinnerung an das Eindringen von Kelten auf der Insel vorhanden. Über die Beziehungen zwischen Britannien und dem Festland siehe die erste Anmerkung zu Seite 46. Namen von Völkerschaften des Festlandes kennen wir auf der Insel nur zwei und erst in späterer Zeit, die Atrebaten und die Parisier.
in der Mitte: Im Gegenteil, Zinn findet sich an der Küste von Cornwall, von wo es nach Gallien und Spanien ging, um dort schon früh von den Phöniziern, später von den Karthagern weiter verhandelt zu werden.
keine Buchen und Tannen: Trifft nicht zu.
Cantium: Kent.
Hibernia: Irland.
Mona: Den Namen Mona führen im Altertum sowohl die Insel Man wie Anglesey in der irischen See. Hier ist Man gemeint.
30 Tage hindurch Nacht: Meusel in seinem Caesarkommentar weist darauf hin, daß die Angabe selbst für die Orkney- und Shetlandinseln nicht stimme. Die Mitteilung geht durch Timaios auf Pytheas von Massilia zurück, der zur Zeit Alexanders diese Gegend bereist hat; die Angabe über die ewigen Nächte aber machte er von »Thule« (Norwegen), wohl nach Erzählung norwegischer Seeleute. Das ist hier fälschlich auf Britannien übertragen worden.
Wir haben: Im »Gallischen Krieg« ist dies das einzige »wir« (außer in Formeln wie »wie wir gezeigt haben«). Mit Recht hat man vermutet, daß der Interpolator so tun wollte, als

habe er an Caesars Expedition teilgenommen. Die Beobachtung selbst ist richtig; sie gilt für den Sommer.

111 *Umfang:* Die Umfangsschätzung stimmt, nicht natürlich die der einzelnen Seiten. Die Form der Insel wurde erst von Livius unter Augustus richtiger aufgefaßt. Über die Lage der Seiten des »Dreiecks«, eine Auffassung der Insel, die von Pytheas herrührt, zum Festland ist man sich nie recht ins klare gekommen.

bestellen ... leben ... bekleiden sich: Diese primitive Lebensweise im Innern ist zum mindesten für Caesars Zeit anzuzweifeln, wie Ausgrabungen gezeigt haben. – Daß man an der Küste Ackerbau trieb, geht aus IV 31 und 32 hervor.

112 *Gaius Trebonius:* seit 54 Legat in Caesars Heer. Er ist einer der tüchtigsten Offiziere Caesars geworden. Im Bürgerkrieg belagerte er u. a. Massilia von der Landseite her (49) mit großer Umsicht. Später Caesarmörder. 43 in Smyrna umgebracht.

113 *Tamesis:* Themse.

angelangt: Der Weg zur Themse ist unklar. Der Übergang erfolgte sehr wahrscheinlich bei Brentford. Dort fand man bei Baggerarbeiten Pfähle, die man den Verteidigungsmaßnahmen der Britannier zuweisen kann.

4000 Streitwagenkämpfer: vielleicht 2000 Kämpfer und 2000 Lenker.

114 *Trinovanten:* Sie wohnten nördlich der Themse, ihre Hauptstadt war Camulodunum = Colchester.

116 *stand wieder bevor:* Vgl. IV 36.

ans Festland: Die Bedeutung dieser Britannienzüge für die römische Herrschaft wie für die Landkarte hat Tacitus (Agricola 13) sehr gut gewürdigt: »Der göttliche Julius ist zwar mit einem Heer in Britannien gewesen; er hat auch in einem siegreichen Kampf die Einwohner geschreckt und die Küste gewonnen. Aber er dürfte doch das Land den Nachkommen nur gezeigt, nicht zum Besitz übergeben haben.« Es war schon ein Erfolg, daß die Hilfszüge nach Gallien aufhörten. Im übrigen gerieten die Inselkelten sofort in den südlichen Strichen unter den Einfluß der römischen Kultur, weil Caesars Züge zweifellos den Handel nach Britannien belebten.

Samarobriva: im Land der Ambianer, daher heute Amiens.
Gaius Fabius: Er verwaltete 57/56 als Propraetor Asien. Seit 54 Caesars Legat in Gallien. Tüchtiger Offizier. Im Bürgerkrieg leitet er bis zum Eintreffen Caesars die Ereignisse vor Ilerda. Bald hernach muß er gestorben sein. Er war anscheinend mit Atticus befreundet.
Quintus Cicero: Seit 54 ist des großen Redners Bruder Quintus Caesars Legat in Gallien (bis 51). Geb. 102; Propraetur in Asien 61–58, Legat des Pompeius in Sardinien. Daß er Caesars Legat wurde (54–52), hängt sicher mit der Wendung Ciceros zu Caesar zusammen. 51 mit seinem Bruder in der Provinz Kilikien im Südosten Kleinasiens. Im Bürgerkrieg wie sein Bruder Pompeianer. Von Caesar begnadigt, gehört er zu den Proskribierten von 43 und wird ermordet.
Lucius Roscius: Lucius Roscius Fabatus, der im Jahre 49 das Gesetz über das Bürgerrecht der Transpadaner beantragte, war kaum Caesars Quaestor, wie eine Handschriftengruppe will (V 53), sondern nach der anderen Handschriftengruppe Legat seit 54. Er führte nach V 53 die dreizehnte Legion. Im Januar 49 war er Unterhändler zwischen Pompeius und Caesar. Dann wohl Caesarianer. Er fiel bei Mutina 43, anscheinend auf der Seite des Senats.
Marcus Crassus: Marcus Licinius Crassus ist der Bruder des in den früheren Büchern erwähnten Publius (I 52, II 34, III 7), der im Winter 56/55 nach Rom zurückkehrte. Von Marcus weiß man, daß er 54 Quaestor Caesars wurde; auch zum Jahr 53 wird er genannt. Er blieb Caesar treu und verwaltete 49 Oberitalien. Bald darauf muß er gestorben sein.
Lucius Munatius Plancus: Geboren zwischen 90 und 85 in Tibur, früh mit Cicero bekannt. Bedeutender Redner. 54 Legat Caesars. Im Bürgerkrieg kämpft er als Caesarianer in Spanien und Afrika. Von Caesar sehr geschätzt. Stadtpräfekt von Rom 46 mit dem Recht der Münzprägung. Während des geplanten Partherkrieges sollte er 44/43 Oberitalien verwalten. Nach Caesars Tod abwartend. Er gründet Lugdunum (Lyon) und tritt dann auf Antonius' Seite, mit dem er nach Asien geht. 32 tritt er auf Octavians Seite,

für den er 27 den Titel Augustus beantragt. 22 Censor, Todesjahr unbekannt.

Eine Legion: die vierzehnte.

Padus: Po.

ausgehoben: Diese Aushebung war ungesetzlich, da die Transpadaner das römische Bürgerrecht nicht hatten. Caesar holte diese Erteilung, die er ihnen schon längst zugesagt hatte, 49 nach, um sich im Bürgerkrieg keinem Vorwurf auszusetzen.

fünf Kohorten: Woher diese stammen, ist unklar. Aber es können nach dem Text altgediente Soldaten sein.

Eburonen: Sie waren bis 57 Klienten der Atuatucer. Aus dieser Lage befreite sie Caesar, vgl. Kapitel 27.

117 *diese Soldaten:* Ihr Winterlager war in Atuatuca, darüber siehe VI 31. Wegen der Unklarheit bezüglich der Lage des Ortes ist auch die Bestimmung des geographischen Raums für die weiteren Ereignisse unmöglich.

Quaestoren: Text unklar; Caesar hat nur einen Quaestor.

121 *diese da:* Bei diesen Worten zeigt Sabinus auf die Menge der umstehenden Soldaten.

122 *Viereck:* Vgl. IV 37.

125 *zu den Atuatucern:* Der Weg führte über das Plateau von Herve und die Ebene von Hesbaye.

Ceutronen . . . Geidumner: Die Erwähnung der sonst nicht vorkommenden Namen ist auf den Leser berechnet, weil er so einen wirklichen Eindruck von der Gefahr erhält.

126 *120 Türme:* Die Zahl ist anzuzweifeln; sie ist zu hoch. Bei einer etwa anzunehmenden Umzugslänge von rund 1,8 km würde alle 14 m ein Turm gestanden haben. Bei Alesia (VII 72) beträgt der Abstand nach den Handschriften wenigstens 24 m, aber auch da sind es sicher 120 m.

Mauerpilen: Siehe das »Kriegstechnische Verzeichnis« unter »Pilum«.

sich . . . zu schonen: Aus Briefen des Redners Cicero an seinen Bruder 54 und 53 ergibt sich, daß Quintus in seinen Mußestunden im Feld, sowohl in Britannien wie in Samarobriva, Caesars Hauptquartier, Tragödien dichtete und dabei vier Stücke in 16 Tagen fertigbrachte.

127 *Mauersicheln:* Einen solchen Mauerhaken fand man 1862 in der gallischen Mauer von Besançon. Auch bei Avaricum und

Alesia bedienten sich die Gallier ihrer (VII 22, 84, 86). Vgl. III 14.

128 *Primipilus:* Siehe das »Kriegstechnische Verzeichnis« unter »Centurio«.

130 *gelangte er ... zu Caesar:* nach Samarobriva.
um die elfte Tagesstunde: um 5 Uhr nachmittags.
um die dritte Stunde: um 9 Uhr vormittags.
Vortrupp: Siehe das »Kriegstechnische Verzeichnis« unter »Aufklärung«.

131 *in griechischen Buchstaben:* nicht »in griechischer Sprache«. Die Belger hier im Norden hatten sicher die Kenntnis der Buchstaben nicht, die man im Süden Galliens (siehe I 29) allerdings voraussetzen muß, geschweige denn der lateinischen Sprache. Auch mit Diviciacus verhandelte Caesar durch einen Dolmetscher (I 19). So mußte sich Caesar nur gegen die Verdolmetschung der römischen Kriegsgefangenen bei den Nerviern sichern.

133 *vor der dritten Stunde:* vor 9 Uhr vormittags.

134 *nach der neunten Stunde:* nach 3 Uhr nachmittags.

138 *niedergehauen:* Indutiomarus' erster Aufstandsversuch und sein Tod schließen wirkungsvoll Anfang und Ende dieses Buches zusammen, sonst bildet die Legionsverteilung auf die Quartiere den Schluß eines Buches, auch in Buch II, während Galbas verfehlte Expedition von 57 in Buch III am Anfang nachgeholt wird. Umgekehrt wird hier die Verteilung auf die Winterlager schon – richtig – Kapitel 24 erwähnt, aber mit der Erzählung fortgefahren, um die künstlerische Geschlossenheit des Buches ebenso zu gewinnen, wie diese in Buch II nicht durch Schilderung jenes Mißerfolges gestört werden sollte. Buch VI und VII führen die Schilderung dieser Aufstände auf den Gipfel. Eine Ruhepause entsteht durch die Sittenschilderung in Buch VI.

139 *Marcus Silanus:* Marcus Junius Silanus, nur 53 als Legat Caesars in Gallien genannt. Mehr von ihm weiß man nicht.
Gaius Antistius Reginus: 53/52 Legat in Gallien; auch von ihm ist nichts weiter bekannt.
Titus Sextius: seit 53 Caesars Legat in Gallien. 52 kommandiert er vor Gergovia eine Legion. Dann hört man nichts mehr von ihm bis zum Jahre 44, in dem Caesar ihm die Provinz Neu-Afrika (= Numidien) überträgt. Nach Caesars

Ermordung Anhänger des Antonius, dann der Triumvirn. Er sucht sich darauf als Statthalter in Alt- und Neu-Afrika unter Kämpfen zu halten; er bleibt immer Anhänger des Antonius. Im Jahre 40 tritt er Afrika an den Triumvir Lepidus ab und verschwindet damit aus der Geschichte.

Oberbefehls: Der Oberbefehl des Pompeius bezieht sich auf die beiden spanischen Provinzen. Er ließ sie durch Legaten verwalten und blieb bei der Stadt – denn mit militärischer Befehlsgewalt durfte er sie nicht betreten –, um weiterhin die Regelung der Getreidebeschaffung für die ärmere Bevölkerung Roms in der Hand zu behalten. Durch das Trebonische Gesetz von 55 hatte er wie Crassus das Recht, überall Truppen auszuheben, also auch in Caesars Statthalterschaft Oberitalien.

Fahneneid: Siehe das »Kriegstechnische Verzeichnis« unter diesem Stichwort.

unerschöpfliche Möglichkeiten: Die Legionen mußten sich aus römischen Bürgern zusammensetzen.

erfüllte: Die übersandte Legion führt bei Pompeius die Nr. 1 (VIII 54), bei Caesar möglicherweise die Nr. 6.

drei Legionen: Zu der von Pompeius überlassenen Legion traten die Legionen 14 (für die bei Atuatuca 54 vernichtete neu gebildet) und 15 hinzu.

140 *Lutecia:* auf der Seine-Insel des heutigen Paris.

142 *ins Trevererland:* V 24 hieß es, daß Labienus an der Grenze des Trevererlandes überwintern sollte; der Ausdruck hier muß als Abkürzung dafür verstanden werden, ebenso unten Kapitel 77.

Gaius Fabius: Siehe die vierte Anmerkung zu Seite 116.

Marcus Crassus: Siehe die siebte Anmerkung zu Seite 116.

144 *oberhalb der Stelle:* Vgl. die erste Anmerkung zu Seite 89.

145 *Ubier:* Siehe die siebte Anmerkung zu Seite 81.

Sueben: Siehe die dritte Anmerkung zu Seite 30 und IV 1 ff.

Bacenis: Dieser Wald ist eines der deutschen Mittelgebirge, hier wohl der Harz. Der Name steckt aber auch in dem mittelalterlichen Wort Bochonia; so nannte man die Höhen bei Fulda.

146 *von den Sitten . . . zu berichten:* Caesars Bericht über die Sitten der Gallier und Germanen ist ein wichtiges Stück in der Geschichte unseres Wissens von der Entdeckung des Nor-

dens. Er ist von ihm geschickt in das an Ereignissen an sich nicht reiche Buch eingelegt worden und einschließlich der vier Schlußkapitel (25–28) echt. Mit seiner Einlage übernimmt Caesar eine Gewohnheit der großen Historie; daher der entschuldigende Ausdruck »scheint es durchaus berechtigt« am Anfang von Kapitel 11. – Der erste, der Kenntnis des Nordens von eigenen wohl bis hinauf nach Norwegen führenden Reisen der Mittelmeerwelt vermittelte, war der aus Massilia stammende gelehrte Kaufmann Pytheas zur Zeit Alexanders des Großen. Erst langsam indes nahm in der Folgezeit die Erforschung jener Gebiete ihren Fortgang. Eine der wichtigsten Beschreibungen entstammt der Feder des großen Philosophen Poseidonios von Apameia (um 135 bis um 51), bei dem viele Römer der Zeit Studien gemacht haben. Wir besitzen seine Forschungen u. a. zum Volkscharakter der Gallier noch in großen Auszügen; auch Trümmer von dem, was er über Germanien schrieb, sind erhalten. Dabei ist wichtig, daß er Gallier und Germanen als zwei Völker ansah, deren Kultur er aber für verhältnismäßig einheitlich hielt. Seine Mitteilungen gingen Caesars »Gallien, Land und Leute« voraus. Caesars enge Berührung mit den Galliern, weniger mit den Germanen, vertiefte diese Erkenntnisse entschieden. Vor allem ging ihm der grundlegende Unterschied zwischen Germanen und Galliern auf, und wir verdanken ihm die seitdem gültige Auffassung vom Stammescharakter und der Kultur unserer Vorfahren. Er hat natürlich sich manches aus Poseidonios erklärt. Wenn er von den Sitten des einzelnen Galliers, anders als Poseidonios es tat, nichts schreibt – Privates teilt er meist nur mit, wenn es eine Situation des Krieges erläutern hilft –, so deswegen, weil ihm das als Wichtigstes für ein Verständnis des gallischen Krieges erschien, was das Wesen der sozialen Struktur des Volkes war, mit dem er kämpfte; denn dieses war ein Faktor im gallischen Krieg wie in seinen Siegen. So erläutert er bei den Galliern vor allem die für das Volk so unheilvolle Parteiung, die mächtige und politisch sich auswirkende Druidenreligion, das Adelstum und Klientenwesen. Das Bild der Germanen entspricht dem der Gallier – es wird vornehmlich ihre Tapferkeit, die im gallischen Krieg ebenfalls ein Machtfaktor war, aus den Lebensgewohnheiten erläutert. Diesen Gegensatz hebt am schärfsten der geschichtliche Exkurs in Kapitel 24 heraus. Doch hat Caesar in den Germanenabschnitten für das Volk verallgemeinert, was ihm die Ubier 55 von den Sueben erzählten. Hier gewann erst die Forschung der Kaiserzeit ein genaueres Bild (Plinius der Ältere, Tacitus).

beinahe in jeder einzelnen Familie: Ein Beispiel bei den Haeduern ist die verschiedene Parteizugehörigkeit von Dumnorix und seinem Bruder Diviciacus.

bei den Haeduern: Siehe die zweite Anmerkung zu Seite 26.

Hinmetzelung: in der Schlacht bei Magetobriga, Ende 61 oder Anfang 60.

147 *Reise nach Rom:* im Jahre 60.

waren die Remer getreten: seit Anfang 57.

149 *übergehen:* Es ist nicht ausgeschlossen, daß die Seelenlehre der Druiden mit pythagoreischer Spekulation zusammenhängt, die Gallien über Massilia erreicht hat.

Ritter: d. h. der Adel, dem vor allem die so oft genannten »Fürsten« angehören.

Ambacten: keltisches Wort für »Sklaven«.

150 *Merkur:* Benennungen gallischer oder germanischer Gottheiten mit römischen Namen entsprechenden Inhaltes nannte man »römische Auslegung« (interpretatio Romana). Man konnte sich dann unter dem Gott etwas vorstellen; der barbarische Name ist nur für die Nachwelt interessant. Spätere Weihesteine sind meist mit beiden Namen versehen. – Merkur oft = Teutates, Mars = Esus, Juppiter = Taranis, Apollo = Belenus, Minerva = ? Aber in Gallien wurden eine Unmenge Natur- und Fruchtbarkeitskulte gepflegt und Götter und Göttinnen verehrt, die an Bächen, Quellen und Seen ihren Wohnsitz hatten. Dazu gab es eine Bärengöttin, eine Pferdegöttin. Diese alle tragen die verschiedensten Namen mit lokaler Begrenzung in der römischen Zeit Galliens; unter dem Oberbegriff der genannten römischen Götter stellen sie einzelne kennzeichnende Eigenschaften von diesen dar. Möglich ist es aber, daß hinter den römischen Namen, die Caesar überliefert, keltische Gottheiten von einst umfassenderer Geltung sich verbergen. Die schönsten Statuetten haben wir von den drei Muttergöttinnen. Im Museum in Trier kann man sich davon ein gutes Bild machen.

Vater Dis: keltisch Cernunnus.

152 *weder Druiden:* Das soll wohl heißen, es gab keine so mächtige Priesterkaste, wie es die Druiden waren. Denn Priester und Priesterinnen kannten auch die Germanen.

die Sonne . . . der Mond: Hier sind Caesars Nachrichten sehr dürftig, wie die ausgebildete germanische Mythologie beweist. Der Sonnenkult existiert seit der Bronzezeit. Für Mondverehrung sprechen noch sporadische Formeln des deutschen Aberglaubens.

anderswohin zu gehen: Über die germanische Agrarverfassung ist viel geschrieben worden. Viele glauben, daß Caesar eine in Grenzbezirken herrschende Gewohnheit bei der Landnahme als allgemeine Siedlungsform betrachtet, sie aber falsch beschrieben habe, insofern er das Privateigentum bestreitet. Es gab natürlich feste Ansiedlung. Mehr und Genaueres bei Tacitus, Germania 16, 26. Man denkt an große Landlose, so daß die Germanen jedes Jahr ein neues Feld bestellen konnten, bis man sich zur Dreifelderwirtschaft entschloß. »Anderswohin« bedeutet also wohl »an eine andere Stelle der Gemeindegemarkung«.

153 *Einöden:* Siehe IV 3. Das dort Berichtete erscheint hier verallgemeinert.

Behörden . . . obliegt: Man hat neuerdings ermittelt, daß nicht der »Herzog« in dieser Zeit gemeint ist, sondern Befehlshaber der Abteilungen. Es gibt mehrere Beispiele, aus denen hervorzugehen scheint, daß die Stämme im Kampf mit den Römern keinen einheitlichen Oberbefehl hatten.

Kolonien über den Rhein: Bis etwa 500 v. Chr. saßen die Gallier in ganz Süddeutschland und reichten hinauf bis zum Harz. Dann trat die germanische Gegenbewegung ein, die vor 100 den Niederrhein und etwa 60 den Oberrhein erreichte (siehe I 1).

Volcer: an sich ein Volk im Westen der römischen Provinz, von dem ein Splitter nach dem Harz und Thüringen geraten sein muß. Sie berührten sich direkt mit den Germanen. Daher »Welsche« als Bezeichnung der Deutschen für die westlichen Nachbarn.

154 *den hercynischen Wald:* die mitteldeutschen Gebirge von den Donauquellen bis zu den Karpaten, zu kelt. »erkunia« = Eichwald.

Eratosthenes: berühmter griechischer Geograph zu Alexandria (275–195 v. Chr.).
einigen griechischen Schriftstellern: Aristoteles, Timaios, Poseidonios?
Kapitel 25–28: Diese Kapitel sind Caesar vielfach abgesprochen worden, sicher zu Unrecht.
ein Rind: nach römischem Sprachgebrauch jedes größere Tier, das ein Geweih trug, gespaltene Hufe hatte und von Gräsern lebte.

156 *Gaius Volcatius Tullus:* im Bürgerkrieg Caesarianer, bei den Kämpfen um Dyrrhachium von Caesar erwähnt.
Lucius Minucius Basilus: wohl als Legat (?) im Spätjahr 54 zu Caesar nach Gallien gekommen. Im Bürgerkrieg zeichnet er sich auf Caesars Seite bei Dyrrhachium 48 aus. 45 erhält er die Praetur, aber keine Anwartschaft auf eine Provinz. An der Ermordung Caesars nahm er auf seiten der Verschwörer teil. Nach den Iden des März sympathisierte er offenbar mit Antonius. 43 wird er (ohne politischen Hintergrund) von seinen Sklaven wegen seiner Grausamkeit ermordet. Dieser Charakterzug ließ ihn Caesar wohl als geeignet erscheinen, in führender Stellung an der Verwüstung des Eburonenlandes teilzunehmen.
Arduenna-Wald: Ardennerwald. Vgl. die Anmerkung zu Seite 104.
500 Meilen: Diese Längenangabe ist falsch; V 3 war die Ausdehnung durch die Nennung des Rheins und den Anfang des Remerlandes bestimmt. 750 km Ost-West-Ausdehnung führen bis über die Seinemündung hinaus. Die Angabe ist aus einer anderen Beschreibung Galliens (Poseidonios?) ganz ungeschickt eingeschoben.

157 *Segner und Condruser:* Die Segner wohnten im nördlichen Luxemburg und in Belgisch-Luxemburg, die Condruser zwischen Namur und Lüttich (»pays de Condroz«).

158 *Atuatuca:* Vgl. V 24. – Lage unklar, Napoleon III. und C. Jullian denken an Tongern.
in Italien ausgehoben: Vgl. Kapitel 1.
Scaldis: Schelde. – Mindestens für die heutige Geographie stimmt das nicht. Man hat deswegen statt an die Schelde an die Sambre gedacht. Aber es kann bei der Erwähnung der Schelde ein geographischer Fehler Caesars vorliegen (sie ist

zu weit westlich); daß sie früher in die »Alte Maas« floß – so auf einer Karte von Brabant im 16. Jahrhundert –, mag den Zusatz »einem Nebenfluß der Maas« erklären.

160 *Sugambrer:* Siehe die erste Anmerkung zu Seite 88.
aufgenommen hatte: Vgl. IV 18.
30 Meilen unterhalb der Stelle: Von Neuwied aus sind es gerade 45 km bis Bonn, wo die Sugambrer über den Rhein gesetzt sein müssen.

161 *Porta decumana:* Siehe das »Kriegstechnische Verzeichnis« unter »Lager«.
Kaufleute: Siehe die zweite Anmerkung zu Seite 174.

162 *Publius Sextius Baculus:* Siehe II 25 und III 5.
Primipilus: Siehe das »Kriegstechnische Verzeichnis« unter »Centurio«.

163 *erst kurz ausgehoben:* Siehe Kapitel 32.

164 *habe umkehren heißen:* In einem Privatbrief Caesars an Marcus Cicero, von dem ein Fragment sich erhalten hat, liest man ein herberes Urteil über das Verhalten des Quintus Cicero: »Er hat sich nicht im Lager gehalten, wie es einem vorsichtigen und gewissenhaften Feldherrn angestanden hätte.« Aber in dem öffentlichen Werk war Caesar mit seiner Kritik zurückhaltender.

165 *Durocortorum:* Reims.
Carnuten: Die Carnuten sind in der gallischen Aufstandsbewegung (vgl. VII 2) ein wichtiges Volk; bei ihnen lag (siehe oben Kapitel 13) der religiöse Mittelpunkt des Landes Gallien.
nach der Sitte der Vorfahren: »Es wurden bei dieser Exekution dem Verurteilten die Hände auf dem Rücken gebunden, er selbst an einen Pfahl gefesselt (oder mit dem Halse in eine Gabel gesteckt), entkleidet und gegeißelt, alsdann auf dem Boden hingestreckt und durch einen Beilschlag enthauptet.« (Mommsen, Römisches Strafrecht, Seite 918)

166 *Agedincum:* Sens in der Champagne.

167 *Publius Clodius:* Parteigänger Caesars. Der Mord fand am 8. Dezember 53 (julianisch) statt.
Senatsbeschluß: Durch ihn erhielt Pompeius im Jahre 52 wieder das Recht der Truppenaushebung.
alle jüngeren Leute: Die Römer bildeten aus den jüngeren

(vom 18. bis zum 45. Lebensjahr) und den älteren (bis zum 60. Lebensjahr) ihre Legionen.

schmückten . . . aus: Caesar war zweifellos mit der Übernahme einer solchen Machtstellung, wie sie Pompeius 52 erhielt, nicht einverstanden, und er fühlte, wie sehr die Entwicklung zu einem Bürgerkrieg hintrieb. Das erklärt die Reaktion der Gallier, die an eine Rückkehr Caesars nicht mehr glaubten.

den Tod Accos: VI 44.

168 *Feldzeichen:* Tierköpfe auf Stangen.

Gutuater: So nennt Hirtius diesen Mann (VIII 38), es ist ein keltischer Priestertitel. Die Caesarhandschriften haben hier Cotuatus; das ist entweder aus Gutuater entstellt oder der Name dieses Priesters.

Cenabum: Orléans.

169 *Celtillus:* Siehe die zweite Anmerkung zu Seite 26.

Gergovia: Hauptstadt der Arverner.

170 *reiste er:* gegen Ende Februar (julianisch). Die Gallier hatten also über zwei Monate Zeit, sich vorzubereiten.

171 *Cadurcer:* Die Cadurcer waren Klienten der Arverner; sie wohnten an der römischen Provinz um den Lot herum.

Nitiobrogen und Gabalern: längs der Nordgrenze der Provinz.

Narbo: Narbonne.

Helvier: zwischen der Rhône und dem nördlichen Ostabfall der Cevennen.

Cebenna-Gebirge: die Cevennen.

172 *Brutus:* Vgl. die Anmerkung zu Seite 69.

Vienna: Vienne an der Rhône.

wo zwei Legionen überwinterten: Vgl. VI 44.

Gorgobina: genaue Lage unbekannt. Man muß die Stadt in der nördlichen, westlichen oder südlichen Umgebung von Nevers an der Loire (vor der Einmündung des Allier) suchen.

angesiedelt . . . überwiesen: Vgl. I 28.

173 *Agedincum:* Sens. Vom Lingonenland marschierte er dorthin. Es war bis zur Niederlage von Gergovia seine Basis.

Vellaunodunum: Lage ungeklärt. Es ist ein Ort zwischen Sens und Orléans.

Cenabum: Orléans.

174 *Liger:* Loire.
die Beute: Die Beute gehört grundsätzlich dem Staat. Es war aber schon längst üblich, einen großen Teil an die Soldaten zu verschenken, die sie dann ihrerseits bei den das Heer begleitenden Händlern (VI 37) in Geld umsetzten. Außerdem ernährte der Krieg den Krieg, und so gab es kein Gesetz, das die Feldherrn in der Art der Verwendung einschränkte. Aus diesem Zustand folgten die großen Vermögen, die Caesar und andere im gallischen Krieg erwarben.
Noviodunum: Lage unklar. Zwischen Orléans und Bourges (Avaricum).
175 *400 germanische Reiter:* die erste germanische Reitertruppe in römischen Diensten.
Avaricum: Bourges; der Name Avaricum von dem Flüßchen Avara = Yèvre.
und zwar . . . des Weges: Text unsicher.
177 *mit dem Fleisch:* Fleisch galt als Notnahrung.
181 *Mauersicheln:* Vgl. V 42.
182 *etwa folgende Form:* Die hier gegebene Schilderung von der Bauart gallischer Mauern hat Zweifel hinsichtlich ihrer Echtheit hervorgerufen. Indes haben Jacobi (Saalburgjahrbuch IV 1913 I, erschienen 1921, Seite 33 ff.) und Saatmann-Jüngst-Thielscher (Philologische Wochenschrift 1931, 1596 ff.) durch Vergleich mit den gallischen Funden und Vitruv I 5 dargetan, daß Caesars Bericht »fachmännisch und klar« ist. Zwar haben die keltischen Mauerfunde in Frankreich, Belgien und Deutschland bisher nicht die Existenz eines Einheitstyps bestätigt, den der Leser Caesars annehmen muß. Aber Caesar will nur das Wesen dieser gallischen Mauern darlegen, das in der sinnvollen Verbindung von Holz und Stein besteht. Am nächsten kommen der vorliegenden Beschreibung die Wälle auf dem Mont Beuvray bei Autun (= Bibracte, vgl. die zweite Anmerkung zu Seite 21), von Murceint im Departement Lot und auf der Hügelfeste Impernal nördlich von Luzech.
2 Fuß: am Mont Beuvray 2,70 m.
verkämmt: Verkämmen ist ein Fachausdruck, der die Verbindung zweier sich kreuzender waagrechter Bauhölzer durch Einlassen ineinander bezeichnet.

Widder: Siehe das »Kriegstechnische Verzeichnis« unter »Belagerung«.
Längsbalken von 40 Fuß: Auf dem Mont Beuvray hat man sie in der angegebenen Länge gefunden. Sie dienen der Verklammerung der Querbalken zu einem unverschiebbaren Ganzen.
183 *Mehrladegeschütz:* Siehe das »Kriegstechnische Verzeichnis« unter »Geschütze«.
184 *vorzuschieben:* auf dem Damm.
187 *»Freund«:* Siehe die dritte Anmerkung zu Seite 8.
188 *Decetia:* Decise, 30 km südöstlich von Nevers, wo der Aron in die Loire mündet. Hier überschritt die von Bibracte nach Avaricum führende Straße die Loire.
189 *zu den Senonen und Parisiern:* Labienus sollte wohl jeder Aufstandsregung (siehe VI 2–3) der Senonen und der mit ihnen politisch verbundenen Parisier zuvorkommen. Im vorigen Jahr schon hatten sie sich erheben wollen.
Elaver: Allier.
an einer waldigen Stelle: bei Varennes (Napoleon III.).
190 ⟨· · ·⟩: Die Stelle ist in Unordnung. Aus dem Nachsatz ergibt sich, daß diese Kohorten so weite Abstände nehmen sollten, daß die Ausdehnung eines Zuges von 6 Legionen vorgetäuscht wurde.
sehr schwierige Zugänge: Von der Nord- und Ostseite ist das 703 bis 744 m hohe Plateau, 300 m über dem Auzonbach, nicht zu ersteigen.
an dem Bergabhang: Dem Plateau waren südlich Terrassen vorgelagert.
alle Erhebungen des Gebirgszuges: die Höhen von Risolles, den Puy de Jussat und die Roche blanche.
ein . . . befestigter Hügel: die Roche blanche.
191 *mit zwei Fuß breiten Gräben:* Die im Auftrag Napoleons III. vorgenommenen Ausgrabungen haben die beiden Lager und die Gräben ans Licht gebracht. Doch war der einzelne Graben nur 6 Fuß breit und tief.
193 *Gaius Fabius:* Vgl. die vierte Anmerkung zu Seite 116.
194 *nach der Sitte der Gallier:* Vgl. III 22.
Wurfmaschinen: Siehe das »Kriegstechnische Verzeichnis« unter »Belagerung«.
195 *Cavillonum:* Châlon sur Saône.

196 *überlegte:* Diese Überlegungen waren durch die unverläßliche Haltung der Haeduer hervorgerufen; ehe sie abfielen, mußte er unbedingt eine getreidereiche Gegend erreichen, die auf seiner Seite stand.
zu einem . . . Unternehmen: Der Sinn dieses Unternehmens ist aus den letzten Worten von Kapitel 43 zu entnehmen.
einen der Hügel: die Höhe 692 im Südosten von Gergovia; gehört noch zu den Höhen von Risolles.
abgeschnitten seien: Nur Wasser holten die Gallier bisher am Auzonbach.

197 *in einem weiten Bogen:* über die Montagne de la Serre.
sich verbergen: am Auzonbach bei dem Dorf Chanonat (Napoleon III.).
von rechts her: von der Ostseite her.

198 *arbeiteten sich . . . hinauf:* durch die Schlucht von Merdogne.
drei Lager: Vercingetorix ließ die Stämme stets getrennt lagern (vgl. Kapitel 28 und 36).
Teutomatus: Vgl. Kapitel 31.
seinen Zweck erreicht hatte: Das dürfte wohl kaum ganz der Fall gewesen sein!
machte halt: Sie stand wohl rechts der Schlucht von Merdogne (von unten gesehen) in Reserve bei dem heutigen Dorf.

199 *die Belohnungen von Avaricum:* Siehe Kapitel 27.
Titus Sextius: Siehe die dritte Anmerkung zu Seite 139.
des Gebirgsrückens: von Gergovia.

201 *eine Anhöhe:* den Ostabfall der Roche blanche nach der Karte im Atlas von Kromayer-Veith (Leipzig 1922 ff., Röm. Abt. 18); Meusel denkt verständlicher an den Abfall des Gergoviaberges, den hinab die zehnte Legion den Rückweg bis zur Stellung der dreizehnten Legion und dann mit den anderen Legionen bis in die Ebene beim Dorf Donnezat antrat.
fast 700 Soldaten: wohl etwas zu niedrig gegriffen.

202 *Elaver:* Allier.
die Brücke: etwa bei Vichy, Varennes liegt zu weit nördlich. Immerhin ist auch dieser Übergang 66 km von Gergovia entfernt.

203 *Noviodunum:* Nevers. Caesar hatte also eine Etappenstation zwischen Agedincum und Gergovia errichtet.

Liger: Loire.

204 *Sequana:* Seine.

in jener Gegend: südöstlich von Lutecia, wo die Essone fließt.

205 *Metlosedum:* Melun. – Labienus ist auf dem linken Seineufer herangerückt und geht bis Metlosedum auf ihm zurück, um dann auf dem rechten bis Lutecia abwärtszuziehen.

abgeschnitten: Vgl. Kapitel 55.

206 *der große Fluß:* die Seine.

dort auf ihn zu warten: beim heutigen Point du jour.

209 *werde keinesfalls . . . kämpfen:* Etwas später ließ er sich aber doch von Caesar dazu zwingen, so daß er zum zweitenmal die Initiative verlor.

Allobrogen: Siehe die erste Anmerkung zu Seite 10.

Schutztruppe: aus provinzialen Kelten gebildet und nicht zu Legionen zusammengeschlossen.

Lucius Caesar: Lucius Julius Caesar, Verwandter des Diktators. 64 Konsul, sprach sich für den Tod seines Schwagers Lentulus, eines der Catilinarier, aus. Später Legat Caesars in Gallien (52 bis Anfang 49). Caesarianer, Gegner des Antonius; 43 geächtet, aber begnadigt. Sein Sohn im Bürgerkrieg auf Pompeius' Seite.

Gaius Valerius Domnotaurus: Bruder des I 47 genannten Gaius Valerius Procillus.

210 *Rhodanus:* Rhône.

Leichtbewaffnete . . . pflegen: Vgl. I 48.

Freiwilligen: evocati, siehe das »Kriegstechnische Verzeichnis« unter »Legion«.

Hilfe bringen zu können: Caesar hatte wohl die Absicht, einfach zunächst Vercingetorix in für die Römer günstigeres Gelände zu ziehen. Daß dieser Marsch in die Provinz gehen sollte, bestreitet er ausdrücklich (Kapitel 55). Es sieht so aus, als habe er die Feste Vesontio (Besançon) gewinnen wollen.

211 *Am folgenden Tag:* Aus der Anlage der Verfolgung des Vercingetorix nach seiner Niederlage durch Caesar (Kapitel 68) ergibt sich, daß die Schlacht etwa 50–60 km östlich von Alesia auf den Feldern nördlich von Dijon stattgefunden haben muß. Caesar zog von Nordosten auf Dijon zu (C. Jullian, Vercingétorix 253). Napoleon III. nimmt das Schlachtfeld an der Vingeanne etwas nördlicher an, aber sein Punkt

ist etwas mehr als 60 km Luftlinie (!) von Alesia entfernt.
Front zu machen: Text unsicher.
bis zu einem Fluß: nach Jullian der Suzonbach, nach Napoleon III. die Vingeanne und der Badin.

212 *im Krieg der Haeduer mit den Sequanern:* Vgl. VI 12.
Alesia: Alise-Ste Reine am Westabfall des Mont Auxois (auf dem das alte Alesia lag), Bahnstation an der Eisenbahnlinie Paris–Dijon.
Mandubier: ein ganz kleiner Stamm.
den nächsten Hügel: Jullian denkt an den Hügel, auf dem das Dorf Talant liegt.
auf einem . . . Berg: Der Berg heißt Mont Auxois und ist 418 m hoch. Über der Ebene im Westen (der Plaine des Laumes) erhebt er sich etwa 160 m.
von Flüssen: Oze und Ozerain, die in der Plaine des Laumes in die Brenne münden.
umgaben . . . Hügel: im Süden die Montagne de Flavigny, im Südwesten der Mont Pennevelle, im Nordosten die Montagne de Bussy und im Nordwesten der Mont Réa. Nur der Mont Pennevelle hängt durch einen Höhenrücken mit dem Mont Auxois zusammen, die anderen Hügel sind durch Täler abgetrennt.
10 Meilen: Andere Handschriften schreiben 11.
⟨*acht*⟩: Die Zahl nach den aufgefundenen Lagern ergänzt. Es waren vier Kavallerielager und vier Infanterielager.

214 *Alle übrigen Befestigungen:* Diese Befestigungen befinden sich auf der Westseite von Alesia am Fuß des Berges.

215 *80 Schritt:* 120 m. – Im Text steht zwar »Fuß«, und das wären 24 m. Aber die Türme waren mit Geschützen gespickt, und deren Schußweite betrug oft über 200 m. Die Änderung besteht also wohl zu Recht. – Vgl. die erste Anmerkung zu Seite 126.

217 *Suessionen:* Konjektur. Aber das »Senonen« der Handschriften ist falsch, vgl. ihre Erwähnung einige Zeilen vorher, wo die Handschriften übereinstimmen.
Von diesen allen: Einige Stämme fehlen: die Lingonen und Remer verständlicherweise, ebenso die Treverer (vgl. oben Kapitel 63); die Atuatucer und Menapier werden zu unbedeutend gewesen sein, so daß man sie befreite. Aber auch

die Viromanduer und Leucer fehlen. Die Eburonen werden erledigt gewesen sein.

früher: Vgl. IV 21 und 27, V 22.

steuerfrei: unklar, ob abgabenfrei oder frei von Getreidelieferungen für die römische Armee.

218 *marschieren sie:* etwa 50 Tage später, nachdem Vercingetorix die Reiter entlassen hatte.

220 *lagern sich:* am Fuß des Berges, wo heute Mussy-La-Fosse liegt.

222 *Schleudersteinen:* unsicher.

Pfählen: Sie wurden mit Geschützen geschleudert.

Marcus Antonius: Caesars Freund und der spätere Triumvir, geb. 82, kämpft in Palästina und Ägypten und wird 54 (?, sicher 52) Caesars Legat in Gallien. 51 Quaestor Caesars. Nach Caesars Tod will er dessen Nachfolger werden (Testamentsszene und Leichenrede), wird aber von Octavian und dem Senatsheer 43 geschlagen. Danach wird der Senat ausgeschaltet, und Octavian und Antonius schließen mit Lepidus das zweite Triumvirat. Später erhält Antonius bei der Reichsteilung den Osten. Liebe zu Kleopatra. Mißlungener Partherkrieg 36. 31 verliert er die Schlacht von Actium. Selbstmord in Alexandria 30.

Gaius Trebonius: Siehe die Anmerkung zu Seite 112.

Mauerspieße: Vgl. V 40. Sie wurden mit Geschützen geschleudert. Vgl. das »Kriegstechnische Verzeichnis« unter »Pilum«.

223 *ein Hügel:* der Mont Réa.

Gaius Antistius Reginus: Vgl. die zweite Anmerkung zu Seite 139.

Gaius Caninius Rebilus: 52 und 51 Caesars Legat in Gallien. 49 sein Unterhändler bei Pompeius, mit Curio in Afrika geschlagen, aber gerettet. 46 erobert er Thapsus. War 45 für einen Tag (31. 12.) Konsul, worüber noch später Witze gemacht wurden. (»Der eintägige Konsul«, »Wir haben in Caninius einen wachsamen Konsul, der in seinem Konsulat überhaupt nicht geschlafen hat«, »Niemand hat während dieses Konsulats gefrühstückt«.)

224 *einen geeigneten Punkt:* vermutlich auf der Höhe von Flavigny.

hierher: gegen die Höhe von Flavigny nach allgemeiner Annahme.

225 *mit einem Teil der Kohorten:* Text unsicher.

Brutus: Decimus Junius Brutus.

elf Kohorten: Die Zahl ist Vermutung, der Text zerstört.

an der Farbe seiner Kleidung: Caesar trägt jetzt den leuchtend roten Feldherrnmantel.

226 *als Beute:* Vgl. Kapitel 11.

227 *Marcus Sempronius Rutilus:* Reiterführer Caesars im Jahre 52.

Er selbst beschließt: Die Verteilung war wie stets sehr überlegt. Labienus besetzt mit seinen Truppen Vesontio (Besançon), d. h. die Feste, welche die Verbindung der bei den Remern zum Schutz gegen Überfälle der Bellovacer stehenden Truppen mit der Provinz und Italien sichert. Das Remerland und die Lingonen bilden Caesars Basis gegen die Haeduer und Arverner. Die Arverner erhalten (aus den in Kapitel 89 angegebenen Gründen?) keine Winterquartiere, aber durch die bei den Biturigen und Rutenern – wo die Ambivareter wohnen, weiß man nicht – überwinternden Legionen werden sie mit in Schach gehalten. Die Haeduer überwachte Caesar selbst.

Dankfest: Vgl. die achte Anmerkung zu Seite 62.

228 *Aulus Hirtius:* Legat Caesars im gallischen Krieg, Konsul 43, fiel im Kampf gegen Antonius bei Mutina.

Balbus: Lucius Cornelius Balbus aus Spanien, Geschäftsträger und Günstling Caesars, meist in Rom. Er hat Cicero nach dem Bürgerkrieg Caesars Verzeihung erwirkt (48). Später Anhänger Octavians.

aneinanderpassen: unsicher.

fortgesetzt ... zum Ende geführt: Hirtius füllte im Spätjahr 44 die Lücke zwischen dem »Gallischen« und dem »Bürgerkrieg« aus. Auch der »Alexandrinische Krieg« ist wohl von ihm. Aber die weiteren Anhänge (»Afrikanischer« und »Spanischer Krieg«) des sog. Corpus Caesarianum sind von fremden Verfassern sehr ungleicher Bildung. Hirtius' Plan eines Werkes, das Caesars Taten bis zu seinem Ende behandeln sollte, ist bis auf den »Alexandrinischen Krieg« unausgeführt geblieben. Nach Hirtius' Tod gab einer von Caesars

Freunden (Balbus?) Caesars und Hirtius' Nachlaß heraus und vervollständigte ihn durch die Beigabe des »Afrikanischen« und »Spanischen Krieges«, die Hirtius sich wohl von Mitkämpfern als Vorarbeit hatte konzipieren lassen. Sie blieben unbearbeitet. Hirtius hat eine ganz unmilitärische, zuweilen etwas rhetorische und oft anschauungslose, daher mehrfach unklare Sprache.

229 *am alexandrinischen und afrikanischen Krieg:* 47 bzw. 47/46.

230 *Marcus Antonius:* Er war 51 bestimmt Caesars Quaestor. Cicero scheint es auch für 52 anzunehmen, in welchem Jahr ihn Caesar als Legaten bezeichnet (oben VII 81).

231 *Sesterzen:* Silbermünze.
so viel tausend: Text verderbt.
Arar: Saône.
Cenabum: Orléans.

232 *Gaius Trebonius:* Vgl. die Anmerkung zu Seite 112.
Commius: Vgl. IV 21 und 27, V 22, VII 75/76.

233 *einen . . . Berg:* wohl den Berg Saint-Marc im Wald von Compiègne an der Straße von Soissons nach Compiègne.
von den Germanen: Damit sind vermutlich die sog. belgischen Germanen (II 4) gemeint; die Condruser, zwischen Namur und Lüttich, waren die nächsten.

234 *fast:* Das »fast« zeigt den unmilitärischen Berichterstatter.

236 *von den täglichen Posten:* unklar.

239 *in den vorangehenden Büchern:* Damit spielt Hirtius wohl auf II 7 wie VII 36 und 69 an.
an einem sehr geschützten Punkt: auf dem Mont Ganelon, von dem ein Teil nach der französischen Generalstabskarte noch heute Camp de César heißt, etwas nördlich der Einmündung der Aisne in die Oise.
dort . . . zu legen: wohl am südlichen Ufer der Aisne.

241 *vor den Legionen herzogen:* Siehe das »Kriegstechnische Verzeichnis« unter »Legion«.

242 *Flußübergang:* über die Oise, wohl bei Compiègne.

244 *Tergeste:* Triest. – Diese Überfälle waren bis in die Kaiserzeit eine Gefahr.

245 *Gaius Caninius:* Vgl. die dritte Anmerkung zu Seite 223.
Lemonum: Poitiers.

246 *Liger:* Loire.

Quintus Atius Varus: Wir finden ihn auch im Bürgerkrieg auf Caesars Seite.

247 *im vorigen Buch:* VII 7 und 8.

248 *Uxellodunum:* Die unklare topographische Beschreibung des Hirtius erlaubt keine genaue Festlegung des Berges. Meist spricht man als Uxellodunum den Puy d'Issolu in der Nähe der Dordogne an (Napoleon III., Holmes, C. Jullian), wo Napoleon auch hat Grabungen vornehmen lassen. Sie sollen die römischen Minengänge zutage gefördert haben, welche die Quelle (Kapitel 41) trocken legten. Es kommt die Umgebung dieses Berges Hirtius' Darstellung am nächsten, doch fehlt der Isthmus am Südfuß des Berges. Aber Hirtius hat wohl an dem Kampf gar nicht teilgenommen und nach mündlichem Bericht erzählt.

249 *drei Lager:* Es sind natürlich drei Abhänge.
um die zehnte Nachtstunde: um 4 Uhr früh.

250 *12 Meilen:* Oben (Kapitel 35) hieß es, das Lager sei 10 Meilen von der Stadt entfernt gewesen.

251 *in den Aufzeichnungen des vorigen Jahres:* Vgl. VII 3.
Gutuater: Vgl. VII 3.
zu Tode peitschen . . . mit dem Beil hinrichten: die Bestrafung »nach der Vorfahren Art«. Siehe die dritte Anmerkung zu Seite 165.

252 *Quintus Calenus:* Quintus Fufius Calenus, politisch schon seit 82 tätig, 61 Volkstribun. 59 Praetor. Legat Caesars im Jahre 51 im gallischen und hernach im Bürgerkrieg. Nach Caesars Tod Anhänger des Antonius, gestorben 40.
in normalen Tagemärschen: d. h. im gewöhnlichen von Lager zu Lager gehenden Marsch. Die Tagesleistungen sind natürlich je nach Gelände verschieden. Sie betrugen für Caesars Truppen durchschnittlich wohl 20 km.

255 *dieses . . . besiegt worden war:* Vgl. III 20–27.

256 *Narbo:* Narbonne.
Legaten: Die Bezeichnung »Legat« paßt auf Marcus Antonius nicht, da er Quaestor war.
Publius Vatinius: der Volkstribun, der 59 für Caesar die Statthalterschaft von Oberitalien und Illyrien beantragte. 51–47 Caesars Legat im gallischen und im Bürgerkrieg. 45/44 Statthalter von Illyrien. Nach Caesars Tod übergibt er die Provinz dem Caesarmörder Marcus Junius Brutus.

Nemetocenna: Arras.
oben: Vgl. Kapitel 23.
Gaius Volusenus Quadratus: Vgl. die zweite Anmerkung zu Seite 65.

258 *das folgende Jahr:* 50 v. Chr.
die Untertänigkeit vorteilhafter war: Die definitive Einrichtung war Sache des Senats. Caesar bestimmte für viele gallische Stämme ein »Bündnisverhältnis« zu Rom. Die auferlegte jährliche Abgabe betrug 40 Millionen Sestertien = 7–8 Millionen Mark. Viele Gallier wurden mit dem römischen Bürgerrecht beschenkt.
nach Ablauf des Winters: Falsch. Erst im September (= August, julianisch) ging Caesar nach Oberitalien.
Landstädte und Kolonien: Kolonien (coloniae) sind Bildungen von Gemeinden aus römischen Bürgern durch die römische Regierung mit vollem Stimmrecht. Landstädte (municipia) haben das römische Bürgerrecht ohne Stimmrecht, und zwar die nördlich vom Po gelegenen; die südlich dieses Flusses gelegenen Landstädte der Gallia Cisalpina hatten seit dem Bundesgenossenkrieg das aktive Vollbürgerrecht und unterschieden sich in der Ausübung ihrer politischen Rechte damals nicht mehr von den Kolonien.

259 *Augur:* Das Priesteramt ist das Augurat. Das Priesterkollegium der Auguren holte durch Himmelsbeobachtung (Vogelflug kündet Juppiters Willen) das Urteil der Götter ein über die Abhaltung staatlicher Versammlungen, die günstige Abreise der Beamten in die Provinz, den Amtsantritt der Konsuln usw., worüber an den Senat ein Gutachten erstattet wurde. Die Mitgliedschaft war lebenslänglich. Ein Mitglied, Hortensius, war im Jahre 50 gestorben; für diese Stelle hatte sich Antonius gegen den Mitbewerber des Senats Lucius Domitius Ahenobarbus beworben.
Lucius Lentulus und Gaius Marcellus: Konsuln 49.
Servius Galba: Siehe die erste Anmerkung zu Seite 63.
Speisesofas: Bei freudigen Ereignissen richteten die Reichen der Gemeinden öffentliche Gastmähler her, zu denen Tische auf den Märkten, in den Tempelhallen und sonstigen öffentlichen Plätzen gedeckt wurden. – Bei Caesars Triumph 46 nach Thapsus wurden in Rom die Bewohner auf 22 000 Speisesofas (triclinia) gespeist.

Aufwand . . . Liebe: Ob dieser Reise entstand in Rom eine Panik. Man glaubte, Caesar werde jeden Augenblick einmarschieren. Daher die Schutzmaßnahmen des Konsuls Marcellus und sein eigenmächtiger Aufruf an Pompeius, den Schutz der Republik zu übernehmen.

Nemetocenna: Arras.

musterte . . . das Heer: erste Versammlung des ganzen Heeres. Sie stärkt die Verbundenheit der Truppen untereinander und ist gleichzeitig eine Demonstration Caesars gegen Gallien wie gegen die Senatsanhänger (Spätjahr 50).

260 *die Nachricht:* Das, was im folgenden erzählt wird, liegt zeitlich vorauf und spielte in der ersten Hälfte des Jahres 50.

Gaius Curio: Gaius Scribonius Curio, talentvoller Taugenichts; 54 Quaestor, erst Republikaner, dann in seinem Tribunat 50 auf Caesars Seite. Fällt im Bürgerkrieg als Kommandeur in Afrika 49.

entlassen müßten: Pompeius lag damals in Campanien krank; er mußte sich zum Verzicht auf seine Provinzen bereit erklären, da Curios Antrag sehr großen Anklang beim Volk fand.

abstimmen zu lassen: Vorher hat der Konsul Gaius Marcellus den Antrag geteilt zur Abstimmung gebracht. Da er von den Caesarianern ausging, mußten sie über Caesars Abberufung mit ja abstimmen, während die Partei des Pompeius nicht daran dachte, ihren Feldherrn abzuberufen. – Der Senat tritt bei solcher Abstimmung in zwei Abteilungen, von denen die eine ja, die andere nein sagt, auseinander. Die Stimmen werden gezählt. – Curio ließ ungeteilt abstimmen und erhielt 370 Stimmen für Pompeius' und Caesars Abberufung; nur 2 waren dagegen.

setzten . . . durch: Ein Tribun erhob auf Anstiften des Senats Einspruch.

Marcus Marcellus: Marcus Claudius Marcellus, Konsul von 51. Nach dem Gesetz des Pompeius und Crassus vom Jahre 55 war Caesars Statthalterschaft bis zum 1. März 49 verlängert und verboten worden, über die Neubesetzung vor dem 1. März 50 zu verhandeln. M. Marcellus aber beantragte bereits 51 Caesars vorzeitige Abberufung, weil der Krieg in Gallien beendet sei.

seine Meinung geäußert hatte: Nach dem Referat des Konsuls äußern sich die Senatoren und machen Vorschläge für die Abstimmung. Diese folgt dann zu den einzelnen Vorschlägen.

stimmte . . . dagegen: Schuld war daran Pompeius' Unentschlossenheit und die Selbstsucht der Senatoren. Es kam nur der Beschluß zustande, am 1. März 50 bestimmt über die Nachfolge zu verhandeln und diese Besprechungen auch zu Ende zu führen.

261 *Krieg gegen die Parther:* Dieser Partherkrieg steht in der Nachwirkung des Feldzugs, in dem Crassus bei Karrhai 53 den Tod fand. Indes hatte 51 der Proquaestor die Parther in Syrien geschlagen. So sah der Prokonsul Bibulus einem neuen Angriff entgegen. Das war die Veranlassung zu der angeführten Forderung des Senats.

zu Caesar geschickt hatte: Vgl. VI 1.

herausgeführt wurde: Das spielte sich ebenfalls vor Caesars oberitalischer Reise ab. Zur Sache vgl. Kapitel 24.

niedergehalten wurden: nach der Heeresmusterung bei den Treverern.

brach . . . auf: etwa Mitte November.

in Italien zurückgehalten: Sie wurden erst bei Capua stationiert; auf Grund der Erregung über Caesars Oberitalienreise im September sollten sie auf Antrag des Konsuls C. Marcelus nach Rom geholt worden. Pompeius rief der Konsul zum Schutz der Republik auf, wie schon erwähnt. Nun hatte Caesars Beauftragter Curio in Rom nichts mehr zu suchen und kam zu jenem nach Ravenna.

262 *rächen:* Noch zwei entgegenkommendere Vorschläge machte Caesar um der öffentlichen Meinung willen. Zuerst: Er wolle Pompeius Provinzen und Heere lassen, wenn er selbst Oberitalien mit zwei Legionen behalten dürfe, bis er Konsul geworden sei. Hernach verlangte er nur Illyrien mit einer Legion. Zur öffentlichen Verhandlung im Senat kam es erst am 1. Januar 49, und damit beginnt Caesars Erzählung vom Bürgerkrieg. Da Hirtius ausdrücklich sagt, daß er beide Schriften verbunden habe, muß er über diese Angebote Caesars hier noch etwas mitgeteilt haben. Daß etwas ausgefallen ist, beweist das einzelne Verbum als letztes Wort. Ich habe inhaltlich die Lücke nach Vorgängern ausgefüllt.

Kriegstechnisches Verzeichnis

Aufklärung: Sie war einer der Aufgabenbereiche der Reiterei und der sogenannten exploratores. Diese sind zur Aufklärung vor dem Feind besonders befähigte Legionssoldaten, die eine geschlossene Abteilung (später auf 3 Legionen 200 Mann) bildeten und im Lager neben der Legionsreiterei ihren Platz hatten. Sie wurden oft als berittene Truppe verwendet. Antecursores sind Marschsicherungspatrouillen.

Aushebung: erfolgt unter den römischen Bürgern der Provinzen seitens des Statthalters durch Legaten mit Hilfe von niederen Offizieren.

Belagerung, Verteidigung: Bei festen Plätzen versuchte man je nach ihrer Lage einen Sturm vom Marsch aus oder förmliche Belagerung oder Einschließung. Manche Plätze waren für die antiken Kriegsmittel so gut wie uneinnehmbar.

Beim Sturm pflegen die Soldaten sich gegen die herabfliegenden Verteidigungsmittel der Feinde mit einem Schildkrötendach zu schützen. Dabei halten die Soldaten des ersten Gliedes ihre Schilde senkrecht vor sich, während die nachfolgenden Glieder die Schilde fast waagrecht halten, um von oben geschützt zu sein.

Förmliche Belagerung, die zur Eroberung führen soll, versucht an einer Stelle in die feindliche Mauer eine Bresche zu schlagen. Man erbaut bei unebenem Terrain einen Belagerungsdamm aus Balken und Steinen, auf dem ein mit Stockwerken versehener Turm vorgefahren wird, der möglichst die Mauer oder die anzugreifende Stelle überhöhen soll. Man nähert sich ihm durch einen Laufgang aus Holzhütten, die gegen Feuer mit nassen Fellen gedeckt sind. Auf den Stockwerken trugen die Türme Geschütze zum Bestreichen der feindlichen Mauer; im unteren Stockwerk befand sich der »Widder«, ein schwerer Baumstamm, der in einem metallenen Widderkopf endete. Er war waagerecht an Ketten aufgehängt. Man zog den Baum zurück, dann ließ man los, und der Baum sauste wider die Stadtmauer und erschütterte sie langsam. Mit »Mauersicheln«, Eisenhaken an langen Stangen, suchte man die Steine dort herabzureißen. Auch untergrub man die Mauer mit Sappen und brachte sie so zum Einsturz.

Die Einschließung sieht einen Wall und Graben vor, die um die ganze Stadt herumgeführt werden. Die Lager werden dahinter verteilt angelegt. So können Städte ausgehungert werden, bei denen weder Sturm noch förmliche Belagerung möglich sind.

Die Verteidigung der Römer bedient sich teilweise derselben Mittel. Stadtverteidigung kommt im »Gallischen Krieg« nicht vor, wohl aber Lagerverteidigung und Verteidigung der Einschließungslinie (von Alesia). Man baut dann Brustwehren und Zinnen an den Wall, verrammelt die Tore und errichtet Türme auf dem Wall, die unter Umständen mit Brettergängen verbunden sind. Außer den Speeren schleudert man Brandpfeile, siedendes Pech und Öl, Steine und feuerfangende Stoffe gegen den Gegner. Bei den Galliern sind auch Gegensappen beliebt gewesen.

Centurio: Ihrer Einteilung in 60 Centurien entsprechend hat eine Legion (siehe unter diesem Stichwort) 60 Centurionen. Caesar unterscheidet höhere und niedere. Den oberen Rang bekleiden die 6 Centurionen der ersten Kohorte (Centurionen der ersten Centurien). Unter ihnen ist der erste derjenige, der den ersten Manipel (früher pilus) führt, daher Primipilus. Die Centurionen rekrutieren sich aus den Legionären; der Rang des Primipilus ist der höchste, den der Legionär erreichen kann. Ihr Abzeichen ist der Rebstock. Auf den Centurionen beruhte die Disziplin des römischen Heeres.

Decurio: Führer einer Reiterdecurie (rund 10 Mann), meist aus demselben Volk wie die Reiter (siehe unter »Reiterei«).

Fahneneid: Nach der Aushebung lassen die Offiziere, die diese leiten, die neue Mannschaft schwören, indem ein Mann für alle den Eid ablegt: »Für den Staat werden wir uns einsetzen und nicht heimkehren, bis der Konsul es befiehlt nach vollendetem

Dienst« (pro republica se esse facturos nec recessuros nisi praecepto consulis post completa stipendia). Darauf trat jeder einzelne vor mit den Worten: »Dasselbe gilt für mich« (idem in me). Dringende Zeiten kennen auch die Vereidigung ganzer Abteilungen; dann sprachen alle zusammen.

Feldzeichen: Als Symbol der Einheit der Legion wird der »Adler« geführt. Er wird der Legion neben der ersten Kohorte vorausgetragen und zeigt alle taktischen Bewegungen sichtbar an. Seit Marius führt die Legion einen silbernen Adler auf einer hölzernen Querstange, die über einer etwa 1½ m langen Stange befestigt ist. Der Adler (des Juppiter) schlägt seine Fänge in den von Blitzen umzuckten Donnerkeil.

Die Kohorte hat kein Feldzeichen, wohl der Manipel. Es war ein einfacher Lanzenschaft mit Tierbildern, Halbmonden, Metallschildchen usw. Der sogenannte Zeichenträger stand vorn im ersten Glied des Manipels.

Werden Truppenabteilungen zu einem bestimmten Zwecke zusammengestellt, so erhalten sie als Symbol ihrer zeitweiligen Zusammengehörigkeit ein Vexillum. Dies besteht aus einem Schaft, der an einer Querstange ein quadratisches Tuch trägt.

Ein rotes Vexillum wird auf das Feldherrnzelt aufgesteckt, wenn die Soldaten zur Schlacht antreten sollen.

Flotte: Kriegsschiffe und Transportschiffe waren Ruderschiffe. Segler sind selten. Steuerung vermittels zweier Schaufelruder am Heck. Die Kriegsschiffe sind mit einem Rammsporn, Holztürmen, Geschützen und Enterbrücken versehen. Kähne und Schnellboote vermehrten den Bestand der Flotte. Die Seeleute waren Angehörige der Hilfstruppen, die Schiffssoldaten Legionäre unter Centurionen und Tribunen. Als Admiral kommandierte ein Legat. Das Prinzip der Seeschlacht bestand darin, das feindliche Schiff zu entern, auf der Brücke hinüberzugehen und auf dem gegnerischen Schiff alles niederzumachen wie zu Lande.

Gepäck: Das *kleine Gepäck* (sarcinae) trug der Soldat auf dem Marsche. Es umfaßt Getreidevorrat für 3, zuweilen für 17 Tage, dazu Kochgeschirr, Beil, Spaten, Schanzpfähle für die Lagerbrustwehr, zum Teil wohl auch Schaufel, Säge und Seil. Alles wird um eine Stange gepackt und auf der Schulter getragen.

Wenn man das tornisterartige Bündel abgeworfen hatte, war man »gefechtsbereit« oder »nicht behindert«.

Mit dem *schweren Gepäck* (impedimenta) beförderte man in Kolonnen Zelte, Proviant, Mühlen, Offiziersbagage, Kriegsmaschinen, Reservewaffen und -kleider, schließlich Kranke und Verwundete. Jede Legion hatte ihr schweres Gepäck. Beförderungsmittel: Wagen, Pferde, Maultiere. Begleitet wurde der Troß von Sklaven, Troßknechten und Maultiertreibern.

Geschütze: griechische (um 400 in Syrakus gemachte), vom römischen Heer übernommene Erfindung. Auch die römische Armee ließ ihre Geschütze meistens in Griechenland herstellen. Sie beruhen auf der Torsion von Frauenhaaren oder Pferdeschwanzhaaren und zwei unabhängigen Bogenarmen.

Man hatte Pfeilgeschütze (Reichweite 300–400 m) mit fast waagerechtem Laufschlitten (über ihn schleudert die Sehne die Pfeile), Steingeschütze (Reichweite etwa 300 m) mit schrägem Laufschlitten, Mehrlader (Skorpion), bei denen es eine sinnvolle Verbindung zwischen Laufschlitten, Sehnenwinde und einer über dem Schlitten angebrachten Mehrladevorrichtung gestattet, etwa einen Pfeil in der Minute abzuschießen, und zwar ziemlich sicher auf denselben Punkt. Hinzu kommt noch der Onager (»Wildesel«), bei dem ein Arm vertikal in einen waagerecht eingespannten Sehnenstrang eingespannt wurde. Mit ihm schleuderte man Steine. Eine Abart davon ist die Funda librilis für pfundschwere Steine und Bleikugeln.

Die Geschütze der Alten fesseln stets auch den modernen Menschen. Wir kennen ihre Konstruktion durch die Beschreibungen der antiken Ingenieure. Genau beschrieben in E. Schramm, Die antiken Geschütze der Saalburg, Berlin 1918, und von R. Schneider in Pauly-Wissowa, Realencyklopädie, Artikel »Geschütze«.

In der Bedienung der Geschütze wurden alle Legionssoldaten ausgebildet; eine selbständige Artillerie gab es nicht.

Hilfstruppen (auxilia): im allgemeinen Bezeichnung von Fußtruppen, die in den Provinzen aus Nichtrömern ausgehoben oder von befreundeten Fürsten gestellt wurden. Sie gehören zum Legionsverband. Die Stärke der einer Legion beigegebenen Hilfstruppen entspricht im allgemeinen der der Legion selbst. An die frühere Regel, diese Truppen auf den Flügeln aufzustellen, band sich Caesar so wenig wie seine Offiziere.

Die Hilfstruppen sind immer leichtbewaffnet nach heimischer Art. Verwendet werden bei Caesar vor allem Bogenschützen von Kreta und Schleuderer von den Balearen. Neben Steinen schleuderten die Balearen vor allem kleine, beiderseits zugespitzte Bleistücke (»Eicheln«, glandes).

Kaufleute pflegten den Heeren stets zu folgen. Sie zelteten vor dem Lager; daraus entstanden bei den Limeskastellen die Lagerdörfer. Die Kaufleute setzten die Beute, die den Soldaten überlassen war, in Münze um; sie verkauften aber auch Lebens- und Genußmittel an die Soldaten, zuweilen sehr teuer.

Kriegskosten: Der Grundsatz des alten Cato (Livius XXXIV 9, 12): »Der Krieg ernährt sich selbst« galt das ganze Altertum hindurch. Bei Cassius Dio (Römische Geschichte XXXXII 49) wird Caesars Meinung hierüber wiedergegeben: »Zwei Dinge, sagte er, erwerben, erhalten und vergrößern die Macht: Soldaten und Geld; das eine besteht durch das andere. Durch gute Verpflegung erhält man sich die Soldaten, und jene verschafft man sich mit den Waffen; fehlt es an einem, so muß auch das andere fehlen.« Offiziell fielen die Kosten dem Staat zur Last; aber da die Provinzialen praktisch rechtlos waren, requirierte man erheblich, indem man die örtlichen Behörden zur Lieferung zwang. Grünfutter und Getreide verschaffte sich das Militär selbst und sammelte es, etwa seit Caesar, in den Magazinen der größeren Städte.

Kriegstribun: Das Kriegstribunat erhält man ursprünglich durch Volkswahl. Doch bestand daneben die Wahl durch die Konsuln und den Feldherrn. Ursprünglich waren die Kriegstribunen Führer der Legion. Ihre Zahl beträgt 6 je Legion. Caesar wählte sie selbst aus römischen Rittern, die ihn ins Feld begleiteten. Ihre Aufgabe war damals verwaltungstechnischer Art: Ernennung und Verteilung der Centurionen, Auswahl des Lagerplatzes, Beaufsichtigung der Posten, Entlassung der verabschiedeten Soldaten, Urlaubsverteilung, Regelung der Verpflegung, Hospitalwesen und Listenführung; auch Beaufsichtigung des Exerzierens und Lagerrechtsprechung gehörten dazu.

Kriegsbeute: Über sie hatte der Feldherr freies Verfügungsrecht, doch versuchte die öffentliche Meinung dieses scharf zu überwachen. Die Soldaten wurden oft an der Beute beteiligt. Den größten Teil machte der Quaestor zu Geld.

Lager: Das römische Heer rastete nie, ohne am Abend ein Lager zu schlagen. Der Grundriß ist theoretisch ein längliches Viereck mit abgerundeten Ecken; in der Praxis hat man sich, besonders Caesar, dem Gelände erheblich angepaßt, wenn auch das Schema des Vierecks im allgemeinen stets zu erkennen ist. Vorausgeschickte Leute steckten seine Form ab auf einem Gelände, das gegen den Feind zu leicht abfiel, damit der Angreifer stets bergauf laufen mußte. Mit einer Fahne bezeichnete man den Ort des im oberen Drittel liegenden Feldherrnzeltes. Beim Eintreffen der Marschkolonne verteilten sich die Soldaten auf den Außenrand, gruben außen den Spitzgraben und warfen nach innen den Wall auf. Auf ihm errichteten sie ihre Schanzpfähle zu einer Brustwehr. Der Wall hatte auf jeder Seite einen im Viertelkreis nach links einwärts geführten Wallbogen, an dem vorbei man ins Lager gelangte; die Durchgänge an den Längsseiten heißen porta principalis dextra und sinistra, das feindwärts gerichtete Tor porta praetoria, das Gegentor porta decumana. An ihm zelteten auch die Kaufleute außerhalb des Walles. Die Tore verband ein Straßenkreuz, an dessen Schnittpunkt das Feldherrnzelt stand. Die Soldaten kampierten abteilungsweise genau geordnet in Lederzelten: feindwärts die Legionen, beim Feldherrnzelt (praetorium) die Offiziere, gegen die Porta decumana hin die Hilfstruppen. Vor den 4 Toren war je 1 Kohorte auf Wache (statio). Die Tore werden zuweilen durch Torflügel oder aufgehäufte Rasenstücke gesichert. – Caesar handhabte Form und Befestigung sehr frei, bedrohte Stellen erhielten doppeltes und dreifaches Grabensystem.

Legat: etwa gleich General; das Wort bedeutet Abgesandter des Senats. Der Feldherr mußte dem Senat Senatoren vorschlagen, die dieser dann ernannte. Caesar verfügte selbst über dieses Recht. Legionskommandeure bei Caesar; sie leiten auch die Aushebungen. Es gab aber im gallischen Krieg viel umfassendere Kommandos für Legaten; man denke an Labienus. Dieser ist der Stellvertreter des Feldherrn bei dessen Winterreisen nach Oberitalien gewesen. In solcher Eigenschaft heißt er Legatus pro praetore (der Legat an Stelle des Oberfeldherrn).

Legion: Truppenverband von ursprünglich 6000 Mann, der aber bei Caesar auf höchstens 3000–4000 Mann zu beziffern ist. Fahne: der Adler (siehe unter »Feldzeichen«). Seit dem 1. Jahrhundert v. Chr. zerfällt die Legion in 10 Kohorten (ohne Feldzeichen) und die Kohorte in 3 Manipel, die nochmals unterteilt werden in je 2 centuriae oder ordines. Weiteres siehe unter »Centurio«. – Zur Legion gehören auch Freiwillige, das heißt entlassene Soldaten, die der Feldherr vor Kriegsbeginn aufbietet.

Marschordnung: Wenn kein Angriff zu gewärtigen war, schob man nach jeder Legion ihre Bagage ein, und die Soldaten mußten ihr Traggepäck selbst tragen. Im andern Fall zogen drei Viertel der Legionen gefechtsbereit, das heißt ohne Traggepäck, voran, dann folgte das Gepäck und endlich der Rest der Legionen. Der Spitze vorausziehende Reiter und Fußsoldaten versuchten die Truppen vor Überfällen zu bewahren und ihnen die Zeit zur Entfaltung zum Gefecht zu verschaffen. Über den Gefechtsmarsch vgl. Kromayer-Veith, Heerwesen und Kriegführung der Griechen und Römer (München 1928) 351 f.

Musik: Zur Verfügung standen hauptsächlich die Tuba und das Horn. Erstere ist gerade und $1^1/_2$ m lang und gibt auf Befehl des Feldherrn das Signal, das für alle gilt. Der Hornbläser des Manipels wiederholte es. Caesar hielt sehr viel von der psychologischen Wirkung der Feldmusik beim Angriff.

Nachtwache: Im allgemeinen wird die Nacht in 4 Teile zerlegt – von 6 Uhr abends bis 6 Uhr morgens: 6–9, 9–12, 12–3, 3–6. Stoffel, einer der von Napoleon III. mit den Ausgrabungen beauftragten Offiziere, denkt an ein variables System, das sich nach dem Sonnenunter- und -aufgang richtet; zur Zeit der Sommersonnenwende betrug die Nachtwache dann 2 Stunden; sie nahm vom Dezember vorher ab und zum Dezember nachher zu.

Pilum ist die Wurfwaffe des Legionärs. Es ist etwa 1,5 m lang und 1 kg schwer. Aus einem Holzschaft und einem Weicheisenstück etwa in der Mitte zusammengesetzt; letzteres geht in eine gehärtete Spitze aus. Infolge der verschiedenen Massenbeschleunigung der beiden Teile biegt sich das Pilum beim Treffen um und ist für den Gegner unbrauchbar. – *Mauerpilen* waren Kantbalken, die mit Geschützen geschleudert wurden.

Praefekt: römischer, dem Ritterstand entnommener Offizier, der mit einem Reiter- oder Auxiliarkommando betraut ist. Auch die Offiziere von Truppenteilen mit besonderen Aufgaben (Pioniertruppen) führten diesen Titel.

Quaestor: Er besorgte die Finanzgeschäfte des Heeres (besonders die Soldzahlung) und wird dem Statthalter zur Dienstleistung beigegeben.

Reiterei: aus Nichtrömern gebildet. Bei Caesar je Feldzug etwa 4000–5000 Reiter. Einteilung in Schwadronen von je 30 Mann (ohne Führer?); die Schwadronen zerfallen in je 3 Decurien (der Decurio aus den Einheimischen genommen). Geschwaderkommandeure waren römische Ritter mit dem Titel »Reiterpräfekten«. Bewaffnung: schwerer Eisenhelm und Wurf- bzw. Stoßlanze. Beim Wurf bediente man sich des Wurfriemens (80 m Reichweite der Lanze). Sättel, Steigbügel und Hufeisen waren zu Caesars Zeit unbekannt, vielleicht hatte man Pferdedecken und Sporen.

Schlacht: Nachdem die Begegnung mit dem Feind von der Aufklärung festgestellt worden ist, gehen die Leichtbewaffneten vor, um so lange mit dem Gegner zu plänkeln, bis die Legionen die Schlachtreihe formieren können. Diese ist meist dreifach, aber auch zweifache Aufstellung kommt vor, z. B. wenn die Truppenstärke größer erscheinen soll, als sie ist. Bei der dreifachen Ordnung stehen mit Kohortenabstand im ersten Glied 4 Kohorten, im zweiten 3 Kohorten, im dritten ebenfalls 3 Kohorten. Nachdem die Leichtbewaffneten sich durch die Lücken des ersten und zweiten Gliedes nach hinten zurückgezogen haben, schließt das zweite Glied in die Lücken des ersten auf. Das dritte Glied bleibt Reserve. (Caesar kennt aber auch Reserven als selbständige Handlungseinheiten.) Bei der zweifachen Aufstellung bleibt alles wie beim ersten Antreten. Die Reiterei stand früher auf den Flügeln, bei Caesar steht sie dort, wo er sie am Schluß brauchen will.

Die Schlachtaufstellung befand sich meist an einem dem Feind zugekehrten Hang und stützte sich stets auf ein Lager. Die Soldaten warfen die Pilen in Salven ab und griffen sofort zum Schwert. Beim Zusammenprall von Schild und Schild bei Freund und Feind stach der Legionär das Schwert entweder über den Schildrand hinweg dem Gegner in die Brust oder von unten in den Bauch. Das wurde genau beim Exerzieren gelernt.

War der Feind überlegen, so versuchte man mit Hilfe eines Keils (cuneus) durchzubrechen oder ein Viereck (orbis) zu bilden, aus dem man sich nach allen Seiten verteidigen konnte.

Vor Beginn eines aus dem Lager entwickelten Kampfes steckte der Feldherr auf dem Feldherrnzelt eine rote Fahne auf, ein Zeichen, man solle sich fertig machen.

Die Kommandos in der Schlacht galten den Adler- und Zeichenträgern; nach ihnen richteten sich die Soldaten. Die Signale ließ der Feldherr mit der Tuba geben, die Hornbläser nahmen sie auf.

Tribun: Siehe unter »Kriegstribun«.

Verpflegungswesen: das schwierigste Problem. Mit großer Umsicht mußte das Getreide – im feindlichen Land – requiriert und in Magazinen zusammengebracht werden, auf die das operierende Heer sich stützte. Das zwang auch Caesar oft zu strategisch uns merkwürdig berührenden Märschen innerhalb des Feldzugs. Alle 17 Tage bezog der Soldat eine Ration von rund 17 kg Getreide, von der er sein Brot buk, nachdem er es auf Handmühlen gemahlen hatte. Auch Brei wurde aus dem gemahlenen Korn gekocht.

Verteidigung: Siehe unter »Belagerung«.

Waffen des Legionärs (der Reiter siehe unter »Reiterei«). Außer dem Pilum (siehe unter diesem Stichwort) führte der Soldat als Angriffswaffe ein Kurzschwert, das in einem Wehrgehenk von der linken Schulter herabhing und an der rechten Seite gezogen werden mußte (wegen des Schildes in der Linken). Schutzwaffen sind: Helm (mit Backenschutz); Panzer, aus Riemen mit Eisenplatte auf der Brust sowie einem metallbeschlagenen Ledergurt, von dem Riemen zum Schutz des Unterleibs herabhingen; Beinschienen; Schild, etwa 1,20 m hoch, halbrund, aus Brettern zusammengesetzt, mit einem Fell überzogen und in einen Metallrand gefaßt, die Mitte wurde durch einen Schildbuckel gesichert; Sandalen oder Lederschnürschuhe mit Riemenwerk bis auf die Sohle erleichterten das Gehen. Statt der Toga trug man das Sagum, ein kurzes viereckiges Stück Wollstoff, das eine Spange auf der rechten Schulter zusammenhielt. Das Sagum des Feldherrn war purpurrot.

Winterlager: Anlage in der Einteilung wie das gewöhnliche Lager; doch mußten die Zelte durch Häuser aus Stein oder Blockholz mit Strohdächern ersetzt werden.

Bibliographische Hinweise

Textausgabe mit Kommentar

C. Julii Caesaris commentarii de bello Gallico. Erklärt von F. Kraner, W. Dittenberger und H. Meusel. 3 Bände. 17. Auflage. Berlin 1913–20 [zahlreiche unveränderte Neudrucke, zuletzt 1966–75]

Sekundärliteratur
(in Auswahl)

F. Adami: Der Legat Q. Tullius Cicero. Neue Jahrbücher für antike und deutsche Bildung 117, 1942, 45 ff.

F. Albrecht: Die Rückverweisungen bei Caesar und seinen Fortsetzern. Jahresbericht von Krupps Privat-Realgymnasium. Berndorf 1910

J. Andrieu: La division en livres et les mentions d'auteur dans le Corpus Césarien. Revue des Etudes Latines 27, 1949, 138 ff.

D. Armstrong: The blitzkrieg in Caesar's Campaigns. Classical Journal 37, 1941, 138 ff.

J. Balsdon: The Veracity of Caesar. Greece and Rome 4, 1957, 19 ff.

J. Balsdon: Julius Caesar and Rome. London 1967

H. Bannert: Numismatisch-historischer Kommentar zu Caesars Bellum Gallicum. Untersuchung zu den keltisch-römischen Münzquellen auf der Basis einer neuen typologischen Übersicht. Wien 1973

K. Barwick: Caesars Commentarii und das Corpus Caesarianum. Leipzig 1938

K. Barwick: Wann und warum hat Caesar seine Commentarii über den gallischen Krieg geschrieben? Der altsprachliche Unterricht 1952, 23 ff.

K. Barwick: Germanisches und Römisches in Caesars Bellum Gallicum. Leipzig 1953

K. Barwick: Kleine Studien zu Caesars Bellum Gallicum. Rheinisches Museum 98, 1955, 51 ff.

J. Beaujeu: Les soulèvements de 54 en Gaule et la véracité de César. Actes Congr. Association G. Budé 1958. Paris 1960, 249 ff.

F. Beckmann: Geographisches und Ethnographisches in Caesars Bellum Gallicum. Dortmund 1930

K. J. Beloch: Die Bevölkerung Galliens für die Zeit Caesars. Rheinisches Museum 1899, 414 ff.

H. Bengtson: Caesar. Kleine Schriften. München 1974, 421 ff.

Th. Berres: Die geographischen Interpolationen in Caesars Bellum Gallicum. Hermes 98, 1970, 154 ff.

F. Bömer: Der Commentarius. Zur Vorgeschichte und literarischen Form der Schriften Caesars. Hermes 86, 1953, 210 ff.

G. Boissier: César et ses amis. Paris [12]1902

M. Borda, G. Funaioli u. a.: Caio Giuglio Cesare. Rom 1957

G. Brady: Caesar's Gallic Campaigns. London 1947

H. Bruhn: Caesar und die römische Oberschicht in den Jahren 49–44 v. Chr. Göttingen 1978

J. Buchan: Julius Caesar. New York 1932

J. Bundgard: Caesar's Bridges over the Rhine. Acta Archaeologica 36, 1965, 87 ff.

L. Canali: Personalità e stilo di Cesare. Rom 1967

J. Carcopino: Alésia et les ruses de César. Paris 1958

J. Carcopino: César. Paris [5]1965

J. Carcopino: Passions et politique chez les Césars. Paris 1958

E. Carrel: Color in Caesar's Bellum Gallicum. Diss. Ann Arbor 1970

K. Christ: Caesar und Ariovist. Chiron 4, 1974, 251 ff.

J. Colbert de Beaulieu: Les monnaies gauloises aux noms des chefs mentionnés chez les commentaires de César. Hommages à A. Grenier. Brüssel 1962

J. H. Collins: Propaganda, Ethnics and Psychological Assumptions in Caesar's Writings. Diss. Frankfurt 1952

J. H. Collins: Caesar and the Corruption of Power. Historia 4, 1955, 445 ff.

J. H. Collins: A Selective Survey of Caesar Scholarship since 1935. Classical Weekly 57, 1963/4, 45 ff.; 81 ff.

J. H. Collins: Caesar as a Political Propagandist. Aufstieg und Niedergang der römischen Welt I 1, 1972, 922 ff.

G. Colomb: La Bataille d'Alesia. Paris 1950

L. Constans: Guide illustré des campagnes de César en Gaule. Paris 1929

R. Creston: Considérations techniques sur la flotte des Venètes et des Romains. Notes Archéol. Armoricaine 1956, 88 ff.

W. Dehn: Die gallischen Oppida bei Caesar. Saalburg-Jahrbuch 10, 1951, 36 ff.

K. Deichgräber: Elegantia Caesaris. Gymnasium 57, 1950, 112 ff.

M. Denis: La campagne de César contre les Venètes. Notes Archéol. Armoricaine 1954, 120 ff.

J. Desbordes: César et les Suessiones. Mel. d'Archéologie et d'Histoire off. à A. Piganiol. Paris 1966, 963 ff.

H. Diller: Caesar und Ariovist. Das humanistische Gymnasium 49, 1935, 189 ff.

R. Dion: Les campagnes de César de l'année 55. Revue des Etudes Latines 41, 1963, 186 ff.

W. Drumann: Geschichte Roms in seinem Übergang von der republikanischen zur monarchischen Verfassung oder Pompeius, Caesar, Cicero und ihre Zeitgenossen. Herausgegeben von P. Groebe. Leipzig [2]1899 ff.

J. L. Dyson: Caesar and the Nations. Classical Journal 68, 1928, 341 ff.

Ch. Ebert: Über die Entstehung von Caesars Bellum Gallicum. Diss. Erlangen 1909

P. Eden: Caesar's Style. Glotta 40, 1962, 74 ff.

P. Emmanuelli: César et les Venètes. Le combat naval de 56 av. J. C. Notes Archéol. Armoricaine 1956, 55 ff.

A. Esser: Caesar und die julisch-claudischen Kaiser im biologisch-ärztlichen Blickfeld. Leiden 1958

Th. Feller: Zum Charakterbild Caesars und seines Schaffens. Gymnasium 45, 1938, 7 ff.

G. Ferrero: Julius Caesar. Wien 1926

E. Fränkel: Eine Form römischen Kriegsbulletins. Eranos 54, 1956, 189 ff.

R. Friderici: Caesar im Urteil der neueren Geschichtsschreibung. Leipzig 1931

J. Fuller: Julius Caesar. Man, Soldier and Tyrant. London 1965

G. Funaioli: Giulio Cesare scrittore. Studi Romani 5, 1957, 136 ff.

J. Le Gall: Alésia. Archéologie et Histoire. Paris 1963

J. Le Gall, E. de St. Denis und R. Weil: Alésia. Paris 1973

M. Gelzer: Kleine Schriften I–III. Wiesbaden 1963 ff.

M. Gelzer: War Caesar ein Staatsmann? Historische Zeitschrift 176, 1954, 449 ff.

M. Gelzer: Caesar. Der Politiker und Staatsmann. Wiesbaden [6]1960

M. Gelzer: Pompeius. München [2]1959

H. Gesche: Caesar. Erträge der Forschung Bd. 51. Darmstadt 1976

G. Götte: Zur Frage der geographischen Interpolationen in Caesars Bellum Gallicum. Diss. Marburg 1964

R. Gouran: Caesar and the National Interest. Classical Journal 68, 1968, 243 ff.

M. Grant: Julius Caesar. London 1969 (deutsch 1970)

A. Grenier: La Gaule au moment de la conquête romaine. In: T. Frank: An Economic Survey of Ancient Rome. Baltimore 1937, III, 4 ff.

A. Grenier: Les Gaulois. Paris 1945

A. Grisart: César dans l'est de Belgique. Les Atuatuques et les Eburones. Les Etudes Classiques 28, 1960, 129 ff.

F. Gundelfinger: Caesar in der deutschen Literatur. Berlin 1922

F. Gundolf: Caesar in der deutschen Literatur. Diss. Berlin 1904

F. Gundolf: Caesar. Geschichte seines Ruhmes. Berlin 1924

F. Gundolf: Caesar im 19. Jahrhundert. Berlin 1926

S. Gutenbrunner: Ariovist und Caesar. Rheinisches Museum 96, 1953, 97 ff.

H. Hagendahl: The Mutiny of Vesontio. A Problem of Tendency and Credibility in Caesar. Classica et Mediaevalia 6, 1944, 1 ff.

J. R. Hamilton: Caesar. London 1973

J. Harmand: Deux problèmes du De Bello Gallico. I: Qui fut Vercingétorix? Ogam 7, 1955, 1 ff.

J. Harmand: Une campagne Césarienne. Alésia. Paris 1967

J. Harmand: Les Gaulois autour de César. Rivista Stor. Antic. 2, 1972, 131 ff.

J. Harmand: Une composante scientifique du Corps Césarien. Le portrait de la Gaule dans le De Bello Gallico I–VII. Aufstieg und Niedergang der römischen Welt I 3, 1973, 523 ff.

Th. Hastrup: On the Date of Caesar's Commentaries of the Gallic Wars. Classica et Mediaevalia 18, 1957, 59 ff.

W. Hering: Die Interpolation im Proemium des Bellum Gallicum. Philologus 100, 1956, 67 ff.

W. Hering: Caesar und Orgetorix. Wissenschaftliche Zeitschrift der Universität Rostock 12, 1963, 231 ff.

W. Hering: Die Recensio der Caesarhandschriften. Berlin 1963

W. Hering: Der politische Inhalt des Humanitasbegriffes bei Caesar. Eirene 5, 1966, 67 ff.

W. Hering: Zur Tendenz des Bellum Gallicum. Acta Classica Universitatis Debreczin 3, 1967, 55 ff.

F. Heubner: Das Feindbild in Caesars Bellum Gallicum. Diss. Rostock 1971 (s. dazu Klio 56, 1974, 103 ff.)

C. Hignett: The Conquest of Gaul. Cambridge Ancient History IX, 1932, K. XIII

V. Hill: Background versus Battleground in Caesar's Gallic Wars. Classical Journal 27, 1932, 581 ff.

W. Hoffmann: Zur Vorgeschichte von Caesars Eingreifen in Gallien. Der altsprachliche Unterricht 1952, 5 ff.

Th. Horn: P. Sextus Baculus. Greece and Rome 8, 1961, 180 ff.

P. Huber: Die Glaubwürdigkeit Caesars in seinem Bericht über den Gallischen Krieg. Bamberg ²1931

W. Jäkel: Der Auswanderungsplan der Helvetier. Der altsprachliche Unterricht 1952, 40 ff.

Ch. Jordan: Ariovist et les Germains chassés d'Alsace en 58 av. J. C. Paris 1951

C. Jullian: Vercingétorix. Paris ⁵1911 (Nachdruck 1964)

A. D. Kahn: Vercingetorix. A New Play by Caesar. Classical Weekly 64, 1971, 249 ff.

E. Kalinka: Bericht zu Caesar. Bursians Jahresberichte zur Altertumswissenschaft 224, 1929, 1 ff.; 264, 1939, 169 ff.

F. W. Kelsey: The Title of Caesar's Work on the Gallic and Civil Wars. Transactions and Proceedings of the American Philological Association 36, 1905, 211 ff.

J. Klass: Cicero und Caesar. Berlin 1939
A. Klotz: Caesarstudien. Leipzig 1910
A. Klotz: Geographie und Ethnographie in Caesars Bellum Gallicum. Rheinisches Museum 83, 1934, 66 ff.
U. Knoche: Caesars Kommentarien. Ihr Gegenstand und ihre Absicht. Gymnasium 58, 1951, 139 ff.
F. Knoke: Die nichtgeographischen Interpolationen von Caesars Bellum Gallicum. Diss. Köln 1946
E. Koestermann: Caesar und Ariovist. Klio 33, 1940/41, 308 ff.
H. P. Kohne: Der Verlauf der Nervierschlacht. Gymnasium 76, 1969, 1 ff.
S. Koster: Certamen centurionum. Caesar, Bellum Gallicum 5, 44. Gymnasium 85, 1978, 150 ff.
J. Kriegel: De Ciceronis coniunctione cum Caesare imprimis ab anno 57 usque ad 49 a. Chr. Diss. Wien 1939
F. Kroon: Les défaits d'Arioviste. Mnemosyne 5, 1937, 135 ff.
J. Kroymann: Caesar und das Corpus Caesarianum in der neueren Forschung. Aufstieg und Niedergang der römischen Welt I 3, 1973, 457 ff.
F. Laemmli, Sallusts Stellung zu Cato, Caesar und Cicero. Museum Helveticum 4, 1946, 94 ff.
O. Leggewie: Clementia Caesaris. Gymnasium 65, 1958, 73 ff.
W. Lehmann: Die Methode der Propaganda in Caesars Schriften unter besonderer Berücksichtigung der Commentarien vom Bürgerkrieg. Diss. Marburg 1951
E. Longo: Giulio Cesare Scrittore. La guerra gallica. Palermo 1939
F. Lot: La Gaule. Paris 1947
G. Luck: Caesar als Schriftsteller. Die Sammlung 12, 1957, 236 ff.
E. Luti: Nemo in historia conscribenda rerum gestarum validior Caesare fuit. Latinitas 5, 1957, 243 ff.
J. Madaule: Jules César. Paris 1961
U. Maier: Caesars Feldzüge in Gallien (58–51 v. Chr.) in ihrem Zusammenhang mit der stadtrömischen Politik. Bonn 1978
A. Maillard: Expédition du général Labienus contre Lutèce en l'an 52 av. J. C. Paris 1931
H. Martin: The Image of Caesar in Bellum Gallicum I. Classical Journal 61, 1965, 63 ff.

G. Matherat: La première campagne de César contre les Bellovaques et la geste passis manibus. Hommages à A. Grenier. Brüssel 1962, 134 ff.

Eduard Meyer: Caesars Monarchie und das Prinzipat des Pompeius. Stuttgart ³1922

Ernst Meyer: Die Zahl der Helvetier bei Caesar. Zeitschrift für schweizerische Geschichte 23, 1949, 65 ff.

Ch. Mierow: Caesar as a Man of Letters. Classical Journal 41, 1945/6, 353 ff.

Th. Mommsen: Die Rechtsfrage zwischen Caesar und den Galliern. Gesammelte Schriften IV. Berlin 1966, 92 ff.

H. Montgomery: Caesar und die Grenzen. Information und Propaganda in den Commentarii De Bello Gallico. Symbolae Osloenses 49, 1973, 57 ff.

H. Müller: Die Rezensionen des Caesartextes. Diss. Köln 1940

C. T. Murphy: The Use of Speeches in Caesar's Gallic Wars. Classical Journal 45, 1949, 120 ff.

Napoleon I.: Darstellung der Kriege Caesars, Turennes und Friedrichs des Großen. Vom Kaiser in seinen letzten Lebensjahren im Exil auf St. Helena erläutert. Herausgegeben von H. C. Friedrich. Berlin 1938

Napoleon III.: Histoire de Jules César. Paris 1866 (deutsch Berlin 1867)

A. Noché: La bataille de Gergovie. Humanitas 19, 1946, 154 ff., 185 ff.

E. Norden: Die germanische Urgeschichte in Tacitus' Germania. Leipzig 1920 (Darmstadt ⁶1974)

E. Norden: Altgermanien. Leipzig 1934

H. Oppermann: Caesars Stil. Neue Jahrbücher für Pädagogik 7, 1931, 111 ff.

H. Oppermann: Zu den geographischen Exkursen in Caesars Bellum Gallicum. Hermes 68, 1932, 182 ff.

H. Oppermann: Caesar. Der Schriftsteller und sein Werk. Leipzig 1934

H. Oppermann: Caesar. Wegbereiter des Abendlandes. Göttingen ²1963

H. Oppermann: Neue Forschungen zur Glaubwürdigkeit Caesars. Gymnasium 68, 1961, 258 ff.

H. Oppermann: Caesar in Selbstzeugnissen und Bilddokumenten. Reinbek 1963
Ch. Parain: Jules César. Paris 1959
R. Paribeni: L'età di Cesare e di Augusto. Bologna 1950
G. Pascucci: I mezzi espressivi e stilistici di Cesare nel processo di deformazione storica dei Commentarii. Studi Classici e Orientali 6, 1957, 134 ff.
G. Pascucci: Interpretazione linguistica del Cesare autentico. Aufstieg und Niedergang der römischen Welt I 3, 1973, 488 ff.
C. Perrotta: Cesare scrittore. Maia 1, 1948, 5 ff.
R. Potier: Le génie militaire de Vercingétorix et le mythe Alise-Alésia. Clermont-Ferrand 1973
R. Preiswerk: Sententiae in Caesars Commentarii. Museum Helveticum 3, 1945, 213 ff.
L. Raditsa: Julius Caesar and his Writing. Aufstieg und Niedergang der römischen Welt I 3, 1973, 413 ff.
M. Rambaud: L'ordre de bataille de l'armée des Gaules d'après les Commentaires de César. Revue des Etudes Anciennes 60, 1958, 83 ff.
M. Rambaud: César. Paris ²1967
M. Rambaud: Le caractère de César. Hommages à J. Bayet. Brüssel 1964, 599 ff.
M. Rambaud: A travers les Commentaires. Paris 1965/66
M. Rambaud: Note sur l'armée des Gaules de 58 à 54. L'Information Littéraire 18, 1966, 21 ff.
M. Rambaud: L'art de la déformation historique de les Commentaires de César. Paris 1966
M. Rambaud: Réflexions sur la véracité de César dans le Bellum Gallicum. Studi Italiani di Filologia classica 21, 1969, 913 ff.
M. Rambaud: Pourquoi César a conquis la Gaule? Humanités chrétiennes 18, 1975, 315 ff.
D. Rasmussen: Caesars Commentarii. Stil und Stilwandel am Beispiel der direkten Rede. Göttingen 1963
D. Rasmussen (Hrsg.): Caesar. Wege der Forschung 43. Darmstadt 1967
T. Rice Holmes: Caesar's Conquest of Gaul. London 1911
W. Richter: Caesar als Darsteller seiner Taten. Heidelberg 1977
G. Rohde: Ein Darstellungsmittel Caesars. Studien und Inter-

pretationen zur antiken Literatur, Religion und Geschichte. Berlin 1963, 143 ff.

L. Ross Taylor: Party Politics in the Age of Caesar. Ann Arbor

M. Ruch: La véracité de César. Revue des Études Latines 27, 1943, 118 ff.

M. Ruch: César. Les Commentaires et la propagande autour l'année 45. Bulletin Association G. Budé 1955, 501 ff.

R. Schieffer: Die Rede des Critognatus BG 7,77. Gymnasium 79, 1972, 477 ff.

J. Schlicher: The Development of Caesar's Narrative Style. Classical Philology 31, 1936, 212 ff.

R. Schmittlein: La première campagne de César contre les Germains 58 av. J. C. Paris 1949

R. Schmittlein: César. Paris 1956

R. Schmittlein: Avec César en Gaule. Paris 1970

H. Schneider: Untersuchungen zur Darstellung von Ereignissen bei Caesar und seinen Fortsetzern. Diss. Freiburg 1959

O. Seel: Hirtius. Untersuchungen über die pseudocaesarianischen Bella und den Balbusbrief. Leipzig 1935

O. Seel: Ambiorix. Jahrbuch für fränkische Landesgeschichte 20, 1960, 49 ff.

O. Seel: Trogus, Caesar und Livius bei Polyainus. Rheinisches Museum 103, 1966, 230 ff.

O. Seel: Caesarstudien. Stuttgart 1967

F. Semi: Il sentimento di Cesare. Padua 1966

A. N. Sherwin White: Caesar as an Imperialist. Greece and Rome 4, 1937, 36 ff.

Ch. Siedler: Guide to Caesar. New York 1932

E. Sihler: Annals of Caesar. A Critical Biography. With a Survey and Sources. New York 1911 (deutsch: Julius Caesar. Sein Leben. Leipzig 1912)

K. Staatmann u. a.: Caesars Rheinbrücke. Berlin 1939

E. de St. Denis: Les vois anciens et les préliminaires de la bataille d'Alésia. Les Etudes classiques 1950, 417 ff.

C. E. Stevens: The Bellum Gallicum as a Work of Propaganda. Latomus 11, 1952, 3 ff., 165 ff.

K. Stiewe: Wahrheit und Rhetorik in Caesars Bellum Gallicum. Würzburger Jahrbücher für die Altertumswissenschaft, N. F. 2, 1976, 149 ff.

F. Stoeßl: Caesars Politik und Diplomatie im Helvetierkrieg. Schweizer Zeitschrift für allgemeine Geschichte 8, 1950, 5 ff.
J. Straub: Caesars »gerechter Krieg« in Gallien. Wissenschaftliche Beilage zum Jahresbericht des Kronnerg-Gymnasiums Aschaffenburg 1972/73
H. Strasburger: Caesars Eintritt in die Geschichte. München 1938
H. Strasburger: Caesar im Urteil seiner Zeitgenossen. Historische Zeitschrift 175, 1953, 225 ff. Nachdruck Darmstadt 1965
R. Syme: The Roman Revolution. Oxford 1939
J. Szidat: Caesars diplomatische Tätigkeit im gallischen Krieg. Wiesbaden 1970
K. Tackenberg: Zu den Wanderungen der Germanen im 1. Jahrhundert v. Chr. Antike und Universalgeschichte. Festschrift für H. E. Stier. Münster 1972, 234 ff.
E. Täubler: Bellum Helveticum. Eine Caesarstudie. Zürich 1924
E. Thévenot: Les Éduens n'ont pas trahi. Essai sur les rélations entre les Éduens et César au cours de la guerre des Gaules et particulairement au cours de la crise de 52. Brüssel 1960
P. Thielscher: Das Herauswachsen der Germania des Tacitus aus Caesars Bellum Gallicum. Das Altertum 8, 1962, 12 ff.
D. Timpe: Caesars gallischer Krieg und das Problem des römischen Imperialismus. Historia 14, 1965, 189 ff.
D. Timpe: Rechtsformen der römischen Außenpolitik bei Caesar. Chiron 2, 1972, 277 ff.
M. Treu: Zur Clementia Caesaris. Museum Helveticum 5, 1948, 198 ff.
E. Trips: De bello gallico. Historisch vademecum. Gent 1954
S. Usher: Julius Caesar and his Commentaries. History To-day 15, 1965, 651 ff.
G. Veith: Geschichte der Feldzüge Gaius Julius Caesars. Wien 1906
J. Vogt: Caesar und seine Soldaten. Der altsprachl. Unterricht 1955, 536 ff. (vgl. Orbis. Freiburg 1960, 89 ff.)
H. Vollenweider: Caesars Entwicklung bis zum Konsulat im Urteil seiner Zeitgenossen. Diss. Zürich 1945
H. Vretska: Beobachtungen zum Bellum Gallicum Julius Caesars. Festschrift für K. Vretska. Heidelberg 1970, 290 ff.
G. Walser: Caesars Entdeckung der Germanen und die Tendenz

des Bellum Gallicum. Schweizer Beiträge zur Alten Geschichte 11, 1953, 5 ff.

G. Walser: Caesar und die Germanen. Studien zur politischen Tendenz römischer Feldzugsberichte. Wiesbaden 1956

G. Walter: César. Paris 1947

L. Wickert: Zu Caesars Reichspolitik. Klio 30, 1937, 232 ff.

W. Wimmel: Die technische Seite von Caesars Unternehmen gegen Avaricum. Wiesbaden 1974

N. de Witt: The Non-Political Nature of Caesar's Commentary. Transactions and Proceedings of the American Philological Association 73, 1942, 341 ff.

N. de Witt: Toward Misunderstanding Caesar. Studies in Honor of Ullman. St. Louis 1960, 136 ff.

H. Willrich: Cicero und Caesar. Göttingen 1946

E. Wyss: Stilistische Untersuchungen zur Darstellung von Ereignissen in Caesars Bellum Gallicum. Bern 1930